E-Book inside.

Mit folgendem persönlichen Code können Sie die E-Book-Ausgabe dieses Buches downloaden.

20187-ux6p5-
6r41v-t00lg

Registrieren Sie sich unter **www.hanser-fachbuch.de/ebookinside** und nutzen Sie das E-Book auf Ihrem Rechner*, Tablet-PC und E-Book-Reader.

Der Download dieses Buches als E-Book unterliegt gesetzlichen Bestimmungen bzw. steuerrechtlichen Regelungen, die Sie unter www.hanser-fachbuch.de/ebookinside nachlesen können.

* Systemvoraussetzungen: Internet-Verbindung und Adobe® Reader®

Freddy Balle, Michael Balle

The Gold Mine

Freddy Balle
Michael Balle

The Gold Mine

Die Geschichte eines gelungenen Lean Turnarounds

Ein Roman

Übersetzt aus dem Englischen von Gerhard Moser

HANSER

Über das Lean Enterprise Institute
Das Lean Enterprise Institute, Inc. wurde 1997 vom Managementexperten Dr. James P. Womack als Non-Profit-Organisation mit den Schwerpunkten Schulung, Verlag und Veranstaltung von Konferenzen gegründet. Im Rahmen seiner Mission, Lean-Denken auf der ganzen Welt zu fördern, unterstützt das LEI das Lean Global Network (leanglobal.org), das Lean Education Academic Network (teachinglean.org) und das Healthcare Value Network (healthcarevalueleaders.org).

MIX
Papier aus verantwortungsvollen Quellen
FSC www.fsc.org FSC® C014889

Bibliografische Information der Deutschen Nationalbibliothek
Die Deutsche Nationalbibliothek verzeichnet diese Publikation in der Deutschen Nationalbibliografie; detaillierte bibliografische Daten sind im Internet über http://dnb.d-nb.de abrufbar.

Titel der Originalausgabe
THE GOLD MINE – a novel of lean turnaround
Lean Enterprise Institute 2005

www.hanser-fachbuch.de

Lektorat: Lisa Hoffmann-Bäuml
Herstellung: Thomas Gerhardy
Umschlaggestaltung: Stephan Rönigk
Satz: Kösel Media GmbH, Krugzell
Druck und Bindung: Friedrich Pustet, Regensburg
Printed in Germany

ISBN 978-3-446-44739-4
E-Book-ISBN 978-3-446-45071-4

Für Catherine und Florence

Vorwort

Die Effizienz des schlanken Denkens hat sich mittlerweile herumgesprochen. Weltweit haben Fabriken aller Branchen gezeigt, dass diese Prinzipien sinnvoll sind. Diese Unternehmen, angeführt von Toyota, haben mit Rekordgewinnen und Investitionen in weiteres Wachstum das Versprechen der schlanken Produktion wahr gemacht. Doch während diese führenden Unternehmen begeistert und überzeugt wirken, ist für viele andere die Einführung von Lean ein Furcht einflößendes Unterfangen. Die technischen Grundlagen von Lean wurden in eingängiger Art und Weise beschrieben, aber viele Führungskräfte sind der Meinung, dass die Argumentation für Lean ihrer Intuition widerspricht. Die notwendigen Veränderungen im Denken und Verhalten sind unglaublich schwierig zu realisieren und führen zu Zweifeln, die Führungskräfte und Mitarbeiter demotivieren.

Freddy und Michael Ballés Buch, *Die Goldmine*, will helfen, diese Zweifel zu beseitigen. Die beschriebenen menschlichen Aspekte einer Lean-Restrukturierung erinnern den Leser daran, dass zu einem solchen Prozess mehr gehört als nur technisches Wissen. Aber wichtiger noch, sie regen ihn auch an, andere zu führen und ihnen zu helfen, besser zu werden.

Während der letzten 20 Jahre war ich als Vorstandsmitglied bei GKN Automotive, als Leiter des Kaizen Institute und als Berater bei McKinsey & Company an Lean-Einführungen beteiligt und hatte die Gelegenheit, mit vielen interessanten Menschen zu arbeiten. Obwohl meine berufliche Ethik verhindern sollte, dass ich bestimmte Klienten bevorzuge, passierte dies trotzdem. Nach zehn Jahren Zusammenarbeit mit Freddy kann ich sagen, dass er eine Persönlichkeit mit einer herausragenden Kombination aus Wissen, Tatkraft, Erkenntnis und Bedeutung ist.

Die Arbeit im oberen Management in der Automobilindustrie ist nichts für kleinmütige Geister. Freddy hat sich immer der Herausforderung gestellt in einem Umfeld, in dem ein gnaden- und pausenloser Ergebnisdruck herrscht, Veränderungen zu gestalten. Die Intensität und die Raffinesse, mit denen er Budgetprozesse steuerte, sind legendär. Aber Freddy hat nie seine Wurzeln vergessen: die Fertigung als die Grundlage, ohne die schlankes Denken nicht möglich ist. Sein Wille, Toyota zu beliefern, ermöglichte ihm, Wissen über die Feinheiten des Toyota-Produktionssystems (TPS) zu erwerben, das in der Detailfülle im Topmanagement seinesgleichen sucht. Typisch für Freddy und völlig untypisch für Topmanager nutzte er dieses Wissen als ein Mittel, um andere zu unterweisen, zu entwickeln und sie durch die Lean-Transformationen zu leiten. Gemeinsam mit seinem Sohn Michael, der seine eigene Karriere als Berater gemacht hat, hätte Freddy ein maßgebliches Buch über die technischen Aspekte einer Lean-Einführung in der Zulieferindustrie schreiben können. Sie hätten auch das definitive Buch über das Leistungsmanagement schlanker Unternehmen schreiben können (und ich hoffe, dass der Erfolg des vorliegenden Buches sie dazu ermuntert). Doch sie haben den Roman geschrieben, den sie nun in Händen halten.

Dieses Buch handelt von Menschen, davon, wie Menschen darüber nachdenken, wie man Dinge produzieren kann, und davon, wie diese Gedanken, basierend auf ihrer eigenen Wahrnehmung, ihre Interessen und Fähigkeiten verändern. Der Fokus liegt darauf, Lean dort zu lehren, wo Lean stattfindet: Dort, wo wir denken, fühlen und agieren. Dabei behalten die Autoren immer im Auge, dass die Werkzeuge und die Systeme von Lean nur Antworten auf spezifische Fragen sind, die von Menschen gestellt wurden, die versucht haben, die grundlegenden Prinzipien anzuwenden.

Das Buch ist aufgebaut wie *Alice im Wunderland.* Es ist eine einfache menschliche Geschichte mit einer Mischung aus verschrobenen und einnehmenden Charakteren mit amüsanten Verwicklungen und Wendungen. Darunter aber befindet sich ein gut konstruiertes Rahmenwerk, das alle Werkzeuge einer schlanken Produktion vorstellt und ihre Anwendung zeigt. Wer noch genauer hinschaut, entdeckt die grundlegenden Hinweise auf die weniger sichtbaren Aspekte von Lean, auf Verhalten, Führung und das Lösen von Problemen.

Das Beste an dem Buch aber ist, dass man es nicht *studieren* muss. Lehnen Sie sich zurück, lesen Sie und genießen Sie es, vielleicht sogar gemeinsam mit Ihren Kollegen. Ich kann Ihnen versichern, dass die Lektionen, die Beschreibungen und die prägnanten Erklärungen Sie auf Ihrer eigenen Lean-Reise begleiten werden.

Peter Willats

Inhalt

Kapitel 1: Der Profit regiert, aber die Liquidität entscheidet

Das Telefon klingelte. „Mike?“ Charlenes Stimme. „Ist Phil bei dir?“ In ihrer Stimme schwang ein Hauch von Panik. „Nein“, sagte ich. „Warum? Ist was passiert?“

„Ich weiß nicht. Er hat mich vor ein paar Stunden angerufen und mir gesagt, dass er heute Abend noch zu dir will. Aber ich habe seitdem nichts mehr von ihm gehört.“ Ich schaute auf meine Uhr. Es war kurz nach elf Uhr abends. Da kann man sich zwar Sorgen machen – aber noch nicht so viele Sorgen, dass man seinem Mann hinterhertelefoniert. Ich versuchte, mehr aus ihr herauszubekommen, aber sie bat mich nur, sie anzurufen, falls Phil sich bei mir melden würde. Ich legte auf. Phil Jenkinson war schon seit Kindheitstagen mein Freund. Erst vor zwei, drei Wochen waren wir zusammen auf ein Bier weggewesen. Phil war ein erfolgreicher Mann, er würde es noch weit bringen, und er würde eines Tages reich sein, das war mir schon immer klar. Ich wusste, dass er in letzter Zeit stark unter Druck stand, aber bis auf die üblichen Anzeichen von Stress schien es ihm ganz gut zu gehen. Hoffentlich hatte er keinen Unfall oder so was.

Die Türklingel riss mich aus meinen Gedanken. Ich öffnete. Ein schlecht gelaunter Taxifahrer versuchte, Phil, der schwankend und sturzbetrunken vor sich hinplapperte, durch die Tür zu bugsieren. „Ist das Ihr Freund?“, schnauzte mich der Taxifahrer an, mehr Vorwurf als Frage. Wir brachten Phil ins Wohnzimmer und packten ihn auf die Couch. Er war nicht nur betrunken, er war auch vom strömenden Regen völlig durchnässt und zitterte am ganzen Körper. Ich bezahlte den Taxifahrer, gab ihm noch ein ordentliches Trinkgeld und beobachtete, wie er zu seinem Fahrzeug ging. Dann ging ich zurück ins Haus. Phil schnarchte laut. Als ich Charlenes Nummer wählte, fühlte ich mich wie ein Verräter. Ich verschwieg ihr die Details, sagte nur, dass Phil bei mir wäre und dass ich ihn am nächsten Tag nach Hause fahren würde. Im Hintergrund hörte ich ihre Kinder streiten und wunderte mich einen Moment, warum sie um diese Zeit noch nicht im Bett waren – aber das ging mich nun wirklich nichts an.

Ich zog Phil seinen nassen Mantel aus, zerrte ihm die Schuhe von den Füßen und legte ihn rücklings auf die Couch. Sein Gesicht wirkte weich, fast kindlich, sein unverständliches Brummeln im Schlaf erinnerte mich an unsere Teenagerzeit, und nicht zum ersten Mal fragte ich mich, warum er immer noch diesen sonderbaren Haarschnitt und die veraltete Brille trug. Er sah aus wie ein Nerd. In der Brusttasche seines Hemdes steckte sogar ein Kugelschreiber! Er war ein großer, breitschultriger Mann mit blonden Haaren und leicht pockennarbiger Haut. Ein offenes Gesicht. Und ein offener Mann. Er war nicht der introvertierte Typ, sondern einer, der sagt, was er denkt, eine Eigenschaft, die ihn immer zu einem guten Freund machte. Da er nicht rauchte, eigentlich nie Alkohol trank und seine einzige Schwäche schnelle Autos waren, wirkte er immer ein wenig langweilig. Was ihn am meisten interessierte, war seine Arbeit, und so waren die Gesprächsthemen mit ihm tatsächlich auch immer etwas limitiert. Was konnte passiert sein, dass er jetzt in diesem Zustand vor mir lag?

Der Morgen brach an, warm und sonnig, nach über einer Woche ununterbrochenem Regen, und ich hoffte, dass nun endlich der Frühling begänne. Ich lebe gerne in Nordkalifornien, aber der Dauerregen konnte einen manchmal mürbe machen. Ich stellte einen Becher schwarzen Kaffee, ein Glas Bier und ein rohes Ei in einer Tasse auf den Couchtisch, ein altes Katerrezept, und weckte Phil. Er schüttete sich als Erstes das Bier hinein, trank dann den Kaffee und ignorierte das Ei. Dann zog er sich langsam hoch. Ich setzte mich zu ihm und schlürfte meinen Kaffee.

„Willst du darüber reden?"

Er schüttelte den Kopf und verzog sofort das Gesicht vor Schmerzen.

„Probleme mit deiner Frau?"

Ein trüber, überrascht wirkender Blick.

„Nein. Probleme mit der Arbeit."

Ich stutzte. Probleme mit der Arbeit? Was soll das heißen? Philips Leben war eine Erfolgsgeschichte. Er studierte in Berkely, promovierte in Physik und entwickelte anschließend irgendein Hightech-Ding, das er sich patentieren ließ. Dann gründete er mit einem Partner ein Unternehmen, wo diese Dinger hergestellt wurden. Ich studierte damals ein paar Monate in England und habe nicht alles im Detail mitbekommen, aber als ich zurückkam, zog ich in die gleiche Stadt, in der auch Phil lebte. Vor zwei Jahren kauften Phil und sein Partner einen alteingesessenen Hersteller von elektrischen Komponenten mit dem Ziel, ihre neue Technologie in dessen Produkte zu integrieren. Sarah, meine Ex-Freundin, und ich wohnten damals ein paar Wochen bei Phil, bevor ich eine Stelle an der Universität bekam und wir uns eine eigene Wohnung leisten konnten, und ich weiß, dass er damals in einem Monat mehr Geld verdiente als ich in einem Jahr. Sein ständiges Gerede über Neuemissionen und Aktienpreise hätte mich wahrscheinlich zu Tode gelangweilt, wenn ich nicht, ich gebe es zu, ein wenig neidisch gewesen wäre.

Probleme mit der Arbeit? Welche Art von Problemen bei der Arbeit bringt dich stockbesoffen auf die Couch eines Freundes?

„Schlimm?"

„Schlimmer." Er bat um eine weitere Tasse Kaffee, seine Augen waren rot, sein Blick war verschwommen, sein Gesicht wirkte eingefallen im hellen Licht des Morgens. Er fuhr sich mit der Hand über das Gesicht. „Ich schaffe es nicht mehr. Ich weiß nicht mehr, wo mir der Kopf steht. Es ist einfach zu viel."

„Erzähl's mir."

„Du würdest es nicht verstehen." Er zuckte mit den Schultern und erzählte es mir dann doch. „Wenn uns nicht ganz schnell etwas einfällt, sind wir in ein paar Monaten bankrott. Alles, was wir haben, haben wir auf Kredit gekauft, und die Banken verlängern nicht mehr. Wir haben alles versucht. Ich weiß nicht mehr weiter."

So wie ich das Ganze bisher verstanden hatte, hatten Phil und sein Partner Matthew vor einigen Jahren die Idee, eine marode Firma zu kaufen, deren Produkte dann mit ihrer neuen Technologie fit zu machen, um im Anschluss groß abzusahnen. Sie kratzten all ihr Geld zusammen, liehen sich eine wesentlich größere Summe von den Banken und fingen an, ihren Plan in die Tat umzusetzen. Nach der anfänglichen Begeisterung kamen sie irgendwann in der Realität an und erkannten, dass es nicht so einfach ist, eine Firma zu leiten. Aber ich hatte nicht gedacht, dass die Dinge so schlecht standen. Ich vermutete, dass die Krise eben viele Unternehmen in Schwierigkeiten brachte.

„Es ist zu viel", flüsterte er wieder voller Verzweiflung vor sich hin. Für mich als typischer Akademiker war es schwierig, das Ausmaß seiner Probleme zu erkennen – ebenso den Grund, warum das so eine Katastrophe sein sollte. Aber mir war schon klar, dass für manche Menschen ihre Arbeit wichtiger ist als ihre Familie, als ihr

Leben, als die großen Fragen des Universums. Ich wusste das, weil mein Vater so ein Mensch war. Ich bin mit diesen Problemen aufgewachsen – oder sollte ich sagen, trotz dieser Probleme?

„Ich habe mir die Zahlen schon hundertmal angeschaut“, sagte er mit einem Seufzen. „Die Banken verlangen die Rückzahlung der Kredite, aber alles, was wir haben, ist mit Krediten finanziert. Im Moment schaffen wir es nicht einmal, die Zinsen zu bezahlen. Wenn sie uns die Kredite nicht verlängern, können wir keine Gehälter und keine Lieferanten mehr zahlen. Und das war es dann.“

Plötzlich fuhr er hoch. „Ich muss nach Hause“, stöhnte er. Er legte sein Gesicht in die Hände und das Einzige, was ich denken konnte, war, dass ich etwas für ihn tun musste. Ich konnte ihn nicht so gehen lassen, ich konnte ihn nicht in dem Zustand zu Charlene bringen.

„Es gibt eine Möglichkeit, auch wenn es mir irgendwann leidtun wird, dass ich das sage.“ Er schaute mich an, aber er hörte gar nicht richtig zu. „Wir könnten mit meinem Vater sprechen.“

Mein Vater war der Einzige, den ich kannte, der Phil helfen konnte, und während wir zum Hafen fuhren, gingen mir viele Dinge durch den Kopf. Mein Vater war mittlerweile in Rente und verbrachte den Großteil seiner Zeit damit, im Jachtklub an seinem Boot herumzubasteln. In seiner Glanzzeit war er ein erfolgreicher Manager in der Automobilzulieferindustrie. Gleich nachdem er die Schule verlassen hatte, meldete er sich zur Navy. Anschließend studierte er und verließ die Uni mit einem Abschluss als Wirtschaftsingenieur. Seine erste Stelle trat er dann bei British Leyland in England an. Es war um die Zeit, als Austin Morris und British Leyland fusionierten. Damals gab es noch eine nennenswerte britische Automobilindustrie. In England lernte er meine Mutter kennen, und so wuchsen mein Bruder und ich in Großbritannien in den Midlands auf, bis mein Vater einen Posten im Topmanagement eines Zulieferers in der Nähe von Detroit annahm und wir in die Staaten übersiedelten.

Der Umzug war ein Albtraum. Ich verlor mit einem Schlag alle meine Freunde und befand mich unter lauten Fremden. Ich sprach anders als sie, ich kleidete mich anders als sie und ich mochte sie nicht. Und sie mochten mich auch nicht (und für meinen jüngeren Bruder war das wahrscheinlich noch schlimmer als für mich). Phil mit seiner abgetragenen Kleidung war damals ein Streber, der sich nur für technische Dinge interessierte, und wer auch nur ein bisschen cool sein wollte, ging ihm aus dem Weg. Wir waren die beiden hässlichen Entlein im Teich, und vielleicht war das der Grund, warum wir Freunde wurden und es blieben, bis ich wieder zurück nach England ging, um meinen Doktor in Psychologie zu machen.

Die Karriere meines Vaters verlief ungewöhnlich, weil er einer der wenigen war, die sich von Anfang an mit der Wirtschaftsmacht Japan und deren Produktionsmethoden beschäftigte. Während die meisten seiner Kollegen die japanischen Techniken belächelten, war mein Vater davon fasziniert bis zur Besessenheit. In meinen Teenagerjahren verwendete er andauernd für mich barbarisch klingende Worte wie Kanban oder Kaizen. Es ging so weit, dass er anfing, die Sprache zu lernen und öfter nach Japan zu reisen, wo er vor allem die Werke von Toyota besuchte. Es war nicht wirklich überraschend, dass er sich damit bei seinen Kollegen nicht sonderlich beliebt machte, vor allem als er anfing, ihnen die Schwachstellen der westlichen Managementmethoden zu predigen. Die Briten verübelten ihm seine amerikanische Offenheit, und die Amerikaner ignorierten ihn einfach. Für manche war er nur ein wenig lästig, andere sahen ihn als unausstehlichen Nörgler. Dies führte dazu, dass er im Lauf der Jahre in vielen Unternehmen arbeitete, die jeweiligen Prozesse verbesserte und dann die unausweichlich auftretenden politischen Kämpfe verlor. Er wurde gezwungen, das Unternehmen zu verlassen, suchte sich einen neuen Job, und dann fing das Ganze wieder vorn an. Eines Tages übernahm er die Verantwortung für das operative Geschäft bei einem großen Automobilzulieferer. Das ging eine lange Zeit gut, bis sein Vorgesetzter in Rente ging und mein Vater erkannte, dass er nicht der Nachfolger werden würde, weil der Aufsichtsrat einen Jüngeren suchte. Verärgert kündigte er und zog sich ins Privatleben zurück, wobei er jedem, der es hören wollte, erzählte, dass es mit dieser Firma seit seinem Weggang kontinuierlich bergab ging (das stimmte auch, aber ob es da einen Ursache-Wirkungs-Zusammenhang gab, weiß ich nicht). Irgendwann beschlossen dann meine Eltern, sich in der Nähe von mir und meinem Bruder in Nordkalifornien niederzulassen. Sie fanden ein Haus in den Bergen, nicht allzu weit davon entfernt, wo ich lebte.

Mein Vater war sein ganzes Leben lang schon ein Workaholic gewesen, und ich dachte damals eigentlich, dass er als Berater einfach so weitermachen würde wie bisher. Aber wieder einmal gelang es ihm, uns alle zu überraschen. Er kehrte der Automobilindustrie den Rücken, ohne auch nur ein einziges Mal zurückzublicken. Seine ganze Leidenschaft galt nun wieder seiner Jugendliebe: Boote. Er hatte zwar schon immer irgendwo einen alten Kahn rumdümpeln, aber aufgrund seiner Arbeit und seiner vielen Dienstreisen hatte er selten die Zeit gefunden, zu segeln. Dazu kam aber auch, dass weder mein Bruder noch ich seine Begeisterung dafür teilten, in unserer

Freizeit nass, kalt und am Ende auch noch krank zu werden. Er kaufte sich eine wunderschöne zwölf Meter lange, zweimastige hölzerne Ketsch und verbrachte fortan seine Zeit damit, an ihr herumzubasteln und mit Menschen zu reden, die bereit waren, sich die Geschichten aus seiner Navy-Zeit anzuhören. Er hatte recht schnell irgendeine Funktion im Jachtklub und verbrachte dort bald mehr Zeit als zu Hause – zur unausgesprochenen Erleichterung meiner Mutter, die es genoss, das Haus und ihre Zeit für sich alleine zu haben.

Während wir fuhren, erzählte ich Phil, der völlig unkonzentriert zuhörte, die ganze Geschichte. Er hatte gerade mit seiner Frau telefoniert, und die Mixtur aus ihrer Predigt und seinem Restalkohol machte die Sache nicht besser. Ich glaube, er fühlte sich einfach viel zu krank, um mit mir zu diskutieren, und wahrscheinlich war ihm im Moment alles lieber, als nach Hause zu gehen.

„Tritt bloß nicht drauf, der Lack ist noch nicht ausgehärtet", knurrte mein Vater, als ich gerade an Bord gehen wollte. „Hallo Dad", antwortete ich ironisch und nickte einem Mann mit gerötetem Kopf zu, der mit einem Becher in der Hand am Steuer saß. Mein Vater, den Rücken uns zugewandt, lackierte mit sorgfältigen Pinselstrichen das Kabinendach. Sein Freund trug ein blaues Hemd und gebügelte Chinos, wie es sich für einen vorbildlichen Skipper gehört. Der Eindruck wurde allerdings durch die verwegen aufgesetzte, lächerliche Mütze, die an ein Piratenkostüm erinnerte, etwas getrübt. Er saugte die Morgensonne förmlich auf und grinste dabei zufrieden vor sich hin – ganz im Gegensatz zu meinem Vater, der in einem zerschlissenen grauen Sweatshirt und fleckigen Jeans kniend und mit seinem üblichen finsteren Blick konzentriert pinselte.

„Ach was, springt rein und kümmert euch nicht um ihn. Ihr wisst doch, wie er ist", sagte Long John Silver und wies mit einer ausladenden Geste auf meinen Vater. Wir kletterten vorsichtig an Bord, und ich setzte mich mitten auf das Deck, während Phil verwirrt umherschaute, um einen Platz für seinen wuchtigen Körper zu finden.

„Harry, darf ich dir meinen Sohn vorstellen? Jungs – das ist Harry", sagte mein Vater und warf uns einen missmutigen Blick zu. Dann stellte er den Pinsel sorgfältig in die Lackdose.

„Harry", Phil nickte ihm zu. „Mr. Woods." Mein Vater drehte sich um und starrte ihn an. Seine hellen Augen und die mächtige Hakennase (ein Charakteristikum unserer Familie, fürchte ich) wirkten raubvogelhaft und gaben einem das Gefühl, aufspringen und salutieren zu müssen. Im Lauf meines Lebens hatte ich gelernt, damit umzugehen, und musste jetzt grinsen, als ich sah, wie Philip sich unter dem Blick meines Vaters wand.

„Hallo Philip", sagte mein Vater. Dann wandte er sich an Harry: „Die beiden Gauner hier haben mir immer meinen Whiskey weggetrunken und geglaubt, ich würde das nicht merken." Ich hörte zum ersten Mal, dass er das wusste, und Phil lachte plötzlich laut auf. Er entspannte sich ein wenig und sah wieder mehr aus wie er selbst.

„Sie sind Bobbys Sohn", sagte Harry und sah mich schräg an. „Das sieht man. Gleiche Nase." Er leerte seinen Becher.

„Was bringt euch hierher?", fragte mein Vater und wandte uns wieder den Rücken zu, während er fortfuhr, den Lack vorsichtig und gleichmäßig auf das ehrwürdig gealterte Holz der Kabine aufzutragen.

„Na ja, Phil hat Probleme mit seiner Firma, und ich dachte mir, ihr solltet euch mal unterhalten. Vielleicht kannst du ihm ja helfen."

„Warum lässt du dann Philip nicht erzählen, was er für Probleme hat?"

Ich ließ mich zurückfallen und hielt den Atem an, während Phil anfing, stockend seine Geschichte zu erzählen.

„Vielleicht erinnern Sie sich, dass ich Ihnen, als wir uns das letzte Mal unterhielten, erzählt habe, dass ich ein Patent für eine neue Technologie habe, die unter anderem in Sicherungsautomaten im Hochspannungsbereich eingesetzt werden kann. Ich habe damals einen Partner gefunden, mit dem ich eine kleine Firma gegründet habe, und das lief auch alles recht gut. Vor zwei Jahren haben wir dann einen Mitbewerber aufgekauft, der kurz vor der Pleite stand."

„Warum?", unterbrach Harry.

„Seine Produkte waren zu teuer", antwortete Phil mit einem Schulterzucken. „Veraltete Technologie, ineffiziente Fertigung, verkrustete Strukturen im Management. Wir hatten damals mehr Aufträge, als wir abarbeiten konnten, und wir brauchten dringend mehr Fertigungskapazitäten. Es gab viel in der Fabrik, was wir weiterverwenden konnten, und es gab qualifizierte Mitarbeiter. Wir dachten, wir könnten den Bankrott verhindern."

„Also haben Sie angefangen, zu rationalisieren", fuhr Harry fort, fischte eine Metallflasche aus einer Hosentasche und beäugte seinen leeren Becher, „aber es war dann doch nicht ganz so einfach, wie Sie sich das gedacht haben ..."

„Lass ihn erst mal ausreden", sagte mein Vater. Ich fragte mich, wer dieser Harry eigentlich war. Er schien das Ganze zu genießen. Auch wenn er in seinem Seglerdress und mit seiner Wampe ein wenig wie Falstaff aussah, schwang in seiner Stimme etwas mit, das mich glauben ließ, dass er genau wusste, wovon er sprach. Mit einem lauten Seufzer zog er sich an der Reling hoch und stieg die Treppe zur Kabine hinunter, um sich Kaffee einzuschenken. „Möchte noch jemand was?“

„Für mich nicht, danke“, sagte Phil, dann fuhr er fort. „Am Anfang funktionierte alles perfekt. Mein Partner, Matthew, ist Jurist, und er sorgte dafür, dass die alte Führung das Unternehmen ohne große Probleme verließ. Damit sparten wir einiges an Kosten. Mit dem restlichen Team kamen wir klar, aber dann begannen die Schwierigkeiten.

Den Großteil des Kaufpreises mussten wir über einen Bankkredit finanzieren, anders hätten wir das nicht geschafft. Aber dieser Kredit musste natürlich regelmäßig bedient werden. Wie wir vermutet hatten, gab es genug Kundenaufträge, die Firma schaffte es nur nicht, sie auch alle zu erfüllen. Also trommelten wir die erfahrenen Mitarbeiter zusammen und fragten, woran das liegen könnte. Wir erfuhren, dass das vorherige Management jahrelang nichts in die Fertigungsanlagen investiert hatte und dass die Produktivität aufgrund fehlender Werkzeuge und ständiger Maschinenausfälle im Keller war. Sie hatten recht, das war offensichtlich, und wir investierten ein Jahr und jede Menge Geld, um die ganze Fertigung auf Vordermann zu bringen. Parallel dazu überarbeiteten wir die Produkte, um unsere neue Technologie zu integrieren. Wir setzten auch Unternehmensberater ein, um den Materialfluss zu optimieren.“

Er atmete tief ein und seufzte. „Und es hat funktioniert“, sagte er dann. „Wenigstens am Anfang. Aber dann ...“, er schüttelte den Kopf und schwieg.

„Liquiditätsprobleme?“, fragte Harry und verstärkte seinen Kaffee mit einer Flüssigkeit aus seiner Metallflasche.

„Ja. Uns geht dauernd das Geld aus. Und die Banken haben uns gerade mitgeteilt, dass sie die Kredite nicht mehr verlängern. Wir haben Probleme, die Zinsen zu bezahlen, unsere Hauptlieferanten verlangen Vorkasse, und natürlich schaffen wir es kaum, die Löhne zu bezahlen.“ Während er sprach, hatte er sich vorgelehnt, seinen Kopf in die Hände gelegt und zupfte jetzt dauernd an seinen Haaren.

„Stimmt was nicht mit den Fertigungsanlagen?“, fuhr Harry fort. „Oder sind die Produkte nicht profitabel?“

„Daran liegt es nicht. Mit unseren Produkten könnten wir Geld verdienen – wenn es uns gelingen würde, sie rechtzeitig zu produzieren. Aber die Vormaterialien sind teuer, und wir schaffen es nicht, wirklich effektiv zu produzieren. Das ist so frustrierend. Wir könnten viel mehr Umsatz machen, aber dazu müssten wir erst mal mehr

Kapazitäten schaffen und mehr Material kaufen. Das können wir aber nicht, weil wir kein Geld haben.

Wir haben uns überlegt, dass wir einen stabilen Gewinn machen können, wenn es uns gelänge, unsere Kosten im Griff zu behalten. Keine Extrakosten für Überstunden, kein Extramaterial, Reduzierung all dieser ständig irgendwo aufpoppenden Extraausgaben. Alles nur Standard, alles überschaubar. Wenn wir nicht ständig für irgendwelche Lieferverzögerungen Strafzahlungen leisten müssten, dann könnten wir Geld verdienen. Das wissen wir."

„Wie sieht es aus mit den Gemeinkosten?"

„Alles ausgemistet, was ging. Ich wüsste nicht, wie wir unsere fixen Kosten noch weiter reduzieren könnten."

„Wie sieht Ihre Kapitalbindung aus?"

„Wir haben getan, was wir konnten. Wir haben uns als Erstes auf unsere Forderungen konzentriert und unsere Kunden davon überzeugt, pünktlich zu bezahlen. Jetzt sind wir diejenigen, die nicht bezahlen, und unsere Lieferanten drohen uns mit Lieferstopps."

„Dann bleibt als letztes Problem nur noch Ihr Bestand", sagte Dad, während er sich umdrehte, hinsetzte und anfing, den Pinsel mit einem Lappen zu reinigen.

„Wir haben hohe Bestände", stimmte Phil zu. „Wir haben natürlich versucht, die zu senken, aber wir hatten dann sofort Schwierigkeiten, zu liefern. Als wir die Firma kauften, hatten wir die Bestände gar nicht groß beachtet – das war guter Durchschnitt ..."

Mein Vater lachte laut auf, sagte aber nichts dazu.

„Dann haben wir kapiert, dass eine Durchschnittszahl nicht besonders viel aussagt. Sie hatten von manchen Teilen viel zu viel und von anderen gar nichts. Weil aber ganz viele Teile mehrfach verwendet wurden, hatten sie ständig Produktionsunterbrechungen wegen Fehlteilen. Die halb fertigen Produkte wurden dann eingelagert, und ein anderer Auftrag wurde vorgezogen, was wiederum bedeutete, dass der Lagerbestand wuchs. Wir haben die Fehlteilproblematik ein wenig in den Griff bekommen, aber wir haben es nicht geschafft, die Mengen der Teile am Lager zu reduzieren. Das meiste sind Langläufer, die wir in Niedriglohnländern kaufen, und wir brauchen genug davon, um keine Fehlteile zu haben. Aber letztendlich führte das alles nur dazu, dass unser Bestand kontinuierlich wächst, und wir haben keine Ahnung, wie wir ihn reduzieren können, ohne unsere Lieferungen zu gefährden."

„Und das verursacht natürlich dann ein Liquiditätsproblem", schloss Harry und nickte weise. „Mehr Kundenaufträge verlangen dann auch mehr finanzielle Vorleistungen, um die Produkte herzustellen, was wieder Ihr Bestandsproblem verschärft. Dazu müssen Sie auch noch Ihre Leute bezahlen, und der große Haufen Geld, mit dem Sie angefangen haben, ist plötzlich verschwunden."

Phil saß da, schwieg und sah einfach nur elend aus.

„Das ist alles ganz normal", sagte Harry. „Ich habe im Einkauf gearbeitet, und ich habe mehr als einen Lieferanten gesehen, der so den Bach runterging. Produktion ist zwar kein intellektuell sehr anspruchsvolles Geschäft – aber es ist knallhart. Im Prinzip geht es dabei um Skaleneffekte. Je öfter du etwas wiederholst – zum Beispiel den Verkauf eines Produkts – desto weniger kostet es dich. Verdopple die Menge, und deine Kosten sinken ungefähr um zehn Prozent. Das ist der Grund, warum immer alle wachsen wollen. Das alles funktioniert wunderbar, solange du dein Wachstum auch finanzieren kannst."

Ich schaute fragend zu meinem Vater, aber der war wieder bei seiner Arbeit und versuchte gerade, eine neue Lackdose zu öffnen. Die ganze Szene war unwirklich. Wir saßen auf dieser herrlichen Jacht, es war ein sonniger, milder Morgen, und wir hörten uns eine Vorlesung in Betriebswirtschaft an. Ich hatte plötzlich zum ersten Mal das Gefühl, zu verstehen, warum mein Vater so viel Zeit hier verbrachte. Das Wasser bewegte sich kaum, die Luft war frisch und sauber vom nächtlichen Regen. Phil schien das nicht zu bemerken. Konzentriert, das Kinn in die Hand gestützt, hörte er zu. Er hatte sein Notizbuch hervorgeholt (er war schon immer einer der Jungs, die Notizbücher bei sich haben) und schrieb hin und wieder etwas auf.

„Aber da gibt es eine Falle", fuhr Harry fort. „Oder besser gesagt, mehrere Fallen. Erstens funktionieren Skaleneffekte nur, wenn du wirklich genau das gleiche Produkt verkaufst. Varianz ist teuer, und wenn du die Anzahl der Varianten verdoppelst, dann hast du keine Einsparung mehr, sondern stattdessen Zusatzkosten von zehn Prozent. Leider ist es aber so, dass die meisten Kunden kundenspezifisch modifizierte Produkte möchten. Also selbst wenn dein Produkt ‚im Prinzip' immer gleich ist, verkaufst du am Ende trotzdem nicht das gleiche Produkt. Damit kannst du Skaleneffekte vergessen, es passiert genau das Gegenteil, deine Kosten steigen mit steigender Menge." Er ließ seine Worte wirken und goss den Getränkerest in seinem Becher über die Reling.

„Zweitens steigen die Anforderungen an die Organisation, wenn dein Unternehmen wächst, und das bedeutet im Normalfall mehr indirekte Kosten. Das heißt, deine Vorteile durch eventuelle Skaleneffekte dürfen nicht durch den Anstieg der Managementkosten aufgefressen werden. Hier liegt der Grund, warum nur 20 Prozent aller Unternehmensfusionen erfolgreich sind. Man kann schon eine Firma kaufen, die ein gleiches oder ähnliches Produkt herstellt. Aber wenn es anschließend nicht gelingt, eine der beiden Managementstrukturen abzubauen, dann hat man nichts gewonnen. Nach dem, was Sie gesagt haben, haben Sie da ja ganz gut angefangen, aber die Kosten der ganzen indirekten Strukturen eines Unternehmens in den Griff zu bekommen, ist nicht so einfach, wie es aussehen mag. Denn Unternehmen brauchen diese Strukturen – ganz egal, wie ineffizient sie sind." Er nahm einen Schluck direkt aus seiner Flasche. „Stimmt's?"

Phil nickte mürrisch.

„Und dann kommt der entscheidende Punkt. Denn je mehr Sie verkaufen, desto mehr müssen Sie vorfinanzieren. Der Materialanteil Ihrer Produkte ist hoch, haben Sie gesagt. Und wenn Sie das dann alles irgendwie verstanden und geregelt bekommen haben, dann stellen Sie fest, dass Sie, um wirklich jederzeit lieferfähig zu sein, von allem viel mehr auf Lager haben müssen, als Sie sich ausgerechnet haben."

„Das trifft es recht gut", sagte Phil und schob seine Brille auf seiner Nase hoch. „Unsere Idee war, mit dem Kauf der Firma unsere Technologie schneller am Markt zu platzieren. Nachdem wir zuerst die Fertigung, die dem vorherigen Management anscheinend völlig egal war, auf Vordermann gebracht hatten, haben wir die indirekten Personalkosten drastisch reduziert. Wir sind das Thema ‚Produktionsunterbrechungen' aufgrund von Fehlteilen massiv angegangen. Es ist nicht so, dass das alles keine Auswirkungen gehabt hätte, aber es ist bei Weitem noch nicht genug. Unsere Liquidität ist katastrophal, und weil wir unsere alte Firma beleihen mussten, um den Kauf überhaupt gestemmt zu bekommen, stehen wir jetzt komplett mit dem Rücken zur Wand."

„Ihnen scheint das alles doch nicht so fremd zu sein", sagte ich zu Harry. „Was kann er machen, um das wieder hinzubekommen?"

Er schaute mich zweifelnd an.

„Schwer zu sagen", meinte er dann stirnrunzelnd. „Es gibt drei Ansätze, die helfen können, eine Firma, die vor der Zahlungsunfähigkeit steht, zu drehen.

Als Erstes muss man sofort alles bleiben lassen, was keinen Profit bringt, und man muss sofort aufhören, gutes Geld schlechtem hinterherzuwerfen. Alles, was noch an Geld da ist, darf nur für Dinge ausgegeben werden, die sofort Profit bringen oder das größte Marktpotenzial haben. Als Zweites werden die Lieferanten unter Druck gesetzt – das war immer mein Job. Als Drittes muss die Produktion verbessert werden, aber da kenne ich mich nicht aus. Da ist Ihr Vater der Spezialist."

Er schüttelte den Kopf. „Ich wüsste nicht, was sie bezüglich der Finanzen groß tun könnten. Warum glauben Sie, gehen so viele Unternehmen jedes Jahr pleite? Ihnen passiert genau das, was Ihnen gerade passiert." Er spielte mit seiner Flasche. „Ich habe das so oft mitbekommen, ich weiß genau, warum und wie das passiert. Aber das heißt leider nicht, dass ich auch wüsste, was man dagegen tun kann. Bob hat vielleicht ein paar Ideen", fügte er dann nachdenklich hinzu.

„Eher nicht", protestierte mein Vater.

„Warum nicht?"

Mein Vater fixierte mich lange mit seinen Falkenaugen, dann breitete er in einer hilflosen Geste die Arme aus. „Es gibt so viele Gründe, ich wüsste gar nicht, wo ich anfangen sollte."

„Zum Beispiel?" Ich ließ nicht locker. Er schwieg einen Moment.

„Für den Anfang müsste ich zum Beispiel in seine Firma gehen", antwortete er dann gereizt. „Aber ich habe mir geschworen, dass ich nie wieder in meinem Leben einen Fuß in eine Fabrik setze."

„Aber was soll ich dann jetzt machen?", sagte Phil plötzlich klagend, und zu unserer Bestürzung merkten wir, dass er kurz vor dem Weinen stand. Eine Möwe schrie laut und gellend.

Kapitel 2: Gold im Fluss

Mein Vater ist kein böser Mensch. Wirklich nicht. Man muss einfach irgendwann lernen, mit seiner Art der Kommunikation klarzukommen. Wir schlossen das Boot ab, begleiteten Harry zurück zum Jachtklub und stiegen in mein altes Auto. Auf dem Weg zu seiner Fabrik plapperte Phil unentwegt und erzählte von seiner Firma und der von ihm entwickelten Technologie. Ich verstand nur Bahnhof. Mein Vater sprach wenig und schien interessiert. Was immer man auch gegen ihn sagen konnte – er war auf jeden Fall ein guter Zuhörer. Als Phil in seinem Vortrag ihn wieder mal mit „Mister Woods" anredete, unterbrach er ihn kurz mit den Worten: „Ich heiße Bob." Ich versuchte mich aufs Fahren zu konzentrieren, während ich Phils gelegentlichen Anweisungen folgte, die uns in ein Industriegebiet brachten, hauptsächlich bestehend aus wellblechverkleideten Fabrikhallen, hohen Sicherheitszäunen und grauen Betongebäuden. Zum Schluss bogen wir in eine Auffahrt ein und blieben vor einem cremefarbenen Gebäude stehen, das aussah wie eine überdimensionierte Plastikschachtel mit Glasfront.

Es sah nicht besonders aus, aber der Rasen war gemäht, die Beschilderung ordentlich, und das Logo der Firma meines Freundes mit den Buchstaben IEV (für „Industrial Extreme Vacuum") und einem kitschigen Blitz prangte stolz vor dem Eingang.

„Matt ist nicht da", sagte Phil, während er vor uns durch die Tür in die Lobby ging. „Ich bringe euch zu Dave Koslowsky. Er ist unser Produktionsleiter."

„Ich möchte lieber mit niemandem sprechen", sagte mein Vater schroff. „Zeig uns die Produktion."

Phil führte uns durch einen Gang mit verglasten Wänden, hinter denen ein Großraumbüro lag, in dem viele Menschen, getrennt durch halbhohe Stellwände, beschäftigt waren. Am Ende des Ganges führte eine schwere Tür in die Produktion, und mir wurde klar, dass ich noch niemals in einer Fabrik war, obwohl zu Hause immer sehr viel von Fabriken gesprochen wurde. Es war überwältigend – die Menschen, die Maschinen, der Lärm. Ich konnte nichts mit alldem anfangen, aber ich sah, wie mein Vater alles mit einem Seufzen förmlich aufsog. Er kannte, was er sah, und er wusste, wonach er suchen musste.

Phil führte uns zu einer Vitrine, in der sowohl verschiedene Fertigprodukte als auch die einzelnen Komponenten, aus denen sie aufgebaut wurden, ausgestellt waren.

„Das hier ist der Vakuumkern", erklärte er und hielt eine Art Kapsel aus weißer Keramik in Bierdosengröße hoch. „Unsere Entwicklung ermöglichte es uns, die Leistungsdichte zu erhöhen, sodass unsere Kerne kleiner und besser sind als die herkömmlichen." Er zeigte auf ein ähnlich aussehendes Teil in der Größe einer Mineralwasserflasche. „Die neuen arbeiten effizienter, die Qualität ist besser und sie halten länger. Die Nachfrage bei Neuinstallationen ist auch sehr gut, aber wir können sie nicht in vorhandenen Anlagen einsetzen, da passen sie nicht.

Und hier sehen wir das fertige Produkt", sagte er und schlug mit der flachen Hand auf eine gedrungene, hässliche Metallkiste, die ungefähr die Größe eines der Trolleys hatte, mit denen Stewardessen die Getränke bringen. Oben auf der Kiste war eine Instrumententafel befestigt. „In diesem Schrank befinden sich die Sicherungsautomaten, einer für jeden Stromkreis", sagte er und zeigte auf eine paar der Kerne, die dort zusammen mit unterschiedlichen mechanischen und elektrischen Bauteilen verbaut waren. „Das sind also die Geräte, die sicherstellen, dass bei elektrischen Überlastungen in Fabriken oder Kraftwerken die Stromkreise unterbrochen werden.

Wir montieren hier die Sicherungsautomaten und bauen sie in diese Schaltschränke ein. Die Instrumententafeln erhalten wir von unseren Kunden – sie sind jedes Mal anders – und schließen sie dann an. Unsere Technologie braucht weniger Platz, das heißt, wir können mehr Sicherungsautomaten in einen Schaltschrank einbauen und damit mehr Stromkreise absichern. Die Nachfrage nach solchen Lösungen steigt.

Wir bauen die Schaltschränke in einer Abteilung, die Sicherungsautomaten mit den Kernen in einer anderen. Dann wird die – gekaufte – Platine in den Schrank eingebaut, der Sicherungsautomat montiert, das Ganze verkabelt, anschließend noch die kundenspezifische Instrumententafel angeschlossen und, *voilà*, unser Produkt ist fertig. Das war zwar jetzt extrem vereinfacht dargestellt, aber es beschreibt das Prinzip."

„Und diese neuen Vakuumkerne sind die Teile, die du in deiner bisherigen Fabrik gebaut hast?", erkundigte sich mein Vater.

„Ja. Aber hier in diesem Werk machen wir auch weiterhin noch die alten Kerne. Man muss dazu wissen, dass die neuen Kerne bei viel höheren Temperaturen gebrannt werden müssen und dass die Materialzusammensetzung anders ist. In diesem Bereich habe ich ursprünglich geforscht."

„Warum verkaufst du nicht einfach nur die Kerne?", hakte mein Vater nach und wich damit geschickt einem Vortrag von Phil über Hochtemperaturwerkstoffe aus.

„Gute Frage", Phil runzelte die Stirn. „Wir haben darüber nachgedacht. Die neuen Kerne bringen eine immense Verbesserung, aber wir könnten nicht genug davon verkaufen. Der Grund ist, dass sie recht schwierig in die Sicherungsautomaten einzubauen sind. Unsere Kunden hatten damit Probleme. Wir waren so weit, dass wir eine eigene Produktion von null an aufbauen wollten, aber dann ergab sich die Gelegenheit mit dieser Fabrik hier.

Wir machen nun nichts anderes, als dass wir ihre Sicherungsautomaten an unsere neue Technologie anpassen, und damit können wir dann mehr Geld verdienen. Wir bauen nun also den kompletten maßgeschneiderten Schaltschrank für die Sicherungsautomaten, und unser Kunde schließt diesen dann einfach an seine Anlage an. Da liegt der Gewinn, und deshalb haben wir auch diese Fabrik gekauft. Wir wollten in der Nahrungskette etwas höher steigen."

„Okay. Abgesehen von den Kernen kosten die Vorprodukte wahrscheinlich nicht sonderlich viel, aber die Fertigung und die Montage sind recht arbeitsintensiv, oder?", fragte mein Vater.

„Das stimmt", sagte Phil kläglich. „Wir hatten überhaupt keine Ahnung, wie man ein Unternehmen mit so vielen Mitarbeitern führt. Uns war nicht klar, was das alles mit sich bringt. Diese Vakuumkerne herzustellen, ist ein hoch technisierter Prozess, man braucht nur eine Handvoll Leute dazu. Es sind nur ein paar Prozessschritte, und man muss fast keine Teile zukaufen. Aber das komplette Produkt herzustellen, ist eine ganz andere Nummer.

Aber wie auch immer. Wir verkaufen vier verschiedene Typen von Sicherungsschaltschränken. Die größte Stückzahl hat der STR. Wir verwenden dafür unsere neuen kompakten Kerne, das heißt, wir bekommen vier Sicherungsautomaten in einen sehr schmalen Schrank. Das ist der mit Abstand beste Sicherungsschaltschrank im Markt, und Matt sagt, dass wir davon beliebig viele verkaufen könnten. Ich bin da nicht ganz so sicher, weil dieser Schrank nicht zu den alten Systemen auf dem Markt kompatibel ist. Außerdem eignet sich diese Technik am besten für Hochleistungssysteme, und es werden nicht ständig neue Kraftwerke gebaut.

Dann haben wir noch zwei weitere Produkte, in denen unsere neue Technologie zum Einsatz kommt. Der QST-1 und der QST-2 nutzen beide unsern Q-Kern, der für etwas niedrigere Leistungen eingesetzt wird. Der QST-1 enthält vier Sicherungsautomaten, der QST-2 drei. Und dann gibt es noch den DG, der nur einen Sicherungsautomaten mit der alten Technologie enthält", sagte er und wies auf einen großen Metallschrank. „Die DG werden als Ersatzschränke in älteren Kraftwerken eingesetzt. Wie man sieht, braucht diese Technik wesentlich mehr Platz, das heißt, die Schaltschränke sind deutlich größer."

„Ich versteh nicht sehr viel vom Anlagenbau", brummelte mein Vater. „Ist irgendetwas von dem hier eine Art Industriestandard?"

„Nicht wirklich", Phil zuckte mit den Schultern. „Die Kerne und die Sicherungsautomaten sind Standard, wenn man die Aufgabe betrachtet, die sie erfüllen. Allerdings werden fast alle Schränke kundenspezifisch angepasst. Dies betrifft meist die Schnittstelle von der Platine zur Instrumententafel. Die Platinen und die Instrumententafeln produzieren wir nicht selbst, aber auch hier verlangen die Kunden oft Anpassungen. Wir müssen dann all diese Dinge in unseren Schrank einpassen. Die ganzen Entwickler, die ihr vorhin gesehen habt, machen nichts anderes als diese Anpassungen."

„Okay", murmelte mein Vater mit zweifelndem Gesichtsausdruck.

„Das ganze Produkt wird, nachdem der Kern fertig ist, in vier Schritten montiert", fuhr Phil fort und zeigte uns ein Diagramm, das den Montageprozess zeigte. „Zuerst wird der Sicherungsautomat zusammengebaut. Das sind hauptsächlich mechanische Bauteile, bis auf einen Motor, der den Kern nach einer Unterbrechung des Stromkreises wieder in Position fährt. Sieht aus wie ein Bohrmaschinenmotor und kommt auch vom gleichen Lieferanten. Danach wird der Kern in den Sicherungsautomaten eingebaut. Das ist eine recht kniffelige Angelegenheit, da muss fast immer etwas angepasst werden. Danach wird alles verkabelt und kommt auf das Prüfgerät, um zu prüfen, ob alles funktioniert, wie es soll. Wenn der Automat in Ordnung ist – und wir haben viele, die nicht in Ordnung sind und in denen wir dann Bauteile wechseln müssen –, wird er in den Schaltschrank eingebaut und mit der Platine und der Instrumententafel verbunden. Und auch da steckt wieder jede Menge Anpassungsarbeit dahinter.

„Wenn wir so weit sind …" „Lass gut sein, Junge. Zeig mir das Werk", unterbrach ihn mein Vater.

Phil stand einen Moment stocksteif da, den Mund noch einen Moment lang offen, dann murmelte er: „Hier entlang, bitte", und ging voraus.

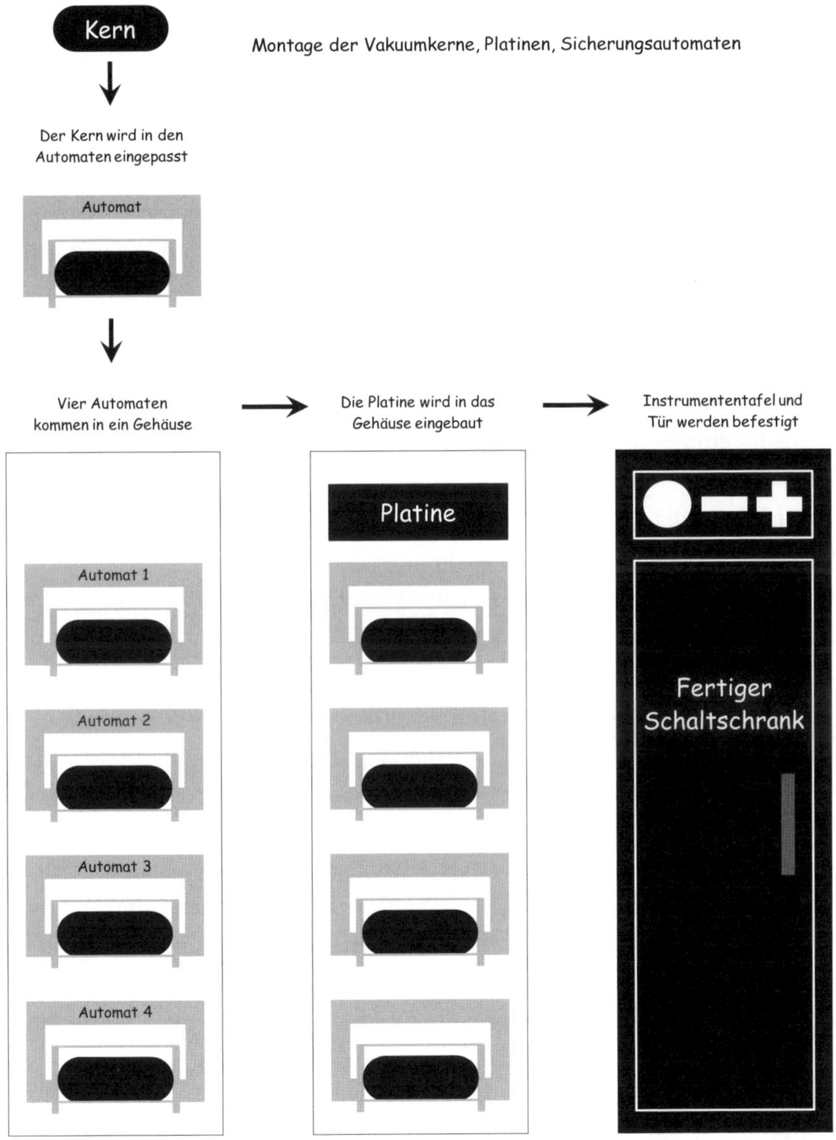

Ich folgte ihnen und versuchte, meinen Ärger über Vaters ungehobelte Manieren runterzuschlucken. Das Werk war groß und wirkte geschäftig. Rohre und Kabel liefen entlang der Decke und an Pfeilern, und Leute bohrten und frästen zwischen Gestellen voller seltsamer Teile und Anlagen. Es roch nach großen, menschenleeren

Fabrikhallen, nach Öl und nach Metallstaub. Ein lautes rhythmisches Stampfen lag in der Luft. Ich hatte das Gefühl, durch eine riesige Werkstatt zu gehen – das war nicht unbedingt der Platz, an dem ich sein wollte, während draußen die Sonne schien.

Zu Phils Ehrenrettung muss man sagen, dass es sehr sauber wirkte, wenn auch alles mit einer schmutzig grünen Farbe gestrichen war. Die Wege waren klar markiert, und ich schaffte es recht gut, außerhalb der Reichweite der Stapler zu bleiben, die hupend um die Ecken fuhren. Phil führte uns zu einer großen gläsernen Kabine. Durch das getönte Glas konnten wir einen klinisch weißen Raum erkennen, der mehr einem Labor als einer Fabrik glich.

„Hier machen wir die alten Kerne. Wir müssen uns einen Overall überziehen, wenn wir hineingehen wollen. Die Kerne müssen in einer staubfreien Umgebung gefertigt werden."

„Lass mal", sagte mein Vater. „Ich sehe, dass du recht viele Kerne auf den Gestellen hast."

„Prozesszeit", sagte Phil mit einem schwachen Lächeln. „Das ist nicht alles nur Bestand. Die Kerne müssen 24 Stunden lang abkühlen, bevor wir sie weiterverarbeiten können."

„Das ändert nichts daran, dass hier 24 Stunden lang Kapital rumsitzt", meinte mein Vater trocken.

„Heißt das, du musst Material kaufen und bezahlen, kannst es dann aber gar nicht gleich verwenden?", fragte ich und kam mir dabei vor wie ein Idiot.

„Genau so sieht es aus, Mickey", sagte mein Vater, den Kosenamen meiner Kindheit verwendend. „Und das ist das ganze Problem. Du musst zuerst einmal die ganzen Vormaterialien kaufen, dann bezahlst du die Mitarbeiter, und am Ende, wenn du das Produkt verkauft hast, bekommst du dann das Geld von deinem Kunden. Aber bis es so weit ist, musst du alles vorfinanzieren – und je länger es dauert, bis du das Geld vom Kunden bekommst, desto teurer ist das für dich."

„Und hier sind die Materialien auch noch teuer."

„Das kommt erschwerend hinzu, richtig."

„Aber das Problem haben doch alle, oder nicht?", fragte Phil.

„Natürlich, aber nicht in derselben Ausprägung. Ein Supermarkt bekommt das Geld von seinen Kunden, bevor er seine Lieferanten bezahlen muss. Das heißt, er bekommt Geld für Produkte, für die er noch nichts bezahlt hat – kein schlechtes Geschäftsmodell", fügte mein Vater mit einem Grinsen hinzu. „Aber ja, alle haben dasselbe Problem. Der Trick ist, die richtige Antwort darauf zu finden – wobei es leider keine Standardantwort gibt. Das hängt alles von deinen Kunden und deinem Geschäftsmodell ab."

„Hier drüben werden die Schaltschränke gemacht. Schneiden, umformen, biegen und schweißen", fuhr Phil fort und wies auf einen chaotisch wirkenden Bereich voller Anlagen, Paletten und Menschen hin. „Hier werden die Metallteile gefertigt. Und ja", sagte er und warf meinem Vater einen Seitenblick zu, „das ist alles Bestand." Wir passierten ein Regal voller Gestelle mit Blechen verschiedener Größe. „Das Problem ist uns schon bewusst", fügte er hinzu. „Wir nennen das Regal hier ‚die Wand'. Aber alle Versuche, das in den Griff zu bekommen, scheiterten daran, dass der Produktion dann wieder Teile fehlten."

Mein Vater sagte nichts, sondern schüttelte nur den Kopf.

„Und hier drüben haben wir nun das, was wir neu eingeführt haben, als wir das Werk übernahmen", sagte Phil. „Drei Montagelinien spezialisiert auf bestimmte Produkte. Die erste Linie montiert den STR, einschließlich des Kerns. Die zweite Linie produziert die beiden Varianten des QST, und die dritte ist die DG-Linie, aber die läuft nicht ständig."

„Zwei Schichten oder eine?", fragte mein Vater.

„Eine. Wir arbeiten von acht Uhr bis Mittag, dann eine Stunde Pause und dann wieder von ein Uhr bis fünf Uhr. Vormittags und nachmittags gibt es noch eine kurze Kaffeepause. Wir haben uns überlegt, in zwei Schichten zu gehen, aber wir haben nicht genug Leute und können es uns nicht erlauben, mehr Mitarbeiter einzustellen."

„Hättet ihr genug Aufträge, um zwei Schichten auszulasten?"

„Matt meint ja", sagte Phil ausweichend. „Wir haben derzeit einen Rückstand, also vermute ich, dass er recht hat. Was die STR betrifft, auf jeden Fall. Aber darüber brauchen wir gar nicht nachzudenken. Wir können keine zweite Schicht bezahlen."

An den Montagelinien arbeiten die Werker über ihre Tische gebeugt an irgendwelchen Vorrichtungen und Bauteilen, und ich hatte keine Vorstellung davon, wie sich diese dann am Ende in die fertigen Produkte verwandeln würden.

„Nach der Montage geht der fertige Sicherungsautomat mit dem Kern zum Testen dort drüben", sagte Phil und zeigte auf einen abgegrenzten Bereich. Eine Anzahl Sicherungsautomaten wartete in Regalen davor. „Das Testen der Automaten ist eine recht diffizile Sache. Wir arbeiten hier mit extrem hohen Spannungen, deshalb müssen wir auch sicherstellen, dass nicht jeder in diesen Bereich kommt. Das ist auch der Grund, warum die Tester nicht in die Montagelinien integriert sind."

Mein Vater drehte sich um und rief: „Was ist denn das für ein Monster?"

„Bitte?", Phil schaute ihn perplex an.

„Der Förderer. Schau dir das mal an!"

Eine ganze Reihe von Schaltschränken hing an Haken von einer massiven Führungsschiene, die an der Decke angebracht war. Es sah aus wie Schweinehälften im Schlachthof. Mitarbeiter an verschiedenen Arbeitsstationen bauten Sicherungsautomaten in die Schränke und schoben sie dann am Haken weiter zur nächsten Station, wo die Automaten verkabelt, die Platinen eingepasst oder die Instrumententafeln verbunden wurden. Zwischen den einzelnen Stationen hing eine Anzahl wartender Schränke.

„Ah, hier werden die einzelnen Komponenten in das Schaltschrankgehäuse eingebaut. Die Gehäuse werden über den Förderer zugeführt und sind damit rundum zugänglich. Speziell die Verkabelung ist nicht einfach durchzuführen, und der Mitarbeiter muss von allen Seiten an den Schrank herankönnen – auch von unten. Am Ende wird dann noch die Instrumententafel befestigt und verbunden, dann wird der Schrank geschlossen."

„Bewegt sich das nicht?", fragte mein Vater und starrte zweifelnd an die Decke.

„Nicht automatisch", antwortete Phil. „Es ist kein herkömmlicher Förderer. Es geht vor allem darum, die Schränke in der richtigen Arbeitshöhe zu halten und dem Mitarbeiter zu ermöglichen, von allen Seiten heranzukommen. Der Förderer hat keinen Antrieb. Wenn ein Mitarbeiter fertig ist, dann schiebt er den Schrank weiter zum nächsten Arbeitsplatz."

„Und alle Produkte laufen für die Endmontage über diese Linie?"

„Ja", bestätigte Phil. „Deshalb haben wir gelegentliche Stauprobleme an der Stelle, wo die Vorproduktion den Förderer bestückt. Aber wie auch immer, die Fertigung ist hier zu Ende. Ihr seht dort drüben, wie die Schränke heruntergenommen und auf Paletten gestellt werden. Danach werden sie von Staplern zum Abschlusstest gefahren. Dort stellt sich leider öfter heraus, dass die Automaten nicht so funktionieren, wie sie sollten, das heißt, wir wechseln dort auch noch einzelne Komponenten aus. Wenn dann alles funktioniert, gehen die Schränke zum Verpacken und anschließend in den Versand."

Er führte uns erst durch den Packbereich, und anschließend folgten wir einem Gang, der die Länge der Fabrikationshalle hatte. An seinen Wänden waren Regale aufgestellt, die voller unterschiedlichster Komponenten waren. Am Ende des Ganges war der Versand. Ein paar Mitarbeiter sicherten die in Kisten verpackten Schaltschränke mit Stretchfolie auf den Transportpaletten. Weiter hinten wurden Paletten mit Kartonagen von einem Lastwagen entladen. Der ganze Bereich sah aus, als wäre dort gerade ein Flugzeug abgestürzt.

„Ja, ich weiß", sagte Phil und wischte sich über das Gesicht. „Es sieht chaotisch aus. Aber es ist schon viel besser als vorher, das könnt ihr mir glauben. Auf jeden Fall, das war's so weit. Wenn ihr hierherkommt", er zeigte auf eine Tür, die zu den Büros führte, „dann seht ihr ein Layout des ganzen Werks".

Er wandte sich an meinen Vater: „Was denkst du?"

„Na ja", sagte mein Vater und ließ seinen Blick über den Bereich schweifen. „Ich kenne jetzt dein Lager. Aber wo ist deine Fertigung?"

„Autsch", sagte Phil geknickt.

„Sieh es mal so", fuhr mein Vater fort. „Du hast drei große Materialhaufen, und dazwischen produzierst du ein wenig. Du hast eine Unmenge Vakuumkerne dort drüben in deinem Glaskasten, du hast Berge von Metallteilen in den Gängen, du hast Regale voller fertig montierter Sicherungsautomaten hinter den Testern und jede Menge Schränke von der Decke hängen. Was erwartest du? Alles, was hier passiert, ist, dass Sachen entweder gelagert oder transportiert werden. Alles keine besonders sinnvollen Aktivitäten."

„Warum meinst du das?", fragte ich Vater. In meinen Augen wurde hier richtig viel gearbeitet, es ging zu wie in einem Bienenstock. Ich war zwar nie zuvor in einer Fabrik gewesen, aber alles sah aus, wie ich es erwartet hatte, und ich hatte auch nicht den Eindruck, dass hier Dinge falsch gemacht wurden. Nachdem ich mich an den Lärm gewöhnt hatte, hatte das Werk nichts mehr mit den „dunklen, höllischen Tretmühlen" zu tun, die mein Vater immer so beschworen hatte.

„Lass es mich anders formulieren", sagte mein Vater, und das war sein standardisierter Gesprächseinstieg, wenn es darum ging, jemanden fertigzumachen. „Ich verstehe nichts von deiner Branche. Also versuche ich einfach, deine Fertigung hier mit den Augen eines Kunden zu sehen."

„Die Stimme des Kunden, das kenne ich – wir haben diese Workshops mit den Beratern gemacht", unterbrach Phil und weckte damit ein Flackern im starren Blick meines Vaters.

„Berater. Genau. Und das ist das, was dabei herauskommt. Nehmen wir einmal an, ich hätte keine Ahnung von dem, was hier passiert. Dann würde ich mir um zwei Dinge Sorgen machen:

- die Qualität der Produkte und

- die Ineffizienzen, die ich überall sehe, weil ich wüsste, dass sich all das im Preis niederschlagen wird."

„Unsere Qualität ist nicht so schlecht", wagte Phil zu widersprechen. „Wir hatten gerade mal fünf Reklamationen in den letzten Monaten. Und das bei über 1000 gelieferten Produkten. Fünf von 1000, das ist ..."

„Fünf von 1000? Das ist skandalös schlecht", schnitt ihm Vater das Wort ab. „Aber lass das mal. Darum geht es im Moment noch nicht. Ich möchte erst mal sehen, wie ihr die Qualität in das Produkt einbaut."

Phil schaute ihn verwirrt an und griff automatisch nach seinem Notizbuch.

„Schauen wir mal deinen Prozess an. Ich bin sicher, dass an verschiedenen Stellen Fehler passieren. Aber ich sehe nichts. Das heißt, es gibt kein System, das mir zeigt, wann ein Teil fehlerhaft ist. In anderen Worten: Immer wenn ein fehlerhaftes Teil hergestellt wird, gibt es keine Garantie dafür, dass es nicht auf irgendeinem verschlungenen Weg wieder in den Prozess zurückkehrt."

„Aber unsere Leute sind darin ausgebildet, Fehler zu finden und fehlerhafte Produkte vom normalen Materialfluss zu trennen."

„Du hast mich gefragt, mein Junge. Und wenn ich ein Kunde wäre, würde ich mir Sorgen machen. Du kannst mir jetzt erzählen, was du willst, aber ich sehe kein System, das sicherstellt, dass alle Fehler zu jedem Zeitpunkt gefunden werden und dass defekte Produkte von guten Produkten getrennt werden. Außerdem glaube ich nicht, dass irgendjemand den Ursachen von diesen Fehlern nachgeht. All das sagt mir, dass du deine Qualität nicht im Griff hast."

„Und unsere Testgeräte? Du hast gesehen, wie wir unsere Produkte testen. Und die Tests sind extrem gründlich."

Mein Vater sah Phil abwägend an und antwortete dann: „Alles schön und gut. Aber die Tests sagen mir nicht, wie ihr sicherstellt, dass eure Produkte gleich richtig hergestellt werden. Oder besser gesagt, was der Grund dafür ist, dass sie eben nicht gleich richtig hergestellt wurden. Jeder Fehler, der bei einem Test hochpoppt, wurde vorher dort hineingebaut. Der Fehler ist das Ergebnis von Arbeit – wenn auch von schlechter Arbeit. Mach dir da nichts vor. Weißt du, wie viele defekte Teile ihr in jeder Testphase habt?"

„Ich weiß es nicht", murmelte Phil. „Dave wüsste das sicher. Ich suche ihn, er kann es uns sagen."

„Vergiss es. Ich habe dir gesagt, dass ich mit niemandem reden will", gab mein Vater schroff zurück. „Aber darum geht es ja auch gar nicht. Was mir Sorgen macht, ist die schlechte Qualität in deiner Produktion. Fünf defekte Fertigprodukte von 1000 ist in meinen Augen eine Katastrophe. So oft gehen bei Fluglinien Koffer verloren. Bist du damit zufrieden?"

„Was ist mit den Ineffizienzen?", fragte ich, bevor er sich zu sehr auf Phil einschoss.

„Okay. Also alles, was den Wert des Produkts nicht erhöht, ist ineffizient, stimmt's? Wenn ich also durch eine Fertigung gehe, dann schaue ich als Erstes auf die Werker. Ich zähle einfach:

- Wie viele Werker arbeiten gerade am Produkt?
- Wie viele warten gerade?
- Wie viele bewegen oder fahren Teile?
- Wie viele stehen rum?
- Wie viele unterhalten sich, wie die zwei dort drüben?
- Wie viele sprechen mit ihrem Vorgesetzten?

Das Verhältnis zwischen Werkern, die arbeiten, und der Gesamtzahl der Werker gibt mir ein Gefühl dafür, wie effizient ein Prozess ist."

Phil starrte meinen Vater einen Moment an, dann schaute er herum und zählte. Ich bin kein Zahlenmensch, aber es war offensichtlich, dass auf jeden Mitarbeiter, der an einem Produkt arbeitete, zwei oder drei kamen, die etwas anderes taten.

„Das ist nicht fair, Dad", protestierte ich. „Nur weil sie nicht direkt an den Produkten arbeiten, kann man nicht sagen, dass sie nicht arbeiten."

„Das habe ich auch nicht gesagt", entgegnete mein Vater knapp. „Ich bin sogar davon überzeugt, dass all diese Leute ihre Arbeit machen. Und das ist der springende Punkt. Schau dir doch mal zum Beispiel die Frau da drüben an, die anscheinend irgendein Teil sucht. Natürlich ist das Arbeit – aber dadurch gewinnt das Produkt nicht an Wert! Was ich also sage, ist, dass ihr einen anderen Ansatz braucht, genauer gesagt, dass ihr zwischen Bewegung und Arbeit unterscheiden müsst."

„Arbeit erhöht den Wert des Produkts, und alles andere ist nur Bewegung. Kann man das so sagen?", fragte Phil.

„Genau. Und die Fertigung in einer Fabrik zu verbessern bedeutet, Bewegung in Arbeit zu überführen."

Phil öffnete den Mund, sagte aber nichts. Er stand nur da, betrachtete die Produktionshalle und sah zutiefst unglücklich aus.

„Als Nächstes müssen wir uns deine Bestände anschauen", fuhr mein Vater unerbittlich fort. „Dafür gilt dasselbe analog. Jedes Teil, das nicht in Bearbeitung ist, ist ein

Zeichen für Ineffizienz. Du hast dafür bezahlt, aber du erhöhst seinen Wert nicht. Es liegt herum und verstaubt. Das ist ineffizient."

„Okay, okay", räumte Phil ein, „ich sehe, worauf du hinauswillst. Aber du musst verstehen ..."

„Ich muss gar nichts verstehen, mein Junge. Aber ich weiß, dass alle diese Ineffizienzen sich in Kosten niederschlagen. Und wenn ich dein Kunde wäre, dann wäre mir klar, dass – vorausgesetzt, dass du mit deiner Firma überleben willst – all diese Kosten in den Preis einfließen. Den Preis, den am Ende ich bezahlen muss."

„Aber wir haben doch schon so viel erreicht."

Vater zuckte mit den Schultern und wandte sich zum Gehen.

„Komm schon, Dad, jetzt sei nicht so. Hör dir wenigstens an, was Phil bisher schon gemacht hat."

Mein Vater starrte mich einen Moment lang auf seine unangenehme Weise an, dann entspannte er sich mit einem Seufzer. „Okay, erzähl."

„Für euch sieht das alles hier nicht besonders aus, aber ihr hättet es sehen sollen, als wir das Werk übernommen haben. Die Arbeitsstationen waren vor Material kaum zu sehen. Das Zeug hat sich bis unter die Decke gestapelt!"

„Kann ich mir vorstellen", murmelte mein Vater und nickte gewichtig.

„Als wir anfingen, hatte das Werk fünf Produktionsabteilungen:

- Montage der Gehäuse für die Sicherungsautomaten,
- Einbau der Motoren und der Kerne in die Gehäuse,
- Verkabelung,
- Testen,
- Endmontage der Sicherungsautomaten, der Platinen und der Instrumententafel in den Schaltschrank.

Jede Abteilung hat alle Produkte bearbeitet. Die Gehäusemontage hat die Gehäuse für alle Sicherungsautomaten gefertigt. Anschließend kamen diese Gehäuse in die nächste Abteilung, die den Motor einbaute, dann ging es zum Verkabeln. Dann zurück zum Einbau der Kerne, dann wieder zum Verkabeln, dann zum Testen und zum Schluss in die Endmontage.

Die Bestände in jeder Abteilung waren extrem. Türme bis zur Decke. Wir holten Unternehmensberater herein. Sie halfen uns, Produktfamilien zu definieren – die vier, die ich eingangs erwähnt habe. Wegen der vielen Kundenanpassungen war es uns bis dahin gar nicht klar, dass wir so etwas wie Produktfamilien überhaupt hatten!

Dann wurden die Abteilungen aufgeteilt, und wir bauten die Produktionslinien auf, die wir gesehen haben. Das war eine Revolution, das könnt ihr mir glauben. Wir haben den Bestand glatt halbiert", Phil war plötzlich wie aufgedreht. „Und die Durchlaufzeit genauso. Es war unglaublich. Ihr hättet einfach sehen müssen, wie es hier vorher aussah. Ich weiß, dass wir nicht besonders gut sind. Aber das vorher war eine Katastrophe."

„Warum habt ihr die Endmontage nicht auch in Linien aufgeteilt?", fragte ich.

„Darüber haben wir nächtelang diskutiert. Letztendlich liegt es am Geld. Wir können uns schlichtweg keine weiteren Linien leisten."

„Also ich habe verstanden", sagte ich, „dass mit dem alten Layout viel mehr Material transportiert wurde."

„Das kannst du laut sagen. So viel zum Thema ‚Bewegung'."

„Wenn du alles schon so gut im Griff hast", sagte mein Vater kühl, „wo ist dann das Problem?" Phil stand einen Moment da wie ein begossener Pudel.

„Es reicht nicht", rief er dann hilflos. „Es ist nicht genug. Du hast doch selbst gesagt, dass alles hier noch voller Material ist. Zu viele Ineffizienzen. Und wir wissen nicht, was wir noch tun könnten."

„Na ja", sagte mein Vater nach einer unangenehmen Pause. „Das Übliche. Reduzierung der Verschwendung."

„Verschwendung?", fragte ich.

„Um effizient zu sein, gibt es einen Trick. Man muss die Wertschöpfung maximieren, also den Teil der Arbeit, für den der Kunde zu zahlen bereit ist. In jedem Arbeitsschritt gibt es etwas, das den Wert des Produkts erhöht, zum Beispiel das Festziehen einer Schraube. Es gibt weiterhin notwendige Elemente, wie zum Beispiel, diese Schraube dem Mitarbeiter zu geben. Und dann gibt es noch einen Riesenhaufen Verschwendung, und die können die meisten Menschen gar nicht sehen. Toyota hat dafür die sieben Arten der Verschwendung definiert:

- Überproduktion, das heißt, es wird mehr produziert als benötigt wird;
- Wartezeiten von Werkern, basierend auf einer schlechten Arbeitsabfolge;
- übermäßige Transporte durch einen Materialfluss, der weder gleichmäßig noch direkt ist;
- falsche Prozesse, mit denen Teile mehrfach bearbeitet werden müssen;
- Bestand, der über das unmittelbar Benötigte hinausgeht;
- Mitarbeiterbewegungen, die den Wert des Produkts nicht erhöhen;
- defekte Teile, die nachgearbeitet oder weggeworfen werden müssen.

Also ruf deine Berater an, sie sollen reinkommen und die Verschwendung reduzieren."

„Bitte versteh mich nicht falsch, aber das wissen wir schon", sagte Phil vorsichtig. „Unsere Berater kamen nicht mehr weiter, das ist das Problem. Der Grund dafür ist, dass der Widerstand in der Belegschaft gegen Veränderungen zu groß ist. Aber selbst das ist jetzt nicht mehr wichtig."

„Was meinst du damit: Das ist nicht mehr wichtig?", fragte mein Vater empört.

„Uns läuft die Zeit davon", antwortete Phil mit einer Spur Verzweiflung. „Egal, was wir im Bereich kontinuierlicher Verbesserung auch machen – es dauert ewig und löst nicht unser Problem. Wir sind erledigt!" Den letzten Satz schrie er beinahe.

Mein Vater schüttelte verärgert den Kopf in seiner unnachahmlichen Das-ist-doch-alles-nichts-Neues-Art und sagte ruhig: „So dramatisch ist es auch wieder nicht. Aber vielleicht sollten wir unsere Diskussion an einem ruhigeren Platz fortsetzen und nicht hier, mitten in der Produktion. Bekommt man bei dir auch einen Kaffee?"

Ich schaute mich um und sah tatsächlich einige Mitarbeiter, die uns mit einer Mischung aus Neugier und Trotz beobachteten. Die Firma hatte den Besitzer gewechselt und wurde komplett umorganisiert, und sie fragten sich gerade sicher, was nun diese seltsamen Besucher wohl sollten. Vielleicht wieder neue Kaufinteressenten? Eher nicht, dachte ich schmunzelnd, eingedenk der fleckigen Hosen meines Vaters, der eher wie ein Anstreicher daherkam. Phil führte uns in das Großraumbüro, in dem die Ingenieure saßen, an einer endlosen Reihe von abgetrennten Schreibtischen vorbei und schließlich in ein großes, freundliches Büro mit Erkerfenstern zum Parkplatz. Er bat uns, an einem runden Konferenztisch Platz zu nehmen, und ging dann hinaus, um Kaffee zu organisieren.

„Kannst du was machen?", fragte ich meinen Vater, aber er zuckte nur mit den Schultern. Sein grimmiger Blick ließ darauf schließen, dass er schon am Grübeln war.

„Okay Philip. Was hast du für ein Problem?"

„Wie schon gesagt. Wir sind nicht mehr liquide."

„Das habe ich verstanden", sagte Vater mit übertriebener Geduld. „Aber was ist das betriebswirtschaftliche Problem? Warum habt ihr keine liquiden Mittel mehr, wenn sich eure Produkte doch gut verkaufen?"

„Es sind eigentlich zwei Probleme", sagte Phil. „Erstens haben wir viel zu viel Bestand, der unser Kapital bindet, und zweitens sind unsere Fixkosten zu hoch. Wir wissen nicht, wie wir aus all dem, was wir bisher investiert haben, mehr herausholen können."

„Also gibt es einen Markt für eure Produkte?“

„Ja, speziell für die neuen Sachen. Mit der Produktion der STR sind wir bereits einen Monat im Rückstand, und das gilt auch für den QST. Matt schätzt, dass wir mit einer geringen Preisreduktion unsere Verkäufe verdoppeln könnten. Aber derzeit könnten wir den Aufbau der dazu notwendigen Kapazitäten überhaupt nicht finanzieren. Wir bräuchten mehr Platz, mehr Leute, mehr Anlagen. Dafür haben wir das Geld nicht.“

„Wenn du deinen Rückstand über Nacht abbauen könntest – würde es euch dann besser gehen?“

„Auf jeden Fall. Unsere Kunden zahlen pünktlich. Wenn wir den Rückstand abbauen könnten, ohne den Materialbestand zu erhöhen, hätten wir mehr Cash in der Tasche.“

„Dann, mein Junge, ist genau das die Lösung. Reduziere die Verschwendung und produziere dafür mehr. Die Nachfrage ist ja da.“

Phil schaute ihn an, völlig verwirrt.

„Komm schon, so schwierig ist es auch wieder nicht, in der Industrie Geld zu verdienen“, sagte mein Vater munter. „Ihr kalkuliert doch auch mit Fixkosten und variablen Kosten, oder?“

„Variable Kosten sind Kosten, die man direkt dem Produkt zuordnen kann, wie zum Beispiel Material und direkte Arbeit?“, fragte ich, meine letzten Erinnerungen an den Betriebswirtschaftskurs an der Universität hervorkramend. „Und Fixkosten all das, was man braucht, um ein Werk überhaupt am Laufen zu halten?“

„Genau. Philip gehört zu den Fixkosten“, sagte mein Vater mit einem Augenzwinkern. „Um mit einem Unternehmen Geld zu verdienen, muss man in der Lage sein, mit steigender Nachfrage mehr zu produzieren, ohne die Fixkosten zu erhöhen, und bei sinkender Nachfrage weniger, wobei dann die Fixkosten sinken sollten.“

„Aber das würde ja heißen, dass ich Fixkosten wie variable Kosten betrachten müsste“, wandte Phil ein.

„Nicht notwendigerweise. Es bedeutet nur, dass du in der Lage sein solltest, einzelne Montagelinien oder Teile des Werks zu schließen, wenn sie nicht profitabel sind. Denk dran, was Harry heute Morgen gesagt hat. Fixkosten heißen nicht so, weil der liebe Gott festgelegt hat, dass sie immer fix sein müssen. Fixkosten heißen so, weil sie nicht den einzelnen Produkten zugeordnet werden können. Natürlich kann man sie trotzdem reduzieren. Du kannst zum Beispiel einen Teil deiner Produktion stilllegen und den Rest in ein kleineres, billigeres Gebäude verlagern. Aber das ist hier nicht der

Punkt, weil die Nachfrage ja da ist. Du musst eher eine Möglichkeit finden, deine Produktion zu steigern, ohne deine Fixkosten zu erhöhen, oder?“

„Genau. Aber wie mach ich das?“

„Natürlich indem du die Verschwendung reduzierst!“

„Ich versteh es nicht, tut mir leid. Vielleicht bin ich zu blöd“, klagte Phil, während mein Vater auf seine Uhr sah. Er war zum Abendessen immer mit seinen Kumpeln vom Jachtklub verabredet.

„Okay, lass es mich anders formulieren. Nehmen wir mal an, du könntest vom Einschicht- auf Zweischichtbetrieb umstellen. Klar? Also von sechs bis 14 Uhr und dann wieder von 14 bis 22 Uhr. Damit würdest du die produzierte Menge verdoppeln, ohne deine Fixkosten zu erhöhen.“

„Auch wenn wir jetzt mal voraussetzen, dass die Mitarbeiter da mitmachen würden, würden wir trotzdem mehr Leute benötigen“, gab Phil zu bedenken.

„Die Kosten für direkte Arbeit sind variable Kosten.“

„In diesem Fall nicht ganz. Unsere Werker sind ausgebildet und erfahren. Wir können nicht einfach jemanden von der Straße nehmen. Und selbst wenn: Wir schaffen es ja jetzt schon kaum, unseren Mitarbeitern rechtzeitig ihr Geld zu überweisen. Wir können im Moment niemanden einstellen“, sagte Phil.

„Du hast alles sehr gut beschrieben“, sagte Vater. „Jetzt musst du nur noch herausfinden, wie du eine zweite Schicht einführst, ohne dass du jemanden einstellen musst. Immer unter der Voraussetzung, dass du alles, was produziert wird, auch verkaufen kannst.“

„Aber das würde ja bedeuten, dass wir unsere Produktivität verdoppeln müssten! Und wir würden riskieren, dass unser Bestand in die Höhe geht!“

„Genau davon habe ich geredet. Reduziere die Verschwendung in deinen Prozessen!“

Phil schaute meinen Vater nachdenklich an. „Könnte das funktionieren?“

„Die Produktivität zu verdoppeln? Klar. Auf die Schnelle? Nein.“

Phil nahm seine Brille ab und putzte sie mit einem Zipfel seines Hemdes, ununterbrochen den Kopf schüttelnd und zwischen Bestürzung und Ärger hin und her gerissen. Ich verstand ihn gut. Auf mich hat die Art meines Vaters den gleichen Effekt. „Aber 20 Prozent aus dem Stand könnt ihr schaffen. Wenn ich dich richtig verstanden habe, willst du sowieso nicht alle Linien verdoppeln. Es geht ja hauptsächlich um den STR, der ist ja der potenzielle Renner.“

„Du glaubst, wir könnten unsere Produktivität an den drei Linien so stark verbessern, dass wir genug Leute freibekommen, um die STR-Linie in zwei Schichten laufen zu lassen?"

„Na ja", sagte mein Vater, „du brauchst ja nur fünf oder sechs Werker dafür. Wenn du die Produktivität im ganzen Bereich erhöhst, dann solltest du die auch bekommen. Das löst zwar dein Problem noch nicht, weil du die zusätzlichen STR ja auch durch die Endmontage mit ihrer Förderkette bringen musst. Aber es ist zumindest ein Anfang."

„Das könnten wir schaffen", sagte Phil nachdenklich. „Der Förderer ist momentan nicht voll ausgelastet, wir haben einen Bestand an QST, und mit der Produktion der STR kommen wir nicht nach. Das führt dazu, dass wir unsere Mitarbeiter nicht voll nutzen können, und die Kollegen, die schon lange hier arbeiten, erzählen uns sowieso ständig, dass früher, als nur DG produziert wurden, die Endmontage mit dem Förderer eine viel höhere Stückzahl geschafft hat." Man hörte die Zahnräder in seinem Kopf förmlich rattern. „Wow!"

„Als uns die Leute von Toyota zum ersten Mal das System der kontinuierlichen Verbesserung erklärten, redeten sie die ganze Zeit von der ‚Reduzierung der Verschwendung'. Wir haben damals so viel kapiert wie du, und ich fragte sie deshalb, welche Strategie denn dahintersteckte. Die wäre ganz einfach, meinten sie. Wir dachten ja immer:

Preis = Kosten + Profit.

Aber dann haben wir verstanden, dass es heißen muss:

Profit = Preis - Kosten."

„Das ist doch dasselbe", platzte ich heraus.

Mein Vater korrigierte mich ruhig: „Ich habe drei Jahre gebraucht, um es zu verstehen. Wir produzierten und summierten die Kosten auf. Am Ende schlugen wir 20 Prozent Gewinn drauf und versuchten, jemanden zu finden, der unser Produkt kaufte. Aber wir mussten uns nach dem Marktpreis richten, und wir merkten, dass als Gewinn nur das übrig blieb, was uns die Kosten übrig ließen. Wenn wir also weiterhin unsere Produkte verkaufen wollten – und nach Möglichkeit mit Gewinn –, dann mussten wir die Kosten reduzieren – und das, ohne dass die Qualität beeinträchtigt wird. Das versteht man unter ‚Reduzierung von Verschwendung'. Und im Moment bist du in genau derselben Situation."

Phils Blick wechselte unsicher zwischen mir und meinem Vater.

„Kannst du uns helfen?", fragte er schließlich.

„Das habe ich doch gerade getan", schnauzte ihn mein Vater an.

„Nein, ich meine ja, schon, also ich meine ... kannst du uns so richtig helfen. Helfen, die Verschwendung aus dem System zu bekommen?"

„Tut mir leid, mein Junge. Ich mache so was nicht mehr."

Er stand unvermittelt auf, schaute mich an und wies mit seinem Kopf Richtung Tür. „Es war schön, mit euch zu reden, Jungs, aber ich werde im Jachtklub zum Mittagessen erwartet, und es wird spät. Fahr mich bitte zurück, Mickey."

Wir fuhren dann alle zusammen zurück. Phil saß im Fond des Wagens, ein Bild des Elends, aber er war klug genug, zu schweigen, und mein Vater und ich hatten uns wie üblich nicht viel zu sagen. Wir trafen, immer noch schweigend, am Jachtklub ein, setzten meinen Vater ab, und Phil drängte mich, ihn nach Hause zu fahren und zum Mittagessen zu bleiben. Mir war klar, dass er mit mir sprechen wollte, und mir war klar, dass er auch über meinen Vater sprechen wollte, aber bei dem Gedanken daran fühlte ich mich unwohl.

Phil ist mein Freund. Als mich meine Freundin Sarah vor ein paar Monaten verließ, waren Charlene und Phil immer für mich da, während ich nur Zeit für meine Verletzung, meinen Schmerz und meine Verzweiflung hatte. Ich war ihnen ohne Zweifel etwas schuldig. Aber jede gute Medizin schmeckt bitter, sagt man. Mein Vater könnte Phil wahrscheinlich helfen. Er hat sein ganzes Leben lang Unternehmen auf der ganzen Welt geholfen. Aber er war auch ein wenig verbittert. Er wurde es über die endlosen, politisch motivierten Diskussionen, vor allem gegen Ende seiner Karriere, und so hat er mit diesem Kapitel seines Lebens abgeschlossen. Ob Phil verstanden hat, dass der direkte Ansatz meines Vaters ihm helfen könnte, die Dinge in einem anderen Licht zu sehen, musste sich erst noch zeigen. Ich hatte die beiden zusammengebracht, und es war mir klar, dass mehr auf dem Spiel stand als die eventuellen Vorteile für Phils Firma. Das Verhältnis zwischen mir und meinem Vater war schon immer schwierig gewesen, und wir hatten gelernt, um des lieben Friedens willen Abstand zu halten. Ich war mir überhaupt nicht sicher, ob ich etwas mit der ganzen Sache zu tun haben wollte.

Am Ende war es Charlene, die mir die Entscheidung abnahm. Phils Laune hatte sich deutlich verbessert. Er schwärmte während des ganzen Abendessens von meinem Vater und fing an, Pläne zu schmieden, während ich mich immer unwohler fühlte. Anstatt gleich wieder ins Büro zu fahren, hatte er beschlossen, zu Hause zu bleiben und ein wenig den sonnigen Tag zu genießen. Während er draußen im Garten mit den Kindern spielte, bat mich Charlene in die Küche. Sie ist eine energische Frau, auf die typisch amerikanische Art gut aussehend, kultiviert und knallhart. Obwohl sie immer sehr freundlich zu mir ist, habe ich mich in ihrer Gegenwart nie so richtig wohlgefühlt.

Phil war ein Mann, der unglaublich viel von Physik verstand und davon, wie sich Wärme auf irgendwelche exotischen Materialien auswirkt, und damit wusste man auch schon das meiste über ihn. Er war groß, nett und immer ein wenig leichtsinnig. Den Wissenschaftsbetrieb zu verlassen und eine Firma zu gründen, war kein einfacher Schritt für ihn gewesen. Aber er kam aus bescheidenen Verhältnissen und konnte der Verlockung, ein erfolgreicher Unternehmer zu sein, nicht widerstehen. Mit seiner Begeisterung für auffällige, teilweise sogar protzige Erfolgssymbole überraschte er mich immer wieder, und seine Vorliebe für schnelle Sportwagen war für mich hauptsächlich ein Zeichen schlechten Geschmacks. Phil und Charlene waren die gegensätzlichsten Menschen, die man sich vorstellen konnte, und doch hielt ihre Ehe bereits 13 Jahre und sie hatten drei Kinder. Während ich im Kühlschrank nach einem Mineralwasser kramte, kam sie direkt zum Punkt.

„Kannst du ihm helfen?"

Ich zögerte, aber sie stand da, die Arme vor der Brust verschränkt, ihr Gesicht unbeweglich.

„Ich weiß nicht. Ich verstehe nichts von Fabriken."

„Aber dein Vater."

„Das stimmt. Allerdings will er damit nichts mehr zu tun haben."

Wir standen uns mit trotzigen Gesichtern gegenüber, sie unbeweglich, während ich unbehaglich mein Gewicht von einem Bein auf das andere verlagerte.

„Seit wann seid ihr Freunde?"

Das saß.

„Praktisch schon immer. Das weißt du auch."

„Und während dieser ganzen Zeit war Phil immer für dich da, stimmt's? Er hat dir geholfen, wenn immer es notwendig war. Er hat dich verteidigt, wenn dich jemand angriffen hat, er hat deine Launen ertragen und was weiß ich noch alles."

„Stimmt", sage ich knapp. „Worauf willst du raus."

„Jetzt bist du dran, Mike. Jetzt hilfst du einmal ihm. Und das meine ich ernst. Wir waren da, wenn du dich wieder über Politik oder sonst etwas aufgeregt hast. Jetzt bist du dran. Phil wird an dieser Sache kaputtgehen, und ich werde nicht dabeistehen und zusehen, wie das passiert. Also wirst du ihm helfen."

Sie hätte mich genauso gut ohrfeigen können. Ich musste das erst mal wegstecken, aber sie war noch nicht fertig.

„Ich weiß, dass du es mit deinem Vater nicht leicht hast, ich kenne die Geschichten. Aber er ist dein Vater. Er wird es tun, wenn du ihn darum bittest."

„Du verstehst nicht, worum es geht."

„Doch, das verstehe ich. Und du, Mike, du verstehst es auch."

Ich fuhr erst mal nach Hause, blieb aber nur kurz dort und fuhr dann weiter zu meinen Eltern zum Abendessen. Wenn man das Abendessen nennen kann. Seit sie nur noch zu zweit in ihrem großen Haus lebten, nutzten sie ihr Esszimmer nicht mehr. Um mehr oder weniger die gleiche Zeit trudelten sie unabhängig voneinander in der Küche ein, wo sie sich ein belegtes Brot machten oder eine Kleinigkeit kochten, bevor sie sich auf die Couch vor ihrem Heimkino zurückzogen. Meine Mutter war schon immer ein großer Filmfan gewesen, und seit einiger Zeit arbeitete sie jetzt für ein paar Kinoklubs und ein Filmmagazin als Kritikerin von Filmen, die neu auf DVD herauskamen. Das hieß, jeden Abend einen oder zwei neue Filme. Sie besorgten sich einen riesigen Fernseher und zogen sich alles rein, egal ob Horror- oder Kinderfilm. Dabei notierten sie ihre Eindrücke, wobei mein Vater regelmäßig nach der Hälfte des Films wegnickte. Bevor ich den Mund aufmachen konnte, sagte mein Vater: „Die Antwort lautet: ‚Nein'."

„Dad, wir reden hier über Phil. Hier geht es nicht um ein Geschäft. Hier geht es darum, meinem besten Freund zu helfen."

Er schaute mich skeptisch an und stellte sein Martiniglas auf den Küchentresen. Er nahm ein weiteres Glas, schenkte mir ein und füllte sein Glas ebenfalls auf. Dann nahm er einen Schluck, stellte sein Glas wieder ab und lehnte sich mit hinter dem Kopf verschränkten Händen an den Küchenschrank.

„Jetzt stell dich nicht so an. Du musst nicht viel tun. Nur mit ihm reden."

„Weißt du noch, dass ich immer gesagt habe, es ginge nur um die Menschen? Niemals um die Prozesse!"

Ich nickte. Das hatte ich wirklich oft genug gehört. Und in diesem Punkt waren wir uns ausnahmsweise immer einig – ich bin schließlich Psychologe.

„Ich weiß nicht, wie ich dir das anders sagen soll, aber Phil schafft das nicht. Der Druck macht ihn jetzt schon fertig."

„Logisch, was hast du denn erwartet. Er war Physiker an der Universität, eine Laborratte, bevor er auf die blöde Idee kam, Unternehmer werden zu wollen. Aber er ist klug, und das weißt du auch. Er wird es packen. Aber wir müssen ihm helfen."

„Wir?", mein Vater grinste mich belustigt an. „Wir helfen ihm? Okay, ich mache dir einen Vorschlag. Ich will nichts mit dem ganzen Drama drum herum zu tun haben. Ich werde nicht diskutieren, ich werde nichts erklären, ich werde mich bei keinem einschmeicheln. Ich habe die Nase komplett voll davon, jedem Mann, jeder Frau und am besten noch jedem dahergelaufenen Straßenköter, der meint, er müsse mich anbellen, die einfachsten und offensichtlichsten Dinge zu erklären. Und du brauchst dir da gar nichts vormachen. Egal, was ich sagen werde, sie werden dagegen sein. So ist die menschliche Natur. Menschen müssen widersprechen, um irgendwann zu verstehen. Aber ich habe genug davon, mir reicht's. Ich werde mit ihm reden, aber du wirst sein Händchen halten. Und wenn er zusammenklappt, dann wirst du dich um ihn kümmern – dann werden wir wenigstens sehen, was dein ganzer Psychologiekram wert ist. Bist du damit einverstanden?"

Ich zögerte. Ich hatte gerade ein Sabbatical angefangen, um ein Buch zu schreiben. Es lief nicht so gut, was bedeutete, es gab genug für mich zu tun, aber ich konnte mir meine Zeit selbst einteilen. Aber meinen Vater täglich in die Fabrik zu chauffieren und danach Phil wieder aufzubauen, war nun nicht gerade das, was ich mir erträumt hatte. Aber Phil war mein Freund. Und das Ganze war meine Idee gewesen.

„Und?"

„Okay."

Plötzlich fiel mir ein Stein vom Herzen, aber das war, bevor ich begriff, was wir hier taten. Ich hatte keine Ahnung, ob und wie wir Phil helfen konnten.

„Hi Mike, lange nicht gesehen!"

Matthew und ich sind nie miteinander warm geworden. Sein Lächeln war breit und künstlich, und sein perfektes Äußeres stieß mich immer ein wenig ab. Sein weißes Hemd leuchtete förmlich, die Bügelfalten seiner Chinos waren akkurat, sein leichter Bauchansatz war noch angemessen und seine Golfplatzbräune wie gemalt. „Mister Woods? Phil sagte mir, Sie könnten unsere STR-Produktion ohne Investitionen verdoppeln. Das würde uns den Hintern retten."

„Langsam, mein Junge, langsam. Ich werde hier überhaupt nichts verdoppeln. Wenn das einer macht, dann werden Sie das sein. Aber eine andere Frage, können Sie wirklich die doppelte Menge von dem Zeug hier verkaufen?"

Ein Hauch Unsicherheit flog über Matts Plastiklächeln, und ich erinnerte mich wieder daran, dass die Art meines Vaters auch Vorteile hatte.

„Hundertprozentig", Matt schaltete wieder in den Vertretermodus. „Im Moment haben wir Kundenaufträge, die von uns die doppelte Menge verlangen, das heißt, wir bezahlen derzeit jede Menge Vertragsstrafen. Wir haben uns bereits überlegt, auf allen Linien nur noch STR zu machen, bis wir den Rückstand wieder aufgeholt hätten. Aber das würde natürlich bedeuten, dass wir dann mit den anderen Produkten in Rückstand gerieten. Der Markt wächst, alle großen Konzerne wollen im Energiemarkt mitverdienen." Er lächelte Phil strahlend an: „Was du baust, verkaufe ich auch."

Phil zuckte bloß mit den Schultern, und wir sahen uns unsicher an. Matt lief uns heute früh in der Lobby über den Weg, er war gerade auf dem Weg zu einem „top wichtigen Meeting". Ich hatte Matt in den letzten Jahren immer wieder mal getroffen und mich dann jedes Mal gefragt, wieso Phil diesen Mann zum Geschäftspartner hatte. Auf mich wirkte Matt immer wie ein Hochstapler, auch wenn ich zugeben musste, dass er immer fair zu Phil war. Er hatte Phils Patente, zu denen er keinen Beitrag geleistet hatte, vermarktet, das ist richtig, und er hatte sie beide dabei auch reich gemacht. Phil hat nie verstanden, was ich für ein Problem mit Matt habe. Für ihn war Matt ein Freund, und ich sollte mir Mühe geben, mich auch dementsprechend zu verhalten. Aber ich kam mit ihm genauso wenig klar wie mit Phils Liebe für schnelle Autos.

„Macht ihr mal mit den wichtigen Sachen weiter", sagte Matt mit einem kriecherischen Lächeln. „Ich muss schnell zur Bank, einen Scheck einlösen. Das rettet uns wieder für eine Woche. Bis später."

„War das ernst gemeint?", fragte ich Phil, während wir in sein Büro gingen.

„Ja. Seit einem Monat leben wir von der Hand in den Mund. Aber Matt kann das. Er schafft es, dass Leute ihre Rechnungen bezahlen oder uns Vorschüsse geben. Es gab allerdings auch genug Gelegenheiten zum Üben, seit wir die Bude hier gekauft haben. Er hält uns im Tagesgeschäft über Wasser, ich kümmere mich um die langfristige Perspektive. Komm rein."

Er führte uns in sein Büro, und eine junge, spanisch aussehende Frau in einem teuer wirkenden Hosenanzug erhob sich vom Konferenztisch. Sie ging mit ausgestreckter Hand auf meinen Vater zu.

„Ich bin Amaranta Cruz“, sagte sie mit einem bezaubernden Lächeln, ihre weißen Zähne schimmerten. „Ich weiß, dass Sie kein Publikum haben wollen, aber ich bin hier die Personalleiterin, und deshalb dachte ich, ich schau mir mal an, was Sie hier machen. Ich bin sicher, dass ich dann auch besser verstehen kann, welche Maßnahmen das Unternehmen ergreift, um zu überleben.“

Phil und ich wechselten einen Blick, überzeugt, dass ihr mein Vater gleich den Kopf abreißen würde. Aber der lächelte bloß und schüttelte ihr die Hand. „Ich heiße Bob. Freut mich, Sie kennenzulernen, Miss Cruz.“

„Amy“, sagte sie. Sie war klein, mit einer fraulichen Figur und einer überraschend tiefen, weichen Stimme, wie sie Radiosprecher haben. Sie schien zum Bersten voll Tatendrang und Energie. Einer Energie, die, wie man überall vorgekaut bekommt, jeder ausstrahlen sollte. Aber bei ihr wirkte das nicht wie das übliche neurotische Positives-Denken-Gehabe, sondern es schien ihre Art zu sein, und selbst Phil, der in letzter Zeit recht trübsinnig aussah, schien sich besser zu fühlen.

„Gut“, sagte Phil. „Ich habe Amy gebeten, eine Präsentation vorzubereiten, die euch eine bessere Übersicht über die ganze Firma bringt und …“

„Keine Präsentationen, mein Junge, so was halte ich nicht mehr aus. Schnapp dir was zu schreiben, dann gehen wir in die Produktion.“

„Okay, verstanden“, sagte Phil überrascht. „Wir gehen. Ich habe Dave, den Produktionsleiter, gebeten, uns zu begleiten, aber er kann ja dann nachkommen, wenn …“

„Eines wollte ich noch sagen, bevor wir rausgehen“, sagte mein Vater mit finsterem Blick. „Nur damit es keine Missverständnisse gibt. Es wird gemacht, was ich sage, oder ich bin weg. Ich brauch das alles nicht, und ich brauche vor allem keine politischen Spielchen, keine Leute, die dagegen sind, oder dumme Fragen und Kommentare. Ist das klar?“

„Ja Bob“, sagte Phil unbehaglich. Ich hätte schwören können, dass Amy sich in diesem Moment das Lachen verbeißen musste.

„Dann ist ja gut. Also gehen wir.“

„Okay Philip“, sagte mein Vater, als sie durch die Tür in die Fertigung traten. „Was dir immer vor Augen stehen muss, ist, dass das hier eine Goldmine ist. Deine Mitarbeiter haben Gold in ihren Händen. Wir müssen es nur finden, verstehst du?“

„Gold“, sagte Phil zweifelnd.

„Leider passiert in einer Firma ständig so viel, dass man nicht erkennen kann, wo in diesem Moment Wert kreiert wird. Wie wir gestern gesehen haben, sind die meisten Tätigkeiten der Mitarbeiter notwendig – aber sie erhöhen nicht den Wert des Produkts. Also wo finden wir das Gold?"

„Da, wo die Produkte hergestellt werden?", versuchte ich zu raten.

„Genau. Dort wird der Wert kreiert. Produkte werden Schritt für Schritt aufgebaut, und das bedeutet, der Wert fließt durch das Werk. Um das Ganze besser zu verstehen, müssen wir als Erstes herausfinden, welche unterschiedlichen Wertströme es gibt."

„Das sind die Produktlinien, stimmt's?", fragte Phil.

„Yep. In unserem Fall hast du den Fluss in drei Wertströme aufgeteilt. Aber das ist nicht alles. Denke an die vielen kleine Rinnsale, in denen die Teile zu deinen Strömen fließen. Früher oder später werden wir diese ganzen Wertströme skizzieren müssen, um zu erkennen, wo wirklich Wert geschaffen wird und wo nicht. Aber vorher noch eine Frage. Wo fangen wir jetzt an?"

„Am Anfang, vermute ich", sagte Phil. „Mit der Fertigung der Rahmen."

„Falsch", entgegnete mein Vater. „Oder glaubst du, dort liegt das Gold? Ich glaube das eher nicht."

Wir schauten alle auf den Boden, wie Kinder mit schlechtem Gewissen.

„Ja klar", rief Amy plötzlich. „Fertigwaren. Die sind doch das Gold. Die haben wir doch, wenn man das sagen kann, praktisch aus dem Fluss gewaschen."

„Es gibt noch Hoffnung", sagte mein Vater mit einem kurzen Lächeln. „Absolut richtig. Die fertigen Produkte sagen uns am deutlichsten, was aus diesem Werk rauskommt – und zwar sowohl was die Menge, als auch was die Varianz betrifft. Also auf geht's. Zum Versand."

Also zuckelten wir wieder durch das ganze Werk. Während wir Staplern auswichen und hohe Regale voller Material passierten, strahlte Amy, als hätte sie das große Los gezogen. Phil dagegen schien immer noch damit zu kämpfen, den Vergleich mit der Goldmine zu verstehen.

„Was haben wir hier?", fragte mein Vater, als wir an der Versandrampe standen, wo Kisten durcheinander herumstanden und verpackt wurden.

„Ein bisschen was von allem", gab Phil zerknirscht zu.

„Ja. Ich denke auch, dass ein Goldgräber mehr darauf achten soll, die Goldnuggets vom Abraum zu trennen."

„Aber die Jungs vom Versand wissen sicher genau, wo was steht", sagte Phil und ließ seinen Blick über den Bereich schweifen.

Mein Vater zuckte mit den Schultern und ging weiter.

„Ich würde gerne deine Versandplanung besser verstehen", sagte er dann. „Wie oft versendet ihr eure Ware?"

„Wir schicken jede Woche einen Lastwagen zu jedem Kunden. Unser größter Kunde, ein internationaler Energiekonzern, nimmt STR. Im Moment haben wir da ein Problem, wir sind im Rückstand, und das ist nicht so gut."

„Kann ich mir vorstellen."

„Ja", Phil hob die Schulter und fügte hinzu: „Sie behaupten, dass unsere verzögerten Lieferungen ihre eigene Produktion bremsen. Ich bin mir da nicht so sicher, aber sie verlangen, dass wir schneller liefern. Und das schaffen wir nicht."

„Wie viel mehr wollen sie?"

„Wir schicken ihnen derzeit 50 Stück pro Lastwagen. Sie hätten gerne doppelt so viel. Das ist unmöglich, aber sie scheinen das nicht zu verstehen."

„Doppelt so viel? Hey!", gluckste mein Vater.

Phil hob einen zweiten Finger: „Ein zweiter großer Kunde bekommt derzeit 60 QST-1 pro Woche. 50 QST-2 gehen an ein anderes Werk von ihm. Die DG gehen meist an große Umspannwerke. Wir verkaufen ungefähr 20 pro Woche."

„Na also, geht doch. Das ist die erste gute Nachricht, die ich höre, seit wir hier sind."

Phil schaute ihn an. „Wieso das?", fragte er irritiert.

„Dazu kommen wir später", sagte mein Vater. „Wir können jetzt erst einmal davon ausgehen, dass alles Gold irgendwann hier ankommt. Aber ob eine Goldmine erfolgreich ist, hängt davon ab, wie schnell das Gold aus dem Fluss gewaschen und verkauft wird, richtig?"

Wir alle nickten.

„Also müssen wir doch jetzt nur flussaufwärts gehen und darauf achten, was das Gold aufhalten könnte. Felsen wären zum Beispiel so …"

„Verschwendung", sagte Phil plötzlich. „Die ganzen Ineffizienzen, von denen wir gestern gesprochen haben."

„Und wie oder woran können wir die erkennen?"

„Das gibt es doch nicht", rief Phil und rieb sein Kinn. „Bestand, stimmt's? Wenn das Gold irgendwo hängen bleibt, dann gibt es natürlich Bestand an der Stelle, dann staut sich das Material. Und es staut sich deshalb, weil es irgendwo im Fluss einen Felsen gibt."

„Jetzt hast du es verstanden. Und diese Felsen finden wir am besten, wenn wir einen Fluss hinaufgehen und den Bestand zählen. Verschwendung ist meist unsichtbar, und das ist auch der Grund, warum es dir nicht gelingt, deine Produktion weiter zu verbessern. Aber Bestand kann man sehen. Und dann können wir daraus schließen, dass im Umfeld auch irgendeine Art von Verschwendung existiert."

„Ist Bestand immer ein Zeichen für Verschwendung?", fragte Amy.

„Meistens", antwortete mein Vater und wandte sich ihr zu. „Bestand kann in drei Kategorien eingeteilt werden:

- Rohmaterial,
- Halbfertigware, auch ‚Work-in-Progress', kurz WIP genannt, und
- Fertigware.

Jede Kategorie dient bestimmten Zwecken. Es gibt Bestände, um Schwankungen der Kundennachfrage auszugleichen, oder Sicherheitsbestände, um Produktionsausfälle oder Lieferprobleme der Lieferanten abzufangen. Aber alles, was nicht in Bearbeitung ist, ist letztendlich Verschwendung. Es wurde gekauft, aber es wurde noch nicht verkauft. Und all das", er schwenkte seinen Arm, „kostet richtig viel Geld."

„Welche Flüsse enden hier?", fragte er und deutete auf die gepackten Kisten.

„Hauptsächlich vier Produkttypen: STR, QST-1, QST-2 und DG. In Wirklichkeit ist es etwas komplizierter, da fast alle dieser Produkte noch kundenspezifisch angepasst wurden."

„Stammen diese Produkte aus ihren jeweils eigenen Flüssen?"

„Die meisten, ja", antwortete Phil zögernd, „ich habe das gestern noch mal überprüft. Alle müssen durch die Endmontage, das ist klar. Aber alles, was vorher gemacht wird, läuft getrennt. Die STR kommen von einer Linie, auf der sonst nichts läuft, aber das ist klar, die Nachfrage ist entsprechend hoch. Die zweite Linie produziert die beiden Varianten des QST. Von der dritten Linie dachte ich eigentlich, dass sie nur DG macht, aber weil die Nachfrage stark schwankt, nutzt Dave die Linie auch immer wieder für STR oder QST. Da ist das also nicht so eindeutig. Unsere Werker sind glücklicherweise in der Lage, alle Produkte ohne allzu große Probleme zu fertigen."

„Hast du schon mal darüber nachgedacht, die DG-Produktion einzustellen?", fragte mein Vater. „Erinnere dich, was Harry gesagt hat. Die wichtigste Regel beim Geschäftemachen ist, rechtzeitig auszusteigen. Stelle nie ein Produkt her, das keine Zukunft hat."

„Aber wir machen Profit damit!", protestierte Phil.

„Das kann schon sein. Aber ihr braucht auch Ressourcen, um die Teile herzustellen. Wäre es nicht vielleicht vernünftiger, mit der DG-Linie STR zu produzieren?"

Phil schob seine Brille hoch, er überlegte.

„Es ist ganz einfach", sagte mein Vater. „Mach dir drei Listen, A, B und C. Dann ordne jedes Produkt danach, ob es profitabel ist und ob es zukunftsträchtig ist. Der Rest ist einfach:

Auf Liste A stehen die Produkte, die Geld verdienen und deren Markt wächst. Davon musst du mehr herstellen.

Liste B enthält die Produkte, die keinen Gewinn abwerfen und deren Markt schrumpft. Deren Produktion musst du so schnell wie möglich aufgeben.

Liste C umfasst Produkte mit Fragezeichen. Wenn der Markt wächst, aber du keinen Gewinn machst, solltest du einen Weg suchen, wie du Gewinn machen kannst. Wenn du Gewinn machst, aber der Markt schrumpft, solltest du die Produktion ebenfalls aufgeben."

„Funktioniert so ähnlich auch mit Menschen", meinte Amy mit einem zynischen Unterton.

„Richtig", stimmte ihr mein Vater zu. „Das funktioniert auch mit Menschen."

„Aber das würde heißen, dass wir die Produktion der Kerne in diesem Werk komplett stilllegen müssten!", rief Phil bestürzt.

„Genau das heißt es. In diesem Werk ist das doch nur ein Klotz am Bein. Mach die Kerne in deinem anderen Werk und konzentriere dich hier auf die Fertigung der Sicherungsautomaten. Wenn wir es dann schaffen, mehr Platz zu schaffen, dann kannst du irgendwann die gesamte Kernproduktion hierher verlagern und dein altes Werk verkaufen. Bringt Liquidität."

„Aber, aber …", stammelte Phil.

„Ganz ruhig", sagte mein Vater zu Phil, der alles andere als ruhig aussah. „Ich sage ja nicht, dass du das sofort tun sollst. Es war nur so ein Gedanke, aber das musst du dir irgendwann mal selbst überlegen. Wir konzentrieren uns jetzt erst einmal auf den Fluss des STR, der aus wirtschaftlichen Gründen am wichtigsten ist. Um deine Liquidität zu erhöhen, musst du mehr Produkte liefern können, ohne deine Kosten zu erhöhen."

„Gibt es eine Methode, mit der man solche Wertströme untersuchen kann?", fragte Amy.

„Gibt es", sagte mein Vater. „Die sogenannten Experten glauben sogar, dass die

Verwendung dieser Methode ausreichend ist, um ein Produkt von der Idee über die Serienreife und den Kundenauftrag bis zur Auslieferung zu modellieren – aber wir dürfen nicht vergessen, dass das dann sowohl wertschöpfende als auch nicht wertschöpfende Tätigkeiten umfasst. Eigentlich handelt es sich bei einem Wertstrom um eine Familie von zusammengehörenden Produkten, die im Großen und Ganzen dieselben Prozesse durchlaufen, dabei aber aus unterschiedlichen Vorkomponenten aufgebaut sein können oder andere Maschineneinstellungen verlangen. Wir knöpfen uns jetzt einen solchen Fluss vor und schauen uns an, wie und wo der Wert entsteht. Philip, du führst uns jetzt durch den STR-Fluss, zeigst uns bei jedem Schritt den Halbfertigbestand, und dann gehen wir dahin, wo diese Teile herkommen."

Phil nickte.

„Während wir das tun, zählen wir immer den Bestand, den wir vorfinden, um herauszufinden, wo die Felsblöcke liegen, die den Fluss behindern. Wir werden natürlich überall Bestände finden, das heißt nach einem Prozessschritt, vor einem Prozessschritt, dazwischen und was weiß ich noch wo. Damit wir den Überblick behalten, ordnen wir alles, was wir finden, immer dem davorliegenden Prozessschritt zu. Klar?"

„Ich denke schon." Phil nickte. „Die bereits in Kisten verpackten hier gehören dann zur Verpackung, die noch nicht verpackten gehören zur Endkontrolle, denn da kommen sie her, auch wenn sie bereits hier herumstehen, richtig?"

„Perfekt. Also, wie viele Kisten mit STR sehen wir hier?"

„Drei Reihen mit jeweils zehn Kisten macht insgesamt 30", antwortete Phil.

„30? Und du willst Liquiditätsprobleme haben?", meinte Vater mit seiner unnachahmlichen Art, jemandem eine reinzudrücken.

„Du siehst das nicht richtig. Die werden vielleicht heute noch an unseren Kunden verschickt", sagte Phil, sich verteidigend.

„Schon klar, mein Junge, schon klar. Ist das dann alles? Was ist mit diesen Kisten dort drüben?"

„Das sind andere Produkte, die Etiketten haben eine andere Farbe."

„Bist du sicher?"

Phil zuckte mit den Schultern und ging quer durch die Halle zu den anderen Kistenstapeln. Gleich darauf kam er leicht zerknirscht zurück.

„Du hast recht. Da stehen noch mal sechs STR. Aber für einen anderen Kunden."

„Also 36 STR, die darauf warten, zum Kunden geschickt zu werden", sagte mein Vater.

Phil nickte unglücklich. „Wir versenden eben nur einmal in der Woche."

„Okay. Wo kommen sie her?"

„Von der Packstation da drüben. Jeweils fünf werden nacheinander in Folie eingeschweißt und dann in Kisten verpackt. Das heißt, wenn ich das richtig sehe, dann können wir noch mal fünf dazuzählen."

„41 Fertigprodukte", sagte mein Vater.

„Da steckt aber viel Geld drin, nicht wahr Boss?", sagte Amy mit gespielter Naivität.

Phil ignorierte sie, aber mein Vater grinste ironisch. „Hören Sie nie auf, darauf hinzuweisen, Miss Cruz. Diese Produktionstypen sind schon so an das Chaos gewöhnt, dass sie das vergessen. Verstehen Sie, warum ich von ‚Gold' spreche?"

„Weil die Produkte einen Wert haben?"

„Weil jedes einzelne Produkt dafür steht, dass ein Kunde Geld hat. Geld, das in unserer Tasche sein sollte. Die Produkte hier sind bereits verkauft. Die Arbeit ist erledigt. Und jetzt sollten sie beim Kunden sein. Und sein Geld sollte hier sein. Deshalb ist das Gold."

Mein Vater treibt mich zum Wahnsinn, wenn er so den Lehrer raushängen lässt. Phil ging langsam weiter.

„Von hier kommen sie", sagte er. „Hier ist die Endkontrolle. Und du brauchst es mir nicht extra zu sagen, ich weiß selbst, dass das hier ein Chaos ist."

„Die vier da, werden die gerade getestet?"

„Ja. Sie werden hier vom Förderer heruntergeholt."

„Philip! Da hängen ja mindestens 30 Schränke drauf!"

„Ja – aber das sind nicht nur STR", antwortete Phil. „Ich zähle ungefähr 20. Das ist die Produktion von zwei Tagen, wir machen im Schnitt zehn pro Tag. Die anderen sind QST-1, QST-2 und ein paar DG. Eigentlich sollten wir nur STR machen, aber die Automatenmontage kann das nicht leisten."

„Wie auch immer mein Junge. Es würde trotzdem noch viel Bestand auf dem Förderer hängen. Ich bin jetzt bei 65 STR, die zwar fertig, aber immer noch nicht beim Kunden sind. Es läppert sich", sagte mein Vater. „So, ab jetzt folgen wir der Hauptkomponente, dem Sicherungsautomaten."

„Wie viele Sicherungsautomaten gehen denn in diese Dinger?", fragte ich und wies auf etwas, das aussah wie ein Regal auf Rädern.

„Auf einem Rollwagen sind 20 Automaten. Diese Automaten werden in die Schränke eingebaut. Beim STR passen vier Automaten in einen Schrank. Gehen wir zu den Testern, von da kommen diese Rollwagen."

„Hey“, meinte ich und fing an mitzumachen. „Du hast hier mindestens vier von diesen Rollwagen und auf jedem sind ...“

„Ja, schon“, sagte Phil und sah mich an. „Jeder Werker will so viele Automaten, dass er genug für seine Schicht hat.“

„Nicht erklären – zählen“, sagte mein Vater ruhig. „Mickey hat recht. Ich sehe vier Rollwagen mit jeweils 20 Automaten. Macht 80. Dann noch zwei im Tester, also sind wir bei 82. Sieht aus, als hätten wir hier einen Engpass.“

Phil schaute ihn irritiert an. „Nur zwei im Tester? Er ist dafür ausgelegt, sechs gleichzeitig zu testen. Was ist denn hier ...“

„Später Philip, später, lass dich nicht ablenken“, fiel ihm mein Vater ins Wort.

„Was ist eigentlich mit den beiden vollen Rollwagen da drüben?“, rieb ich Phil unter die Nase.

„Du hast recht. Noch mal zwei Rollwagen voller Automaten.“

„Ja, noch mal 34“, gab Phil mit düsterer Stimme zu.

„Also – insgesamt haben wir dann 114 fertige Sicherungsautomaten zwischen den Testern und der Endmontage.“

„Was ist denn ein Engpass?“, fragte ich mich laut, während wir uns den Testern näherten.

„Produktion ist nicht gerade meine Stärke“, sagte Amy, während wir den Experten folgten. „Aber ich nehme an, ein Engpass ist ein langsamer Prozessschritt, der nicht genug liefern kann. Weil es flussabwärts aber eben schneller geht, staut sich vor diesem Prozess das Material.“

„Wie wenn auf der Autobahn eine Spur gesperrt wir“, überlegte ich laut. „Dann gibt es einen Stau, auch wenn sich die Anzahl der Autos nicht verändert.“

„Irgend so etwas. Ich vermute, ein Engpass ist ein Zeichen von Ineffizienz. Die Leute von der Produktion beschäftigen sich ständig damit. ‚Wo sind die Engpässe? Haben sich die Engpässe verschoben? Wie können wir die Engpässe beseitigen?‘ Dave und Phil reden ständig davon, aber es scheint nicht gerade viel zu helfen.“

„Wie hat es dich hier in diese Firma verschlagen?“, fragte ich.

„Ach du weißt ja, wie es ist. Ich war Personalleiterin in einer der vielen neu gegründeten Internet-Firmen. Wir wissen ja, wie die meisten dieser Geschichten ausgegangen sind. Als Phil und Matt die Firma hier übernommen haben, mussten viele vom alten Management gehen – nur Dave und der Entwicklungsleiter sind von damals noch dabei. Ich hatte Lust, mal in der Industrie zu arbeiten, in einem Unternehmen, das richtige Produkte herstellt. Und so haben sie mich eingestellt.“

„Spannend?“

„Du meinst unsere finanzielle Situation?“, antwortete sie mit einem Lächeln. „Glaub mir, verglichen mit dem Auf und Ab in einer Internet-Firma ist das hier absolut stabil. Fast schon langweilig.“

„Acht“, sagte Phil, der gerade die montierten Automaten auf einem halb vollen Rollwagen gezählt hatte.

„Plus einer, der gerade montiert wird“, sagte mein Vater. „Also neun.“

„Dann noch sieben in der Montage“, meinte Phil.

„Vier beim Verkabeln – so nennt ihr das doch?“

„Verkabelung des Motors, ja.“

„Sechs bei der Motormontage. Und davor?“, fragte mein Vater und schaute sich aufmerksam um, bevor er fortfuhr. „Und fünf bei der mechanischen Montage.“

„Ja, aber das ist dann irgendwann nicht mehr konsistent. Wir brauchen vier Automaten, um einen Schaltschrank zu bauen. Wir können doch Automaten und fertige Sicherungskästen nicht vermischen.“

„Okay. Dann konzentrieren uns wir erst mal auf die Automaten, du denkst ja sowieso, dass der Förderer kein Problem ist. Also schauen wir uns mal die Ergebnisse für diese Montagelinie an.“ Vater nahm Phil sein Notizbuch aus der Hand und skizzierte:

Prozesse der Automatenfertigung

Mechanische Montage	Motor-montage	Motor-verkabelung	Kapsel-montage	Kapsel-verkabelung	Testen	Fertig-produkte	Summe
5	6	4	7	9	2	114	147

Phil betrachtete die Zahlen und strich sich über das Kinn. „114 fertige STR-Automaten. Und wir haben Lieferprobleme. Das verstehe ich nicht.“

„Der Fluss ist unterbrochen. Was erwartest du?“

„Aber das ist nicht immer so“, sagte Phil und betrachtete die Zahlen, als wäre das eines seiner wissenschaftlichen Experimente. „Das kann kein Engpass sein, weil am Ende der Schicht immer alles weg ist. Manchmal gehen uns in der Endmontage sogar die Automaten aus.“

„Ein hoher Bestand bedeutet nicht notwendigerweise einen Engpass. Es könnte auch sein, dass der Fluss nach hierher umgeleitet wird. Aber darum kümmern wir uns später.“ Mein Vater war sichtlich in seinem Element. „Okay, fassen wir zusammen. Wir brauchen vier Automaten für einen STR-Schrank. Hier haben wir 147 Automaten, was wie viel STR entspricht?“

„36“, antwortete Phil.

„Und wenn wir den Bestand in Abschnitte aufteilen?“

„Ich glaube, ich verstehe“, sagte Phil. „Wir könnten sofort 28 STR bauen, alleine mit den 114 Automaten, die vor der Endmontage warten. Und mit den restlichen 33 noch einmal acht.“

Vater nickte. „36 STR als Work-in-Progress vor der Endmontage – mehr als die Hälfte einer Wochenlieferung. Wenn wir dazu jetzt noch die fertigen STR nehmen, die wir gezählt haben, also 20 auf dem Förderer, vier in den Testern und die 41 im Versand, sind wir bei insgesamt 101.“

Mechanische Montage	Fertige Automaten	Förderer	Endprüf-stand	Verpackung	Versand	Summe
33/4 = 8	114/4 = 28	20	4	5	36	101

„Insgesamt hast du einen Bestand an STR von zwei Wochen in deinem Prozess – und das nur von der mechanischen Fertigung an gerechnet. Und das, obwohl die gesamte Fertigungszeit maximal ein paar Stunden beträgt.“ Mein Vater legte eine Kunstpause ein. „Siehst du das Gold?“

„Kann man das auch nicht sehen?“, fragte Phil düster. „Ich weiß am besten, was das alles kostet. Also was machen wir jetzt?“

„Jetzt?“, fragte mein Vater schelmisch. „Überhaupt nichts.“

„Wieso überhaupt nichts?“

„Ein bisschen Geduld brauchst du schon.“

„Geduld? Das sagst du so! Wo steckt eigentlich überhaupt Dave? Der ist doch hier verantwortlich.“

Mein Vater sah Phil an. „Mein Junge, du musst langsam anfangen, Entscheidungen zu treffen.“

„Was für Entscheidungen?“

„Du brauchst eine Strategie.“

„Geht das denn so einfach?“, fragte Phil zweifelnd.

Mein Vater warf ihm einen finsteren Blick zu.

„Okay, schon gut“, gab Phil nach. „Unser Hauptproblem momentan ist der Rückstand der STR – den müssen wir aufholen. Statt 50 pro Woche müssen wir auf 100 verdoppeln. Der STR ist ein neues Produkt, und die Nachfrage liegt seit Markteinführung bei über 100 Stück pro Woche. Wir haben es nur nie geschafft, mehr als 50 zu machen.“

„Was hält dich dann auf?“

„Äh …“, Phil zögerte. „Zum Beispiel, dass wir es nicht schaffen, genug Sicherungsautomaten zu montieren. Ein STR braucht vier Automaten, und wir schaffen gerade mal 40 davon am Tag. Wenn überhaupt.“

„Also brauchst du das doch nur zu verdoppeln, oder nicht?“, fragte mein Vater. „Mit 80 Automaten pro Tag könntest du 20 STR am Tag machen – was pro Woche dann 100 wären.“

„Ja, rein rechnerisch. Aber …“

„Käme die Endmontage nach?“

„Das weiß ich nicht“, sagte Phil und versuchte, nicht den Überblick zu verlieren. „Als das Werk nur DG machte, schleuste der Förderer 50 Stück pro Tag durch die Endmontage. Zumindest wurde mir das gesagt. Jetzt schaffen wir so zwischen 30 und 40 pro Tag. Die DG sind einfach zu montieren, aber ich denke trotzdem, wir sollten in der Lage sein, wieder auf 50 pro Tag zu kommen.“

„Ich weiß nicht, was dir sonst noch alles gesagt wird, aber du hast hier jede Menge Sicherungsautomaten rumstehen, die nur darauf warten, in Schaltschränke eingebaut zu werden.“

„Ja, ich weiß“, sagte Phil mit kummervoller Miene. „Aber das könnte auch andere Gründe haben, zum Beispiel die Produktionsplanung. Wenn wir andere Schränke bauen, dann müssen die STR eben warten, und die Automaten stapeln sich dann hier. Der Förderer ist nicht das Problem, da bin ich mir sicher. Das Problem war immer, dass wir nicht genug Automaten fertigen konnten. Auch wenn das im Moment vielleicht anders aussieht …“

„Wenn du das so siehst, dann hast du deine Strategie. Du willst deine STR-Produktion verdoppeln, ohne die Fixkosten zu erhöhen. Dann musst du einfach genau das machen“, meinte mein Vater freundlich, als wäre das das Normalste der Welt.

„Ja schon, aber …“

„Wenn du mich fragst“, sagte mein Vater. „Dann macht der Förderer mindestens die Hälfte deines Problems aus. Aber für den Anfang ist das vielleicht eine Nummer zu groß. Also ist doch die Frage, wo wir anfangen, nicht wahr?“

„Ja, sicher“, sagte Phil, fummelte an seiner Brille rum und sah dabei völlig überfordert aus.

„Na ja – irgendwo musst du jetzt damit anfangen, die Dinge zu verbessern. Vielleicht lieber in der mechanischen Montage? Mit dem Förderer werden wir uns auf jeden Fall irgendwann beschäftigen müssen.“

„Wir nehmen die mechanische Montage“, sagte Phil. „Dort haben wir einen echten Engpass. Wenn wir es nicht schaffen, mehr Sicherungsautomaten für den STR zu machen, werden wir auch den Rückstand nie aufholen können. Und wir haben ja schon mit den Beratern die ganze Geschichte mit den Linien angefangen, das heißt, ich weiß ein wenig, worum es geht.“

„Alles klar. Normalerweise fangen wir immer an einer Stelle im Prozess an, die so nah wie möglich am Kunden liegt. Aber wir brauchen auch einen Bereich, in dem du dich gut auskennst und wir schnelle Erfolge erzielen können. Wenn das die mechanische Montage ist, habe ich kein Problem damit.“

„Allerdings haben wir schon alles versucht“, stöhnte Phil. „Wie sollen wir ...“

„Nachdem wir den Fluss visualisiert haben und wissen, wo das Gold ist“, sagte mein Vater und ignorierte Phils Lamento, „brauchen wir nur noch festzustellen, wie viele Goldgräber wir brauchen.“

„Werker?“

„Ja, wir starten mit der direkten Arbeit – den Werkern.“

„Das ist einfach. Für die Fertigung der STR sieht das wie folgt aus.“

Mechanische Montage	Motor-montage	Motorver-kabelung	Kapsel-montage	Kapsel-verkabelung	Testen	Fertig-produkte	Summe
5	6	4	7	9	2	114	147
1 Werker	1 Werker	1 Werker	1 Werker	1 Werker	1 Werker		6 Werker

„Und wie viel Automaten sollen diese sechs Werker pro Tag herstellen?“, fragte mein Vater.

„40. Aber wir können froh sein, wenn sie 36 oder 37 schaffen. Unser Plan sind zehn STR pro Tag, jeder STR braucht vier Automaten.“

„Also sechs Werker arbeiten direkt mit den STR-Automaten, und zwar von der mechanischen Montage bis zum Testen. Das ist die STR-Linie, okay? Wir haben also sechs Werker und insgesamt 147 fertig montierte Automaten, wobei 114 davon darauf warten, in die Endmontage gebracht zu werden. Wie viel Ausschuss produziert ihr?"

„Darüber haben wir schon gesprochen – im Schnitt ist einer von 200 defekt."

„Das waren die Fehler, die beim Kunden aufschlagen. Mich würde jetzt mehr interessieren, wie viele interne Fehler es gibt. Fehler, die zum Beispiel beim Testen entdeckt werden."

„Kann ich dir nicht sagen", sagte Phil. „Dave wüsste es. Wo steckt der denn überhaupt?"

„Lass mal. Also, in diesem Teil des Wertstroms produzieren wir 40 Teile pro Tag mit sechs Werkern. Dann haben wir noch den Work-in-Progress in Höhe von 33 und die 114 Fertigprodukte."

Fertigprodukte	114
Work-in-Progress	33
Produktivität (Teile pro Person und Tag)	6,6
Qualität	?

„Wenn du mehr Automaten produzieren willst, dann musst du dich auf diese drei Kennzahlen konzentrieren. Du musst die Produktivität erhöhen, die Qualität verbessern und den Bestand reduzieren. Das ist alles."

„Und was ist mit der Durchlaufzeit? Die Berater haben immer nur von der Durchlaufzeit gesprochen", erwiderte Phil.

„Denk mal scharf nach. Wie sieht die Durchlaufzeit im aktuellen Prozess aus? Wie lange dauert es, bis ein Teil von Anfang bis Ende durch den Prozess gelaufen ist?"

„Dazu müssen wir einem Teil folgen, nehme ich an."

„Nicht unbedingt. Du gehst doch von 40 Automaten pro Tag aus?"

„Mehr oder weniger, ja."

„Und wir haben 33 Teile im WIP gefunden und 114 fertige Produkte, also sind insgesamt 147 Produkte hier. In einen STR kommen vier Automaten, also reden wir hier von ungefähr 36 potenziellen STR. Also, wie lange braucht ein Automat, bis er in der Endmontage ist?"

Phil und ich starrten uns fragend an, während Amy anfing, vor sich hinzumurmeln und dabei an einer störrischen Haarsträhne über ihrem linken Ohr fummelte.

„Sekunde", rief sie plötzlich. „Ich glaub, ich weiß es."

Wir starrten sie an.

„Ungefähr vier Tage, stimmt's", sagte sie aufgeregt. „Es ist wie die Mathematikaufgabe in der Schule, wo wir ausrechnen mussten, wie viele Leute pro Jahr sterben."

„Was?", fragten Phil und ich gleichzeitig.

„Das kennt ihr. Es gibt 300 Millionen Amerikaner, und das Durchschnittsalter liegt bei 75 Jahren, die Bevölkerungszahl bleibt exakt gleich. Wie viele Leute sterben pro Jahr?"

„Ungefähr vier Millionen", sagte mein Vater grinsend. „300 Millionen dividiert durch 75 Jahre. Nicht schlecht."

Ich fragte mich immer, wie er das machte. Ich kann nicht mal das kleine Einmaleins auswendig, geschweige eine Zahl wie 300 Millionen durch 75 dividieren. Es gibt drei Arten von Menschen, sage ich immer, die, die rechnen können, und die, die es nicht können.

„Das ist genau das Gleiche", meinte sie mit einem zufriedenen Lächeln. „Wir haben 147 Automaten im Bestand und brauchen 40 pro Tag. Das heißt, wir brauchen 3,7 Tage, sprich 30 Arbeitsstunden, bis ein Teil an den Testern ankommt. Das ist fein!"

Fein?, dachte ich leicht verärgert. Was soll das denn? Kein Mensch sagt bei so was „fein".

„Die Berater haben eine Stoppuhr an einem Teil befestigt. Wenn mich nicht alles täuscht, kamen sie auf 34 Stunden", grübelte Phil stirnrunzelnd. „Und alles nur, weil es im Bestand hängen bleibt. Kein Wunder, dass wir im Rückstand sind und unsere Kunden sich nur noch beschweren. Aber ich habe das auch nie so gesehen." Er machte sich Notizen:

$$\text{Durchlaufzeit} = \frac{\text{Bestand}}{\text{Produktionsrate}}$$

„Die Berater haben uns gezeigt, dass die reine Fertigungszeit eines Automaten 45 Minuten beträgt. Wir brauchen aber gleichzeitig 30 Stunden, um ihn durch den Prozess zu schleusen. Das heißt ... 2,5 Prozent Wertschöpfung. Und das auf einer so einfachen und übersichtlichen Linie. Wie ..."

„Was hast du denn jetzt gerechnet?", unterbrach ihn mein Vater und zog eine Augenbraue hoch.

„Äh ... Wertschöpfungszeit dividiert durch Durchlaufzeit", antwortete Phil verunsichert. „Die Berater haben uns gesagt, dass man so die Effizienz eines Prozesses misst."

„Berater", knurrte mein Vater. „Diese Zahl sagt überhaupt nichts aus. Es ist weder die Gesamtanlageneffektivität noch die Wertschöpfungszeit. Was hilft uns diese Zahl? Überhaupt nichts hilft sie uns. Vergiss mal ganz getrost solche Verhältniszahlen, die dir nur sagen, dass du ein Problem hast, aber nicht, was du dagegen tun kannst."

„Trotzdem!", beharrte Phil. „2,5 Prozent Effizienz!" Ich erinnerte mich daran, dass er schon immer von Statistiken beeindruckt war. Auch wenn sie völlig sinnlos waren.

„Nicht vom Thema abkommen", brummte mein Vater. „Mir geht es darum, dass ihr versteht, dass am Anfang eigentlich nur drei Dinge wichtig sind:

- Wie viele Teile kann ein Werker pro Tag machen?
- Wie viel interner Ausschuss wird produziert?
- Wie viel internen Bestand habt ihr?

Über alles andere kannst du dir später Gedanken machen. Aber für den Anfang hast du genug, um dir ein paar klare Ziele zu setzen."

„Was für Ziele zum Beispiel?", fragte ich.

„Ich weiß schon", meinte Phil, nickte und notierte ein paar Sachen. „Zum Beispiel eine zehnprozentige Verbesserung in der Produktivität, oder 50 Prozent Bestandsabbau, richtig?"

„Absolut richtig, Philip. Und woher hast du jetzt diese Zahlen?"

Phil sah ihn einen Moment verlegen an. „Das haben wir von den Beratern gelernt. Das Ziel muss sein, die Durchlaufzeit um 50 Prozent zu reduzieren, weil das die Produktivität um ungefähr zehn Prozent erhöht und den Bestand um 50 Prozent reduziert."

„Kannst du mir gerade mal schnell zeigen, wie gut diese Ziele in deiner Produktion funktioniert haben?", fragte mein Vater sarkastisch. „Wie definiert man denn überhaupt ein Ziel für richtige Arbeit?“ Er starrte Phil mit seinem hellen, durchdringenden Blick an.

„Das weiß ich“, Amys Stimme klang erfreut und stolz. „Ziele müssen SMART sein, das bedeutet spezifisch, messbar, attraktiv, realistisch und ...“

„... terminiert“, seufzte mein Vater. „Sie haben bestimmt Betriebswirtschaft studiert. Können Sie mir auch sagen, was dieses Buchstabensuppenspielchen aus dem Kindergarten für eine Bedeutung im richtigen Leben hat? Ich meine für echte, lebendige Menschen, die jeden Tag in jeder Schicht richtig anstrengende Arbeit machen müssen und denen dabei ständig nervige Probleme dazwischenkommen?“

„Vielleicht liege ich ja ganz daneben“, mischte ich mich ein. „Aber sollte das Ziel der Werker nicht einfach sein, mit so wenig Verschwendung wie möglich zu arbeiten? So, wie du es ja schon gesagt hast?“

„Genau!“, sagte er und sah einen Moment angenehm überrascht aus. „Genau das ist das Ziel. Du schaust dir an, was gemacht wird, überlegst dir, wie es gemacht werden könnte, wenn es nicht ständig Störungen gäbe, und definierst dann diesen Zustand als Ziel. Sorg dafür, dass die Dinge funktionieren, anstatt dir irgendwelche Zahlen aus den Fingern zu saugen.“

„Und dann? Wenn man das Ziel erreicht hat?“, fragte Phil.

„Und dann?“, wiederholte mein Vater mit einem verschwörerischen Blinzeln. „Dann starten wir mit der berüchtigten ‚Oh No!‘-Methode. Taiichi Ohno, der das Just-in-Time-Konzept bei Toyota entwickelt hat, hatte eine einfache Art, die Produktivität zu erhöhen. Wenn, sagen wir, 100 Mitarbeiter einen stabilen Prozess entwickelt hatten, dann kam Ohno und reduzierte die Mitarbeiterzahl auf 90, erwartete aber dasselbe Ergebnis. Das hat einige Zeit gedauert, es mussten jede Menge neue Lösungen gefunden werden. Wenn sie es dann endlich geschafft hatten, kam er wieder und nahm wieder zehn Prozent der Mitarbeiter heraus. Nach ein paar solchen Zyklen haben alle nur noch die Hände gehoben und protestiert. So erhielt dieses Vorgehen den Namen ‚Oh No!‘-Methode.“

„Lustiges Wortspiel.“

„Zu witzig, um wahr zu sein“, stimmte mein Vater zu. „Aber die Aussage darin ist nicht falsch.“

„Müssen wir das hier so machen?“, fragte Phil besorgt.

„Im Prinzip ja. Aber da wir hier einen einfachen Prozess haben, gibt es auch einfache Methoden, um herauszufinden, welche Menge ein Arbeiter pro Tag machen kann. Weißt du jetzt, worum es geht, wenn wir von Zielen sprechen?“

„Ich glaube schon", antwortete Phil. „Bevor wir anfangen, am Prozess rumzuspielen, sollten wir uns aggressive Ziele bezüglich WIP, Produktivität oder Qualität setzen."

„Okay", stimmte mein Vater zu. „Welches Bestandsziel setzen wir uns an der Montagelinie?"

„Null Bestand natürlich", warf ich ein. „Ich meine, darum geht es doch bei der ganzen Sache, oder nicht?". Sie starrten mich alle an. Mann, die nahmen das richtig ernst, da war gar keine Lockerheit mehr.

„Genau", sagte mein Vater. „Aber wir sollten uns das mal vor Ort anschauen."

Wir gingen alle zurück in die STR-Montage, und mein Vater ging zu den Werkern, schüttelte ihnen die Hand und sprach mit jedem ein paar Worte. Phil, Amy und ich standen daneben wie bestellt und nicht abgeholt, als plötzlich eine dicke schwarze Frau aus einem engen Büro an der Seite der Montagelinie auftauchte und zu uns trat.

„Äh, hallo Gloria", sagte Phil mit unbehaglichem Gesichtsausdruck.

„Was geht hier vor, Mr. Jenkinson?", fragte sie in einem Tonfall, der keinen Zweifel ließ, dass das hier ihr Revier war.

„Nichts Besonderes, wir ..."

„Ein Training", sagte mein Vater bestimmt, der gerade aus der Linie trat. „Ich heiße Bob Woods und trainiere dieses Team hier", er deutete auf uns, „in effizienter Linienorganisation."

„Das hier ist Gloria Pritchard", sagte Phil. „Gloria ist Schichtleiterin aller Montagelinien. Sie weiß mehr über die Arbeit hier, als wir alle zusammen jemals werden lernen können. Es ist schon okay, Gloria, wir beschäftigen uns wieder mal mit der Effizienz der Montagelinien."

Sie betrachtete uns mit einem skeptischen Blick. Man musste ihr zugestehen, dass wir auch eine seltsame Truppe waren. Mein Vater in seinen alten Jeans und dem grauen Sweatshirt, das er anscheinend ununterbrochen trug, seit er in Rente war, sah nicht gerade wie der klassische Unternehmensberater aus. Eine Personalleiterin in der Produktion löst immer Ängste oder Gerüchte aus, das konnte sogar ich spüren. Gloria schien etwas fragen zu wollen, entschied sich dann aber dagegen. Nach kurzer Pause wandte sie sich zum Gehen. „Ich bin in meinem Büro, falls Sie mich brauchen."

„Danke Gloria", sagte Phil. Er wirkte erleichtert.

„Keine gesamtverantwortliche Produktmanagerin, nehme ich an?", fragte mein Vater.

Phil schaute ihn verwirrt an.

„Sie verantwortet nicht den gesamten Wertstrom? Vom Auftragseingang bis zur Lieferung?" Phil dachte über die Frage nach. „Nein. Wir haben Leute, die für die Entwicklung der einzelnen Produkte zuständig sind, einer für STR und einer für QST-1 und QST-2. Dave kümmert sich noch um den DG. In der Produktion macht das Gloria hier, und für die Endmontage ist Jake Rogers der verantwortliche Schichtleiter."

Wir betrachteten die Reihe der Werkbänke, an denen die einzelnen Arbeiter ihre Produkte montierten, umgeben von Teilen und Regalen voll kleiner, farbiger Plastikbehälter gefüllt mit unterschiedlichsten Kleinteilen. Amy brach als Erste das Schweigen.

„Eines können wir auf jeden Fall schon mal sagen", meinte sie nachdenklich. „Wir sehen hier wirklich alle Arten der Verschwendung, von denen wir heute Morgen gesprochen haben. Schaut mal", sie nahm ihre Papiere und blätterte zurück.

„Als Erstes *Überproduktion*. Ganz offensichtlich haben wir ja einen Riesenhaufen fertiger Automaten, um die 80, am Ende der Linie, die wir momentan nicht brauchen.

Dann *Wartezeit*. Der Werker hier am zweiten Arbeitsplatz sucht doch irgendwas – und jetzt ruft er den Teamleiter.

Als Nächstes *Transporte*. Die Automaten werden manuell von Station zu Station transportiert, die Werkbänke stehen auch schön in einer Reihe. Aber die Arbeit scheint nicht gleichmäßig verteilt zu sein. Die Frau dort muss vier Automaten gleichzeitig transportieren – und die scheinen doch recht schwer zu sein.

Als Viertes haben wir *falsche Prozesse*. Das kann ich schlecht beurteilen, das hat was mit der Konstruktion zu tun. Die Frage ist, ob jemand von uns erkennen kann, ob es ineffiziente Prozesse gibt? Gibt es hier zum Beispiel übertrieben hohe Qualitätsanforderungen, die keinen Einfluss auf die Funktionalität des Sicherungsautomaten haben?"

Phil zuckte mit den Schultern.

„Gut. Dann als Nächstes *Bestand*. Alle hier haben offensichtlich mehr Material und mehr Komponenten, als sie momentan benötigen.

Sechstens *Bewegung*. Ich weiß nicht, ob das darunterfällt, aber ich habe gerade vor einer Minute einen Werker gesehen, der seinen Arbeitsplatz verlassen hat und dann mit so einer kleinen Plastikkiste voller Teile zurückgekommen ist."

„Müssen die Mitarbeiter ihr Material selbst holen?", fragte mein Vater. „Falls das so ist, dann ist das keine wertschöpfende Tätigkeit und damit ein umfassenderes Problem. Schau dir jetzt erst mal nur an, wie die Werker arbeiten, und überlege, ob tatsächlich alle ihre Bewegungen notwendig sind und den Wert des Produkts erhöhen."

„Siebtens *Nacharbeit.* Da kenn ich mich auch nicht so gut aus, aber ..."

„Es gibt Nacharbeit, natürlich", fiel Phil ihr ins Wort. „Deshalb brauchen wir auch gut ausgebildete Mitarbeiter. Sie müssen genau verstehen, wie die Automaten funktionieren. Gloria springt hier auch ein, wenn es drauf ankommt, sie kennt die Produkte in- und auswendig."

„Also hier hast du es. Die sieben Todsünden der Produktion", Amy schüttelte den Kopf.

„Woher kannst du denn das alles?", fragte Phil.

„Ich habe mir meinen Lebensunterhalt während meines Studiums in einem Fast-Food-Restaurant verdient. Wenn wir dort so gearbeitet hätten, wie wir es hier tun, dann wäre die Firma mit den goldenen Bögen schon lange pleite."

„Natürlich!", Phil schnippte mit den Fingern. „Ein-Stück-Fluss! Wenn die Arbeit gleichmäßig fließt, dann brauchen wir nur ein Teil an jeder Station. Das Ziel sind also sechs Teile plus das, was wir noch an Fertigbestand definieren."

„Genau", stimmte mein Vater zu. „Jetzt denkst du richtig. Aber du solltest trotzdem ein bisschen mehr auf deine Personalleiterin hören. Waren Sie lange in der Fast-Food-Industrie?"

„Zu lange. Ich habe es bis zur Managerin geschafft. Aber der Druck wurde zu hoch, das ging nicht mehr parallel zum Studium. Also habe ich mich für die einfachere Arbeit entschieden: Personalmanagement", sie grinste.

„Aber Sie scheinen doch einiges über die Arbeit in einem strukturierten Umfeld gelernt zu haben?", fragte mein Vater.

„Die Zeit in der Dotcom-Bude danach war im Vergleich dazu mehr als gemütlich. Alles war so – flauschig."

Flauschig?

„Du hast natürlich recht, Phil", sagte mein Vater, nun wieder ganz Oberlehrer. „Im Moment hat jeder Mitarbeiter hier zwischen vier und neun Automaten an seinem Platz. Miss Cruz hat uns ja gerade aufgezeigt, was das für Konsequenzen hat.

Erstens natürlich eine lange Durchlaufzeit. Nicht vergessen, dass Work-in-Progress die Durchlaufzeit erhöht. Als Zweites musst du dich fragen, warum die Werker die Automaten nicht gleichmäßig durch die Produktion schieben können. Vermutlich ist die Arbeit nicht gleichmäßig verteilt. Den Arbeitsanfall auszugleichen wird aber schwierig, solange jeder noch genug Bestand an seiner Station hat, um die Ungleichheiten zu kompensieren.

Dann hat uns Miss Cruz ja auch schon darauf hingewiesen, dass die Mitarbeiter die Produkte manuell von Station zu Station bewegen müssen. Das ist gefährlich – sowohl für die Mitarbeiter als auch für die Produkte."

Mein Vater legte kurz eine Pause ein, bevor er fortfuhr. „Es gibt hier auch noch ein Qualitätsproblem. Nehmen wir mal an, der Mitarbeiter, der die letzte Verkabelung vornimmt, findet ein Problem, das irgendwo vorher verursacht wurde. Herauszufinden, was wirklich passiert ist, ist dann recht schwierig, weil es schon so lange her ist. Er kann nicht einfach zu seinem Kollegen sagen: ‚Hey, mach das in Zukunft soundso, sonst krieg ich ein Problem.' Es ist zu lange her. Der Defekt und seine Ursache gehen im Bestand unter und sind damit nicht mehr identifizierbar. Das ist riskant, da kann alles Mögliche passieren.

Und zum Schluss noch eine Sache, die uns an dieser Linie hier nicht betrifft, weil wir nur STR machen, aber dafür an den anderen. Jedes Mal, wenn du das Produkt wechselst, musst du den gesamten Work-in-Progress des Vorprodukts rausnehmen und irgendwo hinstellen. Und das ist immer ein Chaos."

„Also ist der Ein-Stück-Fluss die Lösung?", fragte Phil.

„Im Idealfall ja. Wenn die Werker immer nur ein Produkt weiterbewegen würden, würden die meisten dieser Probleme verschwinden. Die Anzahl der Produkte entspräche der Anzahl der Arbeiter, du hättest also weniger Bestand und damit auch eine geringere Durchlaufzeit. Dann könntest du alle Arbeitsstationen ein wenig näher aneinanderrücken, weil du den Abstellplatz dazwischen ja nicht mehr brauchst. Das würde die Kommunikation verbessern. Damit können die Werker ein Problem direkt und unmittelbar miteinander besprechen. Außerdem würden sie direkt merken, ob die Arbeitsbelastung ungleich verteilt ist, und sie könnten das ändern, weil sie ja merken, wenn sich an einer Stelle Bestand aufbaut. Das klappt nicht immer 100-prozentig, es wird immer wieder mal Prozesse geben, die mit ungleichen Geschwindigkeiten laufen, aber die Gleichmäßigkeit sollte immer das Ziel sein."

„Aber ich dachte, wir haben schon den Ein-Stück-Fluss implementiert", beschwerte sich Phil. „Das haben uns die Berater erzählt, und das war ja auch der Grund, warum wir überhaupt erst diese Linie so aufgebaut haben."

„Mann, Phil", sagte mein Vater gereizt. „Schau dich doch um. Was siehst du?"

„Kontinuierlichen Fluss?", wagte sich Phil aus der Deckung.

„Fluss? Ja, sicher. Aber doch nicht kontinuierlich. Schau doch genau hin, beachte die Details. Jeder hier hat doch mindestens fünf Automaten vor sich."

„Ja, man sieht das deutlich", fiel Amy ein. „Sie stellen fünf Produkte vor sich hin, machen ihre Arbeit fertig und schieben dann alle fünf gleichzeitig weiter."

„Das stimmt", sagte Phil. „Aber warum machen sie das so?"

„Vielleicht fühlen sie sich besser, wenn sie immer einen kleinen Vorrat an Arbeit haben. Aber denk mal darüber nach, wie das deine Durchlaufzeit beeinflusst", antwortete mein Vater. „Schau", sagte er dann und kritzelte etwas auf Phils Notizblock. „Du hast gesagt, dass man insgesamt 45 Minuten reine Arbeitszeit braucht, um einen Sicherungsautomaten herzustellen. Die Durchlaufzeit für einen Automaten sind also ..."

„45 Minuten."

„Genau. 45 Minuten. Das sind bei sechs Arbeitsstationen ungefähr sechs Arbeitspakete mit je acht Minuten. Wenn du jetzt die Automaten in Fünfer-Losen weiterreichst, dann heißt das, dass an jeder Station vier Automaten acht Minuten warten, während der fünfte gerade in Arbeit ist. Also ist die Durchlaufzeit eines Automaten an jeder Station fünf mal acht Minuten ..."

„40 Minuten", sagte Amy.

„40 Minuten multipliziert mit den sechs Stationen ergibt 240 Minuten, bevor du den ersten fertigen Automaten erhältst. Das heißt, du hast einen Fluss. Der erste Automat, der reingeht, ist auch der erste, der rauskommt. Aber du hast keinen Ein-Stück-Fluss."

„Wir haben vier Stunden Durchlaufzeit anstatt der möglichen 45 Minuten, wenn wir Ein-Stück-Fluss machen würden", Phil betrachtete zustimmend die Skizze meines Vaters. „Die Berater waren dran, aber wir haben es nie geschafft. Sie stellten die Werkbänke enger zusammen, aber es hat nicht funktioniert. Dave hat alles wieder auseinandergerückt, damit sie wieder mehr Platz haben."

„Berater!", fauchte mein Vater. „Wir kommen noch dazu, wie man so was macht. So schwierig ist es auch wieder nicht. Aber wir brauchen Stoppuhren."

„Stoppuhren?", fragte Phil unsicher. Ich erinnerte mich an mein Studium und die Horrorgeschichten, die wir von den Ford-Fließbändern hörten, wo die Arbeiter unter dem gnadenlosen Blick der Ford-Ingenieure mit ihren gefürchteten Stoppuhren wie in einer Realität gewordenen Version von Charlie Chaplins *Moderne Zeiten* schwitzen.

„Was sonst?", fragte mein Vater. „Es geht um Durchlaufzeit und um Zykluszeit, und wir sollten eine Ahnung davon haben, wie die Teile durch das System fließen. Also Stoppuhren."

Phil schüttelte resigniert den Kopf.

„Auf jeden Fall haben wir einen Teil unserer Zielfragen gelöst. Wir wissen jetzt, dass wir den Work-in-Progress auf ein Teil pro Station reduzieren wollen. Wie Junior schon sagte …"

Ich hasse es, wenn er mich so nennt.

„… ist ein Work-in-Progress von null nicht möglich, aber null Fehler wären etwas, das wir in Bezug auf die Qualität sehr wohl als Ziel angeben könnten. Dann fehlt uns noch ein Ziel für die Produktivität, und das definieren wir auch nicht, indem wir uns irgendeine Zahl aus dem Ärmel schütteln. Wir brauchen Stoppuhren dafür. Aber für heute reicht es. Ihr besorgt die Sachen und dann machen wir morgen weiter", sagte mein Vater und schaute auf seine Armbanduhr.

„Kann ich Sie etwas fragen?", sprach ihn Amy an, als wir das Werk verließen.

„Ja bitte?"

„Ich war ja gestern nicht von Anfang an dabei, aber was ich gehört habe, ist, dass Sie uns helfen können, unsere Kosten zu reduzieren und damit unsere Liquidität zu verbessern."

„Das stimmt, das haben wir vor."

Sie sah ihn einen Moment unsicher an. „Und das verstehe ich nicht. Sie haben heute kein einziges Mal den Begriff ‚Kosten' verwendet."

Mein Vater nickte. „Das kann sein, ja."

„Na ja, in anderen Unternehmen rennen immer alle herum und suchen Möglichkeiten zur Kosteneinsparung, die Standardgeschichten eben. Machen Sie das nicht?"

Mein Vater lachte.

„Bis jetzt habe ich das nicht vor", sagte er.

„Und das verstehe ich nicht."

„Da muss ich ein bisschen ausholen", sagte mein Vater, gerade als ich die Flucht antreten wollte. Wir standen an der Rezeption, draußen schien die Sonne, und das richtige Leben lockte mich ins Freie.

„Wie ich gestern ja schon sagte, muss jede Produktionsstrategie darauf abzielen, die Kosten zu reduzieren, um bei einem gegebenen Marktpreis einen möglichst hohen Gewinn zu erwirtschaften. Aber es gibt da eine Falle. Was passiert, wenn man nur Kosten reduziert, dabei aber nicht ganz genau weiß, was man tut?"

„Man kann zum Beispiel seine Produktion damit beschränken“, sagte Philip. „Das ist genau dem vorherigen Management hier passiert. Sie haben die Kosten so weit reduziert, dass die Mitarbeiter nicht mehr genug Werkzeuge hatten, dass die Maschinen nicht mehr gewartet wurden, und zum Schluss brach alles mehr oder weniger zusammen. Als wir hier anfingen, mussten wir als Erstes das Dach reparieren lassen, weil es hereingeregnet hat.“

„Genau“, sagte mein Vater. „Also, bevor man zu viel über Kosten nachdenkt, ist doch die Frage interessanter, wie am schnellsten Geld reinkommt.“

„Mehr von den Burgern für die hungrigen Kunden braten“, sagte Amy wie aus der Pistole geschossen. „Völlig klar. Wenn du nichts zu liefern hast, kannst du sparen, so viel du willst. Es wird kein Geld reinkommen. Das haben sie uns in meinen Fast-Food-Tagen jeden Tag eingebläut.“

„Genau. Die beste Art, Kosten zu reduzieren, ist immer noch, das Werk zu schließen. Was manche dann – wenn auch unabsichtlich – tatsächlich tun. Ich erinnere mich an ein Werk, das in ein ‚Cost Center‘ umgewandelt wurde. Der Bonus der Geschäftsführung wurde an Kosteneinsparungen gekoppelt. Also sparten sie. Die Lieferzuverlässigkeit ging in den Keller, die Qualitätsprobleme gingen durchs Dach. Es dauerte kein Jahr, da hatten sie zwei ihrer wichtigsten Kunden verloren und mussten daraufhin das Werk schließen. So was kommt tatsächlich vor.

Wir wollen kosteneffektiv arbeiten und nicht die Kosten reduzieren. Und dazu müssen wir unsere Prioritäten richtig setzen. Erste Priorität ist die Lieferfähigkeit. Wenn wir nicht liefern, kommt kein Geld rein. Darum geht es hier. Unser größtes Problem ist, 100 von diesen Wie-auch-immer-Schaltschränken pro Woche rauszukriegen.“

„STR“, sagte Phil. „Wir müssen unsere Lieferungen von 50 auf 100 Stück pro Woche verdoppeln. Du hast recht, das ist das größte Problem.“

„Die Schwierigkeit dabei ist“, sagte mein Vater, „dass es uns hier in diesem Umfeld nur gelingen wird, diese Liefermenge sicherzustellen, wenn wir jede Menge Work-in-Progress und Komponenten vorhalten, um jedes Qualitätsproblem und jede Ineffizienz abfangen zu können.“

„Wir müssen auch über die Lieferanten nachdenken“, sagte Phil. „Als wir das hier übernahmen, war das ein einziges Chaos – aber sie hatten Kundenaufträge. Also kauften wir an Vorkomponenten, was wir bekommen konnten, um an allen Stationen wenigstens genug Teile zu haben, um die Produkte fertigen zu können. Was natürlich bedeutete, dass unsere Bestände durch die Decke gingen. Und wir haben das ja immer noch nicht im Griff.“

„Richtig, jetzt kommen die Lieferanten ins Spiel“, sagte mein Vater. „Die erste Priorität sind die Lieferungen, aber dann musst du darüber nachdenken, was mit deinen Beständen passiert. Als wir zum ersten Mal mit Toyota im Rahmen ihres Lieferantenentwicklungsprogramms gearbeitet haben, verlangten sie von uns, überall dort, wo es Lieferschwierigkeiten gab, die Bestände zu erhöhen. Wir konnten das kaum glauben. Der Weltmeister im Bereich ‚Nullbestand‘ verlangt von uns, die Bestände zu erhöhen. Sie nannten das aber nicht Bestand, sondern Puffer. Aber die Kundenzufriedenheit, das heißt die Lieferfähigkeit, steht an erster Stelle. Als wir das im Griff hatten, halfen sie uns, den Bestand wieder auf ein Minimum zu reduzieren.

Das heißt, man muss als Zweites immer am Bestand arbeiten. Sobald du sicher liefern kannst, musst du dich um den Bestand kümmern. Wenn wir jetzt auf 100 STR pro Woche gehen, dann wird auch dein Work-in-Progress steigen, das muss dir klar sein. Aber danach werden wir daran arbeiten, das wieder in den Griff zu bekommen.“

„Wie machen wir das?“

„Da gibt es verschiedene Methoden. Hauptsächlich werden wir uns auf Pufferbestände konzentrieren, die regelmäßig aufgefüllt werden. Diese Pufferbestände werden wir dann reduzieren, indem wir versuchen, zu verstehen, welche Gründe dazu führen, dass wir sie überhaupt brauchen.“

„Und die Kosten?“, drängte Phil.

„Verhalten sich genauso. Am Anfang wird es so aussehen, als ob bestimmte Kosten nach oben gehen werden, vor allem vermutlich Transportkosten. Aber keine Panik. Wenn wir unsere Bestände klug einsetzen, werden wir viele strukturelle Ineffizienzen eliminieren. Das wirst du nicht direkt in irgendwelchen Kostenkonten sehen, aber die Produktivität wird steigen und damit ...“

„... die Liquidität“, murmelte Phil.

„Genau. Liquidität. Wenn wir dann also die Bestände im Griff haben, dann können wir uns um die Kosten kümmern, denn dann werden wir wissen, welche Kosten wir angehen können und welche wir besser in Frieden lassen, weil wir sonst das ganze System gefährden. Die Bestände sind der Schlüssel zu allem – nicht per se, sondern als Indikator für die Effizienz unseres Systems. Bestände sind der Tachometer in deinem Auto. Die Nadel zeigt dir an, wie schnell du bist. Aber die Nadel zu bewegen, um schneller zu werden, wäre ziemlich sinnlos. Aber das machen viele, wenn sie anfangen, Kosten zu reduzieren. Wir wollen Kosteneffizienz – nicht Kostenreduktion. Aber jetzt ist genug für heute. Phil, besorg uns die Stoppuhren. Morgen machen wir weiter.“

Kapitel 3:
Takt

Spät abends rief ich Phil an. „Mein Vater hat gerade angerufen. Über das Wochenende findet eine Regatta im Jachtklub statt, er muss dort mithelfen. Das heißt, er hat morgen keine Zeit. Wir machen am Montag weiter."

„Mist. Das ist ärgerlich."

„Aber ich glaube, er hat Lust darauf, es scheint ihm zu gefallen."

„Glaubt er, dass wir es schaffen können?"

„Keine Ahnung. Aber er machte einen ganz positiven Eindruck. Und er weiß, wovon er redet."

„Das klingt gut. Äh …", er zögerte ein wenig. „Du bist doch Doktor?"

„Kommt darauf an. Worum geht's?"

„Ich habe dir doch schon gesagt, dass ich schlecht schlafe."

„Du stehst zurzeit auch ganz schön unter Stress. Oder gibt es was Spezielles?"

„Ich habe es dir noch nicht erzählt, aber es gab da so einen Zwischenfall neulich Nacht. Ich bin aufgewacht, hatte richtig heftige Brustschmerzen, und mein Herz hat geklopft wie verrückt. Ich konnte meinen linken Arm nicht bewegen und alles war irgendwie steif und kribbelig. Charlene hat mich dann ins Krankenhaus gefahren, sie haben einen Herzinfarkt vermutet. Aber sie haben nichts gefunden. Es wäre eine Angstattacke gewesen, ich sollte mal zum Psychiater gehen." All das sprudelte aus ihm heraus wie ein Schuldbekenntnis.

„So ein Doktor bin ich nicht."

„Ich weiß, aber du bist doch zumindest Psychologe, was hältst du von der ganzen Sache?"

„Rauchst du?"

„Nein."

„Trinkst du?"

„Na ja – nein. Nicht regelmäßig."

„Machst du Sport?"

„Ich gehe jeden Morgen joggen."

„Gibt es in deiner Familie Herzprobleme?"

„Nicht dass ich wüsste. Meine Leute sind noch recht gut beieinander."

Natürlich wusste ich das alles, aber diese Fragen waren Teil der Routine. Ich gefiel mir überhaupt nicht, bei meinen Freunden den Arzt zu spielen. Einer der Gründe, warum ich in die Forschung gegangen bin, war, dass mir die klinische Arbeit keinen Spaß machte. Und mit Freunden war das noch schlimmer für mich als mit Fremden. Weit schlimmer.

„Okay. Die Wahrscheinlichkeit, dass du tatsächlich Herzprobleme hast, ist sehr niedrig. Aber verlass dich jetzt mal nicht einfach darauf, was ich sage, sondern lass das mal von einem Spezialisten überprüfen. Wenn etwas nicht stimmt, dann wird er es finden."

„Okay. Und was mach ich mit dem Psychiater?"

Ich seufzte. „Du solltest dich auf deine tatsächlichen Probleme konzentrieren. Gibt es noch was, mal abgesehen von der Fabrik? Wie läuft es mit Charlene?"

Er zögerte. „Nicht so gut", gab er dann zu. „Wir streiten viel. Sie sagt, ich wäre launisch und gereizt. Ich finde sie . . ., na, du weißt ja, wie ich sie finde."

„Klingt alles so, als ob es etwas viel auf einmal ist. Hast du Schweißausbrüche?"

„Kommt vor", sagte er zurückhaltend.

„Versagensängste? Angst vor Verletzungen oder Unfällen? Schlafmangel?"

„Das trifft es alles recht genau. Also ab zum Psychiater?"

„Das habe ich nicht gesagt. Aber wenn du glaubst, dass es dir guttäte, mit jemandem zu reden, dann mach das. Das wird zwar dein Problem nicht lösen, aber es wird dir helfen, es zu erkennen. Und dann kannst du es lösen. Denn das kannst du. Versuch die Fabrik in den Griff zu bekommen. Ernähre dich gut. Mach, was deine Frau dir sagt – und das ist jetzt eine Anweisung von einem Doktor. Dann wird es dir wieder besser gehen."

Er lachte. „Danke. Das hilft mir. Ich werd es schaffen."

„Null Problemo."

Eine Zeit lang saß ich einfach nur da und starrte vor mich hin. Ich hatte Phil eigentlich nur meine eigenen Ängste und Zustände beschrieben. Es kam mir seltsam vor, dass er diese so oft an mir erlebt hatte, ohne es je zu bemerken. Glückliche Unschuld. Der Mond spiegelte sich silbern im Fenster zur Bucht. Nachdem meine Beziehung in die Brüche gegangen war, hatte ich mir eine kleine Wohnung im obersten Stock eines Apartmenthauses gemietet, mitten im Latinoviertel. Die Universität lag angenehm nahe. Ich fühlte mich wohl in dieser lebhaften und bunten Gegend und brauchte auch keine Angst um den Rosthaufen zu haben, den ich mein Auto nannte. Die großen Fenster in meiner Wohnung öffneten sich zur Bucht hin, und ich hatte mich sofort in diesen Blick verliebt. An nebelfreien Tagen konnte man sogar den Ozean sehen. Mehr erstaunt als erschreckt stellte ich fest, dass ich sechs Monate, nachdem der Wirbelwind Sarah durch mein Leben gerauscht war, immer noch keine eigenen Möbel hatte. Das Wohnzimmer war leer bis auf ein altes Ledersofa, das zu schwer war, um es einfach mitzunehmen, und ein altes Tischgestell, auf dem mein Computer stand. Stapel von Papier und Büchern auf dem Boden schimmerten bleich im Mondlicht.

Ich dachte mir, dass ein Sabbatical gut wäre, als ich das Angebot bekam, ein Buch über „gelegentliche Irrationalitäten" zu schreiben, das sowohl Bereiche aus der experimentellen kognitiven Psychologie als auch aus der Entwicklungspsychologie umfassen sollte. Das war eine einmalige Gelegenheit. Es gab eine große Chance, dass dieses Buch von mehreren Universitäten als Standard verwendet werden würde, und dann würde vielleicht auch mal der Rubel anfangen, zu rollen. Ich hatte bereits in verschiedenen Fachzeitschriften veröffentlicht, und das hatte eigentlich niemanden interessiert, aber ein Buch wäre ein anderes Kaliber. Parallel zur Lehrtätigkeit war es mir nie gelungen, die Zeit zu finden, allerdings stellte ich jetzt fest, dass Schreiben auch ohne andere Verpflichtungen ein mühsames und langwieriges Geschäft ist.

Die Werksbesuche mit meinem Vater bei Phil waren eine willkommene Abwechslung. Etwas Richtiges, Echtes. Ich dachte an Phil und seine Träume, Unternehmer zu werden, ich dachte an meinen eigenen akademischen Ehrgeiz. Ich dachte an Sarah und ihre Suche nach der perfekten Beziehung und dann wieder an meine Arbeit über Irrationalität und den verwirrenden Hang der Menschen, Wunschträumen nachzujagen. Während meiner Arbeit mit schizophrenen Patienten hatte ich gelernt, dass die Tatsache, dass ich ihren Wahn nicht teilen konnte, ihn nicht weniger real machte. Ich glaube vielleicht nicht an Gespenster, aber ich weiß, dass es Menschen gibt, die daran glauben, und meine Arbeit in den letzten Monaten hat mich davon überzeugt, dass wir das vielleicht sogar alle auf eine bestimmte Art und Weise tun, egal, ob wir krank oder gesund sind. Die Welt ist unser Wunschbrunnen, und wir sind davon überzeugt, dass, wenn wir nur fest genug an etwas glauben, alles wahr werden kann. Auch dass wir in einer beinahe bankrotten Fabrik noch eine Goldmine finden.

„Guten Morgen“, sagte Phil gut gelaunt und schob uns in sein Büro. „Kommt rein, ich will euch Dave Koslowsky vorstellen. Ich habe euch schon von ihm erzählt, er leitet die Produktion hier.“

„Guten Morgen“, sagte Dave höflich. Er war ein dicklicher Mann in den 50ern mit einer grau gelockten Mähne, einer Boxernase und den rötlichen Wangen eines Mannes, der sich viel im Freien aufhält. Er trug ein kariertes Hemd und eine hässliche beigefarbene Jacke, die mich an Entenjagden denken ließ. Seine Schultern wirkten angespannt, und man konnte richtig spüren, dass er die Hände in den Taschen zu Fäusten geballt hatte. Er sah nervös aus, und ich fragte mich, was los war. Mein Vater spürte das auch, denn er stellte sich sehr aufrecht hin, seine Arme demonstrativ vor der Brust verschränkt.

„Phil hat mich gebeten, Stoppuhren zu besorgen“, sagte Dave mit kratziger Stimme. „Haben Sie vor, die Zeit der Werker zu stoppen, während sie arbeiten?“

„Haben wir“, sagte mein Vater, diplomatisch wie immer.

„Das werden Sie nicht tun. Nicht in meinem Werk“, fuhr Dave ihn an und schwang seinen Körper zu uns, als wollte er sich auf uns werfen. Phil fiel das Kinn herunter, er sah Dave entgeistert an, und Amy warf mir einen warnenden Blick zu. Sie hatte mit dieser Reaktion gerechnet.

„Mit so was verschwende ich meine Zeit nicht“, sagte mein Vater, drehte sich um und ging Richtung Tür.

„Jetzt warte doch mal, Dad. Lass uns doch erst mal darüber sprechen“, sagte ich ruhig. Zu meiner eigenen Überraschung stoppte er, drehte sich um und schaute Koslowsky an, der zurückstarrte.

„Was ist denn mit Ihnen los, Dave?“, explodierte Phil, sein Gesicht war rot, aber es war nicht klar, ob vor Ärger, vor Überraschung, vor Verlegenheit oder vor allem zusammen.

„Phil, ich bitte Sie“, sagte Dave. „Wir arbeiten mit diesen Leuten! Wir können da nicht einfach rausgehen und ihre Zeiten stoppen, während sie arbeiten. Denken Sie doch mal nach. Das werden die sich nicht bieten lassen.“

„Das ist schon klar, dass das nicht so einfach ist“, sagte mein Vater grimmig. „Also rufe sie zusammen, sag ihnen, dass wir eine Studie machen und sie sich nicht um uns kümmern sollen, das war’s. Gibt es hier keine Morgenbesprechung?“

„Doch, gibt es. Aber was soll ich ihnen da sagen? Dass keiner seinen Job verliert? Ich habe das oft genug mitgemacht und weiß, dass es für die Werker am Ende immer auf dasselbe rausläuft. Und die Werker wissen das auch." Dave sah meinen Vater trotzig an.

„Und Sie sind der Gewerkschaftsvertreter?", fragte mein Vater.

„Bleib ruhig, Dad."

„Ich bin der Produktionsleiter hier. Wer Sie sind, weiß ich nicht, aber ich weiß, dass ich keine Lust habe, mich hier mit einem Streik rumzuschlagen. Aber genau das wird passieren, wenn Sie hier mit Ihren Stoppuhren rausgehen und anfangen, Zeitstudien zu machen. Wir haben das alles schon hinter uns."

„Okay, dann ist ja alles geklärt. Wir sind fertig.", sagte mein Vater beißend, bewegte sich aber nicht. „Jetzt bist du dran, Phil."

„Jetzt kommen Sie schon, Dave", sagte Phil beinahe traurig. „Sie kennen unsere Situation. Wir brauchen die Hilfe von Mr. Woods. Und Sie müssen zugeben, dass Sie keines der Probleme, die wir bisher angesprochen haben, lösen konnten." Das saß. Daves Gesicht verdunkelte sich.

„Sie können mich rauswerfen, Mr. Jenkinson. Aber in meiner Produktion laufen nicht unangekündigt und ohne Vorbereitung Leute mit Stoppuhren herum und machen Zeitstudien. Wenn es sein muss, mache ich es selbst. Aber nicht so."

„Wir hatten eine Abmachung, Phil. Und du wusstest, dass ich diese Spielchen nicht mitmache. Mike, fahr mich nach Hause." Vater ging zur Tür. Ich folgte ihm, als plötzlich ein lauter Wortwechsel zwischen Phil und Dave ausbrach. Ich hatte schon öfter berufliche Auseinandersetzungen erlebt, aber nichts während meiner beruflichen Laufbahn war vergleichbar mit dem, was sich da gerade abspielte. Ich war nur noch wütend auf meinen Vater. Konnte er sich nicht ein Mal wie ein zivilisierter Mensch aufführen? Musste er immer gleich John Wayne spielen? Wir traten aus der Tür.

„Warten Sie!"

Amy rannte hinter uns her, während wir schon den Parkplatz überquerten. „Nur einen Moment. Bitte!"

„Miss Cruz", sagte mein Vater gleichmütig, ging aber weiter. Erst als er am Auto stand, wandte er sich ihr zu.

„Es tut mir leid", sagte sie. „Ich weiß, dass Sie da nicht reingezogen werden wollen, aber Sie müssen das verstehen. Dave arbeitet schon sehr lange hier, und es ist gerade alles recht schwierig. Aber wir brauchen Ihre Hilfe. Wirklich."

„Komm Dad, wir reden noch mal drüber."

„Was schlagen Sie vor?" Er gab nach. Amy seufzte erleichtert und lächelte auf ihre unnachahmliche Art. Sie konnte gut mit Menschen umgehen. Sogar mit meinem problematischen Vater.

„Dave wird sich wieder beruhigen. Was ihn wirklich gestört hat, war, dass wir direkt mit seinen Arbeitern sprechen wollten. Aber wenn wir ihm vorher erklären, was wir machen wollen, dann wird er der Erste sein, der mitmacht. Es war immer so."

Ich erkannte, dass mein Vater unsicher wurde. Die Sache interessierte ihn, seine Unnahbarkeit war nur vorgespielt. Ich verstand nicht allzu viel von industrieller Produktion, aber ich konnte Daves Argumente sehr gut nachvollziehen. Mir würde es auch nicht gefallen, mit einer Stoppuhr in der Hand vor einem Werker zu stehen, obwohl ich von meinen Studien an der Universität das Beobachten von Probanden gewohnt bin.

Phil stürmte aus dem Gebäude und kam zu uns, mein Vater spielte an der Autotür herum.

„Es tut mir leid, Bob", sprudelte er hervor. „Ich weiß nicht, was in Dave gefahren ist."

„Das kann ich dir sagen", sagte mein Vater. „Vermutlich hat Dave eine Abmachung mit den Werkern, wie viele Teile pro Schicht gemacht werden sollen, oder wie lange sie für bestimmte Tätigkeiten brauchen dürfen. Habt ihr eine Gewerkschaft im Betrieb?"

„Nein, nicht direkt. Aber ja, du hast recht. Dave ist verantwortlich für die guten Beziehungen zwischen dem Management und den Werkern. Das sind alles gut ausgebildete Leute, und wir brauchen sie. Deshalb müssen wir vorsichtig sein, wir dürfen sie nicht verlieren."

„Und was ist dann Ihre Aufgabe?", der Zorn meines Vaters richtete sich plötzlich gegen Amy. „Wollten Sie nicht so was wie Personalleiterin sein?"

„Das bin ich auch", sagte Amy gelassen. „Und ich werde mit Dave ein ernsthaftes Gespräch führen. Ein ernsthaftes und *höfliches* Gespräch." Ihre Stimme ließ keinen Zweifel an ihrer Kritik an seinem Verhalten. Mein Vater schaute sie an, und ich erwartete einen weiteren Wortwechsel, aber um Amys Mund spielte plötzlich ein süßes Lächeln.

„Okay", sagte mein Vater. „Sie haben recht, entschuldigen Sie mein Benehmen. Was Dave sagt, ist nicht ganz falsch, und vermutlich hätte ich an seiner Stelle ähnlich reagiert."

Ich schaute meinen Vater an, fassungslos beinahe. Ein Zugeständnis der eigenen Unvollkommenheit! Es geschehen noch Zeichen und Wunder.

„Aber ich habe trotzdem weder Lust noch Geduld, mich weiterhin mit so etwas zu beschäftigen. Ich habe mich mein Leben lang mit Leuten rumgeschlagen, die mir erklärt haben, warum man das nicht tun kann und das nicht sagen darf und mit dem nicht darüber sprechen darf ...", seine Stimme wurde leiser, und für einen Moment sah er alt und verbittert aus. Er stand da, als wäre sein Leben eine einzige ununterbrochene Niederlage gewesen – etwas, das ich noch nie an ihm bemerkt hatte. „Ich werde nicht in dieses Werk zurückgehen, wenn ihr mich nicht wollt."

Phils Gesicht fiel zusammen. Ich sah, dass er ein Argument suchte, um meinen Vater zu überzeugen, aber zum Glück schwieg er. Mein Vater fuhr sich mit der Hand durch sein weißes Haar und brummte laut und missbilligend vor sich hin, und ich dachte, wie komisch es aussehen musste, wie wir hier auf dem Parkplatz herumstanden und diskutierten.

„Okay, wir werden es probieren. Ich werde nicht zurückgehen – aber", nahm er Phil, der gerade aufbrausen wollte, den Wind aus den Segeln, „wir werden weiter darüber reden. Ich bin morgen wieder im Jachtklub, und wenn du auch kommst, dann sage ich dir, was du tun sollst, und das kannst du dann in deiner Fabrik umsetzen. Wir werden sehen, ob es klappt. Aber wenn es nicht klappt, dann kann ich nichts mehr für dich tun."

Phils Gesicht leuchtete kurz auf, und er schob seine Brille immer wieder mit einer nervigen Bewegung seine Nase hoch, wie er es immer tat, wenn er aufgeregt oder angespannt war.

„Das ist Ordnung, gar kein Problem. Das ist perfekt, danke. So machen wir das", antwortete er erleichtert. Amy zwinkerte mir zu, und ich musste mir ein Grinsen verkneifen.

„Alles klar dann so weit", sagte mein Vater und sammelte seine Gedanken. „Diese Frau in der Montage, die wir kennengelernt haben, diese Gloria, wie ist die denn so drauf?"

„Die Schichtleiterin? Die ist schon in Ordnung, denke ich."

Amy lachte laut auf. „Alle haben Angst vor ihr. Genau genommen schmeißt sie den ganzen Laden dort allein. Warum fragen Sie?"

„Du hast gesagt, sie beherrscht die Montage der Sicherungsautomaten perfekt."

„Das stimmt", bestätigte Phil. „Deshalb wurde sie auch Schichtleiterin."

„Wir müssen herausfinden, wie viele Leute wir an deiner verflixten Linie wirklich brauchen, und dazu brauchen wir ein paar Zahlen", knurrte mein Vater. „Und ich meine echte Zahlen, nicht irgendwelche Schrottzahlen von irgendeiner dubiosen Studie."

„Ich rede mit ihr", sprang Amy ein. „Sie ist in Ordnung."

„Gut", sagte mein Vater düster. „Ich will von ihr wissen, wie lange es dauert, einen STR-Automaten von Anfang bis Ende zu bauen, inklusive der notwendigen Tests. Die Montage muss ohne Unterbrechung oder Pausen erfolgen, und alles Material und alle Werkzeug müssen verfügbar sein."

Amy nickte, während sie sich Notizen machte.

„Am besten wäre es, wenn Sie ihre Zeit stoppen könnten, während sie arbeitet. Vielleicht könnten Sie beide das am Ende der Schicht machen, dann könnten Sie vielleicht schon jedes Arbeitssegment getrennt betrachten."

„Verstanden", bestätigte Amy.

„Okay Miss Cruz, dann werden Sie das machen, und ihr", er wandte sich an mich und Phil, „ihr kommt morgen zum Jachtklub, dann sehen wir weiter."

„Wir werden da sein", sagte Phil.

Der ramponierte Pick-up meines Vaters stand schon auf dem Parkplatz, als ich am Jachtklub ankam. Ich fragte mich, was er an dem alten Wrack fand, aber dann dachte ich, dass mein Vater ein alter Mann wurde und ein Recht auf sentimentale Gefühle hatte. Meine Mutter wollte immer die neuesten Autos besitzen. Ich vermutete mal, dass er bereits auf der *Felicity* war (ein blöder Name, aber das Boot hieß so, als er es kaufte, und manche denken, es bringe Unglück, ein Schiff umzutaufen), also wartete ich ein wenig im Schatten der Pinien, die den Parkplatz umgaben, bis Phil mit seinem orangefarbenen Porsche ankam, dicht gefolgt von Amys rotem Cabrio.

Ihr knapper Hosenanzug zog einige Blicke der Jungs an, die hier ihre Boote reparierten, und sie winkte mir mit einem strahlenden Lächeln zu. Dass sie viel und strahlend lachte, konnte nicht über ihre Ernsthaftigkeit hinwegtäuschen. Phil nahm mich gar nicht wahr, er ging direkt zum Eingang des Jachtklubs und starrte dabei auf seine Schuhe mit dem schweren Blick eines Mannes, der die Last der Welt auf seinen Schultern trug. Der Klub war ein zweistöckiges Gebäude, und der Blick von dort ging über den Pier bis hin zu den mit Goldkiefern bedeckten Hügeln im Landesinneren. Der obere Stock war eine Bar mit angeschlossenem Restaurant. Eine große Terrasse gab den Blick auf den Hafen frei. Ich konnte das Boot meines Vaters am Ende des Piers erkennen, eine wahre Schönheit. Alles im Klubraum bestand aus glänzendem Holz und poliertem Messing, es sah aus, als wäre er direkt aus den 20er-Jahren in die heutige Zeit gefallen. Es war nicht viel los, ein paar Touristen und ein paar Einheimische, und mein Vater saß ein wenig abseits an einem großen Tisch im Schatten und schlürfte Kaffee.

„42 Minuten", sagte Amy, als sie sich setzte, und klatschte ihren Notizblock auf den Tisch. Mein Vater grinste.

„Wie lief es?", fragte Phil.

„Gut. Sie hat alles vorbereitet, und ich habe ihre Zeit gestoppt, während sie das ganze Ding in 42 Minuten zusammengebaut hat, Test inklusive. Aber sie meinte, normalerweise würde das länger dauern, weil immer irgendetwas schiefginge."

„War es ein Problem für sie?"

„Dass ich sie gestoppt habe? Nein. Sie hat nur gefragt, was wir vorhaben und ob jetzt Leute wieder Angst um ihren Job haben müssen, wie es nach dem Verkauf war und so."

„Was hast du ihr gesagt?"

„Nichts", sie zuckte mit den Schultern. „Ich sagte, dass ich dich fragen würde, aber dass Entlassungen meines Wissens nach nicht anstehen. Wir sollten uns aber trotzdem eine Kommunikationsstrategie erarbeiten – und zwar schnell."

„Ja. Vor allem, wenn wir auf Zweischichtbetrieb gehen wollen. Wir müssen das den Leuten sagen, damit sie nicht denken, wir wollen nur Personal abbauen", betonte mein Vater.

„Du hast recht", sagte Phil schlecht gelaunt. „Also noch mehr Arbeit."

„Kein Thema, Chef", sagte Amy fröhlich. „Das kriegen wir hin. Im Einzelnen sehen die Zeiten so aus:

- Zwölf Minuten dauert der Zusammenbau der Halterung,
- vier Minuten brauchen wir, um den Motor einzubauen, und
- sechs Minuten, um ihn zu verkabeln,
- sieben Minuten dauert es, den Vakuumkern einzupassen,
- vier Minuten die Verkabelung, und dann brauchen wir noch
- neun Minuten für den Abschlusstest.

Den Vakuumkern einzubauen war schwierig. Er muss genau eingepasst werden, und dann ist es eine richtige Fummelei, ihn richtig einzustellen. Sie sagte, manchmal rutscht er von alleine an die richtige Position und manchmal muss man sogar die Halterungen noch einmal anpassen."

„Der erste und der zweite Schritt sind ja überhaupt nicht ausgetaktet", sagte Phil und nahm Amys Notizbuch.

„Vergiss das mal“, sagte mein Vater. „Wir haben jetzt nur eine Momentaufnahme, das bedeutet noch gar nichts. Vielleicht hat sie ihre eigene Methode zu arbeiten, und der Werker, der das jeden Tag macht, ist zum Beispiel viel schneller. Früher oder später müssen wir auf jeden Fall die Zeiten aller Werker am Band nehmen.“

„Verstanden“, sagte Phil.

„Okay, also müssen wir jetzt herauszufinden, wie viel Werker wir am Band brauchen, richtig?“

Wir nickten alle gleichzeitig.

„Und was ist der springende Punkt dabei?“

„Wie schnell sie arbeiten“, meinte ich.

Kopfschütteln.

„Dass die Arbeit ausbalanciert ist“, schlug Phil vor.

„Nein. Erst nachdenken.“

„Na klar“, sagte Amy plötzlich. „Wie viel Teile wir pro Tag machen wollen.“

„Perfekt, junge Frau. Es geht um den Kundentakt.“

Wir schauten uns an, jeder erwartete, dass uns mein Vater den neuen Begriff erläuterte. Aber stattdessen fragte er weiter. „Was machen deine Kunden eigentlich mit diesen Schaltschränken?“

„Sie werden zusammen mit anderen Elementen in große Schalteinheiten verbaut, die für die Steuerung von Kraftwerken, Containerschiffen oder Industrieanlagen verwendet werden“, sagte Phil.

„Wie viel STR brauchen sie pro Monat?“

„Sie haben immer zwei Projekte parallel laufen. Sie brauchen 400 im Monat, aber wir haben ihnen nur 200 pro Monat zusagen können.“

„Ist der Versand regelmäßig?“

„Sie wollen 50 pro Woche.“

„20 Arbeitstage pro Monat?“

„Wenn es keine Zwischenfälle gibt. Wir machen aber oft auch Überstunden und liefern die Teile als Sonderfracht – kostet uns eine ganze Stange Geld.“

„Lassen wir das mal weg. Also dein Kunde bekommt 200 Schaltschränke pro Monat, das macht genau zehn pro Arbeitstag.“

„Macht bei vier Sicherungsautomaten pro Schrank genau 40 Automaten pro Tag.“

„Richtig. Vier Automaten pro STR.“

„Wenn wir mal annehmen, dass dein Kunde die Teile regelmäßig verbraucht, bedeutet das, dass du alle 46 Minuten einen STR an ihn liefern musst und alle elf Minuten und 30 Sekunden einen Sicherungsautomaten von der Vormontage an deine Endmontage."

„Wie hast du das jetzt ausgerechnet?", wunderte sich Phil.

„Stell dir mal einen perfekten, gleichmäßigen Fluss vor", sagte mein Vater. „Das Gold fließt gleichmäßig, und in regelmäßigen Intervallen formt sich ein Nugget. Verstehst du?"

„Klingt wie Science-Fiction – aber ja, ich verstehe", Phil grinste.

„Deine Montage arbeitet 480 Minuten. Rechnen wir mit zwei Pausen mit jeweils zehn Minuten, dann sind wir bei 460 Minuten Arbeitszeit. Dein Fluss sollte also alle 460 Minuten dividiert durch 40 Sicherungsautomaten ist gleich alle 11,5 Minuten ein Nugget ausspucken."

„Mmmm ...", Phil runzelte die Stirn. „Mach mal besser 15 Minuten Pause. Also muss der perfekte Fluss alle 450 Minuten[1] dividiert durch 40 Automaten, also alle elf Komma irgendwas Minuten einen Automaten produzieren."

„Alle 11,25 Minuten", sagte Amy mit dem Taschenrechner in der Hand.

„Wenn dein Kunde gleichmäßig arbeitet, dann braucht er alle 45 Minuten einen STR von dir. Wenn du also Überproduktion vermeiden willst, dann darfst du nur genau alle 45 Minuten einen STR an das Fertigwarenlager liefern. Bist du schneller, baust du Bestand auf, bist du langsamer, muss dein Kunde auf dich warten. Um alle 45 Minuten einen STR zu machen, musst du alle 11,25 Minuten einen Sicherungsautomaten produzieren."

„Theoretisch hast du recht", stimmte Phil zu. „Aber in der Praxis sieht das ganz anders aus. Wir wissen ja gar nicht genau, wann unser Kunde wirklich die nächste Lieferung abruft."

„Es geht bei der ganzen Sache eigentlich nur darum, die Liefermenge punktgenau zu treffen", meinte Amy nachdenklich.

„Richtig. Und um das zu schaffen, brauchst du einen Rhythmus, einen Schrittmacher. Das ist der Kundentakt. Deine gesamte Fabrik muss im Kundentakt arbeiten."

$$\text{Kundentakt} = \frac{\text{Täglich verfügbare Arbeitszeit}}{\text{Täglicher Kundenbedarf}}$$

[1] 450 Minuten: täglich verfügbare Arbeitszeit (7,5 Stunden)

Phil notierte sich die Formel sorgfältig. „Das ist der Kehrwert der Produktionsrate."

„Mathematisch gesehen ja", sagte mein Vater nach kurzem Nachdenken. „Aber der Standpunkt, von dem aus wir die Sache betrachten, ist völlig anders. Nimm mal an, wir müssen 40 Teile pro Tag machen, in unserem Fall also 40 Teile in 450 Minuten. Die Produktionsrate in diesem Fall wären 0,0888 Automaten pro Minute. Und das ist eine völlig sinnlose Zahl. Also fängt man an, in Tagesdurchschnitten zu denken, zum Beispiel schaffen wir dann 30 am Vormittag und die restlichen zehn nachmittags. Das sind ja auch 40 am Tag."

„Ich glaube, ich kapiere es", sagte Amy. „Wenn man nämlich sagt, man muss alle 11,25 Minuten ein Teil machen, dann hat man viel weniger Spielraum. Und man kann sofort erkennen, ob man noch in der Zeit ist oder nicht."

„So sieht es aus. Aber es geht noch weiter. Wenn du eine normale, nicht getaktete Produktion hast, kann der Produktionsleiter die Produktionsrate erhöhen, um andere Kennzahlen zu verbessern. Er könnte in unserem Fall entscheiden, 50 pro Tag zu machen, und damit die Maschinenauslastung wunderbar verbessern."

„Aber dann hast du 50 Teile zu viel am Ende der Woche", bemerkte ich.

„Das macht doch nichts", sagte Amy. „Wir könnten sie einlagern und in der Zeit dann etwas anderes produzieren. Wo ist das Problem?"

„Bestand", Phil seufzte. „Das ist doch genau das, was Dave die ganze Zeit mit den DG-Schränken macht. Weil das hauptsächlich Ersatzteilgeschäft ist, kommen immer kleine Aufträge, die dringend sind. Um die Produktion ruhig zu halten, legt Dave ein großes Los auf und lagert dann die fertigen DG ein."

„Genau", sagte mein Vater. „Das ist die Überproduktion, die zu deinen Beständen führt. Entweder man macht zu viele Teile oder man macht sie zu früh. Arbeiten nach Kundentakt bedeutet aber, genau die Menge zu machen, die der Kunde verbraucht. Nicht mehr und nicht weniger."

„Und wenn der Kunde plötzlich mehr will?", fragte Amy. „50 am Tag?"

„Dann liegt der Kundentakt bei neun Minuten", rechnete Phil vor. „Aber wenn wir darauf eingestellt sind, alle 11,25 Minuten einen Automaten zu produzieren, wie sollen wir dann plötzlich alle neun Minuten einen herstellen können? Wie soll das gehen? Zauberei?"

„Das ist der Haken. Versuch's rauszukriegen."

Wir schwiegen alle für einen Moment.

„Also Gloria schafft einen STR-Automaten in 42 Minuten", sagte Amy schließlich. „Richtig?"

„Richtig."

„Also ist die Frage, wie viele Glorias wir brauchen, wenn wir alle 11,25 Minuten einen Automaten brauchen."

„42 dividiert durch 11,25 ist 3,73", antwortete Phil.

„Es gibt keine 0,73 Personen", warf ich ein.

„Richtig. Also vier."

„Und alle neun Minuten?", fragte mein Vater.

„4,6. Aber wir können nur mit vollen Personen rechnen, also brauchen wir fünf", sagte Phil. „Also für einen Kundentakt von 11,25 Minuten brauchen wir vier Personen, für neun Minuten brauchen wir fünf."

„Du hast das Prinzip verstanden", sagte mein Vater zufrieden. „Es gibt einen direkten Zusammenhang zwischen dem Kundentakt und der Anzahl der Leute, die du brauchst. Denk aber noch daran, dass nicht jeder ein Produkt fertig baut, sondern dass sie an einer Montagelinie arbeiten."

„Stimmt ja. Das heißt, es gibt einen Zusammenhang zwischen dem Kundentakt, der Anzahl der Werker und ...", Phil zögerte und Amy beendete seinen Satz.

„... der Zeit, die man braucht, um die Arbeit zu erledigen."

„Genau. Das nennt man Arbeitsinhalt. In unserem Fall ist der Arbeitsinhalt 42 Minuten, weil Gloria genauso lange gebraucht hat, um einen Automaten von Anfang bis Ende zu bauen. Wenn wir jeden Werker an seiner Station gestoppt hätten, dann hätten wir vermutlich einen geringeren Arbeitsinhalt, weil ja jeder an seiner Station ein Spezialist ist und damit vermutlich etwas schneller als Gloria."

„Du gehst davon aus, dass sie schneller sind, weil die zu leistende Arbeit überschaubar ist, der Werker immer das Gleiche macht und damit die Handgriffe aus dem Effeff beherrscht?", fragte Phil.

„Ich gehe davon aus, aber lassen wir uns nicht ablenken, bleiben wir noch mal bei den Zusammenhängen. Also, wir benötigen für die Produktion eines Automaten 42 Minuten. Wir brauchen allerdings alle elf Minuten einen solchen Automaten. Also wie viel Werker brauchen wir?"

„Vier. Und wir haben sechs!", Phil war sauer.

„42 dividiert durch elf ist 3,8", bestätigte Amy und nötigte Phil, die Formel aufzuschreiben.

$$\text{Anzahl Werker} = \frac{\text{Gesamter Arbeitsinhalt}}{\text{Kundentakt}}$$

„Nicht so schnell mit den jungen Pferden, wir werden gleich sehen, warum du sechs statt vier Werker an der Linie hast. Das Wichtigste ist, dass wir jetzt ein smartes Ziel, wie Amy das nennen würde, für die Montagelinie haben. Wir wollen von sechs auf vier Werker gehen, wobei wir uns im Moment noch keine Gedanken darüber machen sollten, wie."

„In einer perfekten Welt ist das machbar."

„Deshalb ist das ein schönes Ziel, schwierig, aber nicht unrealistisch."

„Das wäre eine riesige Produktivitätsverbesserung", sagte Amy.

„Wie gesagt, schwierig, aber nicht unrealistisch."

„Wenn wir das an jeder Linie schaffen, dann bekommen wir insgesamt sechs Leute frei. Das wäre die zweite Schicht für die STR!", platzte Phil aufgeregt heraus.

„Das war die Idee", grinste mein Vater selbstzufrieden.

„Meine Güte!"

„Mach mal langsam, mein Junge, noch haben wir gar nichts."

„Aber du glaubst, das wäre machbar?"

„Ob ich das für machbar halte?", sagte mein Vater spöttisch. „Ja, ich halte das für machbar. Ich habe allerdings keine Ahnung, ob es für dich machbar ist. Denn wenn ich an den ersten Kontakt mit deinem Produktionsmanager gestern denke, dann würde ich nicht drauf wetten."

Mein guter alter Vater. Jederzeit bereit für einen Fußtritt, wenn der andere schon am Boden liegt. Ich hatte das deutliche Gefühl, das Dave irgendwann noch für den Empfang, den er uns bereitet hatte, büßen würde.

„Aber wir sollten uns jetzt mal die Frage stellen, warum wir eigentlich sechs Werker an der Linie haben statt nur vier?"

„Umm ...", sagte Phil ernüchtert.

„Weil sie nicht so schnell sind wie Gloria?", vermutete Amy.

„Könnte sein, glaube ich aber nicht."

„Weil das System nicht effizient ist?", warf ich ein.

„Ja, schon. Aber was ist nicht effizient?"

Ich zuckte mit den Schultern. Was verstand ich schon von Fabriken?

„Denkt mal andersherum", probierte es mein Vater. „Sechs Leute machen 40 Automaten am Tag ..."

„Oder weniger", brummte Phil.

„Oder weniger. Das heißt, sie brauchen pro Automat 66 Minuten, das heißt 24 Minuten mehr pro Automat im Vergleich zu Gloria."

„Das sind fast 30 Prozent!"

„Das sind im Schnitt vier Minuten pro Person pro Produkt. So viel ist das auch wieder nicht", meinte Amy.

„Vor allem, weil die Montagelinie ja gar nicht ausgetaktet ist", warf Phil ein.

„Vergiss das doch mal mit dem Austakten", sagte mein Vater tadelnd. „Dazu kommen wir noch. Im Moment wissen wir nur, dass wir mehr Zeit brauchen als notwendig, um ein Teil zu fertigen – zumindest im Vergleich mit Gloria. Woran kann das liegen? Nehmen wir mal an, die Werker arbeiten nicht langsamer. Und vergesst mal, was Mike sagte, dass es das System wäre. Was könnte es sein? Was passiert da?"

„Keine Ahnung", rief Phil und warf die Arme in die Höhe. „Das könnte alles sein. Ein fehlendes Teil. Irgendetwas passt nicht. Vielleicht muss einer auf die Toilette."

„Genau", sagte mein Vater. „Schwankungen."

„Du meinst, es könnte wirklich alles Mögliche sein?"

„Nicht alles Mögliche. Mein Lehrer von Toyota hat uns beigebracht, dass es drei Möglichkeiten gibt, Verschwendung zu erzeugen. Erstens *Muda*, davon haben wir schon gesprochen, das sind nicht wertschöpfende Tätigkeiten. Das Nächste ist *Muri*, darunter versteht man Überlastung."

„Häh?", fragte Phil.

„Muri umfasst all die unvernünftigen Tätigkeiten, die Mitarbeiter erledigen müssen, weil das Management darin versagt, eine funktionierende Organisation aufzubauen. Dazu gehört das Heben von schweren Gegenständen ebenso wie zum Beispiel gefährliche oder gesundheitsgefährdende Aufgaben. Muri bedeutet, dass ein Mensch oder eine Maschine über seine natürlichen Grenzen beansprucht wird. Muri ist die Ursache von internen Schwankungen und Fluktuationen", erklärte mein Vater. „Und das Dritte wäre *Mura*, Unregelmäßigkeit."

„Und was bedeutet das?"

„Schwankungen, die nicht durch die eigentliche Arbeit verursacht werden, sondern die von außen kommen. Also zum Beispiel Schwankungen im Produktionsplan. Das kann zum Beispiel dazu führen, dass wir, um Nachfragespitzen abzufangen, immer Überkapazitäten vorhalten müssen, was natürlich die reine Verschwendung ist, wenn die entsprechende Nachfrage nicht da ist."

„Muda, Muri, Mura", rekapitulierte Amy. „Alle Todsünden der Produktion auf einem Haufen."

„Ja, schon, aber im Moment hilft uns das überhaupt nicht weiter. Wir wissen im Moment nur, dass es eine Diskrepanz gibt zwischen dem, was möglich wäre, und dem, was ist. Meiner Erfahrung nach gibt es viel mehr Gründe für Schwankungen, als wir auf den ersten Blick sehen können. Deshalb wird es uns auch nicht gelingen, hier so etwas wie einen Engpass oder eine schlechte Austaktung zu finden, die wir für die Bestände verantwortlich machen könnten."

„Das würde auch erklären, warum die Materialansammlungen nie an der gleichen Stelle sind."

„Genau. Aus Amys Zahlen können wir erkennen, dass der Prozess nicht völlig willkürlich zusammengestellt ist, es gibt eine Art Austaktung. Aber wir sehen auch, dass das Ganze nicht gleichmäßig ist. Damit bestätigen wir also unser nach der Lieferfähigkeit zweites Ziel. Von sechs auf vier Werker zu kommen."

„Es fällt mir immer noch schwer, zu glauben, dass nur Prozessschwankungen dafür verantwortlich sind, dass wir statt vier sechs Werker brauchen", murmelte Phil zweifelnd vor sich hin.

„Es sind nicht nur die Prozessschwankungen", korrigierte ihn mein Vater. „Es geht um alle Arten von Verschwendung. Denk zum Beispiel mal an Nacharbeit. Wir haben jetzt also unser Bestandsziel – ein Teil pro Werker – und wir haben unser Produktivitätsziel. Aber was ist mit der Qualität?"

„Das hast du schon gesagt", warf ich ein. „Null Fehler."

„Null interne Fehler, richtig. Was hältst du davon?", mein Vater zwinkerte Philip zu.

„Nicht möglich", sagte Amy bestimmt.

„Es ist ein Ziel", meinte Phil. „Ein Ziel, das man anstreben kann, aber niemals erreichen wird. Irgendetwas geht immer schief."

„Viele Begriffe, die wir verwenden, beruhen auf falschen Übersetzungen oder falschen Interpretationen", dozierte mein Vater lächelnd. „Das Originalkonzept lautet: ‚*Null akzeptierte Fehler*'. In jedem Prozessschritt werden Mitarbeiter ausgebildet, fehlerhafte Arbeit des vorhergehenden Schrittes zu erkennen und die Annahme zu verweigern. Das bedeutet, dass ein Werker, der ein defektes Produkt entgegennimmt, daran seinen eigenen Arbeitsschritt ausführt und dann das Produkt weitergibt, die Verantwortung für den Fehler übernimmt. Ich stimme voll und ganz zu", fuhr er fort, „wenn ihr sagt, dass man null Fehler nicht erreichen kann, aber darum geht es überhaupt gar nicht. Das Prinzip bei Toyota heißt *Jidoka* und kann mit ‚eingebaute Qualität' übersetzt werden. Es geht darum, jeden Fehler, der auftritt, so früh und so weit oben im Fluss zu stoppen wie nur möglich."

„Je weiter sich der Fehler im Fluss fortbewegt hat, je näher er am Fertigwarenbestand ist, wenn er entdeckt wird, desto teurer“, fasste Phil zusammen und notierte:

Zero Defects Accepted

„Im schlimmsten Fall wird der Fehler erst beim Kunden entdeckt. Und das erfahren wir dann vielleicht niemals. Von zehn Kunden beschwert sich einer, sagt man. Die anderen neun kaufen einfach woanders“, sagte Amy mit gespielter Weisheit.

„Nicht in unserer Branche“, sagte Phil mit einem kläglichen Lächeln. „Die sagen uns das schon. Und dann ruinieren sie unseren Ruf in der Branche und wir sind tot.“

„Ich weiß, Dad“, warf ich ein. „Henry Ford hat das immer gesagt. Die Mitarbeiter und die Reputation sind die zwei Dinge in einem Unternehmen, die in keiner Bilanz auftauchen.“

„Hab ich das je gesagt? Aber wie auch immer, ihr habt den springenden Punkt noch nicht verstanden. Es geht hier nicht um null Fehler beim Kunden. Es geht darum, in keiner Stufe des Prozesses einen Fehler zu akzeptieren. Das heißt, der Werker verweigert die Arbeit mit defekten Teilen oder Komponenten, und er nimmt auch keine Nacharbeit vor.“

„Keine Nacharbeit?“, fragte Phil ungläubig. „Aber das würde bedeuten, wir müssten 20 Prozent unserer Teile wegwerfen.“

„Ja was glaubst du denn, wo deine ganzen Schwankungen im Prozess herkommen?“, antwortete mein Vater. „Aber ich habe ja nicht gesagt, dass du die Teile wegwerfen sollst. Ich habe gesagt, die Werker machen keine Nacharbeit, und ich habe gesagt, sie dürfen kein Teil akzeptieren, das nicht der geforderten Qualität entspricht.“

„Das wäre mal was Neues.“ Amy grinste.

„Warum sollten sie sich mit all dem Schrott rumschlagen, den ihnen die Firma vor die Füße kippt? Warum müssen sich die Werker um schlechte Konstruktionen, um unfähige Lieferanten und um die schlampige Arbeit von anderen kümmern?“, schnauzte mein Vater uns an, er war plötzlich richtig aufgebracht.

„Also ist das nun unser Qualitätsziel: Null Fehler im Prozess“, sagte Phil konzentriert.

„Darum geht es, mein Junge. Daran führt kein Weg vorbei.“

„Und du kannst uns helfen, das zu erreichen?“ Phil schaute meinen Vater zweifelnd an, ließ sich aber dieses Mal von dessen starrem Blick zurück nicht einschüchtern.

„Ich kann euch ein paar Tipps geben, ja.“

„Also geht es um Folgendes“, sagte Amy geschäftsmäßig und fasste alles in ihrem Notizblock zusammen.

	Aktuell	Ziel (Stück pro Tag)
Stück pro Tag	ungefähr 40	40
Work-in-Progress	35	4
Werker	6	4
Fehler	?	0

„Das geht doch nicht“, fiel ihr Phil ins Wort. „Unser Ziel wäre dann, Work-in-Progress um – lass sehen – 90 Prozent zu reduzieren und die Anzahl der Werker um 30 Prozent. Amy, das ist Blödsinn. Völlig unrealistisch.“

Mein Vater ignorierte Phils Kommentar. „Hätte ich nicht besser sagen können, Miss Cruz. Das sind die Ziele. Ist das jedem völlig klar? Sind wir uns einig? Seht ihr das Gold im Fluss?“

„Ein-Stück-Fluss. Keine defekten Teile weiterreichen. Zwei Werker weniger für die gleiche Menge.“ Amy lächelte uns unternehmungslustig an. „Wo fangen wir an?“

„Ganz einfach“, sagte mein Vater. „Mit roten Kisten.“

„Mit roten Kisten?“, murmelten Phil und Amy gleichzeitig.

„Ja – und Pareto-Grafiken. Bisher glaubt ihr nämlich noch nicht, dass die Prozessschwankungen das ganze Chaos verursachen. Ich fange deshalb immer mit einer einfachen Sache an, nämlich mit den roten Kisten. Ihr besorgt für jede Arbeitsstation eine rote Plastikkiste, stellt sie dort auf und gebt dem Werker genau eine einzige Anweisung: keine Nacharbeit. Wenn ihm irgendetwas an einem Teil nicht gefällt, egal, ob es von der Station vorher kommt oder eine Komponente vom Lieferanten ist, soll er es in die rote Kiste legen und das war's.“

„Aber wenn wir das machen, dann steht unsere Linie ja nach ein paar Minuten“, protestierte Phil.

„Vielleicht“, sagte mein Vater, „vielleicht auch nicht. Es gibt genug Bestand an den Stationen, sie können einfach mit dem nächsten Teil weiterarbeiten.“

„Wie du meinst“, sagte Phil verunsichert.

„Jetzt hör mir mal zu, mein Junge. Du hast gesagt, du wirst tun, was ich dir sage, kannst du dich daran erinnern? Ich kann dir nur helfen, wenn du mich dir helfen lässt. Also hör auf zu diskutieren und fang endlich an.“

Na also, das klang doch wieder wie mein Vater.

„Was machen wir mit den Teilen in den roten Kisten?“, fragte Amy.

„Ihr bleibt jetzt erst mal eine Weile hier und schaut euch an, wie und ob das funktioniert. Er kann immer alles Mögliche passieren. Vielleicht werfen sie alle Teile in die roten Kisten und dein hochgeschätzter Dave bekommt einen Tobsuchtsanfall. Sprecht mit Gloria. Sie soll aufschreiben, warum Teile in den roten Kisten landen, und sie soll die Nacharbeit selber machen. Wenn sie etwas repariert hat, kann sie das einfach an die Station zurückgeben, darauf kommt es nicht an, es steht im Moment ja sowieso jede Menge Zeug rum. Später werden wir einen Weg finden, wie wir nachgearbeitete Teile ohne Bestandserhöhung in den Prozess zurückbringen.“

Phil rief mich am nächsten Abend an. „Mike? Seit gestern lassen wir das System mit den roten Kisten laufen – meinst du, ich könnte mal mit deinem Vater darüber reden?“

„Ich frag ihn.“

„Kommt doch einfach raus zu uns“, war die Antwort meines Vaters. „Aber fahrt vorher beim Chinarestaurant vorbei und bringt was zum Essen mit, okay?“

„Hi Jungs“, meine Mutter winkte uns aus ihrem Sessel vor dem Fernseher zu. „Bob ist auf der Terrasse und im Kühlschrank ist Bier.“

Meine Eltern hatten Glück gehabt, dieses Haus zu finden, als sie von den „Großen Seen“ nach Westen zogen. Es lag in einem Nobelviertel in den Bergen, und obwohl es stadtnah war, sah man ringsum nur Büsche und hochaufragende Eukalyptusbäume, deren süßlicher Duft die Luft erfüllte. Mein Vater saß auf der Terrasse und beobachtete die Spiegelung des Sonnenuntergangs im Pool. Phil und ich stellten das Essen und unsere Biere auf den Tisch und setzten uns zu ihm. Mir fiel auf, welch großes Glück meine Eltern doch hatten und dass mein Vater genau im richtigen Moment, nämlich vor dem Platzen der Internet-Blase, in Rente gegangen war. Das Haus und das Boot waren abbezahlt, und die Börsenschwankungen ließen sie deshalb völlig kalt. Ich beneidete sie um dieses Stück Frieden, das sie gefunden hatten – ich selbst war noch lange nicht so weit.

„20 Prozent!“, rief Phil, schüttelte den Kopf und schwenkte seine Bierflasche. „20 Prozent Nacharbeit in den roten Kisten! In nur einem Tag!“

„Beruhige dich mal wieder mein Junge. 20 Prozent von was?“

„20 Prozent der gesamten Produktion. Wir haben heute Morgen damit angefangen und heute Abend abgerechnet. Von den 35 Automaten, die wir gemacht haben, mussten acht nachgearbeitet werden. Vier davon nach der ersten Verkabelung – und wir wissen noch nicht einmal, warum. Es war unglaublich. Wir haben zuerst den Werkern erklärt, wie das System mit den roten Kisten funktioniert, das war überhaupt kein Problem. Wir hatten noch nicht richtig angefangen, da hatte die Werkerin an der Motorenmontage ihre Kiste schon voll. Wir haben da anscheinend ein Problem mit dem Lieferanten, und die Werkerin hat die Fehler bisher immer selbst behoben. Und dann ...“, er schwenkte seine Bierflasche mehr oder wenig hilflos, als gingen ihm die Worte aus, um zu beschreiben, was er heute erlebt hatte.

„Was hat Dave zu der ganzen Sache gesagt?“, fragte ich.

„Der verstand die Welt nicht mehr. Der Hammer ist nämlich, dass, wenn diese acht Teile gut gewesen wären, wir heute 43 Automaten hätten produzieren können. Ich glaube, Dave hat heute begriffen, dass er mit seiner Nacharbeit an der Linie diese ganze Verschwendung versteckt hatte. Er war komplett neben der Spur. Amy hat heute den halben Tag damit verbracht, mit ihm zu reden und sein Händchen zu halten. Von ihm haben wir keine Schwierigkeiten mehr zu erwarten.“

„Man kann ihm schlecht etwas vorwerfen, was er gar nicht wissen konnte“, meinte mein Vater. Ich fand das sehr fair von ihm, nach dem Drama mit den Stoppuhren. „Aber trotzdem ist genau das seine Hauptaufgabe, es muss das verstehen. Werker dürfen nur wertschöpfende Tätigkeiten machen. Es ist die Aufgabe des Managements, dafür zu sorgen, dass das so ist und dass keine Verschwendung an der Linie stattfindet.“

„Ich weiß, ich weiß. Ich habe viel über diese Muda-Muri-Mura-Sachen nachgedacht. Wir sind noch nicht mal ansatzweise so weit, stimmt's? Und was mich richtiggehend ankotzt, ist, dass ich kapieren musste, dass Dave wirklich sein Bestes tut. Und unsere Werker tun auch ihr Bestes. Ich brauche mir da nichts mehr vorzumachen, die ganze Konstruktion unserer Produkte ist durch und durch vermurkst.“

„Hey, so was hast du herausgefunden?“, sagte mein Vater spöttisch.

Phils schmerzhafter Blick lag im Halbschatten. Man mag von ihm halten, was man wollte – aber dumm war er nun wirklich nicht.

„Ja. Ich wollte auch mit Gary Pellman darüber sprechen, aber er wollte mir gar nicht zuhören.“

„Wer ist das?“

„Als wir das Werk übernahmen, hat Matt das gesamte Management entlassen außer

Dave und Gary, die er von früher kannte. Gary ist der Leiter der kundenspezifischen Konstruktion. Er macht das schon ewig und hat einen guten Namen in der Branche. Deshalb kann er es sich leisten, ein bisschen empfindlich zu sein."

„Konstrukteure!", brummelte mein Vater. „Lauter Primadonnen."

„Darüber wollte ich mit dir sprechen, Bob. Wie geht es jetzt weiter? Was soll ich den Werkern morgen sagen?"

„Entspann dich. Du wirst ihnen sowieso nichts sagen können, was sie nicht schon wissen. Sie schlagen sich mit diesen Problemen schon seit Jahren herum, vergiss das nicht. Stell sicher, dass Miss Cruz da ist und Zeit hat für ganz viel ‚Wir haben das ja schon immer gesagt, aber auf uns hört ja keiner'."

„Das versteh ich, aber das löst doch nicht die Probleme. Wie sollen wir weitermachen?"

„Schick einen Konstrukteur in die Produktion. Er soll mit den Werkern gemeinsam herausfinden, warum an den Automaten so viel Nacharbeit notwendig ist."

„Mit den Lieferantenteilen können wir das einfach machen. Aber wir müssen auch an unsere eigene Konstruktion. 20 Prozent, meine Güte. 20 Prozent!"

„Damit hast du nicht gerechnet, oder?"

„Überhaupt nicht. Beim Test am Ende der Linie haben wir nicht viele defekte Teile."

„Es gibt verschiedene Möglichkeiten, Qualität zu messen", mein Vater streckte die Hand in die Luft und tippte sich an die Finger. „Du kannst die defekten Teile zählen, die an der Schlussprüfung oder beim Kunden auftauchen. Damit hast du eine Fehlerrate. Soundso viele Fehler auf soundso viele gute Produkte. In deinem Fall waren das, glaube ich, fünf von 1000. Das sagt dir etwas darüber, wie gut deine Produkte sind, aber es sagt dir überhaupt nichts darüber, wie gut – oder schlecht – dein Prozess ist. Und im Prozess liegen die wahren Probleme verborgen. Als Nächstes kannst du die internen Fehler zählen, also alle Teile, die innerhalb des Prozesses nachgearbeitet oder weggeworfen werden. Diese Zahl kann erstaunlich hoch sein, vor allem in Prozessen, die sehr stark auf dem Wissen und der Erfahrung der Werker beruhen. Aber selbst wenn du diese Zahl hast, musst du davon ausgehen, dass, wenn ein Produkt zwei Fehler enthält oder zweimal nachgearbeitet werden muss, du nur von einem Mal erfährst.

Wenn du noch genauer sein willst, dann versuchst du wirklich alles zu erfassen, was bei jedem Schritt schiefgehen kann. Dann reden wir von Fehlermöglichkeiten. Dabei wird jeder Fehler und jeder Defekt in dem Moment erfasst, in dem er passiert. Diese

Zahl, ausgedrückt in tatsächlichen Fehlern pro Million Fehlermöglichkeiten, sagt dir ziemlich genau, wie gut dein Prozess ist.

Es heißt immer so schön, dass man Qualität nicht in ein Produkt hineinkontrollieren kann. Das mag sein, aber man kann auf jeden Fall die Fehler hinauskontrollieren. Also ist es jetzt wichtig, dass wir weiterhin mit den roten Kisten arbeiten und die Werker dahin gehend ausbilden, dass sie uns bei jedem Fehler und jeder Schwierigkeit sagen können, was genau das Problem ist."

„Da bin ich dran, und ich habe auch schon mit Gloria und Amy darüber gesprochen, wie wir das dauerhaft einführen können", sagte Phil.

„Als Nächstes", sagte mein Vater, „müssen wir den Leuten zeigen, wie man einen Fehler, den man findet, mit dem Prozess und der stattgefundenen Arbeit verknüpft. Im Normalfall können Werker nicht detailliert sagen, was noch gute oder schon schlechte Arbeit ist. Das hat ihnen nie jemand wirklich gesagt. In den meisten Fällen müssen sie es selbst herausfinden. Also müssen wir ihnen helfen. Dazu könnten wir uns folgende Fragen stellen:

Woher wissen sie, dass sie ihre Arbeit richtig machen?

Woher wissen sie, dass sie nicht weiter unten im Fluss ein Problem schaffen?

Was machen sie, wenn sie auf ein Problem stoßen?"

„In die rote Kiste werfen oder Gloria rufen, anstatt das Problem selbst zu lösen?"

„Ja, aber das ist nicht so einfach, wie es klingt. Diese Sache muss bis ins Detail ausgearbeitet sein. Bei Toyota gibt es die sogenannten *Andon-Boards*, große Anzeigetafeln, auf denen die Nummer der Arbeitsstation aufleuchtet, an der ein Werker gerade ein Problem hat. Dann weiß der Teamleiter sofort, wo er hingehen muss."

„Ich habe mal gehört, dass der Werker sogar das Band stoppen kann, wenn er ein Problem hat", bemerkte Phil.

„Ja, das ist eine schöne Geschichte, aber sie stimmt nicht ganz. Wenn ein Werker ein Problem hat, dann signalisiert er, dass er Unterstützung braucht, indem er an einer Schnur zieht oder einen Knopf drückt. Daraufhin kommt sofort der verantwortliche Linienmanager, um zu sehen, was sofort getan werden kann. Wenn das Problem nicht innerhalb eines Arbeitstaktes gelöst werden kann, dann wird eher der Prozess gestoppt als ein zweites Mal schlechte Qualität produziert. Aber wichtig: Es ist nicht der Werker, der das Band stoppt. Der Werker bittet um Unterstützung, weil er ein Problem hat. Die Montagelinie stoppt erst dann, wenn das Management nicht in der Lage ist, dem Werker zu helfen. Hier ist nicht nur der Werker unter Druck, sondern vor allem das Management. Es geht aber letztendlich immer nur um das

Prinzip, keinen Fehler zu akzeptieren. Wenn du das wirklich ernst nimmst, dann landest du irgendwann automatisch bei solchen Vorgehensweisen."

„Das ist aber trotzdem eine riesige Verantwortung für den Werker", versuchte ich das Ganze unter dem Blickwinkel der Motivation zu sehen.

„Ja. Es lastet tatsächlich mehr Druck auf den Werkern. Aber sie haben auch die Möglichkeit, Dinge wirklich zu verbessern. Es gibt auch viel mehr Verantwortung für das Linienmanagement direkt vor Ort. Wenn wir uns irgendwann mit dem Thema ‚standardisierte Arbeit' beschäftigen, dann werden wir mehr über diese Dinge reden müssen. Aber vorerst konzentrieren wir uns darauf, die Nicht-Qualität in den Produkten zu finden, und dazu brauchen wir die Hilfe von jedem einzelnen Werker. Dabei sollte uns aber klar sein, dass wir uns aktuell nur um bereits aufgetretene Fehler kümmern können, das hat noch gar nichts mit eingebauter Qualität zu tun. Aber das kommt auch später."

Phil stellte seine Flasche auf den Tisch und schob sein Glas zurück. „Wir müssen ein dauerhaftes System aufsetzen, das uns hilft, die Probleme zu lösen, die im Moment mithilfe der roten Kisten sichtbar werden."

„Genau. Du musst mit deinen Werkern ein gemeinsames Verständnis dafür schaffen, wo welche Fehlermöglichkeiten sind – also wo das Auftreten eines Fehlers am wahrscheinlichsten ist – und wie dieser Fehler die gesamte Montagelinie beeinflussen kann. Am interessantesten wäre es, wenn sie das untereinander, vielleicht sogar ohne das Management, diskutierten."

„Und was ist mit der Konstruktion? Wir müssen auch an unserem Design etwas Grundlegendes ändern. Wir können uns doch nicht immer nur darauf verlassen, dass die Werker unsere Konstruktionsmängel schon irgendwie ausbügeln."

Mein Vater seufzte und nahm sich noch ein Bier. Da schien es noch ein paar schmerzhafte Narben aus vergangenen Kämpfen bei ihm zu geben.

„Kein Widerspruch meinerseits, Philip. Irgendjemand muss die Konstruktion in Ordnung bringen. Die Fragen hierbei sind ‚Wer?' und ‚Wie bringst du ihn dazu, es zu tun?'."

„Wäre das nicht Pellmans Aufgabe?"

„Er wird dir sagen, dass er mit den Kundenanpassungen bereits im Rückstand ist, dass er leider persönlich keine Zeit hat, sich darum zu kümmern, und dass alle seine Leute voll ausgelastet sind. Und er wird dir sagen, dass die Produktion für die Qualität zuständig ist."

„Das waren ziemlich genau seine Worte“, gab Phil zu. „Und wahrscheinlich hat er sogar recht damit.“

„Wahrscheinlich. Ja“, stimmte mein Vater zu.

„Aber warte mal“, sagte Phil in Gedanken. „Wir haben da noch einen jungen Ingenieur, ein etwas aufbrausender Typ, er reibt sich unter Garys autoritärem Stil auf.“

„Taugt er was?“

„Ich glaube schon. Er ist schnell, und die Kunden mögen ihn. Ehrgeizig ist er auch. Er hat uns gesagt, er möchte anspruchsvollere Aufgaben.“ Phil dachte einen Moment nach. „Was wäre, wenn wir ihn nur an der STR-Linie einsetzen würden, und zwar mit der Aufgabe, gemeinsam mit den Werkern das Design so zu verbessern, dass wir weniger Fehler und weniger Nacharbeit haben?“

„Hört sich gut an. Wenn er das machen will“, sagte mein Vater. „Du könntest ihm die Verantwortung für den gesamten Prozess geben, inklusive Lieferfähigkeit und Qualität. Idealerweise würde er direkt an dich und Matt berichten, aber da solltest du vielleicht noch vorsichtig sein. Lass ihn mal bei Pellman. Wenn ich alles richtig verstanden habe, dann hast du deine Revierkämpfe mit Dave geklärt?“

„Mit Dave? Das ist kein Thema mehr. Er ist, wie er ist, und das passt schon, ich bin noch immer mit ihm klargekommen. Im Moment ist die Schwierigkeit eher, Matt und Gary zu überzeugen“, knurrte er. „Das kotzt mich an“, rief er plötzlich. „Ich bin Wissenschaftler. Diese ganze Politik-Scheiße kotzt mich an. Ich kann das nicht und ich will das nicht.“

„Aber im Endeffekt geht es immer nur um Menschen“, sagte mein Vater nach ein paar Sekunden Pause.

„Ich weiß. Mir muss es trotzdem nicht gefallen.“

„Nein, das muss es nicht. Mir hat das auch nie gefallen.“

Sie saßen beieinander, der Veteran und der Anfänger, mit ihrem gemeinsamen schlechten Gefühl und tranken ihr Bier, und jeder hing seinen Gedanken nach, dachte an die mühsamen Kämpfe, die verlorenen Schlachten und pflegte seinen Schmerz, und wie aus dem Nichts überkam mich plötzlich ein starkes Gefühl der Eifersucht. War es das, was mein Vater bei seinen Söhnen vermisste? Waren wir, mein Bruder, der Drehbuchautor, und ich, der Wissenschaftler, einfach zu weit weg von der Gedankenwelt meines Vaters?

„Okay“, rief Phil nach einer Weile. „Wenn ich schon der Chef bin, dann darf ich auch machen, was ich für richtig halte. Ich rede mit Matt, er soll Josh die Aufgabe geben, und dann kann der zeigen, ob er wirklich so gut ist, wie er glaubt. Er wird mit den Werkern arbeiten und die Konstruktion der Automaten verbessern. Was machen wir als Nächstes?"

„Glaubst du mittlerweile, dass Schwankungen die Ineffizienzen in deinem Prozess verursachen?"

„Das soll wohl ein Witz sein? Ich bin bekehrt", flachste Phil.

„Als Nächstes wirst du die Montagelinie umbauen, um zwei Werker frei zu bekommen, aber das diskutieren wir heute nicht mehr. Konzentrier dich darauf, die Prozessqualität in den Griff zu bekommen."

Gott sei Dank, dachte ich. Es war ein herrlicher Abend.

Am folgenden Sonntagmorgen war mein Vater wieder auf seinem Boot und lackierte die Backbordseite des Kajütendaches. Ich kam etwas zu spät und lief auf dem Parkplatz dann einem gut gelaunten Harry in die Arme, mit dem ich mich ein wenig verquatschte. Am Ende des Piers erwartete mich eine surreal anmutende Szene. Mein Vater kniete auf dem Dach und verstrich den Lack mit der Konzentration eines Schweizer Uhrmachers, der gerade die entscheidende Feder in ein hochkomplexes Uhrwerk einbaute. Phil saß über seinen Notizblock gebeugt hinter dem Steuerrad und schrieb wie besessen. Amy, die ihre sonst übliche Geschäftskleidung gegen Jeans-Shorts und ein weißes Tank-Top getauscht hatte, lag an Deck und wedelte mit den Beinen in der Luft. Sie entsprach nicht dem klassischen Schönheitsideal eines „kalifornischen Mädchens", dafür war sie zu fraulich und nicht groß genug. Aber dass sie bezaubernde Beine hatte, war nicht zu übersehen. Und dass ich anfing, zu glotzen, dummerweise auch nicht. Ich wurde kurz verlegen, quetschte mich an Bord und setzte mich Phil, der mir kurz abwesend zunickte, gegenüber.

„Noch mal Phil. Mach nichts von alledem, solange du nicht jeden Werker mindestens 20-mal gestoppt hast."

„Aber das wären 200 Minuten, sprich mehr als drei Stunden für jeden."

„Okay, dann eben zehnmal. Aber darüber diskutiere ich nicht mehr. Du brauchst eine gewisse statistische Sicherheit in den Zahlen, die du verwendest, sonst spielen deine Leute nicht mit. Und erwähne auch nicht, dass du Gloria gestoppt hast. Das ist völlig irrelevant. Verstehst du das?"

„Ich denke schon."

„Die Zykluszeit ist die Zeit, die ein Werker braucht, um seine Arbeit zu machen?", fragte Amy.

„Ja, aber das muss genauer spezifiziert werden. Der Zyklus eines Werkers wird immer von einem definierten, fixen Punkt zu einem nächsten definierten, fixen Punkt gemessen. Mickey! Pass gefälligst auf, wo du deine Füße hinlegst. Da habe ich gerade lackiert."

Ja, Papa. Danke. Ich wünsche dir auch einen guten Morgen.

„Nehmen Sie mal an, ich wäre ein Werker am Band. Meine Aufgabe wäre es, zu lackieren. Also, ich tauche den Pinsel in die Dose, dann trage ich den Lack auf. Ich kontrolliere, ob alles in Ordnung ist, dann tauche ich den Pinsel wieder in die Dose. Damit ist ein Zyklus zu Ende. Wenn Sie jetzt eine Stoppuhr nehmen, dann können Sie genau messen, wie lange es dauert, einen Streifen zu lackieren."

„Das ist nicht ganz einfach."

„Die Schwierigkeit ist eigentlich nur, einen fixen Anfangs- und Endpunkt zu definieren. Nehmen wir an, Sie starten damit, dass ich den Pinsel in die Dose tauche. Dann brauchen Sie nur noch zu messen, wie lange es dauert, bis ich den Pinsel das nächste Mal in die Dose tauche."

„Verstanden."

„Okay, dann passen Sie auf", sagte mein Vater, tauchte den Pinsel ein und lackierte einen Streifen. Dann kletterte er vom Dach, reinigte den Pinsel und kletterte dann wieder hoch, um weiterzumachen. „Stoppen Sie meine Zeit noch?"

„Nein. Ich dachte ..."

„Reingelegt. Ich habe gesagt von Fixpunkt zu Fixpunkt."

„Mist!"

„Das ist schon ganz anderen Leuten passiert Miss Cruz. Ein ganz normaler Fehler, und ich habe jede Menge Werksleiter gesehen, die genauso reingefallen sind. Denn wenn das Reinigen des Pinsels Teil der Arbeit ist, dann muss es doch auch Teil des Zyklus sein. Oder etwa nicht?"

„Schwankungen!", stöhnte Phil, als hätte er eine Erscheinung.

„Schwankungen. Ein Zyklus wird von Fixpunkt zu Fixpunkt gemessen. Die niedrigen Werte sagen dir, was die ‚normale' Arbeit ist, die hohen Werte sagen dir, was passiert, wenn der Mitarbeiter Material holen muss, wenn ein Werkzeug nicht funktioniert, wie es soll, oder wenn sonst irgendetwas passiert. Während dieser Zeit fließt kein Gold in deinem Fluss."

„Und dein Boot wird nicht fertig", warf ich ein, nur um auch irgendetwas zu sagen.

„Absolut richtig. Wie sollte ich je meine Arbeit tun können, wenn ich meine Zeit damit verbringen muss, mir euer Gejammer anzuhören."

„Puh“, sagte Phil. „So habe ich das noch nie gesehen. Unsere Prozesse sind voller Schwankungen.“

„Hört, hört.“

„Also, wir messen jetzt von jedem Arbeiter zehn Zyklen. Und dann? Wie geht es weiter?“ Amy blieb hartnäckig beim Thema.

„Dann erstellen Sie folgende Grafik, die Ihnen die minimale und die maximale Zeit für jeden Zyklus zeigt. Phil, gib mir mal deinen Notizblock.“

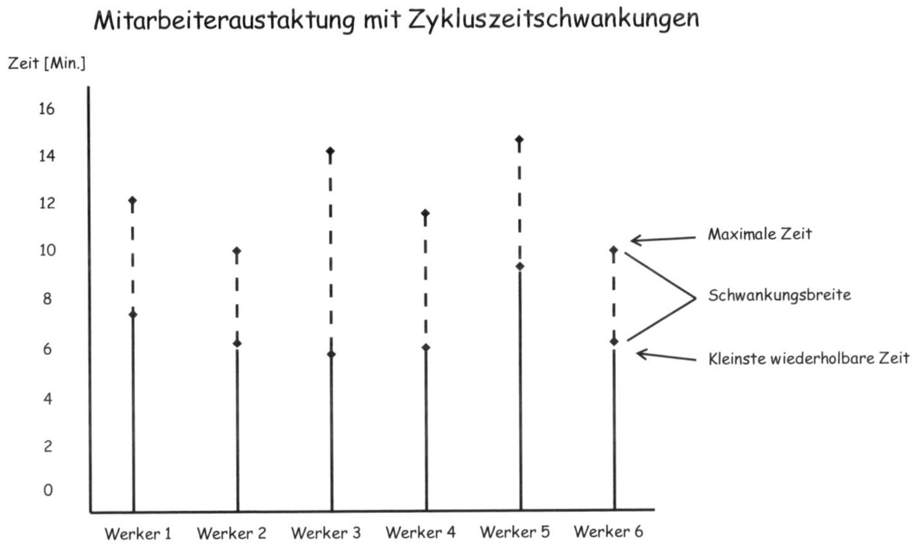

„Ein Austaktungsdiagramm“, er zwinkerte Phil zu.

„Ich wusste, dass es irgendwann kommt“, erwiderte mein Freund.

„Und dann?“, fragte Amy. „Rechnen wir jetzt den Durchschnitt aus?“

„Nein“, sagte mein Vater nachdrücklich. „Niemals Durchschnitte verwenden. Der Durchschnitt sagt überhaupt nichts aus. Wir verwenden das Minimum und das Maximum. Meinetwegen können Sie auch sagen, Minimum plus Schwankungen, nennen Sie es Delta oder Abweichung.“

„Warum nicht den Durchschnitt?“, wunderte sich Phil. „Wir verwenden bei allem Durchschnitte.“

„Ja, und das ist auch so ziemlich das Dümmste, was du tun kannst“, sagte mein Vater taktvoll wie immer. „Ein Durchschnittswert hat im richtigen Leben keinerlei Aussagekraft. Das Minimum sagt dir, wie schnell der Werker unter Normalbedingungen ohne Störungen arbeiten kann. Der Maximalwert sagt dir, was im schlimmsten Fall bei der Arbeit passieren kann. Aber was sagt dir der Durchschnitt? Was ist in der echten Welt passiert, wenn du den Durchschnitt betrachtest? Also tue mir einen Gefallen und erwähne das Wort Durchschnitt nicht mehr."

Daran hatte Phil erst mal zu kauen, das spürte ich. Amy setzte sich zu ihm und betrachtete konzentriert die Skizze.

„Aber ist es nicht so", sagte sie vorsichtig, „dass die durchschnittliche Zykluszeit dem Kundentakt entsprechen sollte?"

„Denken Sie drüber nach", antwortete mein Vater wie aus der Pistole geschossen. „Mickey, gib mir bitte noch mal eine Dose Lack."

„Ich hab's", sagte Phil und streckte sich. „Es ist nicht der Durchschnitt. Es ist die minimale Zeit. Die minimale Zeit muss dem Kundentakt entsprechen. Wir dürfen keine Schwankungen mehr haben!"

„Sehr gut. Also tragen wir jetzt den Kundentakt in unsere Skizze ein. Damit können wir mehrere Dinge einfacher erkennen. Zuerst, ob die minimalen Zeiten für alle Werker mehr oder weniger gleich sind. Als Nächstes, wie gut diese Zeiten dem Kundentakt entsprechen. Und schlussendlich können wir auch erkennen, welche Prozessprobleme hautsächlich für die Schwankungen verantwortlich sind. Wenn ihr die Zeiten stoppt, dann müsst ihre bereits darauf achten, zwei oder drei ursächliche Prozessprobleme zu erkennen, wie zum Beispiel fehlendes Material, regelmäßige Nacharbeit oder Ähnliches."

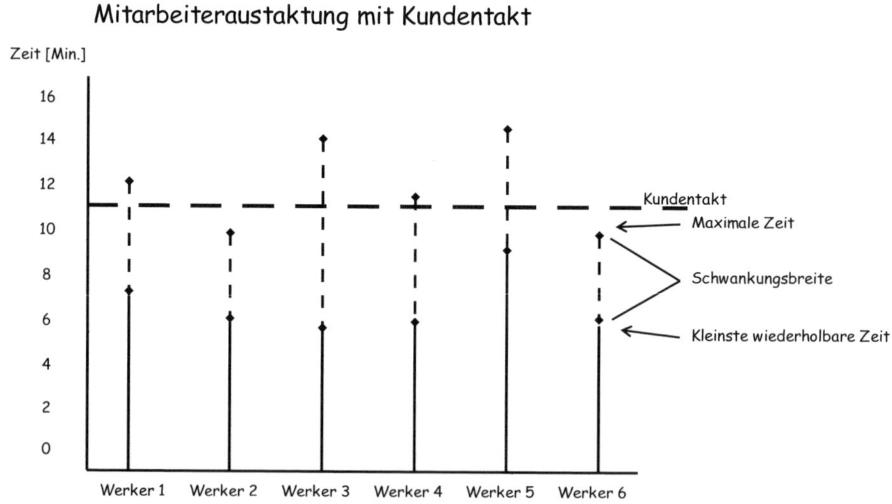

„Wenn ich Glorias Zeiten hier verwende, liege ich aber fast immer unter dem Kundentakt", sagte Amy.

„Sie können Glorias Zeiten nicht verwenden, sie haben vermutlich mit dem, was tatsächlich passiert, nichts zu tun", sagte mein Vater. „Aber im Prinzip haben Sie recht mit dem, was Sie sagen."

„Und auf diese Art und Weise können wir die Produktivität erhöhen?"

„Ja, der Rest ist nicht so schwierig", erklärte mein Vater. „Jetzt müsst ihr die Arbeit eines jeden Werkers in grundlegende Elemente zerlegen. Jede Arbeit wird in einer bestimmten, man könnte fast sagen natürlichen Reihenfolge gemacht. Stellt euch nun vor, wir machen diese Arbeit in dieser Reihenfolge, brauchen am Ende aber länger, als uns der Kundentakt vorgibt. Was dann?"

„Dann haben wir ein Problem, weil der Werker nicht rechtzeitig fertig wird", sagte ich.

„Genau so ist es."

„Ich hab's", rief Phil. „Der nächste Werker macht die Arbeit fertig."

„Das geht nicht", meinte ich, „er ist noch mitten in der Arbeit. Er hat gerade den Pinsel in den Lack getaucht. Da kann er nichts weitergeben."

„Bei einer engen und sauberen Austaktung könnte er sogar das", sagte mein Vater. „Ihr müsst anders denken", meinte er dann. „Es geht nicht darum, dass der Werker eine bestimmte Aufgabe von Anfang bis Ende fertig macht. Es geht darum, dass er eine bestimmte Anzahl von Tätigkeiten innerhalb einer vorgegebenen standardisierten Zeit, nämlich dem Kundentakt, macht."

„Deshalb habe ich das ignoriert, als Sie bei unserem Beispiel beim Lackieren plötzlich weggegangen sind", sagte Amy. „Ich habe gedacht, es geht nur um die Aufgabe ‚Lackieren', und alles andere ist dann unwichtig."

„Richtig. Wir wollen aber nicht an Aufgaben denken, wir wollen an Fluss denken. Das Gold muss sich gleichmäßig im Fluss bewegen. Und das hat zwei Konsequenzen:

Erstens müsst ihr alle Aufgaben, wie zum Beispiel Verkabeln oder Montieren, in einzelne Arbeitsschritte herunterbrechen. Und dann müsst ihr dafür sorgen, dass jeder genau so viel Arbeit hat, dass er genau einen Kundentakt dafür braucht – völlig egal, ob es Verkabeln, Montieren, eine beliebige Kombination oder nur ein Teil davon ist.

Zweitens müsst ihr alles, was zu Unterbrechungen führen könnte, aus dem Prozess herausnehmen, also zum Beispiel Nacharbeit, Material besorgen und ähnliche Dinge."

„Das klingt einfach, wird aber schwierig werden“, murmelte Phil und schob seine Brille die Nase hoch. „Das wird Dave nicht gefallen.“

„Es geht um den Fluss. Nicht um die Aufgaben“, wiederholte mein Vater.

„Und weil die Zykluszeiten niedriger sind als der Kundentakt, können wir nun auch Tätigkeiten kombinieren und damit Leute an der Linie sparen?“

„Diese Frau hat eine Gehaltserhöhung verdient“, grinste mein Vater.

„Hast du gehört, Boss“, Amy stupste Phil mit dem Ellbogen. „Komm, gib mir mehr Geld.“ Phil verdrehte in gespielter Hilflosigkeit die Augen und hob seufzend die Hände zum Himmel.

„Theoretisch so weit klar“, sagte ich. „Aber wie finden wir jetzt raus, welche Tätigkeiten wir verlagern sollten?“

„Du nimmst einfach deine Skizze mit dem Kundentakt. Dann füllst du die erste Station auf, bis du den Kundentakt erreichst, dann machst du das mit der zweiten, dann mit der dritten und so weiter, bis du bei der letzten bist, an der noch ein paar wenige Tätigkeiten übrig bleiben“, sagte mein Vater. „Allerdings kannst du schlecht deine Leute halbieren, und das heißt, du brauchst auch für die letzte Station eine volle Person – selbst wenn die Arbeit nur ein Zehntel der anderen Stationen ist. Und hier kommt die kontinuierliche Verbesserung ins Spiel. Wir müssen die Tätigkeiten aller Werker so reduzieren, dass wir den letzten Rest auch noch aufteilen können, um den letzten Werker aus der Linie nehmen zu können. Das nennt man *Kaizen*!“

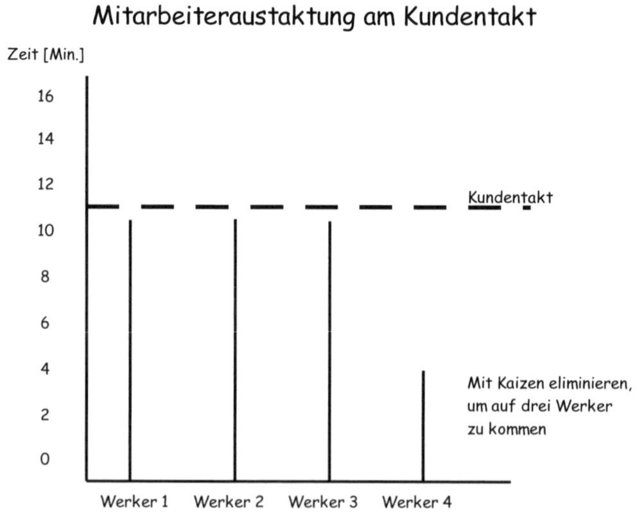

„Wart mal“, sagte Phil, „das geht mir zu schnell.“

„Du hast recht“, nickte mein Vater. „Bleiben wir erst mal dabei, die Linie auszutakten, und reden wir später über Kaizen. Aber das ist ein elementarer Punkt. Taiichi Ohno erkannte, dass kein Arbeiter einfach nichts tun will – selbst wenn die Linie überhaupt nicht ausgetaktet ist. Solange es Bestand an der Montagelinie gibt, hat er immer die Möglichkeit, an einem anderen Teil zu arbeiten.“

„Verstanden, hier kommt also das Thema ‚Work-in-Progress‘ ins Spiel.“

„So sieht's aus. Ohno verlangte jetzt aber einen Ein-Stück-Fluss ohne jeglichen Bestand. Weil die Linien aber noch nicht ausgetaktet waren, gab es Werker, die schon fertig waren, während andere Schwierigkeiten hatten, überhaupt hinterherzukommen. Die, die fertig waren, suchten sich normalerweise irgendeine andere Sache, damit sie beschäftigt waren. Deshalb hat Ohno von ihnen verlangt, mit in die Luft gestreckten Armen stehen zu bleiben, sobald sie mit ihrer Arbeit fertig waren.“

„Was?“, fragte ich.

„Na ja, so erzählt man sich das heute. Damit war auf jeden Fall deutlich sichtbar, dass es Tätigkeiten gibt, die zum Beispiel nur ein Zehntel der Zeit benötigen – aber trotzdem muss dort eine ganze Person stehen. Deshalb hilft es auch nicht, wenn man einen Prozentsatz angibt, um den man die Produktivität eines Werks erhöhen will. Es ist besser, man spricht direkt von der Anzahl der Werker, die man benötigt. Also müssen wir jetzt Folgendes machen:

- Ihr müsst die Zeiten stoppen.
- Findet die Ursachen der Schwankungen heraus.
- Zerlegt die Aufgaben in elementare Arbeitselemente.
- Kombiniert diese Arbeitselemente und taktet sie analog dem Kundentakt aus.“

„Ach, das war es schon?“, entgegnete Amy.

„Ihr habt das schon verstanden, aber bitte seid vorsichtig, wie ihr das kommuniziert“, mahnte mein Vater. „Ihr müsst den Leuten ganz offen sagen, was ihr macht und warum ihr es macht. Vor allem muss allen, die ihr aus der Linie rausnehmt, klar gesagt werden, dass sie nicht ihren Job verlieren, sondern eine zweite Montagelinie aufbauen werden.“

„Ja“, sagte Phil, „und dann müssen wir natürlich wie blöd daran arbeiten, um die Schwankungsursachen, wie zum Beispiel die Materialversorgung, zu eliminieren und dann noch den ganzen Rest ...“

„Tja.“

„Aber trotzdem“, meinte Phil, „ich verstehe immer noch nicht, warum auch der Bestand genau ein Stück sein muss, wenn ich einen Ein-Stück-Fluss machen will. Es wäre doch trotzdem ein Vorteil, wenn ein Werker schon das nächste Teil machen kann.“

„Um das zu verstehen, muss man einen gedanklichen Salto machen. Vergiss mal den gesunden Menschenverstand. Wir müssen vom schiebenden zum ziehenden Materialfluss kommen.“

„Ziehend und schiebend? Hab ich schon gehört“, sagte Amy. „Ich hatte einen Professor an der Uni, der immer davon gesprochen hat. Aber genau verstanden habe ich das nie.“

„Das liegt daran, dass Professoren wie Professoren denken – und nicht wie japanische Bauern“, sagte mein Vater sarkastisch und zwinkerte in meine Richtung. „Als Toyota anfing, hatten die meisten Arbeiter noch ein Stück Land, das sie nach Feierabend bebauten. Alle diese Techniken, von denen wir hier sprechen, wurden von einfachen und praktisch denkenden Menschen entwickelt. Wir verkomplizieren das Ganze, weil wir glauben, es dann besser verstehen zu können, dabei ist das alles ganz simpel. Schaut mal her.“ Er setzte sich neben mich. „Ich habe hier einen Vorrat an Material. Ich baue also mein Teil fertig und schiebe es an meinen Kollegen weiter. Das ist ein schiebendes System. Solange ich genug Material habe, kann ich so weitermachen. Ich baue ein Teil fertig und schiebe es an den nächsten Prozessschritt weiter. Es interessiert mich nicht, was danach mit meinem Teil geschieht.“

„Gestern hast du sogar gesagt, dass du in diesem Fall noch nicht mal wüsstest, ob du das Teil überhaupt korrekt zusammengebaut hast“, meinte ich.

„Richtig. Es ist so einfach. Ich nehme die Vorprodukte, baue mein Teil fertig und schiebe es durch die Tür.“

„Und bei einem ziehenden System?“

„Da brauchen wir wieder einen Trick. Zwischen zwei Arbeitsstationen markiere ich eine Fläche, in die genau ein Teil passt. Das kann eine Plastikbox sein oder eine Kreidemarkierung auf dem Fußboden oder was auch immer. Entscheidend ist, dass es nur Platz für ein einziges Teil gibt. Und dann wird es auch wieder einfach:

- Wenn der Platz frei ist, baue ich ein neues Produkt.
- Wenn der Platz voll ist, stoppe ich meine Arbeit.“

„Das heißt, ich arbeite nicht, solange der Platz belegt ist?“, fragte Phil.

„Genau. Arme in die Luft.“

„Aber damit verschwendest du doch die Arbeitszeit dieses Werkers“, warf ich ein.

„Nicht wirklich. Denk mal nach. Wenn der Werker weiterarbeitet, dann produziert er ..."

„Bestand!", rief Amy.

„Genau so", stimmte mein Vater zu, „entsteht Bestand. In einer normalen Produktion fällt dir das gar nicht auf, weil aufgrund der Schwankungen all diese Ineffizienzen verschwinden. Aber wir können davon ausgehen, dass in den meisten herkömmlichen Fabriken sich die Hälfte aller Mitarbeiter zwar bewegt, aber nicht im Sinne von Wertschöpfung arbeitet."

„Und danach hast du von Anfang an geschaut, stimmt's", sagte ich. „Du wolltest sehen, wer den Wert des Produkts erhöht und wer sich nur bewegt." Mein Vater warf mir einen überraschten Blick zu, und ich grinste ihn an. „Ich habe aufgepasst."

„Mike hat recht", sagte er dann amüsiert. „Wir haben einen ziehenden Materialfluss, weil der leere Platz ein ziehendes System darstellt. Wir produzieren nur das, was auch verbraucht wurde. Und das war es dann schon."

„Das ist alles?", fragte Phil. „Mehr nicht?"

„Na ja, in einer Montagelinie ist das recht schnell zu machen. Aber so etwas für ein ganzes Werk einzuführen, ist etwas anspruchsvoller."

„Aber wie kann ein ganzes Werk wissen, wann es was machen muss?"

„Gute Frage, aber in eurem Fall ist sogar das nicht allzu kompliziert. Wie war der Kundentakt? 11,25 Minuten? Also wird alle 11,25 Minuten ein Teil verbraucht, das heißt 40 Teile pro Tag. So haben wir ja den Kundentakt auch ausgerechnet. Jetzt denkt mal an diese großen Wagen, die Regale auf Rädern, auf denen die Sicherungsautomaten abgelegt werden."

„Ja, 20 Automaten auf jedem Rollwagen."

„Stell zwei davon an das Ende der Testanlage und sage den Arbeitern, sie dürfen nur diese beiden Rollwagen beladen. Mehr nicht."

„Und sie sollten nach Möglichkeit den Rhythmus von 11,25 Minuten einhalten", fügte Amy hinzu. „Alles klar so weit."

„Aber dann bauen wir doch Bestand auf", protestierte Phil.

„Ja, aber wir sind dann zumindest bei 40 Stück und nicht bei über 100 wie heute. Aber vergiss das mal für den Moment, das ist nicht so wichtig. Konzentriert euch jetzt auf den ziehenden Materialfluss. Die Werker haben zwei Rollwagen mit jeweils 20 Plätzen, einen für vormittags, einen für nachmittags. Und sie dürfen nur arbeiten, wenn auf dem Wagen Platz ist. Wenn nicht, dann müssen sie warten."

„Okay, verstanden. Und was passiert, während sie warten?"

„Nichts. Sie warten einfach. Aber das Management sollte dann hoffentlich den Arsch hochkriegen und versuchen rauszukriegen, warum sie warten müssen."

„Da kommt Gloria ins Spiel."

„Da kommen Dave und du ins Spiel. Gloria hat keine Zeit, sie macht die Nacharbeit, schon vergessen?"

„Nacharbeit!", rief Amy. „Das geht doch gar nicht mehr, wenn es immer nur ein einziges Teil zwischen den Stationen gibt. Wenn dieses Teil dann defekt ist und wir nehmen es für die Nacharbeit heraus, dann stoppen wir ja den ganzen Fluss."

„Nicht unbedingt", brummte mein Vater. „Ich wollte nur nicht alles auf einmal erklären. Ihr müsst für die Nacharbeit einen extra Platz installieren. Wenn nun ein Werker ein Teil erhält, das nachgearbeitet werden muss, dann legt er es auf diesen Platz. Okay?"

„Und hört anschließend auf zu arbeiten, weil er ja kein zweites Teil hat."

„Richtig, erst mal ist das genau so. Der Schichtleiter nimmt anschließend das defekte Teil und arbeitet es nach. Wenn er mit der Nacharbeit fertig ist, wird der Werker in der Zwischenzeit vermutlich schon wieder ein neues Teil erhalten haben."

Phil sprach langsam, als denke er noch beim Sprechen. „Wenn er das nachgearbeitete Teil wieder in die Station zurückbringt, dann blockiert er allerdings den normalen Fluss, denn dann kann das nächste von der vorhergehenden Station gefertigte Teil nicht verwendet werden, und alle müssen warten."

„Sehr gut. Und genau deshalb darf das nachgearbeitete Teil nicht einfach zurück in den Fluss, sondern muss warten, bis der nächste Fehler auftritt."

„Und dann kann der Werker das defekte Teil einfach gegen das bereits nachgearbeitete austauschen, und der Fluss bleibt völlig ungestört", schloss Amy den Gedanken ab.

„Ganz einfach. Aber nicht leicht zu machen."

„Das glaube ich sofort." Phil kratzte sich am Kopf und versuchte, das alles zu skizzieren.

„Sieht gut aus", lobte mein Vater, der einen Blick über seine Schulter warf. „Das war's dann für heute, die Zeit vergeht, und keiner streicht mein Boot. Ihr überlegt euch, wie ihr das umsetzt, und dann reden wir über eure Probleme und die nächsten Schritte. Viel Erfolg."

„Mike", sagte die Stimme am Telefon. „Hier ist Amy."

„Hi Amy, alles klar?"

„Wir bräuchten mal wieder eure Hilfe."

Sie meinte die Hilfe meines Vaters.

„Es war ein schwieriger Tag, und irgendwie ist alles völlig chaotisch", ihre Stimme klang erschöpft. „Phil kommt nicht mehr klar, und ich glaube, es würde ihm helfen, wenn wir uns noch mal unterhalten könnten. Mir würde es übrigens auch helfen."

„Ich schaue mal, was mein Vater heute vorhat. Ich selber sitze gerade am Schreibtisch und arbeite – lass mich nachdenken – könntet ihr auch bei mir vorbeikommen?"

„Natürlich. Phil weiß, wo du wohnst?"

„Weiß er." Ich grinste, weil ich wusste, wie sehr er es hasste, sein Auto hier in der Gegend parken zu müssen.

„Wir kommen. Bis gleich."

„Ich sag meinem Vater Bescheid", sagte ich und fragte mich, was wohl passiert sein könnte.

„Ich wusste nicht, dass du im Latinoviertel wohnst", sagte sie kurz Zeit später, als sie hinter Phil meine Wohnung betrat. „In so einem Viertel bin ich aufgewachsen."

„Fehlt dir das?"

„Was? Dass mir jeder hinterherpfeift? Kein bisschen. Ich habe mein ganzes Leben lang darum gekämpft, rauszukommen."

„Na ja, mir gefällt's. Die Leute sind nett, und ich habe nicht weit zur Universität. Phil, komm rein."

„Ich habe dich gewarnt", witzelte Phil mit Amy, die den praktisch leeren Raum zur Kenntnis nahm. „Mike ist, was seine Einrichtung betrifft, Minimalist. Oder noch weniger." Sie setzte sich neben Phil auf das Sofa.

„In diesem Haushalt fehlt eine Frau", brummte mein Vater, der gerade mit einem Becher Kaffee aus der Küche kam und sich in den Liegestuhl setzte.

„Was du hier siehst, ist das Resultat, wenn in einem Haushalt eine Frau war", entgegnete ich und war selber überrascht über die Aggressivität in meiner Stimme. Ich setzte mich auf den Boden und lehnte mich an die Wand.

„Schon gut", sagte er herablassend. „Was gibt's Neues?"

„Heute Morgen hat ein Lieferant angefangen, Ärger zu machen. Er will per Vorkasse bezahlt werden", sagte Phil entmutigt.

„Was natürlich sofort jede Menge Gerüchte in die Welt setzte, dass das Werk geschlossen wird", ergänzte Amy.

„Dann habe ich beim Management-Meeting Gary gebeten, Josh die Verantwortung dafür zu geben, die Konstruktion der STR zu verbessern."

„Ohne das vorher mit seiner Personalleiterin zu besprechen", warf Amy trocken ein.

„Ja dann verklag mich doch“, schnauzte Phil sie gereizt an. „Wenn du meinst, du kannst das alles besser, dann mach es doch.“

„Beruhigt euch mal wieder“, sagte mein Vater besänftigend. „Wie ist es gelaufen?“

„Wie erwartet. Gary brüllte herum, dass hier Entscheidungen hinter seinem Rücken getroffen werden und sich keiner an die Berichtswege hält und Ähnliches, und Matt gab ihm recht und machte zum Abschluss den Vorschlag, das Ganze einfach zu vergessen. Also musste ich ein Machtwort sprechen.“

„Was er dann auch gemacht hat“, fügte Amy lächelnd hinzu.

„Wie ich das alles hasse. Und dann auch noch Dave!“

„Eines nach dem anderen“, sagte mein Vater. „Was ist mit Joshua?“

„Er wird es machen, er freut sich drauf. Ich weiß zwar nicht, ob er die Aufgabe schon ganz überblickt, aber er wird mit den Werkern an der Konstruktion arbeiten. Aber jetzt flippte Dave aus.“

„Er ging direkt zu Gloria“, erklärte Amy. „Mit einem neuen Layout für die Montagelinie, bei dem die Verkabelungsschritte in die Montageschritte integriert sind. Sie hat ihm ziemlich deutlich gesagt, dass das völliger Schwachsinn wäre und er niemals die geforderten Stückzahlen erreichen würde. Dann ist das eskaliert, und sie haben mich gerufen, und ich durfte mir dann von ihr noch ein paar Sachen anhören von wegen Missbrauch ihres Vertrauens und so weiter.“

„War das deine Idee?“, fragte mein Vater. „Hast du Dave gebeten, das Layout der Linie zu verändern?“

„Natürlich nicht“, sagte Phil gereizt. „Ich habe ihm nur gesagt, was wir besprochen haben. Und dann fängt er an, den einsamen Cowboy zu spielen. Aber ich hätte es wissen müssen. Dave ist immer so. Er redet mit niemandem, er muss immer alles alleine lösen.“

„Die Werker wollen jetzt überhaupt nicht mehr, dass irgendwas an der Linie verändert wird. Ich musste anschließend mit allen sprechen und ihnen versichern, dass niemand entlassen wird, und falls das doch geplant sei, dann werden wir das sofort mitteilen. Ansonsten wollen sie nichts mehr davon hören“, berichtete Amy.

„Warum sind Leute nur so – störrisch? Warum sind sie so dagegen, etwas zu verändern?“, sagte Phil.

„Wie meinst du das?“, sagte mein Vater gereizt.

„Niemand will, dass sich etwas ändert, so ist es doch. Man kann doch nicht einmal eine Arbeitsstation um 50 Zentimeter verrutschen, ohne dass es einen Aufstand gibt.“

„Das ist völliger Blödsinn“, sagte mein Vater heftig. „Ich habe mehr Layout-Workshops in meinem Leben gemacht, als ich denken kann. Wir haben alles umgestellt: Maschinen, Roboter, Spritzgießmaschinen, was immer du willst. Ich erinnere mich an das erste Mal, als ich mit echten Profis zusammengearbeitet habe. Sie kamen spät nachts ins Werk, schauten sich um und fragten, ob die Instandhaltung da wäre. Wir sagten Ja. Dann holt sie her, sagten sie. Wir haben bis drei Uhr nachts Maschinen umgestellt. Bis fünf Uhr früh haben wir den Werkern erklärt, wie der neue Materialfluss funktioniert. Also erklär mir nicht, dass es nicht geht. Mach es."

Phil sah ihn unsicher an.

„Du begreifst es nicht, stimmt's?", sagte mein Vater plötzlich völlig genervt. „Wir reden von Menschen. Es geht hier um Menschen. Es geht nicht um Maschinen oder Organisationen oder Geld. Es geht um *Menschen*. Verstehst du, wovon ich rede?"

Wir starrten ihn alle an. Was redete er da?

„Fragt Mike. Er ist der Psychologe."

„Das ist richtig", sagte ich ins Blaue. „Letztendlich geht es immer um Menschen."

„Menschen sind keine Maschinen", schimpfte mein Vater. „Menschen haben Gefühle und Gedanken, und sie wissen, wovon sie reden. Du musst mit den Leuten arbeiten – nicht gegen sie. Dein Geld ist nichts anderes als eine Art Spielstand, der anzeigt, was man alles mit dem richtigen Team erreichen kann. Mein Gott, das ist doch nicht so schwer."

Er nahm einen Schluck aus seinem Becher und schüttelte frustriert den Kopf. Wir starrten ihn immer noch an. Ich hatte so eine Reaktion von meinem Vater nicht erwartet und wurde langsam wirklich neugierig.

„Was meinst du genau, Dad? Erklär es uns."

„Denkt mal selber. Nur weil die Tätigkeit eines Werkers auf einen Arbeitsplatz beschränkt ist, heißt das nicht, dass er auch geistig darauf beschränkt ist. Werker sind Experten, begreift ihr das? Sie haben ein klar umrissenes Aufgabengebiet – aber sie sind trotzdem Experten. Der Werker, der den Kern einpasst, ist ein Experte darin. Natürlich hält er dich für einen Schwachkopf, wenn du ihm erklärst, dass er seine Arbeit jetzt ein bisschen anders machen soll. Er ist der Meinung, er weiß es besser, und damit hat er auch recht. Er macht das seit Jahren. Jeden Tag acht Stunden. Er weiß mehr darüber, als wir alle zusammen jemals wissen werden."

„Er kann es aber trotzdem falsch machen, oder nicht?", fragte Phil.

„Natürlich kann er das. Er muss innerhalb eines definierten Systems arbeiten. Er versteht vielleicht auch nicht den gesamten Prozess oder wie das Endprodukt im Detail funktioniert. Er kann den Kern perfekt einpassen, damit der Sicherungsautomat funktioniert – auch wenn er nicht im Detail weiß, warum er dann funktioniert. Aber du weißt das, denn du hast das Ding konstruiert. Also redet doch miteinander."

„Sie haben recht, Mr. Woods", sagte Amy und biss leicht auf ihre Unterlippe, wie sie es immer tat, wenn sie nachdachte. „Das Einmaleins der Kommunikation."

„Kommunikation! Vergessen Sie es!", wischte mein Vater wie üblich die Kommentare anderer beiseite. „Führung! Es geht hier nur um Führung. Man kann Leuten nicht einfach sagen, was und wie sie arbeiten sollen. Das sind doch keine Roboter. Sie können auch nicht einfach etwas kommunizieren, weil die Hälfte von dem, was das Management erzählt – nehmen Sie mir das jetzt nicht krumm, Miss Cruz –, schlichtweg verlogen und die andere Hälfte völliger Blödsinn ist. Vor allem, wenn etwas von der Personalabteilung kommt. Lasst die Leute doch selbst eine Lösung finden. Ich sag's ja ungern, aber wenn ihr das gleich von Anfang an auf meine Art gemacht hättet, wäre es leichter gewesen."

Phil seufzte, nahm seine Brille ab und rieb sich die Augen. „Wie kriegen wir das wieder hingebogen?"

„Wir fangen mit dem Anfang an – so wie wir es gleich hätten machen sollen", sagte mein Vater nach kurzem Nachdenken.

„Amy?", sagte er dann. „Haben Sie in Ihrer Zeit im Schnellrestaurant Arbeitsgruppen moderiert?"

„Dauernd."

„Sehr gut. Das Wichtigste ist, dass alle – und vor allem auch Gloria – selber mitbekommen, welchen Einfluss Prozessschwankungen auf die eigenen Leistungen haben. Jeder möchte gute Teile produzieren, und jeder möchte gerne sein Tagesziel erreichen. Die Werker müssen verstehen, wie das System verhindert, dass sie das schaffen."

„Ich glaube, ich verstehe", meinte Amy. „Ich brauche eine kleine Gruppe von erfahrenen Werkern zusammen mit Gloria, und dann sollen sie ihre Zeiten selbst stoppen."

„Ja. Und Sie müssen darauf bestehen, dass sie jeden Zyklus mindestens zehnmal messen. Das ist das Mindeste, was man braucht, um sich wirklich klarzumachen, dass eine solche Zeit objektiv ist und kein vom Management vorgegebenes Ziel. ‚Okay', werden sie sagen, ‚es dauert zwar manchmal eine halbe Stunde, aber im Prinzip können wir es in sieben Minuten schaffen.' Sie werden ihren eigenen Messungen vertrauen."

„Und dann müssen wir ihnen erklären, wie wir die Schwankungen wegbekommen wollen", fuhr Amy fort.

„Das heißt, wir müssen ihre Probleme auch wirklich lösen“, warf Phil ein, „wie zum Beispiel das mit der Materialversorgung.“

„Damit können sie im Anschluss erkennen, welche Tätigkeiten kombiniert werden können“, sagte Amy.

„Und dann erzählen wir ihnen vom Ein-Stück-Fluss“, schloss Phil. „Das ist gut.“

„Seid euch immer im Klaren darüber, dass das Ganze ein Handel ist. Wir erwarten mehr, bieten im Gegenzug aber dafür auch mehr Verantwortung“, sagte mein Vater. „Ihr müsst mit den Werkern arbeiten, um dieses System zu implementieren. Man kann das nicht einfach jemandem überstülpen.“

„Aber wenn es jetzt um die Umgestaltung einer Montagelinie geht: Sollten wir das auch den Werkern überlassen?“, fragte Phil zweifelnd.

„Ja. Diese Montagezellen in U-Form zum Beispiel, von denen die Berater immer geredet haben.“

„In U-Form?“, fragte mein Vater mit einem Grinsen, „und mit genau 1,20 Meter zwischen den Schenkeln des U?“

„Genau. Sie konnten das damals nicht einführen, wir haben auch nicht genau verstanden, warum, aber es war immer klar, dass das das Ziel sein muss.“

„Sie konnten sie nicht einführen, weil sie den Work-in-Progress nicht im Griff hatten. Und dann braucht man einfach viel Platz“, erklärte mein Vater. „Aber vergiss das mal mit der U-Form. Das ist eine Toyota-Geschichte, die bei euch keine Rolle spielt.“

„Warum nicht?“, fragte Amy.

„Weil ihr erstens eine einfache manuelle Fertigung ohne komplexe Maschinen und zweitens einen hohen Arbeitsinhalt pro Station habt. Ihr könnt die Werker einfach weiter so in einer Linie mit einem Arbeiter pro Station arbeiten lassen.

Aber nehmt einmal an, der Arbeitsinhalt wäre viel geringer, nur ein paar Minuten, und es gäbe Schweißanlagen und Roboter. Dann würden sich nicht nur die Teile durch den Prozess bewegen, sondern auch die Menschen. Dann wollen wir ein Layout, das die Gehzeiten reduziert. Wenn wir annehmen, dass alles von einem einzigen Werker gemacht wird, dann wäre die U-Form perfekt. Der Werker bewegt sich einmal pro Zyklus durch das gesamte U. Wenn die Taktzeit nach unten geht, das heißt, die Aufträge steigen, dann brauchen wir vielleicht zwei Werker in dieser Linie. Dann wäre die Idee, dass jeder dieser beiden Werker einen kleinen Kreis innerhalb der Montagelinie dreht, um mehrere Stationen zu bedienen. Zum Beispiel könnte einer die erste und die letzte Station bedienen und dann vielleicht noch eine Station in der

Mitte. Nicht vergessen, dass wir dabei immer in Arbeitselementen denken, die wir frei kombinieren können. Die angesprochenen 1,20 Meter kommen daher, dass der Werker sich einfach herumdrehen und auf der andren Seite der Linie weiterarbeiten kann, ohne einen zusätzlichen Schritt zu benötigen. Das ist alles."

„Damit sind wir wieder bei dem Gedanken, dass es nicht mehr darum geht, eine bestimmte Aufgabe bezogen auf das Produkt zu erfüllen, sondern die Arbeit als eine in Inhalt und Anzahl definierte Reihenfolge von Arbeitselementen zu sehen", dachte Phil laut nach.

„Richtig. Manchmal, vor allem, wenn es darum geht, Maschinen zu bestücken oder Teile aus Maschinen zu entnehmen, kann es sogar sein, dass die Werker sich gegen den Fluss der Produkte bewegen."

„Wie kann das passieren?"

„Stell dir mal vor, du würdest dem Produkt folgen, das heißt, du bestückst eine Maschine, und wenn es fertig ist, entnimmst du es aus der Maschine. Was machst du dann in der Zwischenzeit?"

„Ich muss warten."

„Genau. Du musst warten. Und jetzt stell dir vor, es gäbe ein Teil mehr im Work-in-Progress und du würdest dich gegen den Fluss der Produkte in der Linie bewegen. Dann beginnt dein Zyklus nicht mit dem Bestücken der Maschine, sondern mit der Entnahme eines fertigen Teiles. Dieses fertige Teil, das du in der Hand hast, legst du dann in die nächste Maschine", mein Vater schaute jeden von uns an, um sicher zu sein, dass wir ihm folgten. „Dein nächster Schritt führt dich jetzt flussaufwärts – entgegen der Bewegungsrichtung der Teile, denn du musst die Maschine, die du gerade entladen hast, ja wieder bestücken. Da die Maschinen schneller sind als Menschen, funktioniert das nahezu perfekt, wenn man, wie Toyota, darauf besteht, dass die Maschinen die fertigen Teile selbst ausspucken. Versteht ihr das System? Während sich also die Teile zum Beispiel im Uhrzeigersinn bewegen, bewegt sich der Mitarbeiter gegen den Uhrzeigersinn. Er wird also zum Beispiel ein fertiges Teil aus Maschine 3 entnehmen und es dann in Maschine 4 einlegen, dann wird er zurückgehen zu Maschine 2, das Teil entnehmen und in Maschine 3 einlegen, dann wird er zu Maschine 1 gehen, das Teil entnehmen und Maschine 2 bestücken. Anschließen geht er zu Maschine 4 ans Ende der Linie und legt das fertige Teil in den Behälter für Fertigprodukte, und die Runde beginnt von vorne."

„Ich verstehe", sagte Phil. „Müssen wir das auch so machen?"

„So weit seid ihr noch nicht. Organisiert die Montagelinien gleichmäßig in nebeneinander angeordneten Stationen. Wichtig wäre, dass die Arbeiter auf der gleichen Seite stehen, sodass die Materialversorgung auch immer von der gleichen Seite erfolgen kann und dass es zwischen den Stationen nur Platz für ein einziges Produkt gibt. Bei Stau müssen alle warten, damit man Fehler in der Austaktung erkennen kann."

„Bob", sagte Amy, „ein Punkt ist mir hier noch nicht klar. Sie haben vorhin gesagt, dass man, wenn der Kundentakt nach unten geht, einen weiteren Werker in die Montagezelle einschleusen kann. Wie funktioniert das?"

Mein Vater seufzte. „Ich weiß nicht, ob euch das in eurer Situation wirklich hilft oder euch nur durcheinanderbringt. Sind Sie sicher, dass Sie das jetzt wissen wollen?"

Sie war sich sicher.

„Das ist eine völlig andere Geschichte. Wie hoch ist der Arbeitsinhalt eures Produkts?"

„42 Minuten."

„Genau. Der Kundenbedarf liegt bei 40 pro Tag. Wir dividieren also 450 Minuten Arbeitszeit durch die 40 Teile Kundenbedarf und kommen auf einen Kundentakt von 11,25 Minuten. Jetzt nehmen wir einmal an, der Bedarf stiege auf 60 pro Tag, das heißt, der Kundentakt würde auf 7,5 Minuten sinken. Der Arbeitsinhalt ist natürlich immer noch derselbe, der ändert sich nicht ..."

„Das heißt, die Anzahl der Werker muss sich ändern. Also 42 Minuten Arbeitsinhalt dividiert durch 7,5 Minuten Kundentakt ergibt ... 5,6 Werker, sprich sechs Werker, von denen einer etwas weniger zu tun hat."

„Perfekt. Wenn also jetzt Ihre Nachfrage zwischen 40 und 60 Teilen pro Tag schwankt, dann wäre es doch sinnvoll, wenn Sie analog zwischen vier und sechs Werker an der Linie einsetzen können. Das Ermöglichen entsprechend organisierte Fertigungszellen. Dabei muss für jeden definierten Kundentakt die standardisierte Arbeit entsprechend aufgebaut sein. Für einen anderen Kundentakt ist die standardisierte Arbeit natürlich anders."

„Aber warum führen wir dann überhaupt eine zweite Schicht ein, anstatt einfach die Produktion an der bestehenden Linie mit genau dieser Methode zu erhöhen?", fragte Phil verwirrt.

„Weil du so scharf auf die zweite Schicht warst, mein Junge. Mir wäre es lieber, die Produktion an dieser Linie zu erhöhen. Wenn das für euch auch in Ordnung ist, dann macht das. Aber vergesst nicht: Wir reden von Menschen – nicht von Robotern. Denkt an die ‚Oh No'-Methode. Wenn Amy ihren Job beherrscht, dann wird sie die

Werker davon überzeugen können, den Versuch zu starten, dieselbe Arbeit mit vier anstatt mit sechs Leuten zu machen. Aber wird das funktionieren? Werden sie es schaffen?"

„Am Anfang auf keinen Fall", sagte Amy mit blitzenden Augen. „So etwas Ähnliches haben sie auch bei uns im Schnellrestaurant versucht. Aber weil niemand die Schwankungen eliminiert hat, ging es schief."

„Und was machen wir dann?"

„Dann darf ich jedem hinterherrennen und Druck machen, damit sich alle auch darum kümmern, die Probleme der Werker zu lösen. Hört mal, das ist doch Quatsch. Soll ich zu den Qualitätern gehen und ihnen sagen, sie sollen sich endlich um die Probleme der Arbeiter kümmern?"

Phil verzog das Gesicht.

„Wenn du versuchst, die Produktion an der bestehenden Linie zu erhöhen, dann fliegt dir das um die Ohren. Niemand wird verstehen, was du eigentlich willst, das ist nicht logisch, niemand weiß, was er tun soll. Die Produktivität lässt sich am besten erhöhen, indem man versucht, dieselbe Menge mit weniger Werkern zu produzieren. Denn dann werden die Probleme sichtbar. Und das zwingt alle, sich dieser Probleme anzunehmen und den Fluss wieder in Gang zu bringen."

„Und was ist mit der Flexibilität?", fragte Phil.

„So weit seid ihr noch nicht, das machen wir später. Um in einer Schicht mit vier, fünf oder sechs Werkern zu arbeiten, müssen vorher wirklich alle Probleme gelöst sein. Und du musst für alle Kundentakte standardisierte Arbeit eingeführt haben. Du wirst das alles noch lernen. Aber vor dem Laufen solltest du erst mal gehen können. Diese Regel habe übrigens nicht ich erfunden, sondern die Natur."

„Akzeptiert. Aber das Konzept finde ich genial."

„Das ist es auch. Eine Person für zehn Teile, zehn Personen für 100 Teile. Das muss man gesehen haben. Das ist unglaublich, wenn das funktioniert."

„Okay", sagte Amy, „ich glaube, mir wird langsam klar, wie mein Workshop aussieht. Gibt es etwas Besonderes, auf das ich achten muss?"

Mein Vater dachte einen Moment nach, bevor er antwortete.

„Erstens darf sich das Management keinesfalls einmischen. Wenn Sie mit den Werkern arbeiten, sollten Dave und Phil am besten gar nicht in der Nähe sein. Aber wenn ihr fertig seid und eure Ergebnisse vorstellen wollt, dann müssen Dave und Phil da sein und ihre uneingeschränkte Zustimmung und Unterstützung offen und für alle unmissverständlich kommunizieren."

„Darum kümmere ich mich selbst", sagte Phil und nickte entschieden mit dem Kopf.

„Zweitens müssen Sie sicherstellen, dass alle den Handel, der dahintersteckt, verstehen. Wir müssen lieferfähig sein. Die Aufgabe der Werker ist es, alle vier Stunden einen Rollwagen mit 20 Automaten zu füllen – und zwar so gleichmäßig wie nur möglich. Im Gegenzug wird das Werk sicherstellen, dass sich alle dafür einsetzen, dass die Werker das auch schaffen. Wenn Sie darüber reden, müssen Sie da richtig dick auftragen. Sie sind es nämlich gewohnt, dass nichts funktioniert, deshalb werden sie Ihnen nicht glauben. Also Phil", sagte mein Vater dann und zeigte mit dem Finger auf ihn. „Jetzt liegt es an dir. Das Management kümmert sich darum, dass die Werker frei von nicht wertschöpfenden Tätigkeiten sind. Und zwar so frei, dass sie endlich ihre Arbeit tun können. Dafür liegt dann auch die gesamte Verantwortung in ihren Händen. Also alles genau andersherum wie üblich. Sie werden dich testen. Sie werden versuchen, rauszukriegen, ob du es ernst meinst. Meinst du es ernst? Wirst du das schaffen?"

„Ich hoffe", sagte Phil nachdenklich, „ich werde auf jeden Fall mein Bestes tun."

„Sei dir darüber klar, dass du einige Kämpfe mit Abteilungen haben wirst, die es gewohnt sind, alles immer der Produktion anzulasten. Einkauf, Konstruktion, Qualität."

„Ist mir klar", sagte er mit fester Stimme.

„Drittens muss die Materialversorgung stimmen."

„Wie das Material an den Arbeitsstationen gelagert wird?", fragte Phil.

„Ja, und wie die Materialversorgung insgesamt funktioniert."

„Wenn ich das richtig verstanden habe, dann müssen alle Teile an die Stationen geliefert werden, sodass ein Werker niemals nach Material suchen muss."

„Richtig. Bei deutlich niedrigerem Kundentakt als bei euch installiert man Durchlaufregale, sodass der Behälter mit dem Material direkt vor der Hand des Werkers steht. Ist der Behälter leer, nimmt ihn der Werker und legt ihn oben auf eine Rollenbahn, die ihn zurück zum Materialversorger transportiert. Der neue volle Behälter rollt automatisch wieder an dieselbe Stelle, an der der vorherige war. Aber das braucht ihr nicht, bei euch reicht ein Regal mit einem Zwei-Behälter-System. Aus dem ersten Behälter entnimmt der Werker die Teile, dahinter steht ein zweiter voller Behälter. Ist der erste leer, stellt ihn der Werker auf das obere Regalbrett, zieht den zweiten Behälter auf den freien Platz und arbeitet weiter. Der Materialbereitsteller – und das muss jemand sein, der auch wirklich diese Aufgabe explizit bekommen hat, selbst wenn es der Schichtleiter wäre – füllt den Behälter wieder auf und stellt ihn hinter den anderen. Das war's."

„Ein Behälter wird benutzt, ein zweiter steht voll dahinter, und irgendjemand hat die Aufgabe, die leeren wieder aufzufüllen. Verstanden."

„Passen so viele Behälter überhaupt an die Stationen?", fragte Amy. Mein Vater brach plötzlich in Lachen aus, und ihre Augen blitzten zornig auf.

„Nein, nein", sagte er beschwichtigend. „Ich lache nicht über Sie. Das ist eine sehr berechtigte Frage. Mir fiel nur gerade ein, wie lange ich selbst gebraucht habe, um das alles zu verstehen. Ihr könnt euch nicht vorstellen, wie hart das damals für uns war, diesen ganzen Just-in-Time-Müll zu verstehen. Wir kamen gedanklich aus der Welt der Massenproduktion. Glaubt mir, ich weiß, wie es Dave geht. Uns ging es allen so. Also, da saßen wir nun und waren Teil des Toyota-Lieferantenentwicklungsprogramms, und sie erzählten uns ohne Pause, dass wir die Bestände reduzieren müssten, dass wir die Lager reduzieren müssten, dass wir den Work-in-Progress reduzieren müssten, und egal, was passiert ist und was wir getan haben, sie wollten immer nur weniger Bestände.

Eines Tages hat es mir dann gereicht. ‚Was haben Sie nur ständig mit Ihren Beständen', habe ich den Berater von Toyota gefragt. ‚Ich weiß, das bindet Kapital und kostet Zinsen – aber so viel ist das ja nun auch wieder nicht.' ‚Bestände sind viel schlimmer, als Sie glauben', hat er mir geantwortet. ‚Toll', dachte ich, aber dann sagte er zu mir: ‚Wir wollen doch, dass ein Werker aus Flexibilitätsgründen mehrere Modelle an derselben Station machen kann, stimmt's?' ‚Stimmt!' ‚Wir wollen auch, dass der Werker alle dazu notwendigen Teile hat, damit er keine Wechsel machen muss.' ‚Okay!' ‚Weil wir aber auch wollen, dass die Stationen sehr klein sind und wenig Platz brauchen, damit der Werker keine unnötigen Bewegungen machen muss, bleibt nur eines: Reduziert den Bestand.'"

Mein Vater lachte wieder. „In diesem Moment habe ich begriffen, dass ich immer noch in Losgrößen dachte, während sie wie japanische Erbsenzähler argumentierten. Alles visualisiert. Alles praktisch. Alles an seinem Platz. Es war ein richtiger Aha-Effekt. Und das ist die Antwort auf Ihre Frage. Jawohl, es bedeutet jede Menge Behälter, und deshalb bedeutet es auch jede Menge kleine Behälter."

„Das schafft die Logistik nicht", meinte Phil. „Je kleiner der Behälter, desto öfter muss er aufgefüllt werden. Das werden die im Lager nicht akzeptieren."

„Erinnere dich daran, was ich vorhin gesagt habe. Zuerst an den Kunden denken, das heißt, die Lieferungen sicherstellen. Dann kümmerst du dich um die Senkung der

Bestände, und erst dann werden deine Kosten sinken. Just-in-Time bedeutet, die ganze Zeit Material in kleinen Behältern zu bewegen. Das heißt aber nicht, dass man dazu mehr Leute braucht. Das heißt nur, dass die Organisation besser sein muss. Du verschwendest im Moment in deinem ganzen Werk sehr viele Ressourcen. Du kannst das nur nicht sehen. Aber mach dir keine Sorgen. Irgendwann wirst du mit weniger mehr machen. Jetzt konzentrierst du dich einfach darauf, kleinere Behälter zu verwenden."

„Da fliegt Dave die Sicherung raus."

„Das macht doch nichts. Davon hast du doch genug im Werk", sagte mein Vater und lachte laut über seinen eigenen schwachen Witz.

Kapitel 4: Standardisierte Arbeit

Wir beschlossen, uns am Freitagabend im Jachtklub zu treffen, um zu sehen, wie die Woche gelaufen war. Amy rief mich an und sagte, sie würden früher kommen, und so war es noch taghell und heiß, als wir am Meer ankamen. Als wir am Pier eintrafen, kramte mein Vater irgendwo tief unten in den Innereien seines Bootes herum. Er hatte die hintere Luke der *Felicity* geöffnet, und das gesamte Deck und der Pier im Umkreis von fünf Metern um das Boot sahen aus wie eine Müllhalde. Während wir rumstanden und nicht wussten, was wir tun sollten, flog eine leere Farbdose aus der Luke und landete mitten an Deck. Ich setzte mich auf den großen Plastiksack, in dem das Beiboot verpackt war. Amy setzte sich zu mir, trotz der Hitze wirkte sie frisch und überhaupt nicht erhitzt. Phil saß mit untergeschlagenen Beinen auf dem Boden. Mein Vater kletterte aus der Luke und setzte sich auf einen umgedrehten Eimer.

„Ich muss den Laderaum auch streichen", sagte er. „Ich hasse das. Aber dann kann ich wenigstens auch gleich den Frühjahrsputz erledigen. Kümmert euch nicht um das Chaos hier. Wie lief es?"

„Gut", sagte Amy fröhlich. „Sie waren alle überraschend interessiert und haben sich gegenseitig die Zeiten gestoppt."

Ich wusste bereits, dass es nicht so schlecht lief, weil Phil mir am Telefon gesagt hatte, dass sich ihre finanzielle Situation etwas entspannt hatte. Eine Bank hatte den Kredit verlängert. Aber sie verlangten dafür schnelle und sichtbare Verbesserungen.

„Habt ihr schon Leute rausgenommen?"

„Haben wir. Wir haben mit den Werkern über den Zweischichtbetrieb gesprochen, und dabei stellte sich heraus, dass das Unternehmen früher schon in zwei Schichten gearbeitet hatte. Den alten Hasen war das lieber, weil man nach der Frühschicht noch etwas zu Hause arbeiten konnte. Immer wieder überraschend, wie Leute reagieren. Wir haben dann den Arbeitsbeginn schon mal auf sechs Uhr vorgezogen. Den Werkern passt das gut, und die Konstrukteure sind davon ja nicht betroffen."

„Welche Leute habt ihr rausgenommen?"

„Zwei von den Alten. Das war Amys Idee. Sie meinte, die beiden könnten uns mit ihrer Erfahrung helfen, den Prozess zu stabilisieren, und das Gleiche vielleicht auch in den anderen Linien umsetzen."

„Gut", mein Vater nickte beeindruckt. „Sehr gut. Normalerweise nimmt man immer die Schwachen heraus, aber das ist dumm, denn so lernen sie nie etwas. Aber die Profis als Kernteam für die neue Schicht einzusetzen ist eine clevere Idee."

„Ich hab's dir gesagt", sagte Amy feixend und zwinkerte Phil zu.

„Ja, okay, schon gut. Die zweite interessante Sache ist, dass Josh mittlerweile an dem Thema ‚Nacharbeit' dran ist. Er hat herausgefunden, dass unser Motorlieferant die Zeichnung geändert hat, ohne uns zu informieren. Ein Drittel der Nacharbeit haben wir nur wegen dieser Änderung. Das Schlimmste dabei ist, dass einer unserer Mitarbeiter das gemerkt hat, uns informieren wollte, aber niemanden fand, der bereit war, ihm auch zuzuhören."

„Überrascht mich nicht allzu sehr."

„Ja, traurig, aber wahr. Josh ist momentan mit dem Lieferanten im Gespräch, um unser altes Design wieder zu bekommen. Falls das nicht klappt, wird er Anpassungen am Sicherungsautomaten vornehmen. Er sprudelt über vor Ideen, mit welchen Konstruktionsänderungen man die Montage vereinfachen könnte."

„Das klingt gut, aber sei vorsichtig, dass du keine Probleme mit deinen Kunden bekommst."

„Ich weiß. Ich kümmere mich selbst darum, seit ich Josh aus Pellmans Team genommen habe. Da gärt übrigens schon das nächste Problem, aber darum werde ich mich kümmern, wenn es so weit ist."

„Also. Wie sieht es denn nun aus?"

Amy zückte ihren Notizblock. „Heute haben wir 32 Sicherungsautomaten mit vier Werkern gemacht. Wir haben sechs Automaten im WIP und sechs in der Nacharbeit."

	Vorher	Aktuell
Stück pro Tag	ungefähr 40	32
Bestand	35	6
Werker	6	4
Fehler	?	6 Nacharbeit

„Kein Anstieg der Fehler im Abschlusstest?“, fragte mein Vater.

„Nein, scheint alles ganz gut auszusehen.“

„Das müssen Sie überprüfen“, die Stimme meines Vaters ließ keinen Platz für Zweifel. „Wenn man etwas am Prozess verändert, muss die Qualität doppelt und dreifach überprüft werden.“

„Ich schau mir das an“, sagte Phil. „Aber mit nur 32 Automaten pro Tag sind wir weiter als je von unserem Ziel 80 entfernt.“

„Hey“, fuhr ihn Amy an, „aber wir haben das mit nur vier Leuten gemacht. Unsere Produktivität ist besser. Eigentlich ist es ein Wunder, dass wir es überhaupt hinbekommen haben. Wenn wir es nun schaffen, das Ganze zu stabilisieren, dann werden wir auch die Stückzahl erreichen. Der Fluss ist schon viel besser, und wir sehen die Probleme viel besser. Manchmal arbeiten alle ganz gleichmäßig, und manchmal arbeitet nur einer und die anderen stehen herum und warten. Das Witzige daran ist, dass, sobald es nicht weitergeht, plötzlich alle wissen wollen, was denn los ist. Wir haben so zum Beispiel herausgefunden, dass bei der Motorverkabelung die Kabel bei jedem zweiten Automaten so unpraktisch verlegt werden, dass die Kernmontage damit Probleme bekommt. Aber die beiden Werker haben niemals miteinander darüber gesprochen.“

„Das klingt alles recht vielversprechend.“

„Geduld, mein Junge, Geduld“, meinte mein Vater. „Noch was, Amy?“

„Ja, eine Sache, über die ich noch mit Ihnen sprechen wollte. Als wir die Zeiten gestoppt haben – und wir haben das zehnmal für jede Station gemacht –, stellten wir fest, dass Gloria gar nicht so weit vom Minimum von 39 Minuten entfernt war.“

„Also kommt ihr mit vier Werkern klar“, warf ich ein.

„Theoretisch ja. Aber wir haben noch zu viele und zu starke Schwankungen in den Arbeitszyklen. Aber was ich sagen wollte: Als wir die Zeiten stoppten, hatten wir Schwierigkeiten, die Arbeit in grundlegende Elemente zu zerlegen."

„Das heißt?"

„Die Werker machen ihre Arbeit nicht immer in der gleichen Reihenfolge, und damit wird es einfach schwierig, die Zeiten zu messen."

„Sehr gut gemacht, Amy, sehr gut", mein Vater brach in Lachen aus.

Amy schüttelte irritiert den Kopf: „Was?"

„Sie haben den Nagel auf den Kopf getroffen. Es geht um Stabilität. Und es geht wieder um die Menschen."

„Okay", sagte mein Vater und taute immer mehr auf. „Was macht einen guten Werker aus?"

„Er arbeitet gut."

„Ja, okay. Aber was heißt das?"

Wir schauten ihn verständnislos an.

„Jemand, der keine Schwierigkeiten macht und keine fehlerhaften Produkte herstellt?", fragte Phil unsicher.

„Schaut mal her", sagte mein Vater.

Er beugte sich über das Chaos zu seinen Füßen und legte ein paar Dinge beiseite: Einen Schraubenzieher, ein Fläschchen Klebstoff, einen Ordner und ein Plastikteil, dessen Zweck sich mir nicht erschloss. Er legte die Teile kreisförmig vor sich auf den Boden und fing dann an, sie in zufälliger Reihenfolge zu drehen.

„Jede Arbeit kann in Teilaufgaben zerlegt werden. Wenn ich Nudeln kochen will, dann muss ich Wasser kochen, Salz hinzufügen, Öl hinzufügen, die Nudeln kochen, umrühren, damit sie nicht verkleben, abtropfen lassen und dann servieren." Bei jeder Erwähnung einer Teilaufgabe drehte er eines der vor ihm liegenden Objekte.

„Was ist nun Arbeit mit guter Qualität?"

„Arbeit, die gut gemacht wird."

„Nein", sagte Amy plötzlich. „Nicht, wenn du etwas vergessen hast. Gute Arbeit bedeutet, alle Teilaufgaben zu machen, ohne etwas zu vergessen. Und jede Teilaufgabe kann wieder in Teilaufgaben zerlegt werden."

„Sehr gut", mein Vater war glücklich mit seiner Lieblingsstudentin. „Ein Werker leistet dann gute Arbeit, wenn er keine der Teilaufgaben vergisst. Das Problem ist, dass unser Kopf und unser Gehirn nicht dafür gemacht sind. Wir vergessen schnell mal etwas, vor allem, wenn wir in Hektik sind oder wenn es chaotisch zugeht. Aber zur nächsten Frage: Was ist ein effizienter Werker?“

Schweigen. Mein Vater drehte seine Objekte, jetzt aber immer in der gleichen Reihenfolge.

„Jemand, der seine Aufgaben immer in der gleichen Reihenfolge macht“, sagte ich.

„Richtig. Wenn man seine Aufgaben immer in der gleichen Reihenfolge macht, ist man viel schneller. Und das Risiko, etwas zu vergessen, sinkt. Wenn ich keine definierte Reihenfolge habe und etwas fehlt, wenn ich zur Arbeit komme“, er nahm den Schraubenzieher weg, „dann benutze ich dieses Teil nicht – und zwar einfach, weil ich es nicht sehe. Und damit habe ich ein defektes Produkt hergestellt. Wenn ich aber immer in der gleichen Reihenfolge arbeite, dann wird mir auffallen, dass der Schraubenzieher fehlt. Und dann kann ich reagieren und etwas tun. Was noch?“

„Du hast recht“, sagte ich. „Ich kenn das an mir selbst.“ Er hob theatralisch die Augenbrauen. „Bevor ich das Haus verlasse, mache ich eine Art Routinecheck, also ist der Herd aus, sind die Lichter ausgeschaltet, habe ich meinen Geldbeutel, so Zeug eben. Es funktioniert.“

„Die Reihenfolge ist nicht optimal“, sagte Phil und deutete auf die Werkzeuge zu Füßen meines Vaters. „Du solltest sie im Kreis aufstellen, in der Reihenfolge, in der du sie benutzt, das wäre logischer.“

„Absolut richtig. Wenn man immer in der gleichen Reihenfolge arbeitet, dann ist es einfacher zu erkennen, ob diese Reihenfolge auch die beste ist. Das ist, wie wenn man morgens aufsteht, die Hände wäscht, dann aufs Klo geht und anschließend merkt, dass man ja dann wieder die Hände waschen muss. Wenn man versucht, in einer bestimmten Sequenz zu arbeiten, dann kann man oft gleichzeitig seine Effizienz verbessern.“

„Man kann dann auch leichter zusätzliche Schritte hinzufügen“, warf ich ein. „Menschen können sich nicht alles merken, und vereinfacht gesprochen fällt jedes Mal, wenn sie etwas Neues lernen, etwas Altes unter den Tisch. Lernen und verlernen sind zwei Seiten derselben Medaille. Wenn allerdings etwas als Sequenz gelernt wird, dann werden verschiedene Dinge miteinander verknüpft und als eine einzige Lerneinheit abgespeichert. Damit kann man sich tatsächlich mehr merken als bei isoliert gelernten Dingen.“

Mein Vater schaute mich verblüfft an. „So habe ich das noch nie gesehen. Aber du hast recht. Die Reihenfolge ist also nicht nur der Schlüssel für den Ein-Stück-Fluss, sondern auch für die Mehrfachkompetenz der Mitarbeiter. Das passt. Du hast recht, Mike, das ergibt Sinn.“

Ich habe recht? Nie im Leben!

„Um den Prozess zu stabilisieren, müssen also die Werker immer in der gleichen Reihenfolge arbeiten?“, fragte Phil.

„Ja. Und es ist die Aufgabe des Schichtleiters, dafür zu sorgen, dass das funktioniert“, erwiderte mein Vater. „Aber ich rede hier nicht nur von Werkern. Das gilt für alle Tätigkeiten in deinem Werk, die sich wiederholen und frei von kreativen, künstlerischen Aspekten sind.“

„Ich würde sagen, das gilt sogar dann“, meinte ich. „Jeder große Künstler hat seine Technik mithilfe ständiger Wiederholungen entwickelt. Nur deshalb weiß er, welcher Schritt als nächster sinnvoll ist.“

„Fassen wir zusammen“, sagte mein Vater. „Erstens“, er zählte an seinen Fingern ab, „die Produktivität wird erhöht …“

„… indem die Schwankungen im Zyklus der Werker reduziert werden“, sagte Phil pflichtschuldig.

„Um das, zweitens, zu erreichen, müssen wir …“

„… alle Aufgaben, die störend oder nicht wertschöpfend sind, aus dem Zyklus des Werkers entfernen“, sprang Amy ein.

„Gut. Und drittens?“, fragte er. „Was ist drittens?“

„Die Reihenfolge“, erklärte sie strahlend. „Die Werker müssen ihre Arbeit immer in derselben Reihenfolge machen.“

„Richtig. Das Geheimnis des Ein-Stück-Flusses ist die Reduzierung der Schwankungen im Arbeitszyklus. Das Geheimnis zur Reduzierung der Schwankungen ist die standardisierte Arbeit. Die gleiche Arbeit wird immer in der gleichen Reihenfolge gemacht, basierend auf einem definierten Kundentakt und einem definierten Standardbestand – aber dazu kommen wir noch.“

„Aber du hast selbst gesagt, dass Menschen keine Maschinen sind“, warf ich ein. „Wie können sie dann immer die gleichen Arbeitsschritte nacheinander machen?“

„Das ist die Schwierigkeit. Und genau deshalb sage ich auch immer, dass es um die Menschen geht. Wir müssen versuchen, sie davon zu überzeugen, dass das der richtige Weg ist.“

„Klingt nach Militär.“

„Es klingt immer so, wenn es um die Arbeit an vorderster Front geht“, meinte Phil. „Halte dich an die Vorschriften.“

„Das stimmt. Aber wir sind hier nicht bei der Armee. Wir sind in einem Unternehmen, und da müsst ihr den Menschen den Sinn von standardisierter Arbeit schon begreiflich machen."

„Und ich weiß auch schon, wer das machen darf", sagte Amy geplättet.

„Gut getippt", sagte mein Vater. „Standardisierte Arbeit stellt auch sicher, dass die Verschwendung nicht wieder in den Prozess zurückkommt. Sie ist damit so grundlegend und so wichtig, dass wir alle Mitarbeiter in dieses Thema einweisen müssen. Standardisierte Arbeit beinhaltet immer einen Kundentakt, eine Reihenfolge der Tätigkeiten und ..."

„Bestand?", schlug Phil vor.

„Richtig, den notwendigen Bestand. Sonst noch was?"

Ich hatte plötzlich eine Idee. „Wie wäre es mit so etwas wie einem Hauptaugenmerk, also die Punkte, auf die man besonders achten sollte. Die Punkte, die du mal Fehlermöglichkeiten genannt hast."

„Sehr gut. Aber etwas fehlt noch", sagte mein Vater. „Wir müssen jeden Punkt im Prozess betrachten, der ein Sicherheitsrisiko für die Werker darstellen kann. Ingenieure vernachlässigen solche Dinge oft. Aber Arbeitssicherheit ist ein grundlegender Teil von standardisierter Arbeit."

„Ohne Witz jetzt?", fragte Amy stirnrunzelnd. „Welches Unternehmen schafft das, so detailliert zu arbeiten?"

„Im Produktionssystem von Toyota", erklärte mein Vater, „sind die Definition und die Einführung von standardisierter Arbeit die Hauptaufgabe des Schichtleiters. Er trainiert außerdem neue Mitarbeiter entsprechend der definierten Methode und achtet auf potenzielle Risiken im Arbeitsablauf."

„Und das sollen wir bei uns im Werk machen? Vergiss es. Das schaffen wir nie", sagte Phil.

„Nicht alles auf einmal", beruhigte ihn mein Vater. „Standardisierte Arbeit ist kein geschriebenes Gesetz, dem alle folgen müssen. Standardisierte Arbeit bedeutet, auf eine bestimmte Art zu arbeiten. Es ist wie bei meinem Boot hier. Für jede Art von Knoten gibt es genau eine Möglichkeit, ihn richtig zu machen. Damit sehe ich auf den ersten Blick, ob ein Knoten korrekt ist oder nicht. Natürlich kannst du versuchen, deine Werker zu zwingen, sich an einen Standard zu halten. Aber sie werden ihn ignorieren, sobald du ihnen den Rücken zudrehst. Es geht darum, dass sie verstehen müssen, dass es eine richtige Art gibt, die Arbeit zu erledigen. Es geht also um die Menschen, verstehst du?"

„Verstanden", sage Phil. „Und was mache ich jetzt?"

„Wenn ich mich richtig erinnere“, sagte mein Vater ruhig, „dann hängen doch in deinem Werk überall die 5S-Plakate. Habt ihr eine 5S-Initiative gestartet?“

„Wir nicht“, antwortete Phil. „Das war noch unter dem alten Management. Es war eine Riesenaktion vor dem Verkauf, sie wollten die Braut noch mal schmücken. Wir haben zwar versucht, das fortzuführen, aber das hat nicht funktioniert. Ich nehme an, die Sache ist eines natürlichen Todes gestorben.“

„5S?“, fragte Amy.

„Wieder so eine japanische Geschichte“, meinte Phil. „Das erste S bedeutet ‚sortieren‘.“

„Seiri“, bestätigte mein Vater.

„Ordnen.“

„Seiton.“

„Reinigen.“

„Seiso.“

„Beibehalten.“

„Seiketsu.“

„Und Disziplin.“

„Shitsuke.“

„Ja, so war's: Seiri, Seiton, Seiso, Seiketsu und Shitsuke. Die ersten drei verstehe ich: Sortieren, ordnen und reinigen. Aber was sich hinter ‚beibehalten‘ und ‚Disziplin‘ genau verbirgt, ist mir noch nicht ganz klar.“

„Das überrascht mich jetzt nicht. Für die meisten Leute bedeutet 5S immer noch das Gleiche wie ‚Räum mal dein Zimmer auf‘.“

„So habe ich das auch verstanden“, stimmte Phil zu.

„Das erste S, Seiri, ist recht offensichtlich“, fuhr mein Vater fort. „Das ist genau das, was ich gerade mache.“ Er zeigte mit der Hand auf das Chaos zu seinen Füßen. „An jedem Arbeitsplatz sammelt sich Müll an – und das gilt auch für Schreibtische und Computerfestplatten.“ Amy nickte nachdenklich. „Man muss regelmäßig ausmisten und sich von allem Überflüssigen trennen – so wie ich es gerade mit den Sachen aus meinem Boot mache. Das ist aber nicht so leicht. In jedem von uns steckt ein Sammler, gegen den man ankämpfen muss.“

„Mom sagte, du solltest mit der Garage anfangen“, versuchte ich ihn zu necken. Mein Vater verzog keine Miene und fuhr fort. „Es gibt Leute, die schimpfen, wenn man Sachen wegwirft, aber die meisten finden das dann hinterher doch ganz in Ordnung. Seiri kann man auf allen Ebenen machen, man könnte also zum Beispiel auch nutzlose Managementaktivitäten aussortieren oder Produktlinien, die keinen Gewinn machen."

Phil schnitt eine Grimasse. „DG-Sicherungsautomaten."

„Es funktioniert sogar mit Menschen. Aber trotzdem verstehen die wenigsten den Punkt, um den es bei Seiri wirklich geht. Es geht gar nicht darum, unnötiges Zeug auszusortieren. Es geht darum, Entscheidungen zu fällen."

„Versteh ich nicht", meinte Phil.

„Das klingt zwar etwas komisch, aber wenn man einen Werker fragt, ob er den alten Drahthaken wirklich für seine Arbeit braucht, dann geht es nicht nur darum, etwas Unnötiges wegzuwerfen. Vielleicht braucht er ihn. Und vielleicht sollte uns das zu denken geben, weil es bedeuten kann, dass wir irgendetwas im Prozess übersehen haben. Ich erinnere mich daran, einmal Kartoffeln an einer Arbeitsstation gefunden zu haben. Dort wurde ein bestimmter Klebstoff verwendet, der besser hielt, wenn man das Teil vorher mit der frischen Schnittfläche einer Kartoffel abrieb. Es gab auch eine ‚offizielle' Methode, aber die war viel zu aufwendig für die Werker. Also hatten sie ihre eigene ‚inoffizielle' Methode entwickelt. Aber es kann auch sein, er benutzt den erwähnten Drahthaken tatsächlich nicht. Dann kann er jetzt selbständig eine Entscheidung treffen und übernimmt damit automatisch Verantwortung für seinen Arbeitsbereich."

„Das klingt, als wäre das eine neue Managementmethode", sagte Amy. „Aber es geht doch einfach nur darum, Sauberkeit und Ordnung einzuhalten."

„Ja, das stimmt schon. Aber der springende Punkt ist eben, dass die Werker nun die Verantwortung für ihre Arbeitsstation übernehmen. Unnötiges wegwerfen bedeutet immer zweierlei: Erstens, eine Entscheidung zu treffen, und zweitens, sich zu einer Sache zu bekennen."

„Darüber muss ich noch mal nachdenken", sagte Phil stirnrunzelnd.

„Die nächste Stufe ist Seiton, ordnen", fuhr mein Vater fort. „Wenn alles Unnötige aussortiert ist, dann brauchen wir für den Rest einen definierten Platz, was, wenn ich jetzt an mein Boot denke, einerseits wahnsinnig schwierig ist, andererseits aber überlebensnotwendig. Wenn ich in einem Notfall meine Zange brauche, dann ist es zu spät zum Suchen. Ich muss wissen, wo sie ist. Daran erkennt man einen echten Seemann: Hält er sein Boot in Ordnung oder ist alles ein einziges Chaos?"

„Das ist wie in einer Küche", meinte Phil, der gelegentlich ganz gerne kochte.

„Richtig. Seiton ist für die Werker immens wichtig. Ihr werdet sehr schnell entdecken, dass nicht viel am Arbeitsplatz eines Werkers mit der Absicht gestaltet wurde, ihm zu helfen. Es gibt keine Ablagen oder Stellplätze. Das heißt, bei Seiton muss sich das Management kümmern. Und täuscht euch nicht, das sind keine Kleinigkeiten. Für den Werker geht es um sein Universum, in dem er sich während des ganzen Tages bewegt."

„Das stimmt absolut", rief Amy. „Während der Workshops haben sie sich die ganze Zeit über solche Sachen beklagt."

„Logisch. Ein Werker verbringt oft sein ganzes Arbeitsleben an einer Arbeitsstation. Hier kann man sehen, ob das Management wirklich etwas taugt. Manager reden immer nur, aber sie kümmern sich nicht um die Dinge. Wenn du mit den Werkern Seiton machst, dann erwarten sie von dir, dass du schnell was änderst. Und wenn du das nicht hinkriegst, dann verspielst du deine Glaubwürdigkeit innerhalb von ein paar Tagen."

„Die Werker müssen also immer involviert bleiben", ergänzte ich mit meinen Worten. „Zuerst, indem sie die Entscheidungen treffen können, welche Werkzeuge sie wirklich für die Arbeit brauchen, und danach bekommen sie die Hilfsmittel, die sie selbst als notwendig erachten, um Ordnung zu halten. Nicht schlecht."

Mein Vater nickte. „Wir müssen zuerst ihnen helfen, damit sie anschließend uns helfen, und das ist eine gute Sache für alle Beteiligten. Der Zweck von Seiton ist, Werkzeuge und Teile so zu platzieren, dass sie so einfach wie möglich verwendet werden können. Nach Möglichkeit, ohne viel Geld dafür auszugeben. Schaut erst mal, wie weit ihr kommt. Ein Werker bewegt sich in einem Umfeld, in dem auch kleine Dinge sehr wichtig sind."

„So habe ich das nie gesehen", gab Phil zu. „Wie sieht es mit ‚reinigen' aus?"

„Wenn es nicht schon passiert ist, dann fängt spätestens bei Seiso die Verwirrung an. Es geht nicht darum, den Arbeitsplatz zu putzen oder einfach eine geleckt saubere Fabrik zu haben. Es geht um Wartung und Instandhaltung."

„Wieso das?", Phil saugte jedes Wort meines Vaters auf.

„Warum glaubst du, ist die Marine so scharf darauf, dass immer alles poliert wird. Früher auf den Segelschiffen wurden die Decks jeden Tag geschrubbt und gewienert. Warum wohl?"

„Besessenes, zwanghaftes und analfixiertes Verhalten militärischer Führungskräfte", schlug ich grinsend vor.

„Halt mal die Luft an. Sachen putzen ist einfach nur die beste Methode, zu erkennen, ob etwas kaputt ist oder ob vielleicht bald etwas kaputtgehen könnte. Wenn ich mit dem Boot draußen auf dem Meer bin, dann gibt es nur einen Gedanken, der mir Sorgen macht: Was geht als Erstes kaputt? So was passiert nämlich immer in dem

Moment, in dem man es am wenigstens brauchen kann, wenn der Wind zu stark ist, zum Beispiel, oder der Seegang zu hoch. Und wenn dann etwas bricht, dann bin ich in ernsthaften Schwierigkeiten. Und deshalb putze ich mein Boot, wenn ich im Hafen bin und gutes Wetter ist. Und ich wechsle alle Teile aus, denen ich nicht mehr vertraue. Beim Putzen geht es nur um Wartung und Instandhaltung."

„Und auch das gilt wiederum genauso für Menschen", sagte Amy plötzlich in Gedanken. Wir sahen sie an.

„Sie hat recht", sagte mein Vater. „Denkt mal nach. Wir müssen uns ja nicht nur Gedanken über die Maschine machen, sondern auch über die Menschen. Wo sind die Schwachstellen? Beim Thema ‚Wartung und Instandhaltung' sind wir alle erstaunlich undiszipliniert. Und deshalb können wir mit 5S auch sehr schnell sehen, wer die Hilfe annimmt und als sinnvolles Werkzeug sieht und wer nicht, weil er eigentlich keine Lust darauf hat, Verantwortung zu übernehmen.

Eine Mannschaft, die keinen Bezug zu ihrer Arbeit hat, wartet einfach ab, bis das nächste Problem auftritt. Das heißt, es geht hier um viel mehr, als nur seinen Arbeitsplatz sauber zu halten. Wartung und Instandhaltung ist ein Werkzeug des Managements, eine Methode, Menschen zu führen. Damit ist auch die Aussage, dass es Leute gibt, die es gerne sauber haben, und andere eben nicht, sinnlos. Denn auch darum geht es nicht. Es geht darum, professionell zu arbeiten."

„Jetzt verstehe ich langsam, warum ich mit 5S nie warm geworden bin", sagte Phil. „Ich dachte immer, es geht nur um Sauberkeit. Vermutlich habe ich mir deshalb mit den beiden letzten S so schwergetan."

„Wahrscheinlich. Seiketsu, ‚beibehalten', bedeutet, die vorhergehenden drei S regelmäßig durchzuführen. Nach einer Tour muss ich mein Boot gründlich reinigen. Nach dem Kochen muss die Küche aufgeräumt werden."

„Macht keinen Spaß", meinte Phil.

„Macht dem Amateur keinen Spaß, ist aber für den Profi fast der wichtigste Teil seiner Arbeit – denk an einen Chefkoch in einem Sternerestaurant. Wie, glaubst du, möchte der, dass seine Küche aussieht? Wie muss sie aussehen, dass er überhaupt arbeiten kann? Bei Seiketsu geht es darum, präzise Routinen für die Wartung und die Instandhaltung aufzubauen. Ob am Ende der Schicht oder nach der Pause, ist egal. Wichtig ist, dass ein definiertes Set an Aufgaben zu einer definierten Zeit durchgeführt wird – bis es vollkommen automatisiert abläuft."

„Immer in der gleichen Reihenfolge?", erkundigte ich mich.

„Natürlich. Nur so erreichen wir, dass die Werker uns auch unterstützen. 5S ist eine simple Methode, standardisierte Arbeit einzuführen, weil es eben sehr einfach ist, Putzregeln aufzustellen und niederzuschreiben. Das ist für die meisten Leute sowieso nichts Neues."

„Und sie können sich dann auch wieder leichter für ihr Arbeitsumfeld verantwortlich fühlen."

„Sehr gut ausgedrückt. ‚Verantwortlich sein' kann man nicht befehlen. ‚Verantwortlich sein' ist ein Gefühl. Menschen müssen Verantwortung übernehmen wollen – nur so funktioniert das. Das ist nicht ganz so einfach, wie es sich anhört, denn natürlich wollen wir keine abgegrenzten Machtbereiche, sogenannte Fürstentümer, schaffen. Wir brauchen die Kontrolle über den gesamten Prozess. Und auch deshalb ist 5S ein sehr mächtiges Werkzeug."

„Trotzdem", Amy war noch nicht zufrieden. „Wir brauchen jemanden, der die ganze Sache überwacht und steuert. Sonst bleibt doch alles wieder an den Kollegen hängen, die mitmachen, und die anderen lassen es schleifen."

„Dafür haben wir das fünfte S, Shitsuke: Disziplin", erklärte mein Vater. „Sicherzustellen, dass 5S täglich durchgeführt wird, ist eine Managementaufgabe. In meinen Werken war das immer Aufgabe der Teamleiter, aber ihr könnt natürlich auch jede Art von Auditsystem verwenden. Wichtig ist nur, dass 5S jeden Tag gemacht wird, egal, was passiert."

„Ich muss zugeben, dass ich 5S niemals als Managementaufgabe gesehen habe", sagte Phil und schob mehrmals hintereinander seine Brille höher.

„Dabei ist das der Schlüssel des Ganzen. In den 80ern, als das Thema ‚Lean' zum ersten Mal hochkam, haben wir mit einer japanischen Beratungsfirma zusammengearbeitet. Sie ließen uns zwei Jahre lang nichts anderes als 5S machen. Das war schlimm für uns, wir wollten mehr wissen – aber wir haben es durchgezogen. Ich meine, das verlange ich gar nicht von euch. Für die war alles bis zum Thema ‚standardisierte Arbeit' nur Teil von 5S, und als wir dann anfingen, die Layouts zu ändern und den Ein-Stück-Fluss einzuführen, dann ging das ohne Diskussionen und Reibungsverluste, als wäre es das Normalste der Welt. Wir haben später versucht, das Ganze abzukürzen, und haben nur die ersten drei S gemacht. Aber das hat nicht funktioniert. Ich habe Jahre gebraucht, um zu begreifen, wie wichtig 5S ist."

„Standardisierte Arbeit!", rief Phil.

„Nicht nur."

„Mitarbeitereinbindung", sagte Amy. „Die Werker sind von Anfang bei allen Änderungen dabei."

„Darum geht's, genau. Und das war für mich am schwersten zu begreifen. Wir hatten Taylor im Hinterkopf, wir hatten gelernt, dass Ingenieure die Arbeit für die Werker gestalten. Das Management stellt anschließend sicher, dass auch alle genau so arbeiten, wie es die Experten definiert hatten. Im Prinzip nichts anderes als das, was Dave mit seinem Layoutvorschlag gemacht hat."

Mein Vater streckte seine Beine aus. Er saß auf seinem umgestülpten Eimer, unrasiert, sein schütteres Haar bewegte sich in der leichten Brise. Mit seinen fleckigen Hosen sah er aus wie eine Figur, die aus einem der Fotos von Dorothea Lange aus der Zeit der großen Depression direkt in eines der dramatischen Meeresbilder von Winslow Homer gewandert ist. Er ließ seinen Blick über die Bucht gleiten, bevor er fortfuhr.

„Natürlich kannten wir das alles, diese ganzen Themen bezüglich zwischenmenschlicher Beziehungen, Theorie X und Theorie Y und dass es wichtig ist, immer nett zueinander zu sein und das ganze Zeug. Aber die Japaner haben überhaupt nicht so gearbeitet, da war keine Gefühlsduselei. Da sind Ingenieure gekommen, die einfach zu den Arbeitern gegangen sind und gesagt haben, wie diese arbeiten sollen. Es hat mich Jahre gekostet, bis ich begriffen habe, dass das bei denen funktioniert hat, weil sich die Werker zu 100 Prozent als gleichwertige Ansprechpartner verstanden haben und ihre Beiträge genauso ernst genommen wurden wie die von allen anderen auch. Die Werker haben verstanden, was die Ingenieure vorhatten, und haben das unterstützt – weil sie wussten, dass es ihnen selbst helfen würde."

„Also läuft das jetzt alles darauf hinaus, dass ich mit den Werkern 5S-Workshops machen kann, bis wir das Produktionsziel erreicht haben?", fragte Amy gereizt.

„Und dabei die standardisierte Arbeit nicht vergessen", ergänzte mein Vater zustimmend.

„Aber sollte das nicht Gloria machen? Die Schichtleiterin?"

„Eigentlich schon. Aber wir haben nicht so viel Zeit."

„Das unterschreibe ich", meinte Phil.

„Allerdings haben wir bei Weitem noch nicht über alles in diesem Zusammenhang gesprochen", sagte mein Vater seufzend. „Ich muss aber heute noch das Chaos hier wegräumen." Er erhob sich von seinem Eimer. „Kommt morgen früh wieder her. Dann reden wir über Kaizen." Er wandte sich ab und fing an aufzuräumen.

„Macht das Charlene nichts aus, wenn du jetzt auch am Wochenende arbeitest?", fragte ich Phil, während wir zu den Autos gingen.

„Sie ist es mittlerweile gewohnt" war alles, was ich aus ihm herausbrachte.

Kapitel 5: Es geht um Menschen

Als ich am nächsten Morgen am Jachtklub eintraf, war der Parkplatz beinahe schon voll. Ich fand noch einen freien Platz ganz hinten am Ende, und als ich ausstieg, traf ich dort auf Amy, die neben ihrem Auto stand und gedankenverloren aufs Meer hinausschaute.

„Hallo", sagte ich. „Ein bisschen melancholisch?"

Sie hatte mich nicht kommen gehört und drehte sich erschrocken um. Dann schenkte sie mir ihr strahlendes Lächeln. Der Hafen war bereits voller stolzer Segelboote, und es wurden immer mehr. „Morgen ist wohl der große Regattatag", vermutete ich.

„Wie? Ah, die Segelboote. Ja. Wahrscheinlich."

„Was denkst du gerade? Schon genug vom Unterricht?"

„Eher im Gegenteil", sagte sie stirnrunzelnd. „Ich versuche immer noch die Workshops mit den Werkern zu verdauen. Als hätten wir die Büchse der Pandora geöffnet. Was die uns über das Management gesagt haben, das kannst du dir nicht vorstellen. Es war gut, versteh mich nicht falsch, sie sollten ja offen sprechen. Aber in ihren Augen sind wir die reinsten Idioten."

„Aber das ist doch die Aufgabe der Personalabteilung. Mit den Menschen sprechen, meine ich, nicht Idioten zu sein."

„Schon", entgegnete sie, und ihre Stimme klang lustlos. „Aber wir sind auch die, die Leute einstellen oder rauswerfen. Die Losung in der Belegschaft ist klar: Was auch immer passiert, wende dich nie freiwillig an die Personalabteilung. Ich kann es ihnen nicht mal verübeln. Ich würde das auch nicht machen." Sie lächelte verschmitzt.

„Also war es doch gut, dass sie mit dir geredet haben."

„Ja, keine Frage. Aber auch schwierig zu interpretieren. Was hilft uns das nun? Dein Vater hat die zwischenmenschliche Kommunikation ja nun auch nicht gerade erfunden."

„Wie kommst du denn darauf?" Ich spielte den Schockierten.

„Im Studium haben wir gelernt, was Taylor gemacht hat: Die Ingenieure definieren den besten Arbeitsablauf, der Werker arbeitet sowieso nur für Geld, und die Organisation ist nicht mehr als eine große Maschine."

„Klingt wie mein Vater."

„Aber es gibt eben auch noch andere Ansätze. Was ist mit dem Unternehmen als soziale Struktur? Wir können den Werker analog der Theorie Y als aktives, motiviertes, verantwortungs- und leistungsbereites Individuum betrachten oder wir können ihn eher mit der Theorie X als passiv und unmotiviert sehen, sodass das Management ständig Druck und Zwang ausüben muss, da er ansonsten nicht arbeitet."

„Ich verstehe, was du meinst. Mein Vater sagt ja auch, auf seine etwas eigene Art, dass der Arbeitsplatz eines Werkers seine Welt ist und dass das Management lernen muss, dem Mitarbeiter Verantwortung für diese seine Welt zu übergeben und ihm zu vertrauen."

„Ja, bei dieser ganzen 5S-Geschichte geht es bei ihm nur um das Thema ‚Einbindung'. Ich sehe den Wert. Mich irritiert nur, dass ich seine Sichtweise nicht mit den traditionellen Ansätzen in Übereinstimmung bekomme."

„Nimm diese Theorien nicht so ernst. Das empfehle ich dir jetzt als Arzt", meinte ich. „Eine Sache, die man als Psychologe lernt, ist, dass Dinge die funktionieren, funktionieren. Und dass man es manchmal dabei belassen muss."

„Wahrscheinlich hast du recht", sagte sie und belohnte mich mit einem weiteren Lächeln. „Also gehen wir. Dein Vater hat bestimmt noch mehr Sachen für meine To-do-Liste."

Mein Vater und Phil saßen in einer Ecke der Bar und waren bereits ins Gespräch vertieft. Der Jachtklub hatte sich einen Bienenkorb voller junger, gesunder, gebräunter und in leuchtende Kunstfaserkleidung gehüllter Menschen verwandelt. Es roch nach deftigem Frühstück, und von manchen wurden lautstark die neuesten Geschichten ausgetauscht. Andere liefen geschäftig umher und schleppten dabei Seesäcke oder merkwürdige Geräte mit sich. Das Ganze hatte nichts mehr mit dem altmodischen, gemütlichen Rückzugsort für ehemalige Seeleute zu tun, die gern in

Ruhe ein Bier trinken wollten. Der Klub schien sich in einen Videoclip verwandelt zu haben.

„Ihr seid zu spät", war die Begrüßung meines Vaters. Amy und ich wechselten einen Blick. „Kommt mit, ich will euch was zeigen."

Wir kämpften uns durch die Menge und gingen die Treppe hinunter ins Erdgeschoss. Wir durchquerten einen großen Besprechungsraum, der voller Stelltafeln war, die bis auf den letzten freien Platz mit Grafiken und Skizzen vollgepinnt waren. Selbst an den Wänden waren Kreidezeichnungen. Mein Vater führte uns zu einer Tür. Er hielt den Finger an die Lippen, öffnete die Tür und winkte kurz jemandem zu. Er bedeutete uns, näher an die Tür zu kommen, damit wir hineinsehen konnten. Fünf oder sechs Mitglieder eines Teams saßen auf Plastikstühlen herum und betrachteten ein Video, das von einem älteren Kollegen mit der tiefen Bräune und der ledrigen Haut eines Mannes, der einen Großteil seines Lebens auf dem Meer verbracht hat, kommentiert wurde. Wir erkannten, dass das Video während bestimmter Manöver im Laufe eines Wettkampfes auf einem Segelboot aufgenommen wurde.

> „Jack, was war da mit dir los?"
>
> „Okay, ich hab's versaut."
>
> „Achte auf die Zeit!" Im Bild war eine Digitaluhr eingeblendet, Jack war von hinten zu sehen, anscheinend versuchte er, eine Leine loszumachen.
>
> „Diese Mist-Clips", murrte Jack. „Die sitzen zu fest, die kriegt man kaum ab."
>
> „Alles klar, wir tauschen sie aus. Jetzt zu dir, Christine. Achte mal darauf, wie du den Beutel weiterreichst. Wenn du es auf diese Art machst, dann muss Dev einen ganzen Schritt nach hinten gehen, um ihn zu greifen."

Dad bedeutete uns zu gehen, und er schloss leise die Tür. Wir gingen nach oben und setzten uns an einen Tisch auf der Terrasse, der gerade frei wurde. Eine leichte Brise wehte, und ich genoss es, hier zu sitzen und die ganzen Aktivitäten um uns herum zu beobachten.

„Morgen ist die Regatta für die J-Klasse. Das sind die weißen Boote dort. Alle fahren denselben Bootstyp, das macht die Sache interessanter."

„War das gerade ein Kaizen-Workshop?", fragte Amy, wie immer gedanklich schon einen Schritt voraus.

„Ihnen entgeht nichts. Ja, das könnte man so sagen."

„Das war die Nachbesprechung ihrer Manöver im letzten Rennen, stimmt's?", fragte Phil.

„Ja, aber worum geht es genau?"

„Probleme, Schwierigkeiten, Dinge, die nicht gut funktioniert haben", schlug ich vor.

„Standardisierte Arbeit", brummte Phil.

„Mehr als nur das", berichtigte mein Vater. „Es geht um kontinuierliche Verbesserung. Bei einem Rennen ist es nicht nur wichtig, dass ein Manöver standardisiert abläuft. Es muss auch so schnell wie möglich ablaufen. Sie suchen also nach den Gründen für Schwankungen wie zum Beispiel die Clips, um damit ihre Zeit zu verbessern."

„Aber das war nicht alles", vermutete Amy, die als Personalleiterin dachte. „Der Ältere benutzt diese Besprechungen auch dazu, ein Teamgefühl zu schaffen."

„Sehr gut. Er brachte sie dazu, sich darauf zu konzentrieren, wie sie interagieren und wie sie ihre Aufgaben präzise koordinieren. Er ist der Skipper. Er war früher in der olympischen Mannschaft und gewinnt hier mindestens jedes zweite Jahr. Er ist richtig gut."

„Also geht es darum, die Schwankungen in den Manövern durch Standardisierung zu reduzieren, um dadurch die Zusammenarbeit im Team zu verbessern?", fragte ich.

„Und du willst Psychologe sein? Ich frage mich, was die euch heute an der Uni beibringen."

„Danke Dad, ich liebe dich auch."

„Es ist genau umgekehrt. Es gibt nur wenige Crews, die so erfolgreich sind wie diese, weil nur wenige sowohl diesen *Esprit de Corps*, diesen Korpsgeist, als auch diese exakte Koordination bei der Ausführung der Aufgaben haben. Der Skipper versucht zu erreichen, dass jeder die Verantwortung für seinen Aufgabenbereich übernimmt. Wenn irgendein Teil nicht passt, dann wird es ausgewechselt, oder es wird versucht, den Ablauf zu verbessern. Aber erst dadurch, dass er es geschafft hat, die Teammitglieder wirklich einzubinden ..."

„... setzen sie sich persönlich dafür ein, dass die Manöver während des Wettbewerbs funktionieren", platzte Amy heraus. „Sie arbeiten nicht für ihn. Sie arbeiten für sich."

„Und für ihre Teamkollegen", fügte mein Vater mit einem Nicken hinzu.

„Heißt das, Kaizen ist auch nicht mehr als ein weiteres Werkzeug, um die Mitarbeiter einzubinden?", fragte Phil.

„Ist Kaizen das Gleiche wie kontinuierliche Verbesserung?", fragte ich dazwischen.

„Ging es nicht von Anfang an nur um die Kaizen-Sache, also um das Thema ‚kontinuierliche Verbesserung'?", fragte Amy stirnrunzelnd. „Ich glaube mich zu erinnern, dass dauernd davon gesprochen wurde, dass wir im Westen Verbesserungen immer nur sprungartig machen."

„Zum Beispiel über neue Technologien wie wir mit unseren Vakuumkernen", warf Phil ein.

„Aber eben nicht mit kleinen, täglichen Verbesserungen, was dann dazu führt, dass es uns nicht gelingt, das Potenzial des Verbesserungssprungs wirklich zu nutzen. Der Vorsprung erodiert sozusagen. Der japanische Weg, so haben wir es gelernt, sagt, dass zehn kleine Verbesserungen von zehn Prozent leichter und nachhaltiger zu realisieren sind, als 100 Prozent auf einmal."

„Das gefällt mir", mein Vater lächelte. „Aber das trifft noch nicht ganz den Kern des Problems. In Wahrheit führen Verbesserungsvorschläge von Mitarbeitern fast nie zu Kosteneinsparungen. Und das ist der Grund, warum es so immens wichtig ist, dass alle immer die grundlegende Regel des Kaizen, ‚keine Investition', vor Augen haben."

„Keine Investition?", fragte Phil, der wieder angefangen hatte, sich Notizen zu machen.

„Okay, keine Investition aus Managementsicht. Kleinkram ist kein Problem. Wir müssen aber diese reflexartige ‚Größere-Maschine-Mentalität' bekämpfen, aufgrund derer wir auf jedes Problem mit der Anschaffung einer teureren und unflexibleren technischen Anlage reagieren. Leute werden immer nach mehr Maschinen fragen, nach mehr Automatisierung, nach mehr technischem Kram, bevor sie endlich anfangen, ihr Gehirn zu benutzen und sich zu überlegen, wie man Verbesserungen durch eine bessere Organisation erreichen kann."

„Aber wenn die Verbesserungsvorschläge sowieso nichts nützen, worum geht es dann bei ganzen Sache?", fragte ich verwirrt.

„Wart mal", sagte Phil nachdenklich. „Es ist nicht so, dass die Verbesserungsvorschläge nichts nützen. Wir haben nur gesagt, dass man damit nicht großartig seine Kosten reduzieren kann. Wenn wir aber bei dem Gedanken bleiben, dass die Welt des Werkers sein Arbeitsplatz ist – so wie für einen Seemann die Segelmanöver –, dann können diese kleinen Verbesserungen in Bezug auf Arbeitserleichterungen Wunder bewirken."

„So ist es, zehn mal zehn Prozent", bestätigte mein Vater. „Unterschätze niemals den Wert kleiner, detaillierter Verbesserungen. Aber erwarte bei Verbesserungsvorschlägen auch keine ungehobenen Schätze, die dich aller Sorgen entledigen. Das ist außerhalb der Reichweite der Werker, da sind wir eher bei der Konstruktion von Produkten oder bei der Gestaltung des gesamten Prozesses. Aber langfristig gesehen hilft jede gute Idee weiter."

„Genauso wie es hilft, die Standards gemeinsam zu ermitteln – und den Kundentakt", schloss Amy.

„Richtig. Wissen Sie noch, wie wir eine Linie analog dem Kundentakt austakten?", fragte mein Vater.

„Der gesamte Arbeitsinhalt dividiert durch den Kundentakt ergibt die Anzahl der notwendigen Mitarbeiter", antwortete Amy wie aus der Pistole geschossen.

„Und das hat auch perfekt funktioniert mit Glorias 42 Minuten. Aber wie sieht es aus, wenn wir die minimale Zeit nehmen, die Sie mit dem Team gemessen haben? Was war das noch mal?"

„39 Minuten."

„Bei einem Kundentakt von 11,25 Minuten macht das 3,47 Werker."

„Das heißt, wir müssen Kaizen machen, um den Arbeitsinhalt zu reduzieren!"

„Richtig. Es wurde viel Unsinn über Kaizen erzählt. Dabei geht es letztendlich immer nur darum, den Arbeitsinhalt zu reduzieren, um dann die Anzahl der Werker zu reduzieren." Mein Vater fuhr fort: „Als Nächstes versucht ihr, die Montagelinie mit nur drei Werkern zu besetzen, und dann bittet ihr den Teamleiter, jedes Mal einzuspringen, wenn die Produktion in Rückstand gerät. Beobachtet, was passiert, denn ihr habt nun Druck aufgebaut, einen Weg zu finden, irgendetwas zu verbessern. Dann holst du das Blatt, das wir benutzt haben, als wir die Arbeitszyklen gemessen haben. Weißt du, was ich meine? Das Blatt mit den zehn oder besser noch 20 gestoppten Zeiten."

„So weit verstanden", sagte Phil.

„Okay. Jetzt bittet ihr die Werker, sich ihre Arbeit noch genauer anzuschauen, und ihr stapelt dann praktisch die einzelnen Arbeitsschritte aufeinander. Das können dann manchmal schon Fünf-Sekunden-Scheiben sein, wobei es bei euch wahrscheinlich eher noch Minutenscheiben sein werden."

„Aber das haben wir doch alles schon gemacht, als wir die Linie ausgetaktet haben", rief Amy.

„Ihr macht genau das Gleiche noch einmal, aber eine Ebene detaillierter", sagte mein Vater. „Wenn ihr diese Stapel mit Arbeitsschritten dann in der richtigen Form habt – was voraussetzt, dass ihr genügend 5S gemacht habt, sodass alle auch ihrer Reihenfolge folgen –, könnt ihr an jeder Scheibe arbeiten, um sie zu eliminieren, zu reduzieren oder zu vereinfachen."

„Und das sollen die Werker selbst machen?", fragte Amy.

„Natürlich. Sie müssen angeleitet und trainiert werden, keine Frage, aber es ist ihre Aufgabe, und sie wissen am besten, wie es geht. Verwendet Videos. Oder bittet die Teamleiter, die Workshops an anderen Montagelinien zu leiten. Das Ziel eines Kaizen-Workshops ist es, das Arbeitsumfeld so zu verändern, dass wir am Ende eine neue standardisierte Arbeit mit weniger Arbeitsinhalt haben."

„Lassen Sie mich das Ganze noch mal zusammenfassen", sagte Amy. „Also, wir produzieren unsere Goldnuggets regelmäßig zum Kundentakt, indem wir immer nur ein Teil nach dem anderen fließen lassen."

„Richtig."

„Um das zu schaffen, müssen wir alle Schwankungen eliminieren, damit wir so nahe wie möglich an die minimale Zeit für den Arbeitszyklus kommen."

„Okay, weiter."

„Wir stabilisieren diesen Arbeitszyklus dadurch, dass wir ihn standardisieren und damit die Reihenfolge der einzelnen Schritte festlegen."

„Sehr gut."

„Und anschließend machen wir Kaizen, um den Arbeitsinhalt weiter zu reduzieren und damit auch die Anzahl der Mitarbeiter an der Linie."

„Unter Beibehaltung des Kundentaktes, ja."

„Ist das realistisch?", fragte Phil, während er mitschrieb.

„Die ersten 20 Prozent gehen fast von alleine", versicherte ihm mein Vater. „Dann wird es kniffliger. Der übliche Fehler, den du vermeiden solltest, ist, den Fokus zu verlieren. Wir wissen, wo das Gold liegt, und wir können auch ungefähr sagen, wie viel. Aber solange wir nicht sichergestellt haben, dass die Werker gleichmäßig im Kundentakt arbeiten können, haben wir noch überhaupt nichts erreicht. 5S und Kaizen sind die Werkzeuge, mit denen man unter viel Mühe das Gold aus dem Fluss sieben kann, und alles, was wir über kleine Verbesserungen gesagt haben, ist auch richtig. Aber das Ziel all dieser Bemühungen kann viel klarer und spezifischer benannt werden: Produktion im Kundentakt."

„Meine Güte, das ist eine Arbeit für jemanden, der Vater und Mutter erschlagen hat", meinte Phil.

„Niemand hat je behauptet, dass es einfach wäre. Als Goldwäscher stehst du jeden Tag viele Stunden im eiskalten Fluss und schwingst dein Sieb, nur um am Abend vielleicht ein einziges Nugget zu haben. Darüber reden kann jeder. Aber den Worten dann auch Taten folgen zu lassen, braucht Entschlossenheit, Hartnäckigkeit und Geduld", sagte mein Vater grimmig.

„Wie auch immer", sagte Amy. „Das ist nun unsere Aufgabe. Wir wollen hier Mehrwert erzeugen, und wir wollen, dass es unsere Mitarbeiter selbst machen. Das klingt doch mal nach einer guten Aufgabe für eine Personalabteilung."

„Das gefällt mir", meinte mein Vater zustimmend. „Es ist tatsächlich Personalarbeit, und zwar im wahrsten Sinn des Wortes. Allerdings habe ich während meiner beruflichen Laufbahn nicht viele Kollegen von Ihnen getroffen, die das auch so gesehen hätten, geschweige denn welche, die bereit gewesen wären, diese Arbeit auch zu tun."

„Ich verstehe immer noch nicht, warum du sagst, Kaizen-Aktivitäten führen nicht zu Kosteneinsparungen", wunderte ich mich. „Wenn du schon so viel Wert darauf legst, dass die Arbeitsinhalte in kleine Scheiben zerlegt werden, dann muss das doch irgendwann auch zu Einsparungen führen."

„Im Lauf der Jahre ist das auch so", stimmte mir mein Vater zu. „Aber auf die Schnelle passiert da überhaupt nichts. Die Einsparungen kommen davon, kosteneffizient zu arbeiten, und nicht davon, Kosten einfach zu reduzieren. Denk an die sogenannte ‚Oh No!'-Methode zur Produktivitätssteigerung. Toyota wuchs, aber Ohno war immer der Meinung, dass Wachstum zuallererst durch Produktivitätsverbesserung, sprich Kosteneffizienz, anstatt durch Investitionen finanziert werden sollte. Wie weit das gehen kann? Keine Ahnung, irgendwann braucht man Investitionen. Aber erst nachdem wir alles, was möglich ist, aus dem Vorhandenen herausgeholt haben. Das ist Kosteneffizienz. Vergiss nicht, dass das Ganze nach dem Zweiten Weltkrieg angefangen hat. Japans Wirtschaft lag am Boden, und alles war knapp. Ohno wusste, dass er erfahrene Leute brauchte, um neue Produkte auf neuen Montagelinien zu produzieren. Also hat er jedes Mal, wenn eine Linie funktionierte und sagen wir 150 Autos pro Tag mit 100 Prozent der Mitarbeiter produzierte, zehn Prozent der Leute abgezogen und sie an einer neuen Linie eingesetzt. Der Kundentakt hatte sich natürlich nicht geändert, also stieg der Arbeitsinhalt für jeden Mitarbeiter. Ihnen blieb nichts anderes übrig, als sich nach der Schicht hinzusetzen, Kaizen zu machen und so Wege zu finden, den Arbeitsinhalt wieder zu reduzieren. Für Toyota waren das jedes Mal echte Produktivitätsverbesserungen. Die Linie produzierte weiterhin 150 Autos pro Tag, aber jetzt mit nur 90 Prozent der Mitarbeiter."

„Anstatt 170 Autos mit 100 Prozent der Leute zu machen. Das wäre vielleicht einfacher gewesen, aber hätte zu Überproduktion geführt, weil der Kundentakt ja immer noch derselbe gewesen wäre", bemerkte Phil.

„Genau. Und die Ressourcen, die du eingespart hast, kannst du dann für den Start der neuen Linie verwenden. Wenn man das dann wie Toyota schon mal 30 Jahre lang gemacht hat, bevor die Konkurrenz, also wir, überhaupt angefangen haben, das Unternehmen als Autobauer ernst zu nehmen, dann macht das schon einen gewaltigen Unterschied. Und damit, Mike, siehst du, dass du recht hattest. Auf lange Sicht reduziert Kaizen die Kosten. Aber trotzdem ist das etwas, über das ich ungern spreche, denn die meisten Manager, die ich kenne, erwarten sofortige Kostenreduzierungen bei der Einführung von Kaizen. Und das funktioniert schlichtweg nicht."

„Liefern können ist das Wichtigste", sagte Phil und schob aufgeregt seine Brille zurück. „Liefere, verbessere die Qualität und reduziere die Nacharbeit. Steigere die Produktivität und reduziere den Bestand. So sparst du Kosten!"

„Die ‚Oh No!'-Methode", meinte ich grinsend. „Muss ja wirklich ein beliebter Junge gewesen sein."

„Was sie uns wohl für Namen geben werden, wenn wir mal das Gleiche machen werden?", fragte Amy belustigt.

„Da kann ich mir schon ein paar Sachen vorstellen", antwortete Phil. „Aber nichts davon ist sehr nett. Aber wir müssen mit dieser Kaizen-Sache loslegen. Traust du dir solche Workshops zu?"

„Du kennst mich, Boss", sagte sie. „Allzeit bereit. Aber hier geht es um mehr als nur um Workshops, vermute ich mal", sie wirkte jetzt nachdenklich. „Im Schnellrestaurant damals kamen noch ein paar andere Dinge hinzu wie zum Beispiel die tägliche Fünf-Minuten-Besprechung bei Schichtbeginn ..."

„Fünf-Minuten-Besprechungen?", die Stimme meines Vaters klang überrascht.

„In jeder Schicht", bestätigte sie. „Der Schichtleiter besprach mit dem gesamten Team alle Probleme, die in der vorherigen Schicht auftraten, um zu verhindern, dass sie in der Folgeschicht wieder passierten. Alle verteilten Aufgaben wurden auf Weißwandtafeln festgehalten, also Sachen wie zum Beispiel die Glühbirne auf der Toilette auswechseln und Ähnliches. Das war nicht schlecht. Jedes Problem wurde in dem Moment gelöst, in dem es auftrat."

„Ich bin echt überrascht", sagte mein Vater. „Wir werden genau das Gleiche machen. Aber zuerst müssen wir noch mal ausführlich über das Thema ‚Teamleiter' sprechen." Dann hob er abwehrend die Hände. „Aber nicht jetzt. Ich muss noch ein wenig mithelfen. Heute ist noch Training, und morgen ist dann das Rennen. Wenn ihr wollt, könnt ihr morgen früh kommen, dann diskutieren wir die Rolle des Teamleiters."

„Morgen ist Sonntag“, sagte ich. „Können wir nicht mal einen Tag Pause machen?“

„Wie ihr wollt“, er zuckte mit den Schultern.

„Für mich wäre morgen perfekt“, sagte Phil, der alles tun würde, um meinen Vater bei Laune zu halten. „Amy, kannst du auch?“

„Ich habe nichts Besseres vor“, sagte sie fröhlich und resigniert gleichzeitig. Oder war das jetzt Ironie? Ich hätte es nicht sagen können.

„Alles klar dann“, sagte mein Vater. „Seit zeitig da.“

Ich fuhr am frühen Morgen auf den Parkplatz, und selbst zu dieser unchristlichen Zeit herrschte dort bereits ein wildes Durcheinander: Autos, Menschen, Boote auf Anhängern, alles bewegte sich geschäftig durcheinander in einer leuchtenden Morgensonne. Neben dem Hauptgebäude sah ich den Pick-up meines Vaters, den kürbisfarbenen Porsche von Phil konnte ich aber noch nirgends entdecken. Ich betrat das Gebäude, kämpfte mich durch den Raum und ging auf die Terrasse, wo ich Amy sah, die es sich mit einem Buch in einem Liegestuhl bequem gemacht hatte und immun gegen den Lärm und das Gedränge zu sein schien.

„Was liest du?“

„Hallo Mike“, sagte sie und hielt mir den Buchdeckel entgegen.

„Hundert Jahre Einsamkeit“, ich pfiff anerkennend. „Schwere Lektüre.“

„Na ja, auf jeden Fall nichts, was man mal so auf die Schnelle liest. Dein Vater ist irgendwo da unten bei den Organisatoren der Regatta.“

„Du liest das auf Englisch?“, sagte ich und suchte mir einen Stuhl, den ich in ihre Nähe zog.

„Ja?“, sie schob ihre Sonnenbrille hoch und beäugte mich belustigt. „Und?“

„Auf Englisch?“, wiederholte ich wie ein Idiot. „Einen der größten Klassiker der spanischsprachigen Literatur. Du hast doch erzählt, deine Eltern wären aus Mexiko.“ Ich merkte, dass ich stammelte, und hatte plötzlich das Gefühl, mich irgendwie auf Glatteis begeben zu haben. Sie kümmerte sich gar nicht darum, sondern lächelte ihr strahlendes Lächeln.

„Oh, *si Señor*!“, gab sie mit einem breiten mexikanischen Slang zurück. „Meine *Padres* waren einfache Bauern, *Señor*. Ich spreche ganz passabel Spanisch, aber lesen fällt mir auf Englisch leichter.“

Ich stand in meinem Fettnäpfchen und schwieg.

„Mein Freund ist völlig verrückt nach lateinamerikanischer Literatur“, erklärte sie schulterzuckend und klappte das Buch unentwegt auf und zu. „Ich kann damit wenig anfangen, aber er ist irgendwie auf der Suche nach seinen Wurzeln und dem Erbe seiner Ahnen oder so was. Genau genommen mag ich diese Art Literatur eigentlich gar nicht“, sie zog eine Grimasse. „Aber was ich gesagt habe, stimmt“, sagte sie lächelnd. „Meine Eltern sind Mexikaner und arbeiten auf einer Gemüseplantage in Monterey. Ich ging zur Schule, ich habe meinen Abschluss gemacht und ich habe einen Job. Also helfe ich ihnen, so gut ich kann. Aber was meine nationale Identität angeht, bin ich nichts weiter als eine durchschnittliche Amerikanerin unter Millionen.“

Ihr Freund.

„Durchschnittlich würde ich nicht sagen“, murmelte ich.

„Das Buch muss ich lesen, weil eine der Figuren so heißt wie ich.“

„Amaranta, ja, richtig, ich erinnere mich.“

„Ja. Amaranta. Aber das Buch ist wirklich nicht mein Ding. Ich lese nicht viel.“

„Mir hat es gefallen“, sagte ich vorsichtig.

„Du bist auch ein Intellektueller.“

„Es ist ein Klassiker“, entgegnete ich, fast schon empört. „Ich weiß noch, dass jeder Charakter irgendetwas ganz Besonderes hatte, wie zum Beispiel dieser Melquiades, der Hexer.“

„Ja. Und der verrückte José Arcadio Buendía.“

„Die Sorge des Aureliano.“

„Die Schönheit von Remedios“, antwortete sie. Das Spiel schien ihr Spaß zu machen.

„Die Leidenschaften der Amaranta.“

„Ja. *Las pasiones de Amaranta*“, wiederholte sie und schaute mich mit einem weichen, langsamen Lächeln ununterbrochen an.

Wir schwiegen. Ihre tiefdunklen Augen hypnotisierten mich, und ich spürte, wie ich errötete.

„Was liest du denn da?“, fragte Phil, schob einen freien Stuhl zu uns und zerstörte den Moment.

„Da seid ihr ja“, ließ sich jetzt auch mein Vater ein Stück von uns entfernt vernehmen, wedelte mit einem Bündel Papiere und bedeutete uns so, zu ihm zu kommen. „Kommt rein, die letzten Einweisungen für die Crews laufen“, sagte er und führte uns in einen großen Besprechungsraum im Erdgeschoss, der voller Seeleute und Ausrüstungsgegenständen war.

„Schaut zu.“

Es gab nicht viel zu sehen. Die Crews strömten schon zurück zu ihren jeweiligen Booten, um eine gute Position beim Start zu haben. Die Honoratioren unterhielten sich mit leiser Stimme. Erst als der Raum sich langsam leerte, bemerkten wir, dass eine Crew noch vor der Grafik des Rundkurses stand und anscheinend keine Eile hatte. Es war dasselbe Team, das wir bereits bei der Videoanalyse beobachtet hatten, und ich bemerkte, dass der Skipper sogar deutlich älter sein musste, als es mir der erste Eindruck vermittelt hatte. In sein Gesicht hatten sich tiefe Furchen eingegraben, und sein Haar war schütter und verblichen. Sie standen vor der Grafik, und er erklärte ihnen dabei, an welcher Stelle sie welches Manöver durchführen sollten. Zum Beispiel bestand er darauf, kurze Kreuzschläge zu segeln, sie mussten also in der Lage sein, den Spinnaker fast genauso schnell einzuholen wie ihn zu setzen und dabei unbedingt auf die Fockschoten, die über den Spinnakerbaum führen, aufzupassen.

„Was machen sie da noch?“, fragte Phil leise meinen Vater.

„Das ist die wichtigste Aufgabe eines Teamleiters. Er geht mit seinem Team den Kurs Stück für Stück durch, um sicherzustellen, dass jeder genau weiß, wann er was zu tun hat.“

„Und so stellen sie dann sicher, dass kein Manöver länger dauert als geplant“, sagte Amy.

„So stellen sie sicher, dass alle Manöver im Kundentakt stattfinden“, betonte mein Vater. „Die meisten Crews schaffen es nicht, ihre Manöver rechtzeitig zu starten, das heißt, sie reagieren panisch, wenn die Wendemarke kommt, und das ist eine der Hauptursachen von Unfällen beim Segeln.“

Nachdem er sich versichert hatte, dass alle verstanden hatten, wie das Rennen geplant war, fragte der Skipper jeden Einzelnen, ob es noch etwas gäbe, was er vor dem Ablegen noch jemandem mitteilen möchte. Dies führte zu einem kurzen Geplänkel zwischen der Nummer eins und der Frau, die ihm, wie wir auf dem Video gestern sehen konnten, den Beutel reichen musste. Alles wirkte natürlich, und die notwendigen Informationen wurden deutlich und klar besprochen. Dann verließ die Crew gut gelaunt plaudernd den Raum.

„Das war genau wie die Besprechungen bei uns im Schnellrestaurant. Auf was man achten muss und was man in der folgenden Schicht alles zu tun hatte“, sagte Amy stirnrunzelnd. „Die Schichtleiter bei uns im Werk machen zwar auch eine Morgenbesprechung, aber das hat mit dem, was wir gerade gesehen haben, nichts zu tun!“

„Das fängt schon damit an, dass bei uns viel mehr Leute dabei sind. Ein Schichtleiter ist für mehrere Montagelinien zuständig, und bei der Besprechung sind immer alle Werker dabei“, sagte Phil nachdenklich, während mein Vater ein paar Worte mit dem Skipper wechselte.

„Ja. Und wir reden auch immer nur über Informationen oder Anweisungen vom Management. Bei uns redet keiner über Dinge wie den Kundentakt oder konkrete Probleme“, seufzte Amy. „Wir haben es wieder mal nicht kapiert.“

„Kommt schon, ich muss los. Ich soll an der ersten Wende kontrollieren, dass keiner die Boje berührt.“ Mein Vater klatschte in die Hände. Er nahm ein schon etwas ramponiertes Fernglas und ein Walkie-Talkie, drückte mir einen Plastikordner in die Hand, und dann gingen wir auch los.

Ich spürte die Spannung, die in der Luft lag, als wir den Pier entlang zu einer alten Barkasse gingen. Boote wurden durch den Hafen geschleppt, Segel flatterten, Leute schrien, das übliche Durcheinander eben, wenn es darum ging, dass eine Veranstaltung rechtzeitig beginnen sollte. Mir machte das alles mehr Spaß, als ich erwartet hätte. Mein Vater genoss es ebenfalls sichtlich, mit seinem alten Boot zwischen den modernen Jachten hindurchzutuckern. Ab und zu winkte er jemandem zu. Das Meer war vollkommen ruhig, und der Wind war gerade stark genug, die Segel zu blähen. Mein Vater erklärte uns allerdings, dass die J-Klasse sehr leichte Boote wären und dass sie auch mit sehr wenig Wind beeindruckende Geschwindigkeiten auf ruhigem Wasser erreichen könnten. Amy saß neben mir im Boot. Sie hatte ihr Haar mit einem hellen Tuch zusammengebunden, eine dunkle Strähne fiel über ihre Stirn, und sie trug ihre übergroße Sonnenbrille. Sie sah aus wie ein Filmstar. Phil grinste von einem Ohr zum anderen und wirkte um Jahre jünger. Wir verließen den Hafen und fuhren hinaus auf Meer, wo sich um riesige, aufblasbare orangefarbene Bojen schon eine Vielzahl an Booten tummelte. Mein Vater lenkte das Boot in Richtung einer der Bojen, fuhr so nahe ran wie möglich und ging vor Anker. Als das Startsignal über das Wasser dröhnte, beobachteten wir kurz die hektischen Aktivitäten an der Startlinie, bevor wir es uns in der Sonne gemütlich machten.

„Ein Teamleiter ist also so etwas wie ein Kapitän?“, fragte Phil nach ein paar Sekunden der Ruhe.

„Mehr so etwas wie ein Skipper“, meinte mein Vater. „Ein kleiner, aber wichtiger Unterschied.“

Wir schauten ihn alle an, keiner von uns war wirklich mit den seemännischen Begriffen vertraut.

„Der Kapitän ist an Bord so etwas wie Gott. Er trifft die strategischen Entscheidungen, die Sieg oder Niederlage bedeuten. Der Skipper, vor allem auf so kleinen Schiffen, hat keine solche herausragende Position. Er ist, um nur ein Beispiel zu nennen, Teil der Crew, und er trifft maximal taktische Entscheidungen. Die Strategie bei solchen Rennen ist durch den Kurs selbst schon festgelegt."

„Ich glaube, das versteh ich jetzt nicht ganz", sagte Phil.

„Man könnte vielleicht sagen, dass ein Kapitän ein herkömmlicher Schichtleiter wäre, ein Skipper dagegen ein Teamleiter. Wenn irgendetwas schiefgeht, wenn jemand Schwierigkeiten hat, mit seinem Job nachzukommen, dann springt der Skipper ein und arbeitet selbst mit, bis die Sache wieder läuft. Ein Kapitän, geschweige denn ein Schichtleiter, würde das nie tun. Entweder sie finden jemanden, den sie einsetzen können, oder sie leben damit, dass es eben nicht gut läuft. Denkt an Kriegsfilme. Eine Patrouille wird dort immer von einem Leutnant und einem Feldwebel geführt. Der Leutnant ist der ahnungslose Grünschnabel, der voller theoretischem Wissen frisch von der Militärakademie kommt, der Feldwebel kümmert sich seit Jahren um die täglichen Probleme der Mannschaft, streng, aber gerecht. Die Mutter der Kompanie, wie es so schön heißt."

Wir nickten, dieses Klischee kannten wir alle.

„Man braucht Kapitäne an der Spitze, das ist gar keine Frage. Aber Hierarchien neigen dazu, Managern Autorität zu geben, aber sie nicht verantwortlich zu machen. Ein Teamleiter ist nicht Teil der Hierarchie. Er ist Teil des Teams und hat die Aufgabe, dafür zu sorgen, dass die Produktion im Kundentakt läuft. Teamleiter sind Feldwebel – keine Offiziere. Sie gehören zu einer Montagelinie. Sie bekommen fünf Prozent mehr Gehalt. Sie bekommen vielleicht einen etwas höheren Bonus. Aber sie sind keine, ich wiederhole, keine Manager."

„Und wie viel braucht man davon?"

„Du brauchst einen Teamleiter für fünf bis sieben Werker."

„Das sind heftige Zusatzkosten", brummte Phil stirnrunzelnd. „Das erhöht doch nur die Fixkosten."

Mein Vater lachte. „Absolut richtig, mein Junge, absolut richtig. So wäre es, wenn du einfach Teamleiter einstellen würdest – aber genau das geht ja nicht. Teamleiter müssen aus den Teams kommen. Das heißt, den Teamleiter kannst du nur erschaffen, indem du entsprechende Produktivitätsfortschritte in deiner Montagelinie erreichst. Wenn du das schaffst und einen Werker rausnehmen kannst, dann nimmst du den mit der meisten Erfahrung und machst ihn zum Teamleiter."

„Sie kommen", rief ich.

Wir hörten schon die Befehle, die auf den Booten gerufen wurden. Hinter der führenden Jacht folgten mit kurzem Abstand die anderen wie eine Meute einem Hasen. Sie kamen näher, und wir sahen den Skipper des ersten Bootes an der Ruderpinne, Befehle und Beleidigungen brüllend. Sein Team arbeitete fieberhaft, um sicherzustellen, dass nach der Wende sofort wieder Fahrt aufgenommen werden konnte.

„Der scheint zu wissen, was er tut“, meinte Amy.

„Der?“, sagte mein Vater abfällig. „Der weiß, wie man einen guten Start hinlegt und anschließend der Jury mit Beschwerden über alles und jeden das Leben schwermacht. Der hat noch nie gewonnen, und immer hatte jeder Schuld, nur er nicht. Passt auf, jetzt kommt Marty.“

Das erste Boot passierte die Boje mit weniger als einem halben Meter Abstand, und mein Vater passte auf wie ein Luchs, um zu sehen, ob es eine Berührung gab oder nicht. Wir sahen ein Gewirr von Menschen und Leinen, als sie versuchten, den Spinnaker hochzuziehen und den Ausleger zu drehen. Die Nummer eins schrie dem Skipper etwas über ein Problem am Mast zu, der aber brüllte gerade jemand anders an, und sie ließen die Boje hinter sich, ohne das Manöver zu Ende gebracht zu haben. Ein paar Boote weiter hinter sahen wir das Team, das wir am Morgen beobachtet hatten. Der Skipper steuerte nicht. Er stand ruhig in einer Luke und beobachtete das gesamte Deck und das Meer. Er winkte uns kurz zu, mein Vater grüßte zurück. Niemand von der Crew beachtete uns, sie sahen uns gar nicht, so konzentriert waren sie in ihren Aufgaben versunken. Sie umrundeten die Boje mit relativ viel Spielraum, und dann schoss schon der Spinnaker hoch. Wir hörten den leichten Knall, als der Wind sich verfing, das Boot schien einen Satz zu machen und überholte zwei vor ihm liegende Boote.

„Habt ihr den Unterschied gesehen?“, rief mein Vater. „Der erste Skipper spuckt große Töne und tobt rum. Er glaubt, er wäre der Einzige, der denken kann, und die anderen müssen tun, was er sagt. Er gibt also Befehle und jeder folgt ihnen, so gut er kann. Genau so arbeitet ein herkömmlicher Schichtleiter. Und was passiert? Es gab ein Problem mit dem Spinnaker und dem Mast. Die Nummer eins war schon aus dem Rhythmus, aber der Skipper hat sich auf die Winsch konzentriert, vielleicht wollte er mehr Druck auf den Ausleger geben, damit sie die Boje nicht berühren, sie waren nämlich schon recht nahe dran. In einer Fabrik werden ständig Werker und Tätigkeiten zwischen den Produktionsanlagen neu zugeteilt oder umdisponiert, um trotz auftretender Probleme die Produktion aufrechtzuerhalten. Und weil dann nicht mehr alles geht, ist die einzige Frage, welcher Auftrag die höhere Priorität hat. Und das entscheidet dann der Schichtleiter nach seinem Gutdünken. Und so wird es dann gemacht, koste es, was es wolle."

„So arbeitet Dave", stimmte Phil zu.

„Das klingt nicht wie 100-prozentige Lieferfähigkeit oder Produktion im Kundentakt."

Phil schwieg. „Und der andere? Marty?", fragte Amy neugierig.

„Er hat jeden Schritt geplant. Von Anfang an und gemeinsam mit seinem Team. Jeder wusste genau, wer wann was machen wird. Habt ihr bemerkt, wie konzentriert sie bei der Sache waren? Jeder muss auf den anderen achten. Sie signalisieren sich gegenseitig, wie weit sie sind. Damit koordinieren sie die Manöver."

„Ich verstehe langsam", meinte ich. „Es muss nicht alles über den Skipper laufen. Man braucht keinen zentralen Koordinator."

„Der sowieso zum Engpass werden würde", ergänzte Phil.

„So ist es. Marty ist immer noch Skipper. Aber seine Hauptaufgabe ist es, vorauszusehen, was schiefgehen könnte und – da schaut mal."

Wir sahen, wie sich das Boot nach Lee drehte, leicht schwankend unter dem starken Zug des riesigen gelben und vom Wind aufgeblähten Spinnakers. Marty kam aus seiner Luke und half der Nummer eins, die Fockschot über den Spinnakerbaum zu ziehen.

„Sobald er erkennt, dass etwas nicht stimmt, greift er ein. Und zwar bevor ein Problem entsteht. Das muss er machen, weil die Crew auf ihre Aufgaben konzentriert ist, sie können sich nicht um alle Eventualitäten kümmern. Das ist die Aufgabe des Skippers", erklärte mein Vater. „Der Teamleiter muss dafür sorgen, dass seine Teamkollegen ungestört ihre Arbeit machen können. Er muss drohende Probleme rechtzeitig erkennen und sich darum kümmern, bevor sie Auswirkungen auf das Gesamtergebnis haben."

„Und er muss mit ihnen üben und die Manöver mithilfe von Kaizen ständig verbessern", ergänzte Amy.

„Lasst uns das mal zusammenfassen", sagte Phil, der alles notiert hatte.

„Als Erstes bespricht der Teamleiter mit seinen Kollegen den Kundentakt und den Produktionsplan für die Schicht."

„Richtig. Meistens haben wir dazu eine sogenannte Produktionsanalysetafel aufgebaut, auf der wir die Stundenziele und die tatsächlich produzierten Teile pro Stunde notiert haben." Mein Vater fing an, auf seinem wasserdichten Papier zu skizzieren.

„Hier hatten wir den Kundentakt, dann hier die stündlichen Ziele, dann, ebenfalls pro Stunde, die produzierte Gutmenge und dann noch ein Feld für Kommentare, um die Ursachen einer Abweichung von Planmenge und Istmenge aufzuschreiben. Das Team trifft sich fünf Minuten am Schichtbeginn vor dieser Tafel und bespricht eventuelle Schwierigkeiten vom Vortag und wie man sie umgehen könnte. Dabei geht es in erster Linie um Sicherheitsprobleme, wenn es welche gab, und danach um andere Probleme, die eventuell wieder auftreten könnten."

Produktionsanalysetafel			
Stunde	Plan	gute Teile	Bemerkungen
1			
2			
3			
4			
5			
6			
7			
8			
$\frac{\text{gute Teile}}{\text{Anzahl Werker x Stunden}} =$			

„Zweitens kümmert sich der Teamleiter darum, dass alles normal läuft. Auftretende Probleme versucht er im Vorfeld zu erkennen und zu beseitigen, bevor sie die Arbeit seiner Kollegen beeinträchtigen.

Drittens ist der Teamleiter für 5S verantwortlich und dafür, dass alle Kollegen entsprechend ausgebildet und geübt sind, sodass sie der standardisierten Arbeit im definierten Rhythmus, nämlich dem Kundentakt, folgen können."

„Der Teamleiter muss sicherstellen, dass jeder der standardisierten Arbeit folgt und dass die Materialversorgung über Kanban funktioniert, das ist elementar wichtig. Weiterhin sammelt der Teamleiter alle Informationen bezüglich der Qualität und erledigt die Nacharbeit", fügte mein Vater hinzu.

„Das ist jetzt kein Witz", sagte Amy und ergriff meinen Arm, als eine Welle sie ins Straucheln brachte, „aber das beschreibt exakt die Arbeit eines Teamleiters in einem Schnellrestaurant. Kümmere dich um dein Team, stell sicher, dass jeder so arbeiten kann, wie er soll, organisiere die Reinigung am Ende der Schicht und erledige dann den Papierkram."

„Ja, aber man braucht dann immer noch auch Leute, die sich um die Schnittstellen kümmern", sagte Phil zweifelnd.

„Und die Kaizen vorantreiben. Dafür gibt es Schichtleiter", sagte mein Vater. „Und der Produktionsleiter macht die Produktionsplanung. Aber die Frage ist jetzt erst mal, ob ihr die Aufgaben und die Rolle des Teamleiters verstanden habt."

Phil antwortete:

- „Halte eine Fünf-Minuten-Besprechung zum Schichtbeginn, um über das Tagesziel und die Probleme des Vortages oder der Vorschicht zu sprechen.
- Stelle sicher, dass die standardisierte Arbeit eingehalten wird.
- Stelle sicher, dass der Produktionsplan und die Stundenziele korrekt sind.
- Kümmere dich um Nacharbeit und Qualitätsprobleme.
- Stelle sicher, dass 5S eingehalten wird.
- Sammle Daten und erstelle die notwendigen Dokumente."

„Dieser Teamleiter muss ja mindestens Supermann sein", meinte ich.

„Wie meinst du das?", fragte Phil stirnrunzelnd.

„Ja schau dir doch mal an, was der alles machen muss. Amy, was meinst du?"

„Ich könnte mir vorstellen, dass das nicht ganz einfach wird", sagte sie vorsichtig. „Zumindest werden wir unsere Leute viel besser ausbilden müssen, als wir das bisher tun."

„Ihr macht eines nach dem anderen", erwiderte mein Vater, „nicht alles auf einmal. Fangt mit der Fünf-Minuten-Besprechung an und redet mit dem Team über das, was der Teamleiter der Vorschicht weitergegeben hat. Danach geht ihr am Ende der Schicht das Thema 5S an. Der Rest kommt dann nach und nach."

„Und der Schichtleiter?"

„Ist im Prinzip vermutlich das Gleiche, nur eine Ebene höher. Es geht dann mehr darum, die Logistik am Laufen zu halten, also sicherzustellen, dass die Ware regelmäßig abgeholt wird, und so weiter. Und er muss potenzielle Probleme erkennen, die das Team nicht sehen kann, weil alle auf ihre Arbeit konzentriert sind", meinte Amy.

„Das ist ein Teil, aber vergesst das Thema ‚standardisierte Arbeit' nicht. Die Aufgabe des Schichtleiters ist es, standardisierte Arbeit auf allen Ebenen sicherzustellen, in der Produktion, in der Logistik und überall sonst."

„Der Schichtleiter kümmert sich auch um Kaizen?"

„Ja, und um die Schulung und das Training der Mitarbeiter", erklärte mein Vater.

„Ich kann mir die Arbeit des Teamleiters noch nicht so richtig vorstellen, wie das dann in der Praxis aussieht, meine ich", sagte Phil.

Mein Vater rieb sich über das Gesicht, seine Haare standen in alle Richtungen. „Du wirst in deinem Werk feststellen – zumindest hoffe ich das –, dass der Teamleiter kein Manager ist, sondern der *führende* Werker. Derjenige, der sicherstellt, dass das Team liefert, was verlangt wurde. Verstehst du?"

„Ich glaube schon, ja. Ich bezweifle zwar, dass wir es schaffen, so etwas zu installieren, aber ich verstehe, wie es gemeint ist. Glaube ich."

Mein Vater brachte uns zwischen zwei Läufen des Rennens zurück an Land und fuhr dann wieder zu seinem Beobachtungsposten zurück. Dabei unterhielt er sich per Funk mit irgendjemandem und würdigte uns keines Blickes mehr. Ich war ein wenig irritiert, wie vertraut er mit allem war, was den Jachtklub betraf. Verwirklichte er hier so etwas wie seinen Lebenstraum? War es das, was er immer machen wollte? Wir gingen hoch auf die Terrasse und bestellten uns belegte Brötchen und Bier. In der Ferne konnten wir sehen, wie sich die Boote für den nächsten Lauf aufstellten. Ich ließ mich in einen Sessel fallen. „Und?", fragte ich. „Wie kommt ihr mit meinem Vater klar?"

„Ich kenn ihn ja schon lange", sagte Phil mit einem schiefen Grinsen. „Immer geradeheraus und nie ein Blatt vor dem Mund."

„Ja. Man kriegt einen Mann aus der Navy raus – aber nie die Navy aus einem Mann."

„Ihr Weicheier", stichelte Amy. „Ich finde ihn recht charmant."

„Zu dir ist er das auch", brummte Phil. „Er findet dich sicher auch ganz zauberhaft."

„Machogeschwätz", entgegnete sie. „Ich bin hier einfach nur die Einzige, die versteht, wovon er redet. Und zwar ohne dass er es noch dreimal erklären muss."

„Du bist ja auch nicht in einem Haushalt aufgewachsen, wo man schon beim Frühstück ‚Aye, aye, Sir' rufen musste."

„Wie auch immer", sagte Phil und rieb sein Gesicht. „Wenn ich ihm zuhöre, fühle ich mich die ganze Zeit wie ein Idiot. Warum hat uns das nie einer beigebracht? Das klingt doch alles vollkommen logisch und offensichtlich."

„Er hat trotzdem ein Leben lang gebraucht, um es zu lernen und zu verstehen. Und gedankt hat es ihm keiner."

„Wir lernen alle dieses gefühlsduselige Managementzeug", sagte Amy mürrisch. „Und wenn man dann anfängt zu arbeiten, dann merkt man, wie verlogen das ist und dass alles nur ein Kampf mit ziemlich harten Bandagen ist. Niemand interessiert sich für die Menschen, das sind doch nur Kosten in der Gewinn-und-Verlust-Rechnung. Dein Vater klingt vielleicht nicht besonders rücksichtsvoll oder fürsorglich. Aber er nimmt die Menschen wenigstens ernst."

„Du hast recht, ich weiß. Ich bin wahrscheinlich voreingenommen. Ich finde sein Verhalten immer wieder irritierend."

„Er ist dein Vater. Was erwartest du? Bis du nicht Psychologe?"

„Jaja, schon gut. Ich geb ja zu, dass mich die Diskussion über Teams nachdenklich gemacht hat."

„Inwiefern?"

„Wie motiviert man Menschen?", fragte ich Amy.

„Beruflich gesehen? Mit Zuckerbrot und Peitsche. Das Zuckerbrot ist das Gehalt, die Peitsche ist die Kündigung. Natürlich haben sie an der Uni auch viel über Werte und soziale Verantwortung und Ähnliches erzählt, aber davon habe ich im Geschäftsleben bisher noch nichts gesehen."

„Sag das nicht", widersprach Phil. „Ich glaube, dass Respekt und Vertrauen die Basis eines jeden normalen Arbeitsverhältnisses sind."

„Du bist so blind gegenüber dem, was abgeht, ich könnte dir manchmal in den Hintern treten", schoss sie zurück. „Manchmal glaube ich, du lebst in einer anderen Welt. Wie kann man die Realität so komplett ignorieren?"

Er schaute sie unbehaglich an.

„Aber mir gefällt die Sichtweise deines Vaters. Das ist schwierig zu erklären, aber ich glaube, ich bekomme ein Gefühl dafür. Es hat nichts mit Zuckerbrot und Peitsche zu tun. Eher mit, ich weiß nicht, vielleicht mit der Übernahme von Verantwortung."

„*Korpsgeist* nennt er es. Vielleicht meint er auch Einsatzbereitschaft, aber ich bin mir nicht sicher. Leute fühlen sich als etwas Besonderes, als Teil von etwas Größerem, das aber auch etwas von ihnen fordert. Motivation ist nicht mein Spezialgebiet, ich beschäftige mich mehr mit Dialektik und Logik, aber ich denke trotzdem schon seit Längerem darüber nach. Gehen wir mal davon aus, dass Menschen nur auf Druck reagieren."

„Ist das so?"

„Ich meine jetzt nicht nur negativen, sondern auch positiven Druck, wie zum Beispiel Interesse oder Ehrgeiz. Wenn jemand in diesem Sinne zu wenig Druck hat, dann kümmert er sich nicht darum, was passiert. Es ist sehr schwierig, so jemanden zu motivieren. Wenn der Druck aber zu groß wird, dann reagieren Menschen panisch. Sie sind dann entweder wie gelähmt, werden aggressiv oder reagieren irrational."

„Das klingt logisch. Bei allem, was uns dein Vater erzählt hat, geht es darum, den Druck zu steuern", meinte Amy. „Einerseits gibt es den Druck mit dem Kundentakt, der gehalten werden muss, und der Wegnahme der Bestände, die ja irgendwie Sicherheit signalisieren. Auf der anderen Seite gibt es Themen wie 5S und Kaizen, Dinge also, die ihnen die Kontrolle und damit auch wiederum Sicherheit zurückgeben."

„Genau. Und damit bringt sich das Management ebenfalls ein. Also macht dir das Management einerseits Druck, weil es kontrolliert, wie du arbeitest, aber es nimmt auch wieder Druck von dir, weil es sich darum kümmert, deine Probleme zu lösen."

„Aber es geht auch darum, Verantwortung zu übernehmen", beharrte Amy. „Wenn ich nur dazu da bin, um auf einen Knopf zu drücken, dann habe ich mit meiner Arbeit nicht sehr viel am Hut. Aber wenn ich mich um meinen Arbeitsplatz kümmern muss, wenn ich ihn putzen und auch verstehen muss, dann geht es mir doch vielleicht wie der Crew mit ihrem Boot. Sie fangen an, sich dafür zu interessieren. Arbeit ist wichtig. Was ich an dem, was uns dein Vater sagt, wirklich klasse finde, ist, dass er uns einen Weg aufzeigt, wie wir unseren Werkern helfen können, sich in diesem Sinne weiterzuentwickeln. Selbst wenn einer den ganzen Tag nur Löcher bohrt, ist es unsere Aufgabe, ihm die Möglichkeit zu geben, irgendwann Meister im Bohren von Löchern zu werden."

„Ein Meisterlocher praktisch."

„Ich meine es ernst", antwortete sie. „Denkt mal darüber nach. Werker sind genauso schlau wie ihr, sie haben nur nicht eure Möglichkeiten."

Ich war beeindruckt, und plötzlich fiel mir was ein: „Mein Vater erzählte mal, dass es in Japan für alles Mögliche Meister gibt. Ich habe mal einen Film gesehen, da ging es um einen Meister der Nudelsuppe. Das war zwar ein Idiot. Aber aus ganz Japan kamen Köche, um von ihm die Kunst des Nudelkochens zu lernen."

„Genau so meine ich das. Ein Meister des Löcherbohrens und ein Meister des Bolzenanziehens und so weiter und so fort. Da könnt ihr jetzt lachen, aber das gibt der Arbeit eine ganz neue Dimension."

„Wir lachen nicht. Du bist sehr überzeugend."

„Zumindest habe ich mich jetzt selber überzeugt." Sie stand vor uns, die Arme vor der Brust überkreuzt und zog einen Schmollmund. Wir lachten.

„Es gibt sogar ein paar wissenschaftliche Veröffentlichungen zu diesem Thema. Es wurde beispielsweise untersucht, was es braucht, damit Leute bei ihrer Arbeit glücklich sind. Das Ergebnis war, dass Anforderungen und Können in einem bestimmten Verhältnis stehen müssen. Zu hohe Anforderungen, und man ist gestresst und ängstlich ..."

„Die meinen mich", sagte Phil und griff nach seinem Bier.

„Zu wenig Anforderungen, und man ist gelangweilt und lustlos. Es gibt auch eine Theorie, die den Zustand des Ausgleichs beschreibt, und solange das funktioniert, sind die Leute auch glücklich. Und jetzt ratet mal, wie die Theorie in der psychologischen Forschung heißt."

„Sag schon."

„Flow."

„Im Ernst?"

„Ich schwör's euch. Und das passt ziemlich gut mit dem zusammen, was mir mein Vater mal sagte. Während meines Studiums hatte ich viele Diskussionen mit ihm, und er erwähnte einen seiner Gurus, der zu ihm sagte, er solle zuerst Menschen produzieren und dann Produkte herstellen."

„Erst Menschen produzieren und dann Produkte herstellen?", wiederholte Phil.

„Ja – für ihn war das wie eine Erleuchtung. Das hat mit der Teamleiterrolle zu tun. Das Argument ist, dass das Management Leute so ausbilden muss, dass sie in der Lage sind, den Wert des Produkts zu erhöhen. Mein Vater nahm das sehr wörtlich, ihr kennt ihn ja. Mach das so, lass das sein, hör auf zu reden und fang an, was zu tun", ich imitierte den Tonfall meines Vaters.

„Genau so ist er", lachte Phil. „Und wir machen es mit unseren Leuten im Werk bei 5S und Kaizen genauso."

„Und dein Vater macht es mit uns", meinte Amy.

„Also, dann lasst uns darauf anstoßen, dass wir jetzt Menschen produzieren", sagte Phil und hob sein Glas.

„Und auf Mikes Vater", fügte Amy hinzu, und wir tranken auf die Gesundheit meines Vaters und genossen die Sonne und die gute Stimmung.

Kapitel 6: Nivellierung und ziehender Materialfluss

Mehrere Wochen lang hörte ich nichts von Amy und Phil, bis eines Abends Phil unangekündigt bei mir auftauchte.

„Hast du ein Bier da?“, fragte er, während er reinkam.

„Im Kühlschrank“, sagte ich ungeduldig und ging an meinen Schreibtisch zurück. Ich war mitten in der Arbeit und fühlte mich gestört.

„Wie läuft es mit dem Buch?“, fragte er dann und warf mir eine Dose zu.

„Nicht besonders. Ich bin ein langsamer Schreiber“, antwortete ich erschöpft. „Und wie läuft es bei euch? Mein Vater hat neulich nach euch gefragt.“

„Ein Chaos“, stöhnte Phil. „Ein einziges Chaos.“

„Schlimmer als vor einem Monat?“

„Nein, besser. Wir schaffen es zurzeit, uns die Banken vom Leib zu halten, und ein wichtiger Geldgeber sieht, dass sich was tut, und unterstützt uns. Aber dafür habe ich jetzt ein anderes Problem: mein Team.“

„Was ist passiert? Funktioniert das mit der zweiten Schicht nicht?“

„Die haben wir gar nicht eingeführt. Nein, die Probleme kamen mit Gloria, der Schichtleiterin, hoch. Sie war damals 5S-Koordinatorin, und als wir nun sagten, wir wollten wieder damit anfangen, und als ihr klar wurde, dass wir das ernst meinten, packte sie es wieder richtig an. Amy machte parallel dazu Layout-Workshops mit den anderen Montagelinien, und es ist den beiden gelungen, eine vierte Linie aufzubauen, die nun auch STR macht. Und das Ganze fast ohne Investitionen, sondern nur, indem sie Unnötiges rausgeworfen, die vorhandenen Stationen zusammengerückt und ein paar neue Stationen aufgebaut haben. Wir haben jetzt zwei STR-Linien und schaffen beinahe die geforderte Tagesproduktion.“

„Aber das ist doch gut.“

„Das kannst du laut sagen. Wir machen an guten Tagen 80 STR, und das praktisch, ohne die Fixkosten erhöht zu haben. Die Produktivität stieg um 20 Prozent. Wir schaffen mittlerweile zehn Automaten pro Person und Tag an jeder Linie.“

„Und was ist dann das Problem?“

„Die Leute, das sagte ich doch. Gloria und Amy haben Blut geleckt und sich verbündet, sie steuern die Montage, wie dein Vater vermutlich ein Kriegsschiff befehligen würde. Die Endmontage der Schränke kommt überhaupt nicht nach, und zwischen der Montage der Automaten und der Endmontage der Schaltschränke haben wir einen riesigen Bestand.“

„Dann soll Amy einfach in der Endmontage dasselbe machen.“

„Leichter gesagt als getan. Gloria und Amy haben Jake Rogers, er ist der Schichtleiter in der Endmontage, in die Zange genommen. Er solle jetzt auch Ein-Stück-Fluss machen. Jake ist schon ewig in der Firma, ein alter Hase, kurz vor der Rente. Es war klar, was passieren würde. Dave, der ein alter Kumpel von Jake ist, weigerte sich, sich einzumischen und Amy und Gloria zu unterstützen. Außerdem fühlt sich Dave durch Amys Erfolge so blamiert, dass er sich kaum mehr in der Fertigung blicken lässt, sondern sich nur noch um die Produktionsplanung kümmert. Aber, um wenigstens zu zeigen, dass er auch was kann, hat er das Lager aufräumen und putzen lassen. Mehr 5S also, aber auf Daves Art.“

„Klingt nicht danach, als ob deine Leute wirklich Verantwortung übernehmen.“

„Die Untertreibung des Jahres. Aber das wäre mir sogar egal, die Chaoten haben es nicht anders verdient, aber daraus ist nun ein neues Problem entstanden. Jedes Mal, wenn wir ein Problem lösen, kreieren wir ein neues. Jetzt flippt Gary Pellman, der Konstruktionsleiter, aus. Das Ganze hat mit Joshua angefangen, der ja an den STR arbeitet. Er hat mittlerweile jede Menge Ideen zur Verbesserung des Produkts, und, das kannst du dir ja denken, wenn Amy ihn braucht, dann ist er mit Begeisterung dabei.“

„Kann ich mir vorstellen.“

„Pellman fühlt sich unter Druck gesetzt, und Amy kann schon ein bisschen kratzbürstig sein. Er sagt, sie überschreite ihre Kompetenzen, und anstatt die Superheldin in der Fertigung zu spielen, solle sie sich mal um ihre eigentliche Aufgabe, die Personalbetreuung, kümmern.“

„Was sagt Matt?“

„Matt hört auf Pellman. Aber es gibt da auch noch Kevin Morgan, der für den Einkauf und die Logistik für beide Werke zuständig ist. Ich habe mit ihm über unsere Qualitätsprobleme gesprochen, die in den roten Kisten auftauchen. Das war kein so gutes Gespräch. Kevin ist neu, wir haben ihn eingestellt, um die Logistik der beiden Fabriken zu integrieren, ein Supply-Chain-Manager. Pellman kannte ihn von früher. Matt und ich waren uns immer einig darüber, dass er sich um den Vertrieb und die Finanzen kümmert und ich mich um die Produktion, also ... ich weiß nicht, es ist vielleicht einfach ein bisschen viel im Moment."

Er seufzte und nahm einen tiefen Schluck Bier. Er machte den Eindruck, als hätte er nicht viel geschlafen in letzter Zeit.

„Im Moment werden unsere tatsächlichen Probleme sichtbar", sagte er dann seufzend. „Es war zwar hart für die Endmontage, aber wir haben die Produktion der STR-Automaten verdoppelt, richtig?"

Ich nickte bestätigend.

„Wir haben also den Rückstand aufgeholt, und, ein Wunder, unser Kunde hat die Lieferungen auch pünktlich bezahlt. Was unsere Liquiditätssituation für den nächsten Monat deutlich verbessert hat."

„Gut!"

„Und Matt verhandelt mit einem neuen potenziellen Kunden für STR."

„Das ist doch alles perfekt. Was passt dir denn nicht?"

„Das Problem ist, dass ich erfahren habe, dass die Anpassungen, die der neue Kunde braucht, irgendwo in der Konstruktionsabteilungen hängen und bis zum Produktionsstart nicht fertig sein werden."

„Häh? Was heißt das?"

„Die Konstruktion macht ja immer die tollen, wichtigen Jobs, und die Produktion bekommt es nie auf die Reihe, diese tollen Produkte dann auch herzustellen. Das ist die herkömmliche Sichtweise in einem Unternehmen. Was ich mittlerweile weiß, ist, dass es unsere Konstruktion praktisch noch nie geschafft hat, ein Produkt wirklich fertig zu konstruieren, und dass die Probleme in der Produktion eigentlich nur daher kommen, dass die Konstruktionen nicht funktionierten und ständig nachgebessert werden mussten."

„So Sachen, an denen Joshua arbeitet."

„Genau! Aber das war ja nur die Spitze des Eisbergs. Wir haben herausgefunden, dass die Werker manchmal sogar Löcher für Kabel bohren mussten, die gar nicht in der Zeichnung waren."

„Und Pellman?"

„Der poltert herum, spielt den harten Manager. Er verlangt, dass Josh sofort seine Arbeit einstellt, er verlangt, dass Amy zurechtgestutzt wird, er verlangt …“

„Und was denkst du?“

„Wenn ich das so erzähle, dann scheint das recht klar zu sein, oder? Andererseits …“

„Andererseits?“

Psychotherapeutenmodus. Was immer der Klient sagt, wiederhole es als Frage.

„Andererseits, und das weißt du, bin ich nicht gut in so was“, sagte er. „Ich bin nicht konfliktfähig, wie es so schön heißt. Ich war es nie, weder in der Schule noch zu Hause. Sollte ich Amy bitten, sich darum zu kümmern?“

„Was fühlst du bei der Sache?“, fragte ich. „Was ist das Wichtigste für dich?“

„Meine Priorität ist klar: Wir müssen das Werk drehen.“

„Das heißt?“

„Ich weiß. Wir müssen weitermachen.“

Wir schwiegen und tranken unser Bier, und ich konnte die Anspannung, die er ausstrahlte, den Mahlstrom seiner Gedanken und die daraus resultierenden Ängste förmlich spüren.

„Ich glaube, mit einer Sache hatte mein Vater wirklich recht.“

„Er hatte bei vielem recht. Was genau meinst du?“

„Du wirst es vielleicht nicht gerne hören, aber ich glaube, du gehst mit der ganzen Sache immer noch so um, als ob es sich um ein technisches Problem handelte. Stell die Maschine da hin, ändere die Zeichnung hier. Ich sag nicht, dass da nichts Wahres dran ist, aber …“

„Aber was?“

„Es geht um die Menschen. Du hast ein Führungsproblem, nicht nur ein Produktions- oder Finanzproblem. Matt ist ein Vertriebsmann. Er ist immer da draußen unterwegs auf der Suche nach neuen Verträgen. Ihn interessiert das Werk nicht. Also bist automatisch du in der Pflicht. Aber du willst keine starke Führungsrolle einnehmen, weil es nicht dein Stil ist und weil du Konflikten lieber aus dem Weg gehst. Das wissen wir beide. Aber, wie man so schön sagt, die Natur verabscheut das Vakuum …“

„Das weiß ich. Mit Vakuums kenne ich mit aus“, versuchte er zu scherzen.

„Hör dir mal selber zu. Amy ist ehrgeizig, hartnäckig und unglaublich clever. Sie hat etwas gefunden, was sie richtig gut kann, und da bleibt Dave einfach auf der Strecke. Aber ich vermute, dass der wichtige Mann im Hintergrund immer dieser Gary

Pellman war. Er ist ein alter Hase, er kennt die Spielregeln und hat seinen Verbündeten, und, nicht zu vergessen, er ist der Chef der wahrscheinlich gewichtigsten Abteilung, der Konstruktion. Sein Wort zählt. Und dann fängst du an, ihm den Teppich unter den Füßen wegzuziehen, zum Beispiel mit dieser Geschichte mit Joshua ..."

„Das wird noch schlimmer", unterbrach mich Phil. „Ich denke gerade darüber nach, die ganze Konstruktion in Wertströmen zu organisieren, analog der Produktion. Es wird dann einen Wertstrommanager geben, der vom Vertrieb über die Konstruktion bis zur Produktion und Lieferung für den gesamten Fluss verantwortlich ist."

„Siehst du? Und wo bleibt Pellman?"

„Er kennt sich doch total gut aus. Er kennt unsere Produkte, den Markt, die Kunden."

„Das meine ich nicht. Ich frage, wo er in Bezug auf die Machtposition, die er heute hat, bleibt."

Phil öffnete den Mund, sagte aber nichts. Er trank und dachte nach.

Warum können wir die Probleme von anderen so deutlich sehen und sind doch blind, wenn es um unsere eigenen geht? Je mehr ich darüber nachdachte, desto mehr kam ich zu dem Schluss, dass Phil mit seiner Rolle als Führungskraft nicht klarkam. Mein Vater hatte das von Anfang an gesehen.

Als Psychologe weiß ich, dass es Menschen nicht mögen, wenn man ihnen sagt, wie sie ihre Probleme lösen sollen. Ja sie haben Kopfschmerzen, vielleicht sogar einen Sonnenstich, und das tut weh. Aber zu sagen, dass sie nicht stundenlang in der Mittagssonne im Cabrio mit offenem Verdeck fahren sollen, macht die Sache nicht besser. Sie wissen selbst, was sie tun sollten. Aber sie tun es trotzdem nicht – und zwar aus vielen verschiedenen und ganz persönlichen Gründen.

Mein Vater hat sich nie in die Situation anderer eingefühlt. Für ihn war die Welt eine Kombination aus Problemen und Lösungen. Ein Ingenieur, wie er im Buche steht. Wer nicht Teil der Lösung war, der war eben Teil des Problems. Ich dagegen habe einen Beruf gewählt, in dem es hauptsächlich darum geht, dass Probleme verdrängt werden, und meine Aufgabe ist es, dafür zu sorgen, dass Menschen sich besser fühlen – egal, für wie objektiv nutzlos sie man als Problemlöser auch halten mag. Je mehr Probleme sie haben, desto mehr Hilfe brauchen sie. So einfach ist das.

Je mehr ich mich mit Phils Situation beschäftigte, desto besser konnte ich die gegenteilige Position meines Vaters einschätzen und verstehen. Phils Probleme mit seinem Unternehmen waren echte Probleme und könnten auch gelöst werden. Aber das erforderte mehr Mut und Entschlossenheit, als vorauszusehen war – vor allem von Phil, der sich nie als Unternehmer, geschweige denn als Manager gesehen hatte. Er war immer noch der Wissenschaftler, der das Glück hatte, ein neues Produkt zu entwickeln, und jetzt plötzlich in eine Rolle als Führungskraft gedrängt wurde, die er nicht ausfüllen konnte und die er auch nie haben wollte. Es sah so aus, als müsse er nun anfangen, für sein Geld wirklich zu arbeiten.

„Was haben die gemacht?", brüllte mein Vater ins Telefon, als wir ihn kurze Zeit später anriefen, um ihm von den Fortschritten zu berichten.

„Sie haben eine vierte Montagelinie aufgebaut, wenn ich das richtig verstanden habe, und fahren weiter im Ein-Schicht-Betrieb."

„Das heißt, sie haben zwei Montagelinien für STR, und die fahren sie parallel?"

„So habe ich das verstanden."

„Sag Phil, das ist kompletter Schwachsinn."

„Das sagst du ihm besser selbst, ich gebe ihn dir."

„Nein. Warte. Sag ihm, wir treffen uns morgen zum Mittagessen im Pacific-Einkaufszentrum."

„Im Einkaufszentrum?"

„Genau. Gute Nacht Junior." Er legte auf.

Im Einkaufszentrum? Wir sahen uns an. Was wird das nun?

Amy fand das nicht lustig. Sie hatte wenn nicht schon ein Lob, so wenigstens Anerkennung erwartet, stattdessen wurde ihr von meinem Vater der Kopf gewaschen, und sie schmollte vor sich hin, während er uns durch die Supermarktregale führte. Er suchte nach Reinigungsmitteln und erklärte dabei Phil, warum es keine so gute Idee war, die Linien zu verdoppeln.

„Du hast die Tagesproduktion verdoppelt, richtig?"

„Ja, wir machen jetzt 20 STR pro Tag."

„Und die kannst du auch verkaufen?"

„Wir sind im Moment immer noch im Lieferrückstand bei den aktuellen Bestellungen. Unsere Kunden sind im Moment ganz glücklich, dass sie doppelt so viel bekommen, auch wenn das irgendwann dazu führen wird, dass sie unsere Produkte selber im Lager haben. Aber bis dahin werde ich die Konstruktion so weit haben, dass neue Kunden die Mehrproduktion abnehmen werden."

„Okay. Was ist also mit dem Kundentakt passiert?"

„Er hat sich halbiert, nehme ich an. Er wird bei ungefähr fünfeinhalb Minuten liegen."

„Und was bedeutet das, Miss Cruz?"

„Ich weiß, mir ist es mittlerweile auch klar geworden. Wir sollten nur eine Linie mit mehr Werkern haben", antwortete sie gereizt.

„Exakt."

Amy stand unter Druck, ihr Lächeln war sparsam. Ihre ganze Arbeit, all ihre Anstrengungen wurden zwar auf einer abstrakten Ebene gewürdigt, aber in den Details immer nur kritisiert. Sie brauchte mal ein wenig Aufmunterung.

„Warum sind die beiden Linien so ein Problem? Wir produzieren doch im Kundentakt."

„Und warum geht das nicht in nur einer Linie?"

„Weil die Leute ihre Arbeit gerne so machen, wie sie jetzt ist. Wenn man die Tätigkeiten immer weiter zerlegt und auf immer mehr Werker aufteilt, dann macht das irgendwann keinen Spaß mehr", sagte Amy. „Verstehen Sie das?"

„Und wie ich das verstehe. Diese verfluchte Handwerkermentalität. Wir sind aber nicht in einem Handwerksbetrieb, sondern in einem Industrieunternehmen. Die beste Methode, Fehler zu verhindern und standardisierte Arbeit einzuführen, ist, die Zyklen der Werker auf unter eine Minute zu bringen. Unter eine Minute! Also wenn dein Kundentakt von zehn auf fünf Minuten geht, dann sind das nur Vorteile. Die Werker werden weniger Fehler machen, und dadurch wird die Produktivität noch mal steigen."

„Okay", sagte sie schließlich. „Akzeptiert. Und ich bin dann die Glückliche, die Gloria sagen darf, dass wir alles wieder ändern dürfen und dass wir die Tätigkeiten in kleinere Einheiten zerlegen müssen."

„Ich habe nie gesagt, dass es leicht wird", sagte mein Vater. „Aber es gibt noch einen Grund, warum es so wichtig ist, dass wir nur eine Montagelinie anstatt zwei haben. Und der hat mit dem Supermarktproblem zu tun."

„Aha", murmelte ich. „Deshalb sind wir hier."

Wir gingen zur Kasse, und mein Vater bezahlte seine Sachen. Der Kassierer warf uns einen seltsamen Blick zu. Wie viele Leute braucht man, um eine Flasche Reiniger zu kaufen? Hinter der Kasse fragte uns mein Vater: „Was seht ihr?"

Ich warf Phil und Amy einen Blick zu. Dass sie genauso ratlos schauten wie ich, beruhigte mich. Ich sah Leute, die an den Kassen anstanden. Ein paar Jugendliche, die ebenfalls an den Kassen arbeiteten, halfen den Kunden beim Einpacken der Tüten. Das gefiel mir. In dem Laden, in dem ich einkaufte, gab es das nicht, und es dauerte immer ewig, bis man bezahlt und seine Sachen eingesammelt hatte. Der Fluss hier war besser, vermutete ich.

„Stellt euch mal vor, das wäre eine Fabrik."

„Dann wäre die Kasse die Endmontage, meinst du das?", fragte Phil.

„Wenn du willst. Was seht ihr?"

Wir schauten uns um. Plötzlich rief Amy:

„Ziehender Materialfluss! Eine Unmenge von Artikeln wird durch den ganzen Laden bis zur Kasse gezogen."

„Okay. Und weiter."

„Regale", sagte sie, nun wieder ganz die alte Amy. „Eine definierte Anzahl von Schachteln auf jedem Regalplatz. Die müssen irgendwie wieder aufgefüllt werden."

„Gut. Und was spielt das für eine Rolle?"

„Keine Ahnung", sagte sie und biss auf ihre Unterlippe. „Wir haben Leute, die herumlaufen und sich selbst die Ware nehmen. Wir haben Bestände der Waren an definierten Plätzen in Regalen."

„Was habt ihr für ein Problem mit dem Förderer bei euch in der Endmontage?"

„Erinnern Sie mich bloß nicht daran. Dieser Schwachkopf Jake Rogers hat neulich im Workshop ‚Mädchen' zu mir gesagt."

„Vergessen Sie das mal. Konzentrieren Sie sich auf das Problem."

Wenn sie mich so wütend angestarrt hätte, wäre ich wahrscheinlich automatisch einen Schritt zurückgegangen. Mein Vater starrte einfach nur zurück.

„Okay", sagte er nach einer Weile. „Versuchen wir es anders. Was ist dein größtes Problem, Philip?"

„Fluss?", meinte Phil unsicher.

„Das Gold, richtig. Wo bleibt das Gold im Wertstrom hängen, das ist die Frage."

„Verstanden."

„Also dann. Wo bleibt es denn hängen?"

„Immer an den drei gleichen Stellen, du kennst sie. Die Kerne selbst, die montierten Automaten vor den Testern und dann vor dem Förderer in der Endmontage."

„Und warum ausgerechnet an diesen Stellen?"

„Es ist, wie du schon gesagt hast, der Fluss ist unterbrochen."

„Das am Förderer ist ja klar", warf Amy ein. „Dave plant immer große Lose eines Typs für die Endmontage, also sammeln sich die anderen an. Wenn er zum Beispiel einen Tag lang nur QST fährt, dann stapeln sich die STR. Eine Tagesproduktion STR-Automaten sind 80 Stück, das ist schon ein Haufen. Und dann machen sie Witze darüber, dass meine Verbesserungen nur dazu führen würden, dass der Bestand anstiege."

„Sehen wir den Tatsachen ins Gesicht, so ist es ja auch", sagte mein Vater, taktvoll wie immer. „Aber warum macht Dave so etwas? Warum einen Tag lang nur QST?"

„Weil wir eben kein Supermarkt sind", antwortete Phil ein wenig streitlustig. „Wir bekommen von unseren Kunden Monatsaufträge und machen daraus einen Wochenplan für die Produktion. Jake kann am Tag 50 Schränke bauen. Wenn er also 100 STR, 50 QST-1, 50 QST-2 und 20 DG machen muss, dann wird er montags und dienstags die STR machen, mittwochs die QST-1, donnerstags die QST-2 und freitags die DG."

„Warum macht er das so?"

„Vermutlich, weil wir es immer so gemacht haben. Seine Leute können dann immer einen Tag dasselbe machen. Es ist ihnen lieber so. Und sie machen weniger Fehler."

„Das ist alles richtig – aber wozu führt das letztendlich?", fragte mein Vater.

„Während er QST oder DG macht, wachsen die Bestände der STR vor dem Förderer", rief Amy dazwischen.

„Genau. Ihr schiebt die STR einfach zu ihm. Weil er sie in dem Moment aber gar nicht brauchen kann, sonders erst, wenn er sie eingeplant hat, bleiben sie einfach dort liegen."

„Und dazu kommt, dass er so langsam ist. Wir haben schon zwei Werker von der DG-Linie zusätzlich in die Endmontage geschickt, aber er schafft weiterhin kaum die 50 pro Tag, die wir brauchen."

„Das ist eine andere Geschichte, bleiben Sie beim Thema Amy. Sie schieben die STR-Automaten einfach zu ihm hin, und deshalb stapeln sie sich dort. Wie können wir diese Geschichte hier auf den Supermarkt übertragen?"

„Gar nicht. Das wäre auch völlig idiotisch", sagte sie verwirrt. „Das wäre, als würde der Kassierer sagen, er würde jetzt erst mal nur die Kunden bedienen, die Butter gekauft haben, und danach würden die mit Brot drankommen." Sie schwieg, als mein Vater anfing, lautlos zu lachen.

„Kommt mit", sagte er. „Hier kann man sicher irgendwo Kaffee trinken."

„Genau das ist es", sagte mein Vater und nahm einen Schluck. „Wir steuern unsere Fabriken wie die Sowjetunion ihre Wirtschaft. Weil es für den Produzenten leichter war, gab es an manchen Tagen nur Zucker – also kauf am besten genug Zucker. Am nächsten Tag gab es Waschmittel und so weiter. Große Lose, hohe Bestände. Wir haben diese große zentrale Planungsmaschine, die alles für uns koordiniert, das verfluchte MRP …"

„MRP?", unterbrach ich ihn.

„Material Requirements Planning System, die Materialbedarfsplanung", erklärte mein Vater. „Wo war ich stehen geblieben? Ah ja, wir haben von manchen Teilen zu viel und von anderen zu wenig."

„Du meinst, wir müssen Jake dazu bringen, die Endmontage anders zu planen?", fragte Phil.

„Darum geht's, Philip. Denk an Taiichi Ohno. Man erzählt, dass es wie eine Offenbarung für ihn war, als er zum ersten Mal einen amerikanischen Supermarkt sah. In so einem Supermarkt bedienten sich die Kunden selbst aus einer Riesenauswahl an Waren. Und zwar ohne dass ihnen ein Verkäufer dabei half. Und die Regale wurden regelmäßig wieder aufgefüllt. Er erkannte sofort die Konsequenzen."

„Der Kunde kommt und nimmt sich genau das, was er braucht."

„Und?"

„Das ist wie im Schnellrestaurant mit den Hamburgern", rief Amy. „Du brätst nur so viel nach, wie verbraucht wurden." Sie wirkte aufgeregt. „Zur Mittagszeit hatten wir verschiedene Reihen von Burgern, also Cheeseburger, Doubleburger, Hühnchensandwich und so weiter. In jede Reihe passten sieben Stück. Wenn ein Kunde nun zum Beispiel einen Cheeseburger wollte, dann bekam er den ersten der Reihe, alle rutschten einen Platz weiter, und wir wussten, wir mussten wieder einen nachproduzieren, den wir oben in die Reihe auf den freien Platz legten."

„Das ist ein schönes Beispiel. Wir haben hier sogar zwei Stufen von ziehendem Materialfluss. Die erste ist das Nachfüllen von nennen wir es mal Standardburgern mit hoher Nachfrage, wie zum Beispiel dem einfachen Cheeseburger. Dafür hält man sich immer einen kleinen Bestand vor, der immer wieder aufgefüllt wird, sobald etwas verkauft wurde. Wie eine gleichmäßige Nachfrage da ist, werden die im Regal nicht schlecht. Außerdem deckt dieser Bestand Nachfragespitzen ab, wenn also zum Beispiel fünf Leute nacheinander einen Cheeseburger wollen und du mit dem Braten gar nicht so schnell nachkommen würdest."

„Genau so war es", sagte Amy.

„Aber es gibt ja auch spezielle Dinge, zum Beispiel Cheeseburger ohne Gurke. Den kannst du dir nicht ins Lager legen, weil er viel zu selten nachgefragt wird, der wird ja ranzig. Wenn du davon einen Bestand hast ..."

„Dann wäre das Überproduktion!", unterbrach ihn Phil mit leuchtenden Augen.

„Exakt. Also wirst du dir etwas einfallen lassen müssen, wie du derartige Extras erst nach der Kundenbestellung produzieren kannst."

„Weil wir aber eine bestimmte Menge an Leuten haben, die Burger braten", fuhr Amy fort, „werden wir entweder mit Einmalbestellungen überschwemmt oder haben nichts zu tun. Schwankungen."

„Mura", sagte Phil, dem die Diskussion Spaß zu machen schien.

„Yep", stimmte mein Vater zu. „Also müssen wir unsere Bestände wie Puffer einsetzen. Wir produzieren also die Spezialitäten nach Kundenauftrag, wenn wir solche Kundenaufträge haben. Sobald wir Zeit haben, produzieren wir die Standardprodukte für unsere Puffer. Und damit verteilen wir die Arbeit gleichmäßig über die Zeit. Wir nivellieren also die Arbeitsbelastung. Ohno verwendete zwei Grundprinzipien eines Supermarktes bei Toyota. Erstens bedient sich der flussabwärts liegende Prozess im Supermarkt des Vorgängerprozesses, und zweitens produziert der Vorgängerprozess nur das, was der Nachfolger entnommen hat."

„Ein ziehender Materialfluss!"

„Genau. Die Idee dahinter ist, die Durchlaufzeit zu minimieren. Und jetzt denkt mal darüber nach, wie ihr euer Werk steuert. Wir haben einen Wochenproduktionsplan, egal ob der von einem System oder manuell erstellt wurde. Und dann wird jeder Prozess darüber informiert, was und wie viel davon er zu produzieren hat."

„Die STR-Linie bekommt jeden Tag die Information, dass sie 80 Automaten zu produzieren hat", sagte Amy.

„Eine Planwirtschaft wie in der Sowjetunion. Jetzt produzieren wir also die 80 STR-Automaten und drücken sie in die Endmontage, die allerdings gerade damit ausgelastet ist, QST-1 zu machen. Also stapeln sich die STR. Am nächsten Tag werden weitere 80 STR produziert, allerdings macht die Endmontage QST-2. Jetzt haben wir schon 160 STR herumliegen."

„Wenn ich mir überlege, was ein Vakuumkern kostet, dann will ich gar nicht erst wissen, wie viel Geld mich das kostet", murmelte Phil.

„Na ja – aber drei Tage später fängt die Endmontage ja an, STR zu bauen, als gäbe es kein Morgen. Der Bestand ist schnell weg. Wie eine Schulklasse, die in dein Schnellrestaurant kommt, und alle wollen ein Hühnchensandwich."

„Sie kaufen den kompletten Bestand auf, und dann versuchen wir, mit dem Herstellen von neuen nachzukommen. Und wir haben keine Chance."

„Und genau das passiert heute bei uns, wenn Jake eine große Menge an STR verbraucht'", sagte Phil.

„Richtig. So, wie ihr heute produziert, mit den großen Losen, könnt ihr nur dann sicherstellen, dass es funktioniert ..."

„... wenn ihr riesige Bestände habt", rief ich dazwischen und freute mich, dass ich was verstanden hatte.

„Und genau das ist der Grund, warum das Gold im Wertstrom vor dem Förderer der Endmontage hängen bleibt."

„Das heißt im Umkehrschluss, wir müssen die Aufträge, die auf den Förderer gehen, mischen, um den Bestandsaufbau zu vermeiden, meinst du das?", sagte Phil. „Das wird schwierig."

„Das kannst du laut sagen", sagte Amy düster.

„So ist das", sagte mein Vater, nahm einen Schluck von dem wässerigen Kaffee und verzog das Gesicht. Das Café füllte sich langsam mit einer bunten Mischung aus Familien und Arbeitern, und der Lärmpegel schwoll an. Mein Vater ließ sich nicht stören und fuhr fort.

„Im Toyota-Produktionssystem nennt sich das *Heijunka*, das bedeutet Nivellierung."

„Wie funktioniert das?"

„Das hängt vom Kundenbedarf ab. Wie sieht das bei dir gerade aus?"

„Inklusive des Rückstandsabbaus versuchen wir, pro Woche 100 STR zu machen, ungefähr 55 QST-1, 50 QST-2 und 20 DG."

„Wie viele bekommst du pro Tag durch den Förderer?"

„Wenn es gut läuft, schaffen wir 50 am Tag."

Mein Vater nahm eine Serviette und fing an zu kritzeln.

„Also arbeitet die Endmontage am Förderer ungefähr so:

Montag: 50 STR,
Dienstag: 50 STR,
Mittwoch: 50 QST-1,
Donnerstag: fünf QST-1 und 45 QST-2,
Freitag: fünf QST-2 und 20 DG plus den Rückstand, der sich im Lauf der Woche aufgrund verschiedener Probleme ergeben hat."

„Schlimmer“, sagte Phil. „Im Prinzip hinken wir dem Plan meist schon ab Mittwoch hinterher. Wir brauchen jede Woche noch zusätzliche Überstunden, um die geplante Menge fertig zu bekommen.“

„Weil in einen STR vier Sicherungsautomaten kommen, bauen wir von Mittwoch bis Freitag einen Bestand von 80 STR-Automaten auf – pro Tag“, erklärte Amy. „Das sind allein für den STR 240 Automaten Work-in-Progress.“

„Der Förderer zieht dann am Montag 200 davon ab, während ihr gerade mal 80 neue produziert. Das heißt, ihr braucht am Montagmorgen ein Minimum von 120 STR-Automaten. Am Dienstag braucht die Endmontage wiederum 200, während ihr nur 80 produziert, das heißt, um die Endmontage nicht abzustellen, braucht ihr insgesamt 240 Automaten im Bestand – also genau die Menge, die ihr von Mittwoch bis Freitag produziert habt.“

„Die Endmontage schafft nicht jeden Montag die 50 STR, und wir haben außerdem die Möglichkeit, in der Vormontage Überstunden zu machen. Wir haben schon ein wenig Spielraum“, sagte Amy.

„Langsam“, erwiderte mein Vater. „Das kann zwar interessant sein, aber lasst uns beim Thema bleiben, um das Prinzip zu verstehen. Von solchen Schwankungen abgesehen, habt ihr immer noch einen schiebenden Materialfluss. Ihr drückt die STR-Automaten in die Endmontage. Und das sollte genau andersherum sein. Der Förderer definiert, was die Vormontage zu machen hat – genau wie im Supermarkt.“

„Das Prinzip ist mir klar“, sagte Phil. „Oder zumindest glaub ich das. Aber wie sollen wir dann den Förderer planen? Auf welcher Grundlage?“

„Kundenbedarf“, sagte mein Vater. „Denk nach.“

„Okay, wir haben unseren Wochenplan, den wir aus dem Monatsplan ableiten können“, murmelte Phil grübelnd.

„Der Kundentakt!“, rief Amy plötzlich laut aus. „Der Kundentakt drückt doch nichts anderes aus als den Bedarf.“

Mein Vater lächelte und nahm eine neue Serviette. „Versucht es mal so.“

Produkt	Wochenbedarf	Täglicher Bedarf	Kundentakt basierend auf 450 min/Tag
STR	100	20	22,5 min
QST-1	55	11	40,9 min
QST-2	50	10	45 min
DG	20	4	112,5 min
Total	225	45	10 min

„Das heißt, ihr müsst alle zehn Minuten einen Schaltschrank vom Förderer bekommen, um den Gesamtbedarf zu befriedigen."

„Das wären 45 am Tag und 225 in der Woche. Ich wäre froh, wenn wir das hinkriegen würden", stimmte Phil zu.

„Also versuchen wir jetzt mal, einen Produktionsplan aufzubauen, der auf einem Zehn-Minuten-Rhythmus basiert."

Zeit	10 min	10 min	10 min	10 min	10 min	10 min	10 min	10 min	10 min	10 min	10 min
Produktion Förderer											

„Was ist der größte Kundentakt?"

„DG", antwortete Amy. „Von denen brauchen wir alle 112 Minuten einen."

„Dann planen wir einen DG einfach mal alle 100 Minuten."

Zeit	10 min	10 min	10 min	10 min	10 min	10 min	10 min	10 min	10 min	10 min	10 min
Produktion Förderer										DG	

„Der Nächstlangsamere?"

„QST-2, einer alle 45 Minuten."

„Okay, dann sieht es so aus."

Zeit	10 min	10 min	10 min	10 min	10 min	10 min	10 min	10 min	10 min	10 min	10 min
Produktion Förderer				QST-2				QST-2		DG	

„Ich hab's kapiert", rief Amy. „Und jetzt können wir den QST-1 alle 41 Minuten planen."

Zeit	10 min	10 min	10 min	10 min	10 min	10 min	10 min	10 min	10 min	10 min	10 min
Produktion Förderer			QST-1	QST-2			QST-1	QST-2		DG	

„Und der Rest sind STR", verkündete Phil.

Zeit	10 min	10 min	10 min	10 min	10 min	10 min	10 min	10 min	10 min	10 min	10 min
Produktion Förderer	STR	STR	QST-1	QST-2	STR	STR	QST-1	QST-2	STR	DG	STR

„So ähnlich würde das dann aussehen", stimmte mein Vater zu. „Aber du kannst das noch weiter nivellieren."

Zeit	10 min	10 min	10 min	10 min	10 min	10 min	10 min	10 min	10 min	10 min	10 min
Produktion Förderer	STR	QST-1	STR	QST-2	STR	QST-1	STR	QST-2	STR	DG	STR

„Und so weiter. Es geht darum, die nivellierteste, also die ausgeglichenste Sequenz unter Berücksichtigung des Kundentaktes zu finden. So hätten wir zum Beispiel alle 20 Minuten einen STR fertig."

„Meine Güte", sagte Phil. „Da haben wir aber was zum Nachdenken."

„Ich weiß nicht", meinte Amy. „Das ist doch eigentlich recht logisch. Man nivelliert den Fluss der Fertigprodukte, sodass wir die Automaten gleichmäßig aus der Vormontage ziehen. Das würde uns auch helfen, den Bestand der Pressteile zu reduzieren."

„Sehr gut. Wenn das alles so logisch ist, dann erklär das doch Jake."

„Oh nein, das mach ich garantiert nicht. Das darfst du machen."

„Aber setzen wir damit nicht auch voraus, dass es keine Bedarfsschwankungen gibt?", fragte Phil meinen Vater.

„Ein wichtiger Punkt", sagte der. „Du hast recht. Wir verlassen uns im Moment darauf, dass die Wochenmenge sich nicht verändert, weil du den Plan ja schon einige Wochen im Voraus bekommst. Das heißt, wir nivellieren im Moment nur den Variantenmix. Die theoretisch mögliche, perfekte Nivellierung ist allerdings nie erreichbar. Mithilfe des Werkzeuges Kundentakt versuchen wir, uns diesem Nordstern so weit wie möglich zu nähern."

Phil schrieb hektisch mit, Zweifel im Blick. Amy fummelte konzentriert nachdenkend in ihren Haaren herum, und ich starrte in meine Tasse, als versuchte ich die Zukunft in den Kaffeekörnchen am Boden meiner Tasse zu erkennen.

„Macht einem Schritt nach dem anderen", sagte mein Vater seufzend. „Im Moment arbeitet ihr doch mit diesen furchtbaren Rollwagen, auf die 20 Automaten passen, stimmt's?"

„Sie haben gesagt, wir sollen das machen", rechtfertigte sich Amy. „Was ist jetzt schon wieder falsch?"

„Der Bestand natürlich", gab mein Vater zurück. „Aber wir lassen das erst mal so. Ihr versucht, Jake dazu zu bringen, dass er die Produktion so weit nivelliert, dass er zumindest jeden Tag alle Varianten macht, also 20 STR, elf QST-1, zehn QST-2 und vier DG, in Summe also 45 Schaltschränke. Für die 20 STR braucht er 80 Sicherungsautomaten. Das sind dann vier Rollwagen Bestand in der Vormontage, und das ist deutlich weniger als die zwölf Rollwagen, die ihr heute habt."

„Wenn er die 20 STR am Stück macht, dann hat er die 80 Automaten in drei oder vier Stunden verbraucht", rechnete Phil laut denkend vor. „Wir müssen also die 80 Automaten schon im Bestand haben und produzieren gleichzeitig die Automaten für den nächsten Tag."

„So sieht's aus. Damit hast du maximal 80 Automaten im Fluss", mein Vater nickte.

„Aber wenn Jake weiter nivelliert und irgendwann nur alle 20 Minuten einen STR macht, dann könnte die Vormontage die benötigten vier Automaten in diesen 20 Minuten produzieren", fuhr Phil fort. „Das würde bedeuten, wir haben nur noch vier Automaten Bestand in der Endmontage."

„Das ist das Prinzip", stimmte mein Vater zu und bestellte noch eine Runde Kaffee. „Diesmal aber richtigen", grunzte er die Bedienung an, die ihn einfach ignorierte.

„Und damit produzieren wir nur das, was die Endmontage verbraucht", Phil war begeistert. „Der Supermarkt. Das ist genial!"

„Leicht gesagt", warf Amy ein. „Aber mir graust vor der Umsetzung."

„Vergesst das mal", sagte mein Vater. „Ihr produziert heute jeden Artikel einmal pro Woche. Wenn ihr es schafft, jeden Artikel einmal pro Tag zu produzieren, dann ist das ein Riesenschritt. Und der wird dramatische Auswirkungen auf euren Work-in-Progress haben. Es ist aber vor allem wichtig, dass ihr begreift, dass eine Bestandsreduzierung nicht möglich ist, ohne die Beziehung zwischen dem Verhalten des Kunden und den Möglichkeiten des Lieferanten genau zu verstehen. Beide Prozesse haben unterschiedliche Einflüsse auf den Fluss, und diese Unterschiede bestimmen die Höhe des notwendigen Bestands. Wenn ihr die Endmontage nivelliert, könnt ihr vom liefernden Prozess gleichmäßig das benötigte Material holen, ohne dafür viel Bestand zu benötigen."

„Tja", sagte Amy zweifelnd. „Zumindest solange es keine Schwankungen und keine Anlagenausfälle gibt. Die Fertigung nach Kundentakt muss unglaublich präzise funktionieren."

„Das muss sie auch heute schon", brummte mein Vater. „Das könnt ihr nur nicht sehen. Eure Schwankungen verstecken sich in einem völlig unkontrollierten Bestand. Aber es ist offensichtlich, dass wir Puffer im System brauchen, solange das alles noch nicht sauber funktioniert. Aber wenn ihr damit nicht anfangt, dann werdet ihr eure Bestandssituation nie in den Griff bekommen. Das ist Physik."

„Nein, das ist es nicht", erwiderte Philip klar. „Ich habe meine Lektion gelernt. Es sind die Menschen, darum geht es. Wir müssen sie nun bekehren. Mein Gott!"

Wir brachen anhand dieses Bekenntnisses in schallendes Gelächter aus.

„Okay", sagte Phil dann und blätterte in seinen Notizen. „Ich habe das verstanden. Ich verstehe auch deine Einwände gegen die Lösung von Amy und Gloria mit den beiden parallelen Linien, auch wenn du es warst, der gesagt hatte, es sei leichter, die Produktivität zu erhöhen, wenn man Leute aus der Linie nimmt, anstatt zu verlangen, dass die gleiche Anzahl an Leuten mehr produzieren soll."

Mein Vater starrte ihn an, blieb aber ruhig.

„Jetzt sagst du uns, dass die Reduzierung der Schwankungen im Zyklus der Werker nicht ausreicht, um den Bestand zu reduzieren, sondern dass wir auch den Variantenmix nivellieren müssen?"

„Richtig. Heijunka. Euer Bestand an Automaten wird sinken, wenn ihr die Endmontage nivelliert. Aber das wird dann Auswirkungen auf die anderen Prozesse haben, zum Beispiel auf die Herstellung der Gehäuse, wo du auch Losgrößen verwendest, die du dann überarbeiten musst. Das Gleiche gilt für deine Lieferanten. All die Mengen dieser Komponenten müssen angepasst werden, sodass sie im Kundentakt direkt an die Linie geliefert werden können."

„Und wir müssen die Zykluszeiten der Werker verbessern", fügte Amy hinzu. „Denn im Moment schaffen wir in der Endmontage die notwendige Stückzahl an STR noch gar nicht."

„Das schaffst du."

„Nein, das schaffe ich nicht. Nicht, solange du das nicht mit diesem Schwachkopf Jake klärst."

„Schon gut, schon gut, ich hab's verstanden", sagte Phil gereizt und atmete tief durch. „Ich tu ja, was ich kann. Wir wissen, was wir tun müssen, und wir könnten ein paar Leute von der DG-Linie haben, die uns helfen könnten."

„Mach weiter, das klingt recht gut", sagte mein Vater gönnerhaft.

„Ich wollte noch mal über das Thema ‚Kundentakt' reden", sagte Phil langsam. „Wenn ich das richtig verstanden habe, dann geht es doch letztendlich darum."

„Richtig", bestätigte mein Vater.

„Wenn wir von einer stabilen täglichen Nachfrage ausgehen von 20 STR, elf QST-1, zehn QST-2 und vier DG, das heißt von 45 Schaltschränken insgesamt, dann ist der Kundentakt bei 450 Minuten Arbeitszeit zehn Minuten."

„Wenn alles läuft, dann schaffst du das an einem normalen Tag", stimmte mein Vater zu.

„Also, wir brauchen vier Automaten für einen STR und einen QST-1, drei für einen QST-2 und einen für jeden DG. Das heißt, wenn alles perfekt läuft, brauchen wir alle 22 Minuten vier STR-Automaten, alle 21 Minuten vier QST-1- und drei QST-2-Automaten und alle paar Stunden einen DG-Automaten."

„Ein Exot", sagte mein Vater.

„Weiterhin hast du uns gesagt, dass es richtig wäre, nur noch zwei Vormontagen zu haben, eine, die die STR-Automaten produziert, und eine für die QST-1 und QST-2."

„Natürlich wäre das richtig, da haben wir doch schon darüber gesprochen", sagte mein Vater ungeduldig. „Nebenbei werden die Reduzierung des Kundentaktes und die neue Austaktung der Zykluszeiten mit mehr Werkern euch auch jede Menge Verbesserungsideen bringen."

Amy verdrehte die Augen, sagte aber nichts.

„Ich habe vier Werker an jeder der beiden STR-Linien, vier an der QST-Linie und fünf an der QST/DG-Linie. Insgesamt 17 Leute. Wenn der Arbeitsinhalt sowohl für den STR- als auch den QST-Automaten 40 Minuten ist, brauchen wir acht Leute an der STR-Linie."

„Vorausgesetzt die Leute sind bereit, kürzere Zykluszeiten zu akzeptieren", erinnerte ihn Amy.

„Richtig. Wir brauchen dann noch 74 QST-Automaten jeden Tag, das heißt, der Kundentakt ist ungefähr sechs Minuten. Bei einem Arbeitsinhalt von 40 Minuten bedeutet das, dass sieben Werker ausreichen müssten. Außerdem", fuhr er fort, „brauche ich keine eigene DG-Linie. Ich brauche nur einen Mann, der mir einmal am Tag die vier DG-Automaten von Anfang bis Ende komplett baut."

„Du solltest die DG komplett loswerden. Das ist, was du brauchst", warf mein Vater schneidend ein.

„Ich bin an dem Thema dran, okay? Aber wir haben Verträge, die wir einhalten müssen. Also, wie auch immer, das wäre ein Werker für die DG. Im Vergleich zu unserer Situation ganz am Anfang habe ich dann zwei Werker übrig, die ich dann in der Endmontage einsetzen könnte."

„Wenn wir das mit unserer Startsituation ganz am Anfang vergleichen, würde das so aussehen", sagte Amy und zeichnete eine Tabelle:

		Vorher	Nachher
STR-Automaten	Teile	40/Tag	80/Tag
	Mitarbeiter	6	8
QST-1-, QST-2- und DG-Automaten	Teile	70/Tag	78/Tag
	Mitarbeiter	12	7 + 1

„Wir erhöhen da richtig die Produktivität."

„Darum geht es nicht, Philip. Verliere nicht den Fokus. Du hast mehr STR an deine Kunden geliefert, du hast dafür deine Fixkosten nicht erhöht und du hast dafür Geld bekommen. Das ist der springende Punkt: Liquidität."

„Ja – und wir vermeiden Lieferverzögerungen. Und damit auch Strafzahlungen."

„Deine nächste Aufgabe ist wieder nicht die Produktivität, sondern die Reduzierung der Bestände im Prozess, wobei der Förderer natürlich in der Lage sein muss, die Stückzahl durchzubringen. Das heißt, wir brauchen einen Plan für die Endmontage, die den gesamten Fluss nivelliert."

„Einen Moment", sagte Amy als mein Vater nach der Bedienung rufen wollte. „Theoretisch ist mir das alles klar, aber ich habe keine Ahnung, wie wir das umsetzen sollen. Sie sagen, dass wenn wir nur noch zwei Vormontagelinien haben statt der vier heute, werden wir auch die Produktivität erhöhen, weil bei kürzeren Zykluszeiten die Schwankungen besser eliminiert werden können? Habe ich das richtig verstanden?"

„Ja, das ist richtig. Falls Sie jedoch das Gefühl haben, dass der Widerstand dagegen zu stark ist, dann sollten Sie das verschieben und vorher noch mehr Kaizen-Workshops machen."

Was war das? War das mein Vater? Kann mich mal einer kneifen?

„Außerdem sagst du", meinte Phil, „dass wir die Reihenfolge auf dem Förderer glätten müssen, indem wir die Varianten wechseln. Damit nivellieren wir auch die Entnahme der Automaten aus dem Supermarkt und reduzieren damit wiederum den Bestand."

„Aber wie sollen wir das praktisch machen?", fragte Amy. „Wie baut man so einen Supermarkt? Sie mögen die Rollwagen nicht, was ist die Alternative?"

„Keine Ahnung. Sagen Sie es mir."

Sie sah ihn an.

„Kommen Sie, Amy. Sie waren doch schon auf der richtigen Spur. Sie haben den Förderer mit dem Kassierer verglichen. Was heißt das bezogen auf die Produkte?"

„Der Einkaufskorb ist das Produkt! Natürlich! Und es gibt eine unendliche Anzahl von Varianten, weil keine zwei den gleichen Inhalt haben."

„Das heißt?"

„Also. Gehen wir mal davon aus, dass jeder Werker am Förderer ein Kunde ist. Er bekommt die Anzahl an Automaten, die er braucht, am besten in einer speziellen Kiste, also zum Beispiel vier Automaten für einen STR-Schaltschrank."

„Spezielle Kisten?"

„Sie hat recht, Philip. Du brauchst kleine, spezifische Kisten. In jeder liegt die richtige Anzahl von Automaten für einen Schaltschrank. Stell dir eine Plastikbox mit Einsätzen für die Automaten vor."

„Und die Kosten?"

Mein Vater zuckte nur mit den Schultern.

„Die Logistik wird ausflippen."

„Machen Sie weiter, Amy."

„Die Kisten müssen nahe bei den Werkern stehen. Wenn sie den nächsten Automaten benötigen, dann sollten sie den einfach greifen können, wie aus einem Supermarktregal."

„Perfekt, das ist die Lösung", sagte mein Vater. Das stolze Lächeln wirkte bei ihm ein wenig schwachsinnig. „Und das gilt natürlich für alle Teile, die sie benötigen, um den Schaltschrank zu bauen."

„Aber wie soll das gehen? Praktisch, meine ich."

„Durchlaufregale. Die Vormontage packt jeweils vier Automaten in die Kisten."

„Oder drei, je nach Produkt", warf Phil ein.

„Oder drei. Wenn die Kiste voll ist, dann stellen sie sie in das Durchlaufregal, das in der Endmontage am Förderer endet. Die Werker dort können dann nehmen, was sie entsprechend ihrem Produktionsplan brauchen."

„Und alle Materialien sollten so zugeführt werden?"

„Wenn möglich. Sie können direkt dort platziert werden, wenn die liefernde Station nahe am Förderer liegt, falls nicht, dann kann die Logistik die Regale am Förderer füllen. In eurem Fall würde ich, was die Automaten betrifft, eine direkte Verbindung herstellen. Wir wollen schließlich die Bestände reduzieren und auch unnötige Transporte vermeiden."

„Aber das heißt ja, wir müssen die Vormontagelinien wieder umbauen und verlagern", rief Amy.

„Wie war das Problem?", fragte mein Vater unverschämt.

„Ach nichts", sie winkte ab. „Wieder mal Zeit für Kaizen, nehme ich an."

„Das ist genial", sagte Phil. „Alles fängt an zu fließen. Ich verstehe es langsam. Natürlich."

„Denk an das Gold, Philip. Denk immer an das Gold."

„Unglaublich."

„Also meine Herren", sagte Amy zackig. „Dann packen wir es mal an."

„Nicht so schnell. Wir müssen das vorher schon genau und in Ruhe planen", sagte Phil, wurde sich dann bewusst, dass er damit nur die Sache verzögern würde, und schaute daraufhin so schuldbewusst, dass wir alle in Lachen ausbrachen.

Ich verbrachte ein paar Wochen aufgrund eines Forschungsprojekts an der Ostküste, rief aber Phil gleich nach meiner Rückkehr an. Ich war selbst davon überrascht, wie sehr mich die Sache interessierte, und brannte darauf, zu erfahren, wie der aktuelle Stand im Werk war.

„Offener Krieg, mein Freund, das kannst du mir glauben."

„Wie meinst du das?"

„Der Schichtleiter in der Endmontage, Jake Rogers, hat gesagt, er lässt sich nicht von einem kleinen Mädchen erklären, wie er seine Abteilung zu steuern hat."

„Im Ernst?"

„Im Ernst. Er sagt, wir würden seine Leute viel zu sehr unter Druck setzen und die Schwachsinnsidee mit dem Variantenmix würde sowieso nie funktionieren und nur zu Qualitätsproblemen führen. Wiederholungen machen die Arbeit einfacher und stellen damit die Qualität sicher."

„Hat er da vielleicht sogar recht?"

„Vielleicht hat er recht. Aber wenn ich mir die Bestände anschaue, die er damit verursacht, dann ist das ein sehr teures Recht. Ich bin sicher, die Leute würden das akzeptieren, sie machen doch heute schon alle Typen von Schaltschränken. Ich habe einen Kompromiss verlangt, aber er gab nicht nach."

„Was ist passiert?"

„Ich habe ihm gesagt, es wird entweder so gemacht, wie ich sage. Oder ..."

„Du hast ihm gedroht, ihn rauszuwerfen?", fragte ich verblüfft.

„Ja. Er hat mich direkt gefragt, wie hoch die Abfindung wäre, die ich ihm anbieten könnte. Er würde, wenn es passt, sofort gehen."

„Was?"

„Das Leben ist voller Überraschungen. Ich habe die heiße Kartoffel an Matt weitergereicht und, was soll ich sagen, Jake Rogers wird uns Ende der Woche verlassen."

„Ich dachte, ihr habt kein Geld."

„Matt hat mit ihm verhandelt. Wir zahlen nicht die ganze Summe auf einmal, sondern über einen bestimmten Zeitraum gestreckt, dann geht das schon. Jake wäre sowieso schon bald in Rente gegangen und vielleicht reichte es ihm. Oder er hat ganz andere Pläne, wer weiß das schon."

„Und was machst du jetzt?"

„Das ist interessant", sagte er fröhlich. „Gloria und Amy haben eine neue Teamleiterin gefunden, eine der Werkerinnen in der Endmontage."

„Mach mich nicht fertig. Jemand aus dem Fußvolk? Ohne Studium?"

„Darauf kannst du wetten. Wir haben mittlerweile festgestellt, dass es Leute gibt, die diese Methoden sofort verstehen und die auch Lust darauf haben, so etwas umzusetzen. Darum geht es. Amy und Gloria waren sich mit ihr sofort sicher. Und Ester Ramirez, die neue Teamleiterin, hat es auch geschafft, dass die Endmontage jetzt genau das macht, was dein Vater vorgeschlagen hat. Sie machen jedes Produkt jeden Tag, wenn auch immer in einem Los."

„Das heißt?"

„20 STR, dann elf QST-1, dann zehn QST-2, dann die DG."

„Und hilft das bei der Bestandsreduzierung?"

„Soll das ein Witz sein? Der Effekt ist unglaublich. Der Work-in-Progress bei den Automaten ist viel niedriger. Er könnte natürlich noch niedriger sein, wenn wir die Endmontage komplett nivellieren, aber auch so ist es ein Unterschied wie Tag und Nacht. Das Gute ist, dass wir ein neues Produkt, den STR-X, endlich fertig entwickelt haben, und der wird uns helfen, noch besser bei der Nivellierung zu werden."

„Amy ist sicher begeistert."

„Ja, natürlich, du kennst sie. Sie macht momentan der Konstruktion mächtig Dampf, damit die sich um die Nacharbeitsprobleme an der QST-Linie kümmert. Uns steht zwar das Wasser immer noch bis zum Hals, aber es sieht nicht mehr allzu schlecht aus. Sie hat übrigens nach dir gefragt."

„Nach mir?" Was weißt du?

„Ja. Manche Frauen haben wirklich einen seltsamen Geschmack", kicherte er.

„Hör auf mit dem Quatsch! Ich habe dich übrigens angerufen, um dir zu sagen, dass mein Vater Charlene und dich gerne für Samstag zum Abendessen einladen möchte. Ein alter Freund von ihm wird auch da sein, ein Professor, der sich auf das Thema ‚schlanke Produktion' und das ganze Just-in-Time-Zeug spezialisiert hat, und er dachte, das wäre vielleicht für dich interessant."

„Und ob das interessant ist", sagte Phil aufgeregt. „Das wäre klasse. Ich muss nur vorher Charlene fragen, ob sie nichts anderes geplant hat. Aber ich will auf jeden Fall kommen."

„Okay, ich sage meinem Vater Bescheid."

„Danke." Dann lachte er leise. „Soll ich Amy fragen, ob sie auch kommt?"

Die Einladung meines Vaters hatte mich überrascht, und ich erwartete viele anstrengende Gespräche über Produktionsthemen. Und als ich ankam, war Phil auch bereits mit einem kleinen, rundlichen Mann mit dicken, rechteckigen Brillengläsern, einer Tweedjacke und dem typischen Benehmen eines Akademikers im Gespräch. Stephen MacAllister war Professor an einer Wirtschaftsuniversität irgendwo in Michigan und Spezialist für, wie er es nannte, schlanke Produktion. Ich war immer der Meinung, dass all diese Ideen und Formulierungen Elemente des Toyota-Produktionssystems wären, aber anscheinend wurde all das, was Toyota hier in den Vereinigten Staaten nach dem Zweiten Weltkrieg gelehrt und verbreitet hatte und dessen Wurzeln, hier muss man fair bleiben, im Wirken von Henry Ford und anderen liegen, unter dem Begriff „schlanke Produktion“ zusammengefasst.

Mein Vater traf Stephen in seiner Reisegruppe während seines ersten Besuchs in Japan. Seit dieser Zeit waren die beiden befreundet. MacAllister hat das Just-in-Time-Prinzip mehr aus dem akademischen Blickwinkel betrachtet, während mein Vater sich mit der Feldforschung beziehungsweise der Umsetzung beschäftigte. Sie hatten während all der Jahre ständig Ideen und Probleme diskutiert, und beide zusammen wussten wahrscheinlich mehr über schlanke Produktion, als sich ein geistig normaler Mensch wünschen würde. Steve half gelegentlich Unternehmen als Berater, und das war auch der Grund, warum er hier in der Gegend war. Wenn er in der Nähe zu tun hatte, kam er immer zum Abendessen vorbei – zum Schrecken meiner Mutter, die sich dann immer endlose Diskussionen über Produktionssysteme anhören durfte. Mein Vater dachte, dass es vielleicht eine gute Idee wäre, Phil ebenfalls zu diesem Treffen einzuladen, und das war der Grund, warum wir nun hier waren.

„Erinnerst du dich noch an unsere erste Japanreise?“, fragte Steve, der es sich in einem Sessel gemütlich gemacht hatte und sein Brandyglas schwenkte. Seine hohe Stirn, sein Bauchansatz und sein Tweedjackett machten ihn zum typischen Gelehrten (ich sehe übrigens nicht so aus, das schwöre ich). Wir hatten ein unerwartet angenehmes Abendessen ohne Gespräche über Produktionssysteme hinter uns. Meine Mutter und Charlene verstanden sich auf Anhieb, und die meisten Gespräche drehten sich um die Probleme berufstätiger Frauen und später um die Arbeit meiner Mutter als Filmkritikerin. Charlene schien guter Stimmung zu sein, und Phil war ebenfalls recht entspannt. Ich vermutete, zwischen den beiden war wieder alles in Ordnung.

Nach dem Nachtisch gingen meine Mutter und Charlene ins Fernsehzimmer, um über einen Film über Frauen und Schleierzwang im Mittleren Osten zu diskutieren. Für die Veteranen war es an der Zeit, in Erinnerungen zu schwelgen.

„Die gute alte Zeit." Mein Vater lächelte.

„Weißt du noch? Die Franzosen? Als die zum ersten Mal Kanban-Karten gesehen haben, meinten sie, dass Japaner wohl nicht besonders clever seien. In Frankreich wäre so was schon längst auf elektronische Datenverarbeitung umgestellt."

„Bleib fair, Steve. Wir wussten es damals auch nicht besser."

„Du hast recht. So war das damals."

„Erinnerst du dich noch daran, als ich als Werkleiter zum ersten Mal mit dem Thema konfrontiert wurde?"

„Ja." MacAllister lachte. „Erzähl mal, das könnte interessant sein für unsere Gäste."

„Ich leitete ein Werk, das Teile für einen Automobilzulieferer herstellte, als ich das erste Mal mit dem Toyota-Produktionssystem zu tun hatte. Toyota und General Motors hatten damals ein Joint Venture und wir sollten sie beliefern. Mein Werk wurde als Pilot gewählt, und so wurden wir Teil des Toyota-Lieferantenentwicklungsprogramms. Das Erste, was die mir sagten, als sie mein Werk betraten, war, dass meine Behälter alle viel zu groß wären, ich solle sie halbieren. ‚Warum sollte ich das tun?', protestierte ich. ‚Das bedeutet nur, dass irgendjemand zweimal gehen muss, wo er heute nur einmal geht.' Danach verlangten sie von mir, dass ich im Versand eine Fläche definieren solle, auf die wir dann alle zwei Stunden die fertigen Produkte aus der Produktion transportieren sollten, obwohl sie nur alle zwei Tage die Ware abholen wollten. ‚Ich soll alle zwei Stunden die Ware in den Versand bringen, und Sie holen sie aber nur alle zwei Tage ab?', fragte ich. ‚Ja', sagten sie. Als Nächstes baten sie mich, an einer Maschine, an der ich zwei Artikel für sie produzierte, den Rüstvorgang schneller zu machen. Um mehr zu produzieren? ‚Nein', sagten sie, ‚um öfter zu rüsten!' Und das war dann der Punkt, an dem ich so weit war, diesen ganzen Haufen Bekloppte aus meiner Fabrik zu werfen."

„Jetzt verstehe ich, warum du so viel Geduld mit dem armen Dave hast", lachte ich.

„Korrigiere mich, wenn ich was Falsches sage", sagte Phil streberhaft. „Aber ich glaube, das mit dem Rüsten verstehe ich. Es geht dabei um die Nivellierung, stimmt's? Öfter rüsten bedeutet kleinere Lose in höherer Frequenz."

„Kleinere Lose", stimmte Steve zu und nickte weise.

„Wobei du das an deinem Förderer machen kannst, ohne dich um Werkzeugwechsel kümmern zu müssen. Rüstzeiten reduzieren ist eine Schweinearbeit, wie du feststellen wirst, wenn du mal versuchst, Losgrößen an einer Spritzgießmaschine zu reduzieren", grummelte mein Vater.

„Ich verstehe aber immer noch nicht, wie das eine Produktion effizienter machen soll“, warf ich ein. „Warum führen kleinere Lose dazu, dass die Verschwendung reduziert wird?“

„Ah“, sagte MacAllister. „Eine gute Frage. Die klassische Antwort von Toyota ist die Geschichte mit dem See und den Felsen darin. Bestand ist die Höhe des Wasserspiegels im See, die Felsen sind die Verschwendungen. Ein hoher Wasserstand verdeckt die Felsen, und deshalb funktioniert das Ganze. Aber es ist ineffizient, nicht kosteneffektiv. Wenn du aber das Wasser ablässt, kommen die Felsen zum Vorschein, und du musst dich mit diesen Problemen beschäftigen, um deine Produktion aufrechterhalten zu können. Wenn du das machst, wirst du immer effizienter. Weil du deine Verschwendung eliminierst.“

„Ich kenne die Geschichte“, sagte Phil. „Aber das klingt so theoretisch. Ich denke schon, dass ich das verstehe, aber in der Praxis ...“

„Das stimmt, ja das ist richtig“, murmelte der Professor. „Aber es ist trotzdem elementar, um das Thema ‚schlanke Produktion‘ zu verstehen. Die meisten Menschen denken bei Ford an das Fließband und übersehen dann völlig die wahre Leistung von Henry Ford. Als er anfing, Autos zu bauen, musste jedes einzelne Teil, das verbaut wurde, vorher von einem Mechaniker überarbeitet und angepasst werden, weil es sonst nicht passte. Fords Ziel war es, diese Anpassungsarbeiten wegfallen zu lassen, und das hat er geschafft, indem er die Technologien zur Teileherstellung verbessert hat. Und erst dann wurde der Weg zum Fließband frei.“

„Standardisierung der Teile“, rief Phil, da kannte er sich aus. „Aber was hat das mit den kleineren Losen zu tun?“

„Dazu muss man wissen, dass Fords sogenannte Massenproduktion kein Widerspruch zu schlanker Produktion ist – es ist einfach nur ein Spezialfall. Es ist Fluss mit nur einem einzigen Produkt und mit speziellen Maschinen, die nur dieses Produkt herstellen können. Ein Produkt, eine Farbe und so weiter. Fords Traum war das perfekte Auto für den amerikanischen Farmer, keine Sondermodelle für alles und jeden.“

„Sie können jedes Auto haben, solange es ein schwarzes Modell T ist.“

„Das trifft es perfekt. Als Toyota aber nach dem Zweiten Weltkrieg wieder anfing, konnten sie sich den Luxus einer solchen Politik nicht erlauben. Also nahmen sie Fords Fertigungsmethode und verallgemeinerten sie, indem sie den Bau von Varianten berücksichtigten“, bemerkte MacAllister.

„Ich glaube, mir geht es noch wie Mike“, sagte Phil und schüttelte den Kopf. „Ich verstehe immer noch nicht, wieso das die Verschwendung reduziert.“

„Okay. Haben Sie ein Stück Papier und einen Stift? Ich zeige Ihnen nun das Geheimnis der TPS[2]-Meister."

Ich musste lachen, als ich Phils Gesicht sah, als er bemerkte, dass er sein allgegenwärtiges Notizbuch, ohne das er normalerweise nie das Haus verließ, nicht bei sich hatte. Aber ich bin ja nicht so, ich holte Stift und Papier aus der Küche.

„Danke Mike", fuhr MacAllister fort. „Lassen Sie mich kurz nachdenken, wie das war. Also stellen Sie sich vor, Sie hätten eine Maschine, die drei Produkte herstellen kann, nämlich Quadrate, Kreise und Dreiecke."

„Hört gut zu", sagte mein Vater. „Wenn ihr das hier nicht versteht, könnt ihr auch nicht verstehen, was ein ziehender Materialfluss bedeutet. Neben der See-und-Felsen-Geschichte war es das Erste, was mir mein Sensei[3] zeigte. Das kennen recht wenige Leute – warum auch immer."

Phil starrte auf das Blatt Papier, begierig auf die Geheimnisse der Meister der schlanken Produktion.

„Diese drei Teile müssen immer zusammen als Set geliefert werden. Stellen Sie sich also vor, Sie beliefern einen Automobilhersteller, und die drei Teile werden immer gemeinsam in einem Fahrzeug verbaut. Sie werden allerdings nur von einer einzigen Maschine produziert, nicht von drei Maschinen. Diese Maschine muss leider beim Produktwechsel umgerüstet werden, und das dauert. Deshalb müssen wir in Losen produzieren."

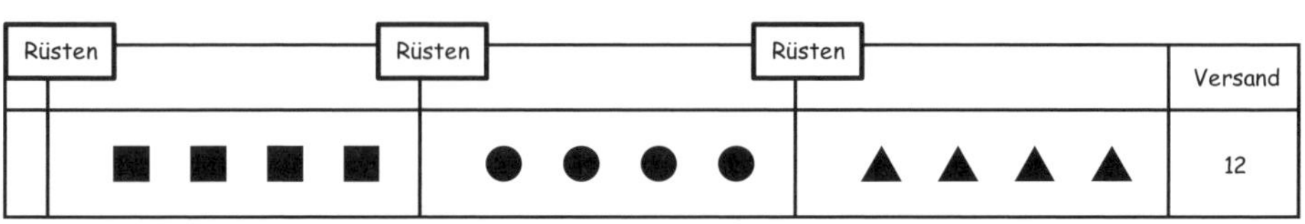

„Abends, nach der Schicht, versenden wir die zwölf Teile in vier Sets, die jeweils aus einem Quadrat, einem Kreis und einem Dreieck bestehen. Das heißt, um die Teile wie gewünscht versenden zu können, müssen wir zwölf Teile im Bestand haben. Wie können wir nun diesen Bestand senken?"

„Das ist einfach", sagte Phil. „Die Losgröße reduzieren."

„Okay, wir verdoppeln also die Rüstvorgänge."

2 TPS: Toyota-Produktionssystem

3 Sensei: Meister, „Unterrichter" (Ausbilder)

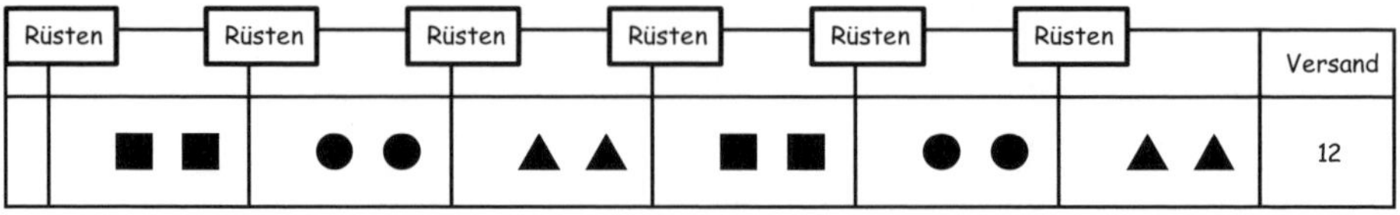

„Das sieht ja dann schon ganz schön aus, aber den Bestand haben wir leider damit nicht gesenkt“, sagte MacAllister.

„Wie meinen Sie das?“, fragte ich verwirrt. Ich hatte verstanden, dass die Reduzierung der Losgröße den Bestand verringert.

„Wie ich es sage. Wir haben den Bestand nicht reduziert. Wir haben immer noch zwölf Teile.“

„Mist“, sagte Phil in plötzlicher Einsicht. „Ist doch klar. Wir müssen die Lieferungen verdoppeln.“

„Sehr gut“, sagte MacAllister. „Also machen wir das mal.“

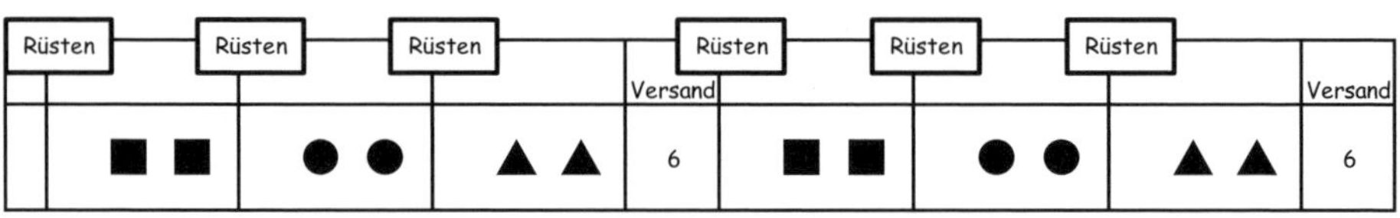

„Und jetzt immer weiter so bis zum Ein-Stück-Fluss“, sagte Phil aufgeregt. „Aber ich muss jedes Mal auch die Anzahl der Lieferungen verdoppeln?“

„Jawohl“, bestätigte MacAllister.

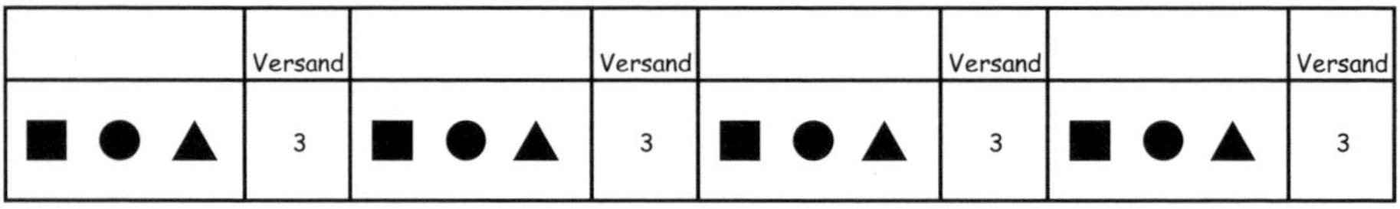

„Verstehen Sie, was das bedeutet?“

„Ja, klar. Das ist genau der Grund, warum Toyota von Ihnen verlangt hat, stündliche Lieferungen zu simulieren, obwohl sie nur einmal in der Woche die Ware abholen. Anders kann ich den Work-in-Progress nicht reduzieren. Das ist genial.“

„Das ist noch nicht alles“, meinte MacAllister mit blitzenden Augen, seine Wangen glühten, er war in seinem Element. „Sehen Sie es nicht? Was würde passieren, wenn wir jetzt wieder zu den großen Losen zurückgehen würden? Warten Sie, ich zeig es Ihnen.“

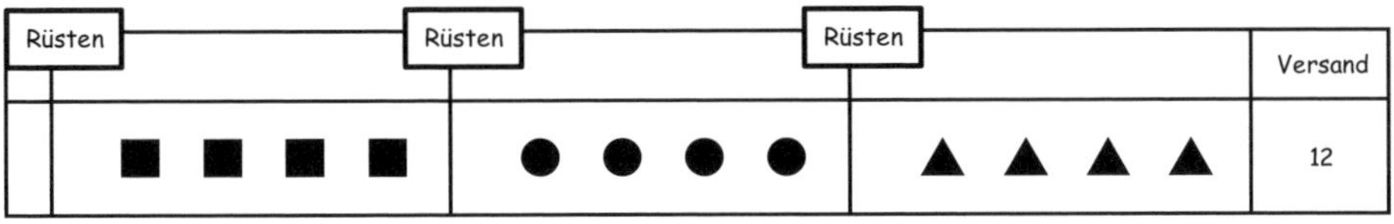

„Jetzt verdoppeln wir einfach mal nur die Lieferungen und bauen uns einen Puffer auf, damit wir lieferfähig bleiben, auch wenn wir nicht die exakte Menge aller Varianten produziert haben."

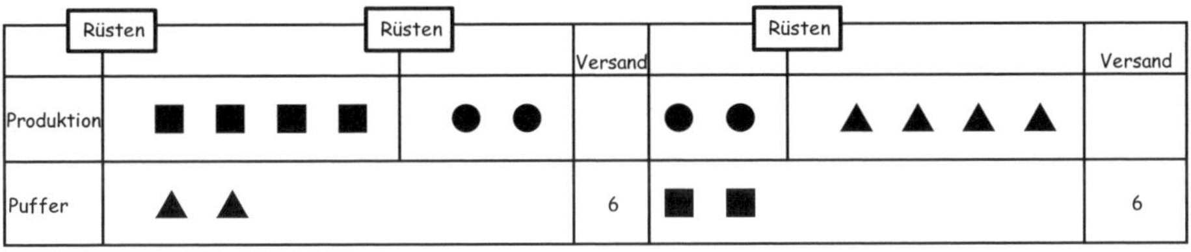

„Heißt das, ich kann weiterhin in Losen von vier Stück produzieren und trotzdem zweimal am Tag liefern, indem ich mir zwei Teile in den Puffer lege?", rief Phil verblüfft.

„Ja, klar. Vormittags produzieren Sie zwei Quadrate mehr, als Sie für die Lieferung brauchen. Die benötigen Sie aber für die Lieferung am Nachmittag, da Sie ja nachmittags keine Quadrate produzieren."

„Und wir haben den Bestand reduziert. Wir haben maximal acht Teile im Bestand statt der zwölf vorher", sagte Phil.

„Absolut richtig", bestätigte MacAllister. „Und der Nachmittag läuft analog. Für die Lieferung verwenden Sie die zwei Quadrate vom Vormittag und produzieren zusätzlich die zwei Dreiecke, die Sie für die Lieferung am nächsten Vormittag benötigen. Und wenn Sie die Lieferungen wieder verdoppeln, dann geht das immer so weiter."

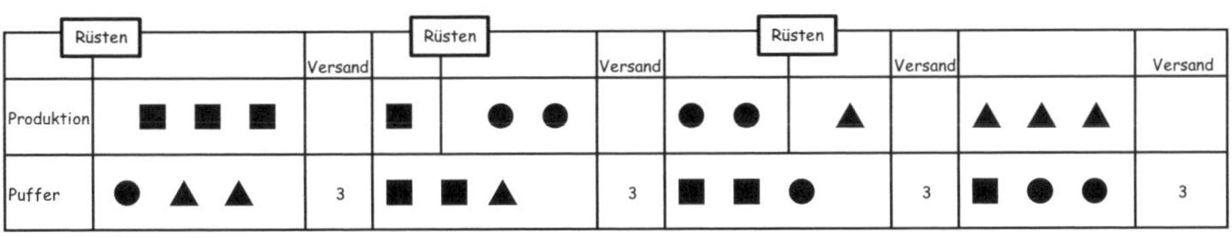

„Ich glaube, ich habe es verstanden", sagte Phil aufgeregt. „Wir können immer noch unsere Sets schicken, aber wir haben nur noch maximal sechs Teile im Bestand. Lassen Sie mich das mal mit – sagen wir – sechs Rüstvorgängen und vier Lieferungen probieren.

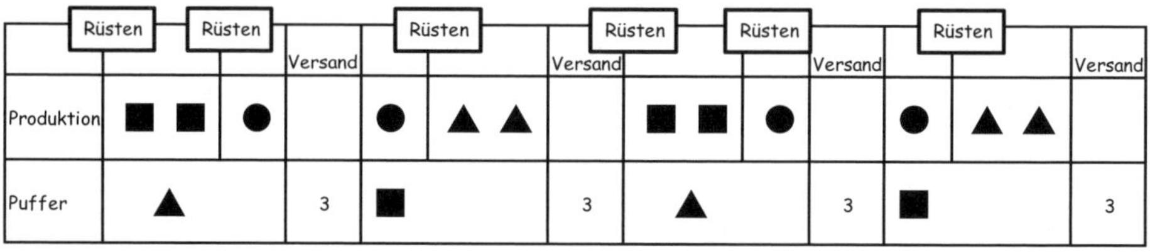

„Das heißt, ich kann weiterhin meine Sets von jeweils drei Stück liefern und habe dabei einen maximalen Bestand von vier Teilen. Irre!", rief Phil.

„Nicht schlecht, was. Hier ist die Übersicht."

	Anzahl Teile im Puffer bezogen auf die Anzahl der Lieferungen		
Rüstvorgänge	1 Lieferung	2 Lieferungen	3 Lieferungen
3	12	8	6
6	12	6	4
12	12	6	3

Das Gespräch ging weiter, während Phil über seinen Notizen brütete, und man hörte die Zahnräder in seinem Hirn förmlich arbeiten. Er überarbeitete die Skizzen sorgfältig, und plötzlich sagte er: „Okay. Ich verstehe, was ein ziehender Materialfluss bedeutet. Wir können damit den Bestand reduzieren. Aber wie soll mir das helfen, die Verschwendung zu reduzieren und meine Kosten zu senken?"

Mein Vater und MacAllister warfen sich einen Blick zu und lächelten verständnisvoll.

„Es geht um Stringenz und Disziplin", sagte der Professor. „Wenn Sie erst am Abend liefern müssen, dann macht es nichts aus, morgens mit der Produktion ein wenig in Rückstand zu geraten. Sie haben ja nachmittags die Chance, diesen wieder aufzuholen. Und genau diese Schwankungen verstecken Ihre Verschwendung. Wenn

Sie aber alle zwei Stunden liefern, dann müssen Sie Ihre Probleme viel schneller lösen, weil ..."

„... ich weniger Bestand habe!", rief Phil und pfiff anerkennend. „Der See und die Felsen."

„Vor ein paar Jahren wurde eine Fabrik, in der wir Just-in-Time eingeführt haben, verkauft", erzählte mein Vater. „Als das neue Management zum ersten Mal sah, welchen Druck wir uns selbst machten, konnte sie das kaum glauben. Wir hatten sehr kleine Losgrößen, was viele Rüstvorgänge erforderte. Das war in ihren Augen einfach nur dumm, weil es Produktionszeit kostete. Wir verwendeten kleine Plastikkisten zum Transport der Teile, was sie ebenfalls für völlig dumm hielten, weil die Materialtransporteure immer so viele kleine Kisten bewegen mussten, wo es doch viel effektiver ist, eine ganze Palette zu transportieren. Und so ging es weiter. Also hat das neue Management beschlossen, zu ‚wirtschaftlichen', großen Losgrößen zurückzukehren. Das Werk produzierte damals im Drei-Schicht-Betrieb, rund um die Uhr. Als wir noch das Just-in-Time-System am Laufen hatten und mitten in der Nacht ein Problem auftrat, rief die Mannschaft den Produktionsleiter an. Er fragte sie am Telefon, wie lange der Fertigwarenbestand noch reichen würde, und sie antworteten, es wären ungefähr noch drei Stunden. Also gab er seiner Frau einen Abschiedskuss, stand auf, fuhr ins Werk und half, das Problem in den Griff zu bekommen. Und sie bekamen es in den Griff. Aber als sie nach Einführung der großen Lose den Produktionsleiter mitten in der Nacht wegen eines Problems anriefen, er sie fragte, wie lange der Bestand reichen würde, und sie ihm sagten: ‚Drei Tage', sagte er nur: ‚Warum ruft ihr mich dann mitten in der Nacht an? Wir kümmern uns morgen früh drum', und legte sich wieder schlafen. Und so", fuhr mein Vater fort, „wurde das Werk wieder faul und fett."

„Das klingt so einfach, wenn du das sagst", meinte ich. „Können Leute diese Art von dauerndem Druck tatsächlich auch aushalten?"

„Mein Sohn ist Psychologe", schnaubte mein Vater. „Aber diesmal muss ich zugeben, dass ich genau das Gleiche dachte, als mir mein Ausbilder, mein Sensei, das System zum ersten Mal erklärte. ‚Das geht nicht', sagte ich, ‚so etwas funktioniert nicht, es ist zu detailliert und zu fordernd.' ‚Sehr gut', antwortete mein Sensei da, ‚jetzt hast du die Geschichte vom See und den Felsen verstanden', und er zeichnete den See mit den Felsen, eine Skizze, die uns mittlerweile echt auf die Nerven ging."

MacAllister lachte herzlich bei dieser letzten Bemerkung meines Vaters.

„Ich erinnere mich an einen Amerikaner, der in einem Werk von Toyota gearbeitete hatte", kicherte er. „Er erzählte mir die Geschichte von drei Managern, einem Franzosen, einem Japaner und einem Amerikaner, die ein Werk in Peru aufbauen sollten. Sie wurden von einer Guerillaorganisation entführt, die ihnen mitteilte, dass sie als Vertreter des kapitalistischen, imperialistischen Systems erschossen werden sollen. Da die Freiheit der Rede aber ein hohes Gut wäre und respektiert werden muss, habe jeder von ihnen das Recht auf ein paar Abschiedsworte. Der Franzose rief: ‚*Vive la France!*', und wurde danach erschossen. Der Japaner sagte: ‚Ich würde gerne über den See und die Felsen sprechen.' In diesem Moment drängte sich der Amerikaner vor ihn und rief: ‚Erschießt mich zuerst, ich kann es nicht mehr hören.'"

„Das bin ich", rief mein Vater lachend. „Bevor ich mir das noch mal anhören muss, erschießt mich. Du hast mir die Geschichte nie erzählt."

„Schon gut, Dad, wir haben es begriffen", stichelte ich, noch immer verletzt von seiner Bemerkung über den „Psychologen". „Es geht also darum, Probleme in dem Moment zu lösen, wenn sie auftreten."

„Richtig", stimmte MacAllister zu. „Es gibt eine Tendenz in den meisten Unternehmen außerhalb von Toyota, das Thema ‚Lean' in ein Programm zu verwandeln, eine Art Rezept mit exakt und starr beschriebenen Schritten, dem alle Werke folgen müssen. Natürlich funktioniert das nicht. Das kann gar nicht funktionieren. Es geht darum, Menschen zu entwickeln und ihre Fähigkeiten zu erweitern, und zwar mithilfe des ganz pragmatischen Ansatzes, Probleme dann zu lösen, wenn sie auftreten."

„Zuerst mithilfe einer Gegenmaßnahme", ergänzte mein Vater, „und danach durch die Eliminierung des ‚*Root Cause*', der Kernursache."

„Das Ganze ist schon beeindruckend", murmelte Phil, „fast schon überwältigend."

„Das sollte es nicht sein, letztendlich geht es dabei einfach nur ..."

„... um Menschen. Jetzt ist aber genug", sagte ich. „Wir gehen jetzt rüber zu den Frauen, sonst bekommen ein paar von euch noch Ärger."

„Also Bob", sagte Phil und lehnte sich leicht an die Tür seines Porsche-Cabrios, während Charlene einstieg, „danke für alles. Wenn ich Steve richtig verstanden habe, dann ist meine nächste Aufgabe, dafür zu sorgen, dass alle meine Leute mit kleinen Plastikkisten mit wenig Teilen drin durch das Werk rennen."

„So ähnlich, mein Junge. Du musst aber das Thema ‚ziehender Materialfluss' auch noch besser verstehen. Ich sag dir was: Wenn du all das verdaut hast, besuchst du mich wieder im Jachtklub, und dann sehen wir weiter."

Na großartig, dachte ich. Weitere Wochenenden voller Heijunka und Kundentakt.

„Und bring dann auch die kluge junge Frau mit“, fügte mein Vater mit einem Zwinkern hinzu.

„Was für eine Frau meint er?“, hörte ich Charlene Phil fragen, während er seinen massigen Körper in den lächerlich orangefarbenen Roadster zwängte.

Weiter so, Dad!

Ein paar Wochen vergingen, bevor wir uns wieder trafen. Ich verspätete mich ein bisschen, weil ich vorher beim Frisör war, wo ich mir meinen Bart hatte abnehmen lassen. Sie waren alle schon da und saßen bei einem späten Frühstück oben auf der Terrasse. Es war ein wenig neblig, und die Luft war kühl und frisch. Der Hafen lag in einer tief eingeschnittenen Bucht, und man konnte im Dunst auf der anderen Seite die Pinien sehen. Alles wirkte wie ein altes Gemälde auf chinesischem Seidenpapier.

„Mickey! Endlich hast du dir den verdammten Bart abrasiert.“

„Du siehst jünger aus“, kicherte Amy. „Nicht mehr so seriös.“

„Ich bin zurzeit im Sabbatical. Ich muss momentan also keine Studenten mit meinem Alter und meiner Weisheit beeindrucken.“

„Jetzt kann ich es dir ja sagen“, setzte Phil noch einen drauf. „Es sah nie gut aus. Nur gammelig.“

„Das sagt er mir jetzt. Sind wir heute nur hier, um über Gesichtsbehaarung zu reden?“

„Nein, wir machen noch mal die Übung mit den Quadraten, den Kreisen und den Dreiecken.“

„Viel Spaß!“ Ich setzte mich und warf einen Blick auf die vollgekritzelte Serviette vor ihm. Er versuchte ungeschickt und unter den amüsierten Blicken meines Vaters, Amy das Prinzip zu erklären. Mein Vater hatte ein Frühstück mit einer gehörigen Portion Eiern und Speck vor sich, und er genoss es aus tiefstem Herzen. Wenn meine Mutter hier wäre, würde sie ihm gehörig ihre Meinung dazu sagen.

„Ich verstehe schon“, sagte sie. „Kleinere Lose, häufigere Lieferungen, weniger Bestand. Kein Problem.“

„Kinderleicht“, stimmte mein Vater lächelnd zu. Er schien sich richtig wohlzufühlen, was mich irgendwie überraschte.

„Wir müssen das in der Praxis ausprobieren“, sagte Phil stirnrunzelnd. „Jetzt, wo wir mit dem STR-X anfangen.“

„STR-X?“

„Ja. Wir haben den Rückstand der STR mittlerweile abgebaut, also sind wir jetzt wieder bei den ursprünglichen 50 Stück pro Woche, die Kunden holen jeden Tag zehn ab. Zum Glück haben wir in der Zwischenzeit die technischen Probleme der neuen STR-X-Schränke in den Griff bekommen. Der STR-X verwendet dieselben Keramikkerne wie der STR, aber wir verwenden nur drei Sicherungsautomaten pro Schrank. Er bringt damit nicht ganz die Leistung des STR, aber ist für viele Anwendungen ausreichend. Wir haben schon seit einiger Zeit einen Interessenten, aber die Konstruktion hat es lange nicht geschafft, die Zuverlässigkeit sicherzustellen.“

„Hah!“, stieß Amy aus. Sie mochte die Konstruktion nicht besonders.

„Aber jetzt funktioniert das hoffentlich“, sagte Phil ein wenig besorgt. „Matt hat mit einem Kunden einen Vertrag über die Lieferung von 40 STR-X pro Woche gemacht. Also geht es jetzt los.“

„Wie baust du sie?“

„Im Moment machen das Gloria und ein paar unserer alten Mitarbeiter, die auch die DG machen. Jeder fertigt sein Produkt komplett, damit wir den Ablauf der Arbeit besser verstehen. Wir wollten ursprünglich eine eigene Montagelinie für den STR-X bauen, aber Amy will ihn in die bestehende STR-Linie integrieren.“

„Das ist ja auch nur logisch“, sagte Amy. „Wir haben zwei Montagelinien, eine ausschließlich für die STR und eine, auf der wir abwechselnd QST-1 und QST-2 produzieren. Und da haben wir mittlerweile den Dreh raus. Bei den STR und STR-X wäre das nicht so viel anders.“

„Wie habt ihr das geschafft?“

„Na ja“, antwortete Phil. „Ich habe mich mit dem Thema ‚Leveling‘ beschäftigt. Gloria war dagegen. Sie sagte, es bringt die Werker durcheinander, wenn sie immer zwischen QST-1 und QST-2 hin- und herwechseln sollen. Also haben wir den Wochenbedarf erst mal auf Tage aufgeteilt. Wir müssen 74 QST-1 und QST-2 pro Tag machen, was einem Kundentakt von ungefähr sechs Minuten entspricht. Wir haben uns dann darauf geeinigt, vormittags QST-1 und nachmittags QST-2 zu machen.“

„Das heißt, ihr macht jedes Produkt in jeder Schicht. Das ist ein guter Anfang“, sagte mein Vater. „Aber ihr könntet noch weiter gehen.“

„Ich weiß“, sagte Amy. „Im Extremfall könnten wir abwechselnd jeweils einen QST-1 und einen QST-2 machen, aber da fehlen mir die Argumente, um unsere Leute davon zu überzeugen.“

„Wie lange dauert es, um von einem zum anderen umzustellen?“

„Ungefähr zehn Minuten. Es müssen ein paar Werkzeugaufnahmen und ein paar Materialien gewechselt werden. Aber das könnten wir auf praktisch null reduzieren."

„Wie das?", fragte ich verblüfft und neugierig. Dieser ständige und unerbittliche Druck, Dinge zu verbessern, beschäftigte mich. Ich war davon überzeugt, dass man in der echten Welt früher oder später auf eine Art an eine Grenze kommt, an der es nicht mehr weitergeht.

„Wir können alle Teile für QST-1 und QST-2 direkt an den Arbeitsplätzen vorhalten. Wir machen das im Moment nicht, weil wir dann noch kleinere Behälter brauchen. Das heißt, aktuell müssen sie das Material austauschen. Das kostet natürlich Zeit und ist ...", sie hob abwehrend die Hände in Richtung meines Vaters, um seinen Einwänden zuvorzukommen, „reine Verschwendung."

„Ich hatte nicht vor, etwas zu sagen", sagte der grinsend.

„Ich bin mir nicht sicher, ob ich das Thema im Moment weiterverfolgen sollte", fuhr sie fort. „Sollte ich?"

„Nicht unbedingt", antwortete mein Vater, nahm sich noch einen Pfannkuchen und verteilte ordentlich Ahornsirup darauf. „Aber irgendwann werdet ihr nicht mehr darum herumkommen."

„Ich verstehe das Prinzip", brummte Phil und versuchte die Aufmerksamkeit der Kellnerin zu erregen, weil er noch Kaffee wollte. „Aber in unserem speziellen Fall bin ich mir nicht sicher, warum das alles so sein muss."

„Je größer dein Los ist, also je länger du ein Produkt herstellst, desto mehr musst du dir von den anderen Produkten, die auf derselben Anlage gefertigt werden, auf Lager legen, weil du sie ja eventuell brauchst. Ein typischer Fall von Überproduktion also, man produziert zu viel oder zu früh."

„Und wenn der Verbrauch dieser anderen Produkte nicht regelmäßig oder vorhersehbar ist, dann brauchen wir sogar noch mehr davon. Nur um sicherzustellen, dass sie uns nicht ausgehen", sagte Amy und pfiff anerkennend. „Kein Wunder, dass uns die Teile zu den Ohren rauskommen."

„Ein MRP-System errechnet mithilfe seiner magischen Formel, wann die liefernden Prozesse, zusätzlich zum vorhandenen Bestand, ein neues Los auflegen müssen, um Fehlteile zu verhindern. Wenn du also hohe und nicht vorhersagbare Bestände im Lager hast, dann wird dein MRP Fertigungsaufträge produzieren, deren Mengen ebenfalls nicht vorhersehbar sind und sprunghaft schwanken und damit zu noch höheren Beständen führen."

„Wie ein Verstärker“, schloss Phil.

„Genau. Ein Verstärker der Schwankungen.“

Nach einer längeren Pause, in der er versuchte, das zu verarbeiten, sagte Phil: „Ich verstehe das mit dem Rüsten noch nicht. Ich weiß, du wirst sagen, wir müssen schneller rüsten, aber das ist ein Problem für uns.“

„Hört mal auf, mir immer zu sagen, was ich als Nächstes sagen werde“, brummte mein Vater. „Wenn ich etwas sagen wollte, dann, dass ich es gut finde, dass ihr die Rüstzeiten immer berücksichtigt. Bei Toyota gibt es die Regel, zehn Prozent der Produktionszeit in Flexibilität zu investieren.“

„Heißt Variantenwechsel?“

„Ja. Ihr verwendet also zehn Prozent der verfügbaren Zeit für Rüstvorgänge. Je schneller ihr rüsten könnt, desto mehr Rüstvorgänge könnt ihr in der Zeit durchführen. So lange, bis ihr bei null Rüstzeit seid, dann habt ihr Ein-Stück-Fluss.“ Er machte eine Pause, damit wir das verdauen konnten, dann fuhr er fort. „Das heißt, eure Losgröße ist zehnmal die Menge, die ihr während eines Rüstvorgangs hättet machen können. Man kann darüber diskutieren, klar, wenn ihr bei euren Zykluszeiten bei einer Minute Rüstzeit seid, dann stimmt das nicht mehr. Aber für den Anfang funktioniert diese Regel wunderbar.“

„Warum ist das Los zehnmal so groß wie die Menge, die wir während des Rüstvorgangs hätten machen können?“

„Das ist eine Art Formel“, sagte mein Vater, verzog das Gesicht und griff nach Phils Notizbuch. „Du nimmst die verfügbare Produktionszeit während eines bestimmten Zeitraums – nehmen wir eine Woche – und ziehst davon die Zeit ab, die du für die tatsächliche Produktion benötigst, das ist die Zykluszeit multipliziert mit der Menge. Wir vernachlässigen jetzt mal Stillstände und Wartung, dann steht dir die übrig gebliebene Zeit zum Umrüsten zur Verfügung. Das sollten ungefähr zehn bis 15 Prozent der gesamten Zeit sein. Das wird zu viel mehr Rüstvorgängen führen, als die optimale Losgrößenformel vorschlagen würde. Das reduziert die Bestände und erhöht gleichzeitig den Druck, sowohl die Rüstzeit weiter zu reduzieren als auch die Verfügbarkeit der Anlage zu erhöhen.“

„Okay“, sagte Amy und schüttelte zweifelnd den Kopf. „Rüsten dauert bei uns zehn Minuten. Wir sollen also nur 100 Minuten produzieren und dann auf die andere Variante umrüsten? Das wären jeweils 14 Automaten. Also 14 QST-1, dann 14 QST-2 und so weiter?“

„Genau. Damit habt ihr einen niedrigen Bestand, ohne allzu viel Zeit mit Rüsten zu verlieren. Wenn es dann gelingt, auf fünf Minuten Rüstzeit zu kommen …"

„… halbieren wir die Losgröße!", rief sie.

„Richtig. Und damit reduziert ihr wieder den Bestand."

„Das ist trotzdem alles nur Theorie", seufzte Phil und starrte auf das Gekritzel meines Vaters, „weil die Nachfrage des Kunden, sprich die Produktion der Endmontage auf dem Förderer, nicht nivelliert ist."

„Noch nicht", sagte Amy mit einem dünnen, entschlossenen Lächeln.

„Träum weiter. Das alles zu erklären …"

„Jawohl Philip", sagte mein Vater. „Genau das ist deine Aufgabe. Der nächste Schritt ist der Aufbau eines ziehenden Materialflusses."

„Aber wie soll das gehen?", protestierte Phil. „Bei einem ziehenden Materialfluss geht es doch darum, das zu produzieren, was der Kunden entnimmt. Das funktioniert bei uns nicht. Unser Kunde bekommt seine Teile, wenn wir genug davon haben oder wenn er laut genug schreit. Erschwerend kommt hinzu, dass wir nie genau wissen, wann er seine Teile eigentlich braucht. Die meisten Kunden wollen sowieso, dass wir ein Konsignationslager einrichten, damit wir ihren Bestand bei uns vorhalten."

„Dann müssen wir da etwas ändern! Erinnerst du dich daran, was die Leute von Toyota von mir wollten? Obwohl sie nur alle zwei Tage die Ware abholten, wollten sie von mir, dass ich alle zwei Stunden aus der Produktion in einen definierten Bereich im Versand liefere. Und das müssen wir jetzt auch machen, damit wir später ein ordentliches Kanban-System aufbauen können."

„Ein Supermarkt für das ganze Werk, stimmt's?", fragte Amy. „Ein Fertigwarensupermarkt. Für jedes Produkt gibt es einen definierten Platz, den wir regelmäßig auffüllen, ganz egal, wann der Kunde die Ware abholt. Unser Lager sollte nichts anderes als ein Supermarktregal sein."

„Ich spreche immer davon, dass wir uns einen *perfekten Kunden* für unser Werk bauen müssen. Der Fertigwarenbestand wird uns dabei helfen, einen gleichmäßigen, ziehenden Materialfluss für das gesamte Werk zu kreieren."

„Einen gleichmäßigen, ziehenden Materialfluss? Wie macht man das?"

„Virtuelle Lieferungen", antwortete mein Vater mit einem Zwinkern. „Die tatsächlichen Lieferungen sind nicht regelmäßig, das wissen wir. Aber trotzdem wollen wir so gleichmäßig wie möglich aus der Endmontage ziehen. Deshalb tun wir einfach so, als wären unsere Kunden perfekt und würden regelmäßig kleine Mengen abholen, zum Beispiel viermal am Tag. Anschließend trennen wir unser Fertigwarenlager in zwei physische Bereiche. Die Hälfte haben wir nach den Abschlusstestern, die zweite Hälfte haben wir in einem Bereich, den wir Ladungsvorbereitungszone nennen. Dort werden die Ladungen für die Lastwagen zusammengestellt, wie sie später tatsächlich geliefert werden."

„Jetzt verstehe ich überhaupt nichts mehr", sagte ich. „Dann haben wir ja noch mehr Transporte und damit Bewegungen. Ist das nicht Muda?"

„Du hast vollkommen recht", gluckste mein Vater. „Es ist Muda. Aber in diesem Fall bekämpfen wir die Unregelmäßigkeit, also Mura. Jetzt schaut mich nicht so an, ich erklär es euch ja. Auf der einen Seite haben wir keinen Einfluss darauf, wann die Ware abgeholt wird. Auf der anderen Seite brauchen wir einen gleichmäßigen, ziehenden Fluss. Also trennen wir die beiden Dinge voneinander."

„Ich hab's", rief Amy. „Der Supermarkt nach den Abschlusstestern steuert den Förderer, dass heißt, wir können von dort die fertigen Kisten mit einem gleichmäßigen, ziehenden Fluss in die Ladungsvorbereitungszone bringen. Und dort fangen wir das Problem mit den unregelmäßigen Lieferungen ab."

„Richtig. Voraussetzung ist allerdings, dass wir nicht auch Mengenschwankungen haben, aber das Problem gehen wir später an."

„Auf jeden Fall bedeutet das", meinte Phil, „Dass wir den Versandbereich gründlich aufräumen müssen. Da brauchen wir Dave, er kümmert sich im Moment auch um diesen Bereich."

„Warte mal. Bevor wir wieder auf Dave losgehen, sollte uns erst mal völlig klar sein, was wir hier eigentlich machen wollen", verteidigte mein Vater völlig unerwartet den Produktionsleiter. „Ist jedem das Prinzip Supermarkt klar?"

„Ich glaube schon", antwortete Amy. „Es geht darum, am Ende eines jeden Fertigungsprozesses – einschließlich der Endmontage – einen Supermarkt mit den fertigen Produkten des jeweiligen Prozesses aufzubauen. Habe ich das richtig verstanden?"

„Und wie soll das für die Automatenfertigung aussehen?", fragte ich, nur um auch wieder etwas zu sagen.

„Wir brauchen eine Art Durchlaufregal am Ende der Automatenfertigung", spekulierte Phil.

„Wie sollte das aussehen?", fuhr ich fort.

„Ein Gang beziehungsweise Schacht für jeden Artikel, würde ich sagen. Verpackt in kleinen Gebinden", antwortete Amy. „Im Prinzip wie mit den Hamburgern im Schnellrestaurant. Da gab es für jede Sorte eine Rutsche, die von der Küche zum Verkauf ging."

„Gut", spornte mein Vater sie an. „Das wäre dann ein sogenannter Nachfüll-Pull. Das funktioniert nicht überall, aber hier ist es perfekt. So ein System braucht ihr am Ende eines jeden Prozesses."

„Und dann kommen die Werker des nachfolgenden Prozesses und bedienen sich." Ich versuchte, tapfer mitzuhalten.

„Nein, nicht die Werker, das würde zu starke Schwankungen in ihrem Zyklus bedeuten", widersprach Phil. „Das muss jemand für sie machen."

„Das mit dem Supermarkt für die Automaten gefällt mir", sagte Amy. „Wir brauchen genau das Gleiche für die Schaltschränke der Endmontage."

„Kein Problem damit", sagte Phil. „Aber mir ist das mit der Ladungsvorbereitungszone noch nicht so ganz klar. Wozu soll das gut sein?"

„Um die Kundenschwankungen abzufangen", sagte ich und fühlte, dass ich anfing, die losen Enden zusammenzubringen.

„Die Lieferschwankungen, genau", stimmte mein Vater zu. „Es geht nur darum, die Auswirkungen von Schwankungen auf deine Produktion so gering wie möglich zu halten. Wenn eure Kunden perfekt wären, dann würden sie eure Produkte regelmäßig abholen, um ihre eigene Produktion gleichmäßig versorgen zu können, ohne Bestand aufzubauen. Aber – warum auch immer – sie sind nicht perfekt. Wenn wir allerdings nicht gleichmäßig aus einem Supermarkt entnehmen, dann laufen wir Gefahr, die davorliegenden Prozesse zu stoppen."

„Also müssen wir selbst wie ein Kunde regelmäßig Ware aus dem Supermarkt entnehmen", schloss Phil und schrieb alles sorgfältig auf.

„Wie ein *perfekter Kunde*, das ist wichtig. Wir brauchen aber einen Bereich, in dem wir die Ladung für den nächsten Lastwagen vorbereiten. Wie viele Lastwagen habt ihr pro Woche?"

Amy dachte konzentriert nach, während Phil anfing, zu addieren.

„Es sind ungefähr zwei pro Tag", sagte er. „Wir liefern täglich 20 STR nach Richmond, aber die werden nächste Woche auf zehn runtergehen. Dann gehen einmal pro Woche 20 QST-1 nach Sacramento, 15 nach Pittsburgh und noch mal 20 nach Ontario. 20 QST-2 gehen nach Oakland und 30 nach Farmington. Die 20 DG gehen meist einzeln zu unterschiedlichen Kunden. Das bedeutet fünf Lieferungen für STR, drei für QST-1 und zwei für QST-2. Also ungefähr zehn große Lieferungen pro Woche. Dazu kommen noch die Einzellieferungen für die DG."

„Und jeder Lastwagen geht zu nur einem Kunden?"

„Nicht ganz. Sacramento, Pittsburgh und Farmington sind Werke ein und desselben Kunden, und sie brauchen praktisch in allen Werken alle Typen von Schränken. Teilweise sind die Produkte auch unterschiedlich, je nachdem, welches Werk sie bekommt. Nur die STR-Lieferungen gehen ausschließlich nach Richmond und werden täglich mit deren eigener Spedition abgeholt."

„Ganz so einfach ist es nicht", widersprach Amy. „Nicht alle QST sind wirklich gleich. Wir haben mindestens drei Versionen vom QST-1 und zwei vom QST-2."

„Ah, du hast recht. Die Sicherungsautomaten sind zwar gleich, aber die Instrumententafeln sind kundenspezifisch. Wir müssten eigentlich von QST-1A, QST-1B und QST-1C sprechen. Und genauso haben wir dann QST-2X und QST-2Y. Bei den DG sind sowieso keine zwei identisch. Pittsburgh braucht also genau genommen QST-1A, QST-1C und QST-2Y."

„Sind die Lieferungen einigermaßen stabil?"

„Ziemlich", erwiderte Phil. „Die meisten unserer Kunden arbeiten projektbezogen, das heißt, wir wissen ziemlich genau, was sie brauchen. Abgesehen davon nehmen sie eigentlich immer alles, was wir liefern. Das heißt, je gleichmäßiger wir liefern können, desto weniger Probleme für sie."

„Das klingt sehr gut. Wir werden also den Versandbereich aufräumen und sechs Zonen für die Ladungsvorbereitung markieren, eine für jede Art Lieferung. Dann müsst ihr die Schaltschränke regelmäßig aus dem Supermarkt entnehmen und in diese Ladungsvorbereitungszonen bringen, wo die Ladung pro Lastwagen zusammengestellt wird", erklärte mein Vater.

„Das heißt, wir brauchen sieben Schächte in unserem Fertigwarensupermarkt am Ende des Förderers?"

„Lass mal sehen", sagte mein Vater nachdenkend. „Wir haben STR, STR-X, QST-1A, QST-1B, QST-1C, QST-2X und QST-2Y. Sieben, richtig. Oder nein, acht, wir brauchen auch einen Schacht für die DG. Denkt an den Supermarkt. Es gibt Produkte, die sich sehr ähnlich sind, die aber trotzdem auf eigenen Plätzen im Regal stehen. Die DG sind eine Ausnahme, weil da jeder anders ist. Aber es sind nicht so viele."

„Gut", sagte Phil, dessen Blick ins Leere ging, seine Gedanken arbeiteten auf Hochtouren. „Acht Schächte im Durchlaufregal. Im Versand haben wir sechs Zonen für die Ladungsvorbereitung, ohne DG. Und dann gibt es einen Logistiker, der die ganze Woche nichts anderes macht, als die Schränke vom Supermarkt in die Ladungsvorbereitungszone zu bringen, obwohl die Lieferung nur einmal pro Woche erfolgt. Das klingt irgendwie krank."

„Du musst sie doch sowieso irgendwann in den Versand transportieren“, betonte mein Vater. „Und wenn du das erst machst, wenn der Lastwagen schon da ist, dann bricht Panik aus, weil keiner weiß, wo die richtigen Schränke stehen. Wenn ihr das alles aber vorher schon gemacht habt, dann könnt ihr schnell und ruhig den Lastwagen beladen, sobald er eintrifft.“

„Der große Vorteil, den ich hier sehe“, rief Phil, nun wieder begeistert, „ist, dass wir sofort erkennen könnten, wenn wir hinterherhinken. Nehmen wir einmal an, wir bringen die QST-1B einmal am Tag von der Endmontage in die Ladungsvorbereitung für Pittsburgh – die monieren derzeit oft fehlende Teile in den Lieferungen. Der Versand erfolgt jeden Donnerstag. Wir würden dann also am Freitag zwei Schränke in die Vorbereitungszone im Versand bringen, zwei am Montag, zwei am Dienstag, zwei am Mittwoch und die letzten zwei am Donnerstag. Damit ist die Ladung komplett und kann pünktlich geliefert werden. Wenn also am Mittwochmorgen keine sechs Schränke in der Vorbereitungszone stehen, dann wissen wir, dass wir ein Problem haben. Das ist genial!“

„Herzlichen Glückwunsch, mein Junge. Du hast gerade entdeckt, was visuelles Management bedeutet“, meinte mein Vater grinsend.

„Das ist irgendwie alles zu viel!“, rief Amy frustriert. Sie klang ein wenig verbittert.

„So schlimm ist es auch wieder nicht“, brummte mein Vater. „Statt alle Schränke auf einmal bereitzustellen, wenn der Lastwagen schon wartet, verteilen Sie die Arbeit gleichmäßig über die Woche. Was soll daran jetzt so kompliziert sein?“

„Okay, ich verstehe die Logik“, erwiderte sie mit einem knappen Lächeln. „Wie oft sollen wir das machen?“

„Sagen Sie es mir.“

„Im Kundentakt, nehme ich an.“

„Offensichtlich. Weil ein perfekter Kunde genau das tun würde. Er kommt und entnimmt im Kundentakt aus dem Supermarkt. Das ist natürlich nicht immer machbar, das heißt, Sie entnehmen ein paar Produkte und dafür nicht so oft. Toyota hat damals von uns verlangt, alle zwei Stunden Ware aus dem Supermarkt zu entnehmen, aber wir waren recht schnell bei 20 Minuten.“

„In unserem Fall“, meinte Amy, „ist es aufwendig und gefährlich obendrein, mehrere Kisten für den Transport zu stapeln. Das heißt, wir brauchen einen Materialbereitsteller, der alle zehn Minuten einen verpackten Schaltschrank vom Supermarkt in die Ladungsvorbereitungszone bringt.“

„Das wird die Art und Weise, wie Sie arbeiten, völlig verändern.“

„Das können Sie laut sagen“, sagte Amy und lachte laut auf.

„Noch mehr Dinge zu tun“, seufzte Phil.

„Noch mehr Überzeugungsarbeit zu leisten“, sagte Amy mehr zu sich selbst als zu uns anderen.

„Ich wollte dich noch etwas fragen, Bob“, sagte Phil vorsichtig. Mein Vater zog eine Augenbraue hoch.

„Woher weißt du eigentlich immer, was wir als Nächstes tun sollten? Also warum müssen wir das mit dem Pull-System jetzt machen? Können wir damit nicht warten? Wir haben doch schon einiges geschafft. Sollen wir den Leuten nicht eine Pause gönnen?“

„Das ist deine Fabrik, mein Junge. Also entscheidest du. So wie ich das sehe, hast du allerdings überall noch jede Menge Bestand. Deine Liquidität kann noch nicht so gut sein.“

„Das hat gesessen. Du hast recht.“

„Hör zu. Es geht immer noch um diese Geschichte mit dem See und den Felsen. Solange du kein Pull-System implementiert hast, hast du auch nicht das Denken in den Köpfen der Menschen, das sicherstellen kann, dass ihr weiter an Verbesserungen arbeitet. Es besteht dann die Gefahr, dass alles, was ihr bisher erreicht habt, den Bach runtergeht. Es geht nicht um Produkte, vergiss das nicht. Es geht um die Menschen.“

Phil nickte, nahm seine Brille ab und rieb sich müde über das Gesicht.

„Und woher ich weiß, was als Nächstes zu tun ist? Ganz einfach. Ich mache mit euch das, was Toyota mit uns gemacht hat und was ich seitdem in was weiß ich wie vielen Werken gemacht habe. Solange es Leute gibt, die es wirklich ernsthaft angehen, funktioniert es auch. Es ist fast immer die gleiche Reihenfolge:

Erstens: Löse deine Qualitätsprobleme. Versuche Ausfallzeiten und andere Instabilitäten in den Griff zu bekommen. Mache deinen Konstrukteuren und Ingenieuren klar, dass sie dafür sorgen müssen, dass der Ausschuss reduziert wird.

Zweitens: Sorge dafür, dass Material und Produkte so gleichmäßig wie möglich fließen. Dazu muss eventuell die Montagelinie oder Anlage in U-Form umgebaut und die Materialbereitstellung geändert werden. Es geht hier darum, Schwankungen im Zyklus der Werker zu eliminieren.“

Drittens: Der Gedanke der standardisierten Arbeit muss überall im Werk präsent werden. Die einzelnen Prozesse müssen getaktet arbeiten.

Viertens: Fange an, einen ziehenden Materialfluss aufzubauen. Kein Teil bewegt sich, ohne dass es angefordert wurde. Bei diesem Schritt sind wir gerade. Implementiere den perfekten Kunden, überprüfe deine Produktionsplanung und ersetze die wöchentlichen oder täglichen Pläne durch hochfrequente Signale, wie zum Beispiel Kanban-Karten.

Fünftens: Reduziere die Schwankungen im internen Materialfluss, indem du die Losgrößen reduzierst. Erhöhe die Frequenz der innerbetrieblichen Materialbewegungen und nivelliere die interne Nachfrage.

Sechstens: Arbeite Tag und Nacht mit Kaizen und Qualitätszirkeln, bis alles funktioniert. Und dann bist du reif für die nächste ‚Oh No!'-Runde. Reduziere die Ressourcen und fange wieder von vorne an."

„Und das ging niemals schief?", fragte ich mit sarkastischem Unterton.

„Dieses Vorgehen? Nein. Warum sollte es schiefgehen? Der einzige Grund wäre, wenn Leute aufgeben und lieber den Weg des geringeren Widerstands gehen. Es ist wie beim Bodybuilding: Ohne Anstrengung gibt es keine Muskeln."

„Ohne Fleiß kein Preis", brummte Phil. Er kritzelte auf seinem Block herum, während sich Amy in ihrem Liegestuhl rekelte und dabei ihre ausgesprochen wohlgeformten Beine zur Schau stellte. Die ganze Sache schien sie nicht sonderlich zu beeindrucken. Aber ein näherer Blick machte mir klar, dass die Arbeit der letzten Monate ihren Tribut von ihr verlangte. Sie sah müde und erschöpft aus.

„Ich weiß, dass du gesagt hast, du würdest es nicht tun", sagte Phil schließlich. Er hatte sich zu einem Entschluss durchgerungen. „Aber ich glaube, wir brauchen dich noch einmal bei uns im Werk, um das zu schaffen."

Mein Vater sah ihn finster an, sagte aber nichts.

„So wie ich das verstehe, geht es hier um Produktionsplanung. Du hast außerdem Kanban erwähnt. Ich habe davon gehört, aber ich kenne niemanden, der auch nur ansatzweise wüsste, wie man so etwas implementiert. Unsere Berater zumindest wussten es nicht. Die konnten einem zwar alles darüber sagen. Aber wenn es an die Einführung ging ..."

„Philip. Ich habe doch klar ..."

„Falls", unterbrach in Phil und hob seine Hand, „falls ich es schaffe, dass Dave mitmacht, würdest du es dir dann überlegen?"

Mein Vater sagte nichts, verzog aber das Gesicht auf eine Art und Weise, dass manch anderer lieber den Mund gehalten hätte.

„Falls er nicht bereit ist, werde ich ihn rausschmeißen", sagte Phil kurz angebunden. „Ich bin davon überzeugt, dass das hier der einzig richtige Weg ist, und ich werde mir das, was ich in den letzten Monaten durchgemacht habe, nicht noch einmal antun. Ich werde mich mit der Konstruktion anlegen, um die Qualität in den Griff zu bekommen, und ich brauche dafür eine funktionierende Produktion. Und ich werde das durchziehen."

Ich schaute meinen Freund verblüfft an. Wo war der unbeschwerte, konfliktscheue Philip von früher? Das hier klang anders. Er sah sogar anders aus, grimmig und entschlossen, und blitzartig wurde mir klar, dass in seinen Augen der gleiche Ausdruck von unbeugsamem Trotz funkelte, den ich von meinem Vater seit Jahren kannte. Ich erschauerte. War nicht ich es gewesen, der das Thema „Führung" aufs Tapet brachte? Ich bedauerte meine damaligen, voreiligen Worte – ein häufiges Gefühl in meiner Branche.

„Das wird nicht nötig sein", sagte mein Vater besänftigend. „Dave versteht das noch nicht ganz, das ist alles. Du brauchst ihn und seine Erfahrung. Wenn er bereit ist, mitzumachen, dann bin ich es auch. Wir machen es so: Du baust den Supermarkt für die Fertigwaren auf, und wenn du so weit bist, rufst du mich an. Ich schau es mir dann an."

„Das klingt gut", seufzte Amy. „Dann bin ich nicht mehr die Einzige, die gegen die Trägheit in diesem Laden kämpft. Das gefällt mir."

„Oh nein, Miss Cruz, kommen Sie bloß nicht auf falsche Ideen. Ich rede nur. Kämpfen müssen Sie", sagte mein Vater und brach in ein lautes Lachen aus.

Kapitel 7: Kanban-Regeln

Es waren nur ein paar Monate vergangen, seit mein Vater zum ersten Mal aus dem Werk gestürmt war, aber es hatte sich mittlerweile so verändert, dass es kaum wiederzuerkennen war. Sogar ich konnte die Auswirkungen der konsequenten Anwendung von 5S erkennen. Selbst die Wände waren weiß gestrichen, die Farbe war so frisch, dass man sie noch deutlich riechen konnte.

„Wir dachten, wenn das Werk mit der Kerneproduktion schon wie ein Labor aussieht, warum dann nicht dieses Werk auch", erklärte uns Phil. „Was haltet ihr von unserer 5S-Kampagne?"

„Hinter unserem Rücken nennen sie uns ‚die Hexen'", schmunzelte Amy. Sie meinte damit das knallharte Trio, das sie zusammen mit Gloria und Ester Ramirez bildete. Ester war die neue Teamleiterin in der Endmontage, eine mütterliche Frau, die viele Jahre am Förderer Schaltschränke montiert hatte. „Die *brujas*! Ich mache jetzt alle zwei Wochen ein 5S-Audit, bei dem jede Arbeitsstation bewertet wird."

„Erinnert ihr euch noch, dass wir am Anfang nicht wussten, was wir machen sollten, wenn wir die ersten drei S fertig haben?", sagte Phil. „Jetzt muss ich jedes Mal, wenn ein Bereich in die nächste Stufe geht, vorher ein Dokument unterschreiben."

„Das zeigt doch nur, dass es dir wichtig ist, mein liebster Chef", entgegnete sie. „Es ist kaum zu glauben, wie wichtig das den Leuten ist. Manchmal glaube ich, ich mache ihnen Angst."

„Zumindest mir machst du langsam ein bisschen Angst", witzelte ich.

„Dann solltest du mich erst mal in Aktion erleben", gab sie schelmisch zurück. „Nach der Geschichte mit Jake Rogers hätte ich mehr Widerstand erwartet, aber ich glaube, viele waren sogar ganz froh darüber. Wir haben auch ein paar Kaizen-Projekte mit älteren Kollegen gestartet. Solange man nicht verlangt, dass sie was aufschreiben sollen, bekommt man viele gute Ideen zu hören. So, da sind wir."

Die Automatenfertigung sah völlig anders aus. Der ganze Bereich wurde direkt vor den Förderer verlegt. Dann wurden aus den vier Montagelinien zwei gemacht, die allerdings mit dem vorherigen Layout kaum mehr etwas zu tun hatten. Sie waren sehr kompakt, und jeder Werker hatte einen kleinen Vorrat von allen notwendigen Komponenten und Materialien direkt an seiner Station. „Wir wollen die Mengen so klein wie möglich halten", erklärte Amy. „Deshalb füllen wir alles, was verbraucht wurde, regelmäßig nach."

Zwischen den beiden Montagelinien war ein breiter Gang, der die Stationen einfach zugänglich machte und es erlaubte, alle mit Material zu versorgen.

„Wie funktioniert das genau?", fragte ich.

„Mit einem Zwei-Behälter-System", antwortete sie. „Alle Komponenten stehen auf einem Regal direkt vor den Werkern. Hinter jeder der kleinen Kisten, aus denen sie sich bedienen, steht eine zweite volle Kiste. Wenn die erste leer ist, legen sie sie in diese Rutsche hier unten, und das ist das Signal, dass Material aufgefüllt werden muss."

„Wer füllt die Kisten wieder auf und stellt sie bereit?", fragte mein Vater.

„Eigentlich sollte das die Logistik machen", antwortete sie stirnrunzelnd. „Aber das läuft noch nicht so gut. Faktisch macht das meistens Gloria. Das funktioniert einigermaßen, obwohl wir sehr viele Komponenten haben und deshalb aus Platzgründen mit sehr kleinen Kisten arbeiten müssen. Aber da wir einigermaßen im Kundentakt arbeiten, der zwischen sieben und zehn Minuten liegt, ist das Nachfüllen kein so großes Problem."

„Das ist trotzdem viel Arbeit für Gloria", wandte mein Vater ein. „Sie muss ja auch noch die ganze Nacharbeit machen."

„Das ist uns klar", sagte sie mürrisch. „Wir versuchen, die Logistik davon zu überzeugen, uns stündlich zu beliefern, aber ..."

„Erinnern Sie mich daran, dass wir noch mal darüber reden, bevor ich gehe", schnitt ihr mein Vater das Wort ab und ging weiter.

Ein freier Platz trennte jede Arbeitsstation von der Nachbarstation. Von diesem Platz aus war es möglich, defekte Produkte für die Nacharbeit auszuschleusen. Ich verstand endlich, was mein Vater meinte, wenn er davon sprach, den Werker in den Mittelpunkt zu stellen. Alles war so aufgebaut, dass die Arbeit des Werkers einfacher wurde. Der Fokus der Verbesserungen lag auf der Arbeitsstation, die gesamten logistischen Tätigkeiten wurden rundherum um dieses Zentrum organisiert.

„Wie ihr sehen könnt, haben wir für beide Linien eine Produktionsanalysetafel aufgebaut", sagte Amy und zeigte auf eine Weißwandtafel. „Bei Schichtbeginn gibt es eine Fünf-Minuten-Besprechung, in der die Stundenziele kurz durchgegangen werden, um eventuelle Schwierigkeiten im Vorfeld erkennen zu können. Am Ende der Schicht spricht Gloria noch mal mit den Teamleitern und notiert die aufgetretenen Probleme. Sie arbeitet dann auch mit den anderen Abteilungen zusammen, um zu verhindern, dass diese Probleme noch mal auftreten."

„Wie ich sehe, schreibt ihr auch die Anzahl der unfallfreien Tage auf", meinte mein Vater anerkennend.

„Ja, das haben wir im Schnellrestaurant immer gemacht."

„Sicherheit hat Priorität. Sehr gut."

„Das hier läuft alles recht gut. Was überhaupt nicht gut läuft", sagte Amy und sah plötzlich mutlos aus, „ist die Zusammenarbeit mit diesen großkotzigen Konstrukteuren. Josh ist die einzige Ausnahme, der packt wenigstens mit an. Die anderen siehst du nie in der Produktion. Die wissen gar nicht, dass man ein Schlangenmensch sein muss, um ihre idiotischen Konstruktionen zu montieren. Aber leider haben sie nie Zeit, weil sie ja immer so viel zu tun haben. Sie rümpfen ihre vornehmen Näschen über uns, wenn wir sie ansprechen. Schwachköpfe!"

Ich musste grinsen, und sie lächelte zurück.

„Als wir mit dem neuen STR-X starteten, war das erst mal eine Katastrophe. Jedes zweite Teil ging in die rote Kiste, und wenn Joshua nicht Tag und Nacht gearbeitet hätte, hätten wir es nicht geschafft. Ein bisschen Hilfe muss man fairerweise sagen, hat er dabei auch von seinen Kollegen bekommen. Phil und ich haben uns dann mit den jährlichen Zielvereinbarungen beschäftigt. Es wird ein paar Überraschungen für unsere Konstrukteure geben, das kann ich versprechen."

„Aha. Endlich mal richtige Personalarbeit", frotzelte ich.

„Dussel", sagte sie und warf mir einen flüchtigen Blick zu. „Und hier ist er nun: Unser Supermarkt für die Automaten."

„Mann! Schaut euch das mal an", rief mein Vater, als wir zum Förderer kamen. Direkt davor stand ein Supermarkt, auf dessen Rollenbahnen Kisten mit Sicherungsautomaten lagen. Im Gegensatz zu den Regalen im Supermarkt in meiner Nachbarschaft war dieses Gestell sehr tief. Die Rollenbahnen verliefen von der Endkontrolle der Automaten bis zum Förderer. Die Automaten glitten darauf hinter die Station, an der sie in die Schaltschränke eingebaut wurden. Die Werker dort mussten sich also umdrehen und zwei, drei Schritte gehen, um die Automaten aus dem Regal zu entnehmen und sie an ihren Arbeitsplatz zu bringen. Ich dachte, mein Vater würde Phil und Amy wegen dieser Bewegungen die Hölle heißmachen für das Umdrehen und das Gehen, und war schon auf einen weiteren Vortrag gefasst, was das Umwandeln von Bewegung in Arbeit betrifft. Aber nichts davon. Er schien die schiere Größe des Supermarktes nicht fassen zu können.

„Schaut euch das an“, rief er noch einmal. „Warum habt ihr den so riesig groß gemacht?“

Amy und Phil schüttelten den Kopf. Dave Koslowsky starrte ihn mit einem etwas verkrampft wirkenden Ausdruck von Interesse an. Er war schon die ganze Zeit recht zurückhaltend, auf eine kämpferische, aber nicht direkt ablehnend wirkende Art. Phil hielt große Stücke auf ihn, auch wenn er offensichtlich Schwierigkeiten hatte, sich neuen Ansätzen zu öffnen. Aber er war zuverlässig und setzte sich jederzeit für seine Leute und das Werk ein. Dave war nicht unbelehrbar. Sein Widerstand entsprang eher der gesunden Skepsis eines Mannes, dem schon viel erzählt wurde, was sich anschließend nicht bewahrheitet hatte. Wenn das ganze Thema „Lean“ einen Sinn hatte, dann, davon war Phil überzeugt, würde Dave dies auch erkennen und seinen Widerstand aufgeben.

„Es ist gut, okay, aber er ist riesig! Der ist ja so lang wie, ich weiß nicht, ein Fußballplatz.“ Mein Vater ließ nicht locker.

Gloria, die gerade mit Ester zu uns getreten war, sah ziemlich verärgert aus. Amy flüsterte ihr hektisch ins Ohr.

„Ist dir klar, wie viel Arbeit wir da reingesteckt haben?“, sagte Phil aufgebracht. „Was uns allein die Plastikkisten gekostet haben?“

„Ja und das ist auch alles recht gut, keine Frage“, sagte mein Vater. „Aber warum denn bloß so groß?“

„Sie wissen genau, warum“, sagte Amy empört. „Weil wir so viel Bestand haben, deshalb.“

„Wir müssen auch die Vorteile sehen“, sagte Dave im Versuch, die Wogen etwas zu glätten. „Es funktioniert wirklich gut, und obwohl alle anderen Dinge gleich geblieben sind, haben wir nur noch halb so viel Bestand wie vorher. Außerdem rollen die Automaten von alleine direkt in die Endmontage, das heißt, die, äh, nicht wertschöpfende Zeit für den Transport wurde reduziert, wie Sie sagen würden. Das ist doch gut, oder nicht?“

„Ja, schon, keine Frage“, antwortete mein Vater ungeduldig. „Aber warum ging es nicht eine Nummer kleiner?“

„Weil wir die Produktion am Förderer nicht nivelliert haben", fuhr ihn Amy an. Frustration und Verbitterung lag in der Luft.

„Hey, wo ist denn Ihre positive Einstellung, Miss? Außerdem", meinte mein Vater, „was ich da vorhin in der Blechfertigung gesehen habe, die Pressen ..."

„Was ist mit den Pressen?", knirschte Dave gereizt, der plötzlich wieder kurz davor war, zu explodieren. Phil legte ihm die Hand auf den Arm. Mein Vater hatte aber auch eine Art, mit Leuten umzugehen!

„Hören Sie", sagte Amy jetzt ein wenig eingeschnappt. „Ich verstehe, dass es unser Ziel ist, Ein-Stück-Fluss einzuführen, sodass wir die Automaten so fertigen, wie der Förderer, damit wir den Supermarkt gar nicht mehr brauchen. Aber das geht nur einen Schritt nach dem anderen. Das haben Sie uns auch immer gesagt. Kein Risiko für den Kunden! Liefersicherheit! Also ja, es ist ein großer Supermarkt."

„Sie haben recht. Ihr habt es geschafft", räumte mein Vater ein. „Meinen Glückwunsch. Aber ab sofort beschäftigen wir uns damit, wie wir ihn kleiner bekommen."

„Gut. Also gehen wir das Ganze Schritt für Schritt durch. Wie füllen Sie das Ding?", fragte mein Vater Gloria.

„Am Anfang dachten wir", sagte sie, „dass in einer Kiste die Menge an Automaten ist, die wir für einen Schaltschrank brauchen. Aber die Kisten waren dann zu schwer, die Kollegen konnten sie nicht mehr tragen. Also verwenden wir jetzt kleinere Kisten, in denen nur ein einziger Automat liegt. Nach dem Test legt der Werker jeden Automaten in eine Kiste und setzt die Kiste auf die entsprechende Rollenbahn im Supermarkt. Dafür wurde jede Rollenbahn entsprechend markiert. Die Kisten laufen alleine bis zum Förderer und werden dort dann bei Bedarf vom Montagemitarbeiter entnommen."

„So weit klar. Das ist auch wunderbar. Woher weiß der Werker in der Automatenmontage, welches Produkt er bauen soll?"

Gloria zuckte mit den Schultern. „Wir haben den Produktionsplan. An den halten wir uns, solange uns Dave nichts anderes sagt. Wir versuchen, jeden Artikel einmal am Tag zu machen, das heißt, wir machen an Linie eins morgens STR und nachmittags STR-X. Mit den QST-1 und QST-2 an Linie zwei machen wir es genauso. Die DG machen wir auf einer Werkbank je nach Bedarf."

„Ein schiebender Materialfluss also, kein ziehender."

„Wieso?", Amy sah ihn verwirrt an. „Die Werker am Förderer entnehmen die benötigten Teile aus einem Supermarkt. Sie ziehen! Wie die Leute im echten Supermarkt."

„Ja, das ist schon richtig. Aber ihr produziert das, was verbraucht wurde, nicht in der gleichen Reihenfolge nach, oder?"

„Das war mir jetzt zu schnell", sagte ich. „Sag das noch mal."

„Just in time", sagte mein Vater gereizt. „Produziere, was verbraucht wurde, in derselben Menge und *in derselben Reihenfolge*. Die Werker am Förderer *ziehen* Teile aus dem Supermarkt, richtig. Aber die Automatenmontage *schiebt* die Automaten in den Supermarkt. Ihr müsst riesige Schwankungen in den Beständen haben."

„Haben wir", sagte Gloria. „Deshalb ist der Supermarkt auch so groß."

„Ich verstehe, was Sie sagen", meinte Amy stirnrunzelnd. „Wir produzieren nach dem Produktionsplan, anstatt aufzufüllen, was verbraucht wurde. Im Idealfall sollten wir jedes Mal, wenn ein Automat in einen Schaltschrank eingebaut wird, diesen nachproduzieren."

„Richtig."

„Kommt hier Kanban ins Spiel?", fragte Phil.

„Ja", sagte mein Vater. „Jetzt sprechen wir über Kanban. Wie kann das funktionieren? Hört mal auf euer Gefühl."

„Na ja", fing Phil an. „Wenn wir jedes Mal einen Automaten produzieren wollen, nachdem einer verbraucht wurde, dann brauchen wir eine Art Signal vom Förderer zur Automatenmontage, ein E-Mail oder ..."

Der Blick meines Vaters sprach Bände.

Phil schwieg einen Moment, dachte nach und fuhr dann fort. „Okay. Vergessen wir den Computer und denken wir wie ein japanischer Bauer. Hm, ich weiß nicht. Irgendein Signal eben."

„Amy? Gloria?"

Schweigen.

„Also bitte! So kompliziert ist das auch nicht. Irgendeine Art von Etikett reicht schon. Ein Stück Karton, mit dem das Teil identifiziert werden kann und das an der Kiste hängt. Wenn die Kiste entnommen wird, schickt ihr das Etikett zurück an die Automatenfertigung und hängt es dort in die Warteschlange. Fertig."

„Es gibt also eine Warteschlange aus Etiketten, die uns sagt, welches Teil wir als nächstes produzieren müssen", fasste Amy zusammen. „Clever. Warum sind wir nicht selbst darauf gekommen?"

„Weil es manchmal sehr schwierig ist, zu erkennen, was uns der gesunde Menschenverstand sagt", sagte mein Vater. „Wir benutzen immer Karten für das Kanban, das ist recht einfach. Mach eine Karte, schreib drauf, um welches Teil es sich handelt und wie viele davon in einer Kiste sind – in eurem Fall eines –, und sortiere sie in einer Warteschlange ein."

„Schauen Sie mich nicht so an", sagte Phil zu Gloria. „Für so praktische Gedanken bin ich viel zu wissenschaftlich ausgebildet."

„Wartet mal", sagte Amy, nachdem sich das Kichern gelegt hatte. „Wir müssen aber immer vier Automaten bauen."

„Ich weiß", grinste mein Vater. „Vielleicht wollt ihr sogar Lose bilden mit sagen wir 20 STR am Stück, um den Rüstvorgang zu vermeiden. Sammelt einfach die Karten, bis ihr genug zusammenhabt, und bündelt sie."

„Die Karten bündeln?", fragte Gloria.

„Nehmt eine kleine Kiste und sammelt dort die STR-Karten, in einer zweiten die STR-X. Wenn ihr also ein Los von 20 Stück machen wollte, dann wartet, bis ihr 20 Karten in einer Kiste habt. Dann klammert ihr sie zusammen und hängt dieses Bündel dann in die Warteschlange für die Produktion."

„Und wenn der Werker dieses Bündel bekommt, dann weiß er, dass er 20 STR machen muss."

„Das klingt recht einfach, wenn Sie das so sagen", sagte Gloria.

„Es geht sogar noch einfacher", sagte mein Vater lächelnd. „Macht einen Kartenhalter mit 20 Schlitzen, dann könnt sofort sehen, wenn die 20 voll sind, und diesen in die Warteschlange hängen."

„Das ist so nervig!", platzte es plötzlich aus Amy hervor. „Ich meine", stammelte sie dann. „Es ist doch so offensichtlich!"

„Ich weiß. Ich kenne diesen Frust. Aber wir haben einfach nicht gelernt, so zu denken, das ist alles."

„Eines ist mir noch nicht klar", wandte Phil ein. „Du sagst, wir haben eine feste Losgröße für die Automatenproduktion."

„Ja, wir arbeiten für ein Los immer zehnmal so lange, wie der Rüstvorgang dauert", sagte Amy und zog nachdenklich an einer Haarsträhne. „Das sind, glaube ich, 15 Automaten pro Los."

„Ist das nicht ein Problem?", fragte Phil. „Wir brauchen vier Automaten für einen STR-Schrank, aber nur drei für einen STR-X. Wenn wir aber von jeder Variante immer 15 Automaten bauen, dann haben wir ja irgendwann viel zu viele STR-X."

„Stimmt nicht", sagte Gloria plötzlich. „Wir bekommen ja dann mehr Bündel von

STR-Karten. Also zum Beispiel kommen dann immer zwei STR-Bündel und dann aber nur ein STR-X-Bündel. Oder?“

„Absolut richtig“, stimmte mein Vater zu. „Wir gehen im Moment davon aus, dass die Montagezeit für beide Varianten gleich ist, das heißt, wir produzieren von beiden die gleiche Menge in der zehnfachen Rüstzeit. Aber auch wenn ihr in Losen arbeitet, was das Verbrauchssignal etwas verzerrt, reflektiert die Reihenfolge der Kartenbündel immer noch die Reihenfolge des Verbrauchs. So Philip, hier hast du dein Kanban.“

„Das klingt zu schön, um wahr zu sein. Bei unseren Beratern klang das immer viel komplizierter. Ist das wirklich schon alles?“

„Wenn du nicht völlig überhöhte Beraterhonorare rechtfertigen musst, dann ist das schon alles, ja“, sagte mein Vater mit einem dünnen Lächeln. „Auf den Karten müssen natürlich verschiedene Informationen vermerkt sein, wie die Artikelnummer und -bezeichnung, wie viele Teile in einer Kiste und wie viele Karten im Umlauf sind und so weiter, aber im Großen und Ganzen war es das. Es gibt noch andere Arten von Kanban, zum Beispiel für Fertigware oder Einkaufsteile. Aber die Logik ist immer dieselbe. Das erste Prinzip von Kanban ist, dass der nachfolgende Prozess zum vorhergehenden geht, um sich die Teile zu holen, die er braucht.“

„Gibt es ein zweites Prinzip?“

„Ja, es lautet, dass der vorhergehende Prozess nur die Menge produzieren darf, die der nachfolgende entnommen hat. Das funktioniert bei euch im Moment nicht, und das könnt ihr mithilfe von Kanban ändern.“

„Okay“, fasste Phil zusammen. „Wir müssen den Materialfluss ruhiger und gleichmäßiger machen, indem wir die verschiedenen Varianten von Schaltschränken auf dem Förderer mehr mischen.“

„Und wir müssen einen ziehenden Materialfluss mit einem Kanban-System implementieren, das uns sagt, welche Automaten wir produzieren müssen.“

„Und dann reduziert dieses Monsterregal“, schloss mein Vater das Thema ab. „Ich habe mich gefreut, einen Supermarkt hier in diesem Werk zu sehen. Aber der ist so groß, ich weiß nicht, der erschlägt einen.“

„Jawoll! Machen wir.“

„Gut, dann zeigt mir mal, wie es mit eurem perfekten Kunden läuft“, sagte mein Vater und ging mit einem nachdenklichen Gesichtsausdruck in Richtung Förderer. Ich sah, dass sich Dave plötzlich verkrampfte, seine roten Wangen wurden etwas dunkler, aber er sagte nichts. Am Ende des Förderers, nach den Testern und der Packstation, gab es einen großen Bereich mit zehn langen, schweren Rollenbahnen, auf denen sie die verpackten Schränke platzierten. Von der Decke hing über jeder Reihe ein Schild, auf der die Produktvariante bezeichnet wurde, die auf die jeweilige Rollenbahn kam. Als wir ankamen, klebte ein Werker gerade ein Etikett auf eine Kiste, setzte sie auf eine Rollenbahn und schob die bereits dort stehenden weiter nach vorne. Manche Bahnen waren leer, auf anderen waren gestapelte Kisten zu sehen.

„Ich verstehe, was Sie von uns wollten", fing Dave an. „Aber es funktioniert nicht. Manchmal haben wir so viele Teile hier, dass sie nicht mehr auf die Bahnen passen und wir sie dort drüben an der Wand stapeln müssen, und dann, Sie sehen es, haben wir wieder zu wenige oder sogar gar keine."

„Ja. Ich seh's", sagte mein Vater trocken.

„Diese drei Bahnen haben wir zusätzlich aufgebaut", sagte Phil defensiv. „Falls wir neue Produkte entwickeln."

„Sicher mein Junge, sicher. Aber schau dir mal diese Bahn an. Die ist doch gerammelt voll mit STR, oder?"

Alle zappelten etwas herum, nur Amy war ungewohnt ruhig. Ich vermutete, dass sie bezüglich dieser Sache schon einige Diskussionen hinter sich hatten.

„Wie funktioniert das mit der Entnahme?"

„Wir haben getan, was Sie uns gesagt haben", nahm Dave wieder den Faden auf und zeigte uns in der Nähe der Laderampen sieben auf dem Boden markierte Rechtecke. Die meisten davon waren leer. „Hier sind die Ladungsvorbereitungszonen, eine für jeden Kunden."

„Und warum sind sie leer?"

Dave zuckte mit den Schultern. Gloria und Ester warfen sich einen wissenden Blick zu. Aber sie würden nichts sagen, das war offensichtlich. Ester stand hinter der größeren Frau, außerhalb der Schusslinie.

„Die Materialtransporteure können keinen Sinn darin erkennen, den ganzen Tag über die Kisten hierherzutransportieren, wenn der Lastwagen sowieso nur einmal pro Woche kommt", sagte Amy mit fester Stimme.

„Die Materialtransporteure? So etwas denken sie?", sagte mein Vater und zog in gespieltem Erstaunen eine Augenbraue hoch.

„Sie gehören nicht zu mir", sagte Dave." Sie gehören zu Kev Morgan, dem Logistikleiter. Ich wusste auch keinen guten Grund, wie ich ihn hätte überzeugen können."

„Ich habe Ihnen schon hundertmal ...", platzte es aus Amy heraus, ihre Stimme klang genervt.

„Nicht aufregen, Miss Cruz“, sagte mein Vater erstaunlich freundlich. „Das ist am Anfang für niemanden einfach zu verstehen.“ Er sah Dave direkt in die Augen. „Verstehen Sie wenigstens die Logik dahinter?“

„Ich bin auf Ihrer Seite. Ich verstehe, was Sie von uns wollen. Aber ich bin mir erstens nicht sicher, ob es helfen wird, es bedeutet doch nur mehr Bewegung und mehr Hektik, und zweitens habe ich keine Ahnung, wie ich es praktisch umsetzen kann.“

„Machen wir eines nach dem anderen“, sagte mein Vater mit erstaunlicher Geduld. „Aber“, er warf einen finsteren Blick auf Phil, „erwarte nicht, dass ich deine Kämpfe mit der Logistik kämpfe. Das musst du schon selber machen.“

Phil nickte düster.

„Versteht ihr, warum das hier nicht klappt?“

„Weil wir die Teile nicht nivelliert entnehmen“, sagte Amy und sah Dave unwillig an. Vermutlich war das nicht das erste Mal, dass darüber gesprochen wurde.

„Wenn ihr in unregelmäßigen Abständen große Mengen entnehmt, werdet ihr niemals einen funktionierenden Supermarkt haben. Wenn ich für 500 Freunde, die alle wahnsinnig Hunger haben, im Supermarkt einkaufen gehen muss, dann werde ich die Regale abräumen. Und der Supermarkt wird immense Schwierigkeiten haben, sie schnell wieder aufzufüllen.“

„Mir ist das schon klar“, sagte Dave mit einem streitsüchtigen Unterton. „Aber das ist doch das Gleiche wie mit dem Mischen der Varianten auf dem Förderer. Wenn es funktioniert, dann kann man die Bestände senken, das verstehe ich. Aber dafür kostet mich die Montage deutlich mehr, weil wir immer nur kleine Stückzahlen produzieren. In großen Losen zu produziere spart Kosten. Das weiß jeder.“

Das darauffolgende Schweigen zog sich in die Länge, dann sagte mein Vater: „Haben Sie sich schon mal gefragt, warum ein Bier in einer Strandbar doppelt so viel kostet wie in einer einfachen Kneipe?“

„Was soll das jetzt?“, antwortete Dave grantig, aber dann sagte er: „Weil die Leute es trotzdem kaufen, schätze ich.“

„Zum Teil, ja. Aber hauptsächlich deshalb, weil die Strandbar nur ein paar Monate im Jahr geöffnet ist und in dieser Zeit die Fixkosten des gesamten Jahres abdecken muss. Sie sagen mir, dass die Kosten der Montage sinken, wenn Sie große Lose produzieren, und ich gebe Ihnen recht. Aber das sind noch nicht die Kosten des Produkts. Es sind nur die Kosten der Montage.“

Dave schaute ihn ratlos an, hörte aber weiter zu.

„Jedes Mal, wenn die Nachfrage steigt und dann sinkt, bauen wir einen Bestand auf. Sind wir uns da einig?"

„Ich schätze ja."

„Sie brauchen Bestand, um diese Nachfragespitzen abzufangen. In der übrigen Zeit ist der Bedarf niedriger, aber weil Sie nie wissen, wann die Spitze auftritt, müssen Sie den Bestand immer vorhalten."

„Ja, das ist mir völlig klar. Und wenn ich dann gezwungen werde, den Bestand zu senken", sagte er mit einem Seitenblick auf Phil, „dann kann ich nicht liefern, wenn die Aufträge kommen."

„Das ist logisch. Aber wir sind uns einig, dass die Kosten für den Bestand auch in den Preis der Produkte mit einfließen müssen."

„In einem bestimmten Umfang sicher, ja."

„Die Nachfragespitzen, die in Ihrer Produktion auftreten, geben Sie aber auch an Ihre Lieferanten weiter, die dann, logischerweise, auch Bestände vorhalten müssen. Faktisch ist Ihr Produktivitätsgewinn also nichts anderes als reine Einbildung, weil niemand für den Kunden produziert, sondern nur, um Bestände zu haben. Und das erhöht nur die Kosten."

Dave wollte sich nicht einfach fügen, aber in seinen Augen standen Zweifel. Der Punkt ging an meinen Vater.

„Sie wollen also, dass wir alle zehn Minuten einen Schaltschrank aus dem Fertigwarensupermarkt nehmen und ihn in die Ladevorbereitungszone bringen?", sagte Dave schließlich mit müder Stimme.

„Wie ein perfekter Kunde", stimmte mein Vater zu. „Sie holen die Produkte im gleichen Rhythmus ab, in dem der Kunde sie in seinem Werk verbraucht."

„Völlig unabhängig vom tatsächlichen Versand?"

„Genau. Sie füllen die Vorbereitungszone Stück für Stück im Kundentakt, um die Nachfragespitzen und -täler in ihrer eigenen Produktion zu glätten. Denken Sie in Ruhe darüber nach. Wenn Sie nur einmal pro Woche versenden und alle Teile kurz vorher in den Versand bringen, dann haben Sie an diesem Tag eine riesige Nachfrage und den Rest der Woche gar keine. Wenn wir aber so arbeiten, wie ich das vorschlage, dann haben Sie eine gleichmäßige Nachfrage."

„Das klingt irgendwie, ich weiß nicht, unnatürlich. Aber okay, wir wollen es mal versuchen", sagte Dave mit einem Schulterzucken. „Wenn ich es schaffe, die Kollegen von der Logistik zu überzeugen."

„Ich werde Druck machen“, sagte Phil.

„Du meinst wohl, du wirst sie ziehen“, korrigierte ihn Amy mit einem verschmitzten Lächeln.

„Aber ich weiß dann doch immer noch nicht, welche Kiste, also welches Produkt die Materialtransporteure jeweils nehmen müssen.“

„Das brauchen Sie gar nicht zu wissen“, entgegnete mein Vater. „Die Transporteure wissen ganz genau, wann sie was abholen müssen. Wir machen das wieder mit Kanban.“

„Genau wie vorher?“, fragte Amy. „Wie soll das gehen?“

„Ah, nein. Vorher, das waren Produktions-Kanbans. Hier brauchen wir Entnahme-Kanbans.“

„Du meinst, es gibt verschiedene Arten von Kanbans?“, fragte ich bestürzt.

„Ja Mickey, mindestens zwei verschiedene. Denkst du, du packst das?“, frotzelte er und dann wandte er sich wieder an Dave.

„Als Erstes schauen wir uns an, welche Produkte wir hier haben. Wenn ich das richtig verstanden habe, gibt es die Produktfamilien STR und QST, allerdings werden sie für einzelne Kunden spezifisch angepasst.“

„Jeder Kunde benötigt seine eigene Bedieneinheit, und die Größe der Schaltschränke kann auch unterschiedlich sein“, führte Dave aus. „Aktuell produzieren wir sieben verschiedene Varianten der STR und QST. Bei den DG sind keine zwei gleich. Wenn wir das nach Anlieferorten unterscheiden, dann haben wir pro Tag zehn STR, acht STR-X, fünf QST-1A, zwei QST-1B, vier QST-1C, vier QST-2X, sechs QST-2Y und dann noch verschiedene DG.“

„Vergessen wir für den Moment mal die DG. Amy, wie würden Sie den perfekten Kunden simulieren?“

„Wir brauchen nur einen Stapler, der eine Kiste vom Supermarkt in die Ladungsvorbereitungszone bringt. Immer nur eine Kiste und dann so weiter, das war’s schon.“

„Wie lange würde das dauern?“, fragte ich.

„Keine Ahnung“, antwortete mein Vater und schaute zu Amy, die den Kopf schüttelte. „Zwischen zwei und fünf Minuten.“

„Also kein Problem. Jetzt bleibt noch die Frage, woher der Transporteur weiß, welches Produkt er aus dem Supermarkt nehmen muss.“

„Kanban-Karten?“, fragte Phil unsicher.

„Bingo. Gib mir mal deinen Notizblock. Nehmen wir mal vereinfacht an, der Materialtransporteur muss alle 30 Minuten ein bestimmtes Produkt aus dem Supermarkt holen und es in die Ladungsvorbereitungszone bringen. Wir brauchen dann als Erstes eine Box, die wir Heijunka oder besser Nivellierungsbox nennen. Es gibt ein Fach für jeden Transportauftrag. Wenn wir von 30 Minuten ausgehen, brauchen wir 16 Spalten, um den Tag abzudecken. Für die verschiedenen Produkte machen wir sieben Reihen."

	08:30	09:00	09:30	10:00	10:45	11:15	11:45	12:15	13:45	14:15	14:45	15:15	16:00	16:30	17:00	17:30
STR																
STR-X																
QST-1A																
QST-1B																
QST-1C																
QST-2X																
QST-2Y																

„Und die DG?", fragte Amy verwundert.

„Das sind Exoten, die betrachten wir getrennt. Gehen wir nun davon aus, dass zu jedem Produkt auch eine Karte gehört. In Abhängigkeit von der Nachfrage verteilen wir nun diese Karten, und damit auch die Arbeitsbelastung, so gleichmäßig wie möglich."

	08:30	09:00	09:30	10:00	10:45	11:15	11:45	12:15	13:45	14:15	14:45	15:15	16:00	16:30	17:00	17:30
STR		/		/	/	/		/	/		/	/		/		/
STR-X	/		/		/		/		/		/		/		/	
QST-1A	/						/			/			/			/
QST-1B				/								/				
QST-1C		/				/				/				/		
QST-2X			/					/				/			/	
QST-2Y	/			/			/			/			/			/

„Und damit wissen die Transporteure, was sie alle 30 Minuten im Supermarkt abholen sollen."

„Sie meinen, um 8:30 Uhr müssen sie einen STR-X, einen QST-1A und einen QST-2Y holen?“, fragte Amy noch mal nach.

„Und um neun Uhr einen STR-X und einen QST-1C“, bestätigte Phil. „Jede halbe Stunde holen sie entweder zwei oder drei Schaltschränke.“

„Nicht sehr kompliziert, oder? Sie nehmen die Karten, holen die Produkte aus dem Supermarkt und bringen sie in die entsprechende Ladungsvorbereitungszone. Das schaffen sogar eure Logistiker.“

„Keine Frage – wenn sie es wollen“, sagte Amy mit einem Stirnrunzeln, das Bände sprach, während Dave frustriert zur Decke schaute.

„Sie müssen die Arbeit sowieso machen. Irgendwann müssen sie die Produkte in den Versand transportieren“, sagte mein Vater gereizt. „Und wenn sie es so machen, dann ersparen sie sich die Hektik, wenn der Kundenlastwagen dasteht und wartet und sie keinen Stapler finden oder keiner weiß, wo die Produkte sind.“

„Klingt wie der durchschnittliche Montag bei uns“, grinste Phil.

„Wir müssen sie dazu bringen, in einer standardisierten Runde zu fahren“, sagte Amy plötzlich. „Das würde uns auch helfen, die Produktivität in der Logistik zu erhöhen.“

„Sehr gut“, sagte mein Vater. „Das ist einer der Nebeneffekte der Nivellierung. Vermutlich haben Sie momentan doppelt so viele Materialtransporteure, wie Sie brauchen.“

„Niemals“, grunzte Dave. „Es ist nie einer da, wenn man einen braucht.“

„Richtig Dave“, sagte Amy fröhlich. „Aber wenn sie eine definierte Runde fahren würden, dann wüssten wir immer genau, wo sie wann sind.“

„Aber woher weiß der Transporteur denn nun, wo er die Kiste hinbringen muss?“, fragte ich.

„Für jeden Lastwagen gibt es eine Pickliste“, antwortete mein Vater. „Das ist alles. Die Nivellierungsbox definiert die Tätigkeit des Transporteurs. Damit weiß er jederzeit, welches Produkt er als nächstes in die Ladungsvorbereitungszone bringen muss.“

„Ihr Vorschlag hilft uns, die Tätigkeit der Transporteure im Kundentakt zu organisieren“, wandte Amy ein. „Aber er hilft uns nicht weiter, wenn es darum geht, die Arbeit am Förderer zu organisieren.“

„Nicht? Denken Sie noch mal nach.“

„Mir ist schon klar, dass wir auf dem Förderer in derselben Reihenfolge produzieren sollten, wie wir die Produkte aus dem Supermarkt entnehmen“, sagte sie, ohne mit der Wimper zu zucken. „Mir ist nur nicht klar, wie das praktisch gehen soll.“

„Wie machen Sie es denn heute?“, fragte mein Vater Dave, der sich sichtbar unwohl fühlte.

„Ich habe versucht, es so zu machen, wie Sie gesagt haben. Wir haben die Wochenzahlen auf die Tage aufgeteilt. Diesen Plan gebe ich Ester, und sie hält sich dran, so gut es eben geht. Ich habe mit Amy darüber gesprochen, wir machen zwar jeden Typ jeden Tag, aber immer noch in Losen, also zuerst alle STR, dann die QST und so weiter. Mehr haben wir noch nicht probiert.“

„Das ist ein Anfang. Funktioniert es auch?“, fragte mein Vater Ester, die lange nachdachte, bevor sie antwortete, und dabei ihren Blick zwischen ihm und Gloria hin und her schweifen ließ.

„Mehr oder weniger. Wir haben oft Probleme mit Fehlteilen, und darauf muss ich irgendwie reagieren“, sagte sie langsam. „Und deshalb fehlen uns manchmal Schränke, um eine Lieferung fertig zu machen, dann muss ich die wieder vorziehen.“

„Hier hilft uns die Ladungsvorbereitungszone“, warf Dave ein. „Die Probleme poppen früher hoch, wir können dann auch früher reagieren. Wir haben deshalb weniger Lieferprobleme.“

„Das stimmt“, sagte Phil, als würde es ihm erst jetzt bewusst. „Ich habe schon lange keine Klagen mehr von Pittsburgh gehört.“

Mein Vater dachte eine Weile darüber nach, dann atmete er tief ein.

„Okay. Ich weiß nicht, ob ihr schon so weit seid, aber ich werde euch jetzt erklären, wie ihr auf dem Förderer die Reihenfolge der Entnahme aus dem Supermarkt abbilden könnt. Das ist die einzige Möglichkeit, den Supermarkt zu stabilisieren und den Bestand so niedrig wie möglich zu halten. Wo fangen wir an?“

„In der Endmontage?“, schlug ich vor, was mir einen mitleidigen Blick von Phil einbrachte.

„Ladungsvorbereitung“, korrigierte Amy und warf mir einen Blick zu, als wäre bei mir Hopfen und Malz verloren.

„Genau. Wie immer starten wir mit dem Kunden“, gab ihr mein Vater mit einem leichten Grinsen recht.

Er riss eine Seite aus Phils Notizbuch und faltete sie zweimal.

„Ich bin jetzt an der Nivellierungsbox und entnehme eine Karte, die mir sagt, dass ich als Nächstes einen STR-Schrank aus dem Supermarkt holen soll“, sagte er und ging mit seinem Zettel zu der Rollenbahn mit den STR. „Ich entnehme also einen

STR. Anschließend muss ich aber der Endmontage noch mitteilen, dass als Nächstes ein STR auf den Förderer muss, um den von mir entnommenen nachzuproduzieren, einverstanden?"

„Kein Problem so weit", sagte Phil.

„Und wie mache ich das dann?"

„Eine Produktionsanweisung – die andere Art Kanban", sagte Phil vorsichtig. „Wir müssen irgendwie eine entsprechende Karte an den Förderer schicken."

„Genau das machen wir", stimmte mein Vater zu. „An die Kiste mit dem fertigen Schrank kommt eine Kanban-Karte, wenn sie in den Supermarkt gebracht wird. Sobald wir die Kiste in die Ladungsvorbereitung bringen, nehmen wir die Karte und schicken sie an den Förderer zurück."

Er nahm Phils Stift, malte ein Kreuz auf ein weiteres Blatt Papier, riss es ab und faltete es so, dass das Kreuz sichtbar war. Er legte dieses Blatt auf die Kiste und gab das andere Blatt Dave, mit der Bitte, es zu halten.

„Ich bin jetzt Materialtransporteur", erklärte mein Vater, wandte sich zu Dave und nahm ihm das Papier wieder ab. „Ich nehme die Karte aus der Nivellierungsbox im Versand. Diese Karte ist mein Entnahme-Kanban. Sie sagt mir, welches Produkt ich aus dem Supermarkt holen soll. Ich fahre zum Supermarkt und lade die entsprechende Kiste auf", fuhr er fort und tat, als bediene er einen Stapler. „Dann nehme ich das Produktions-Kanban, das an der Kiste befestigt ist", er ging zur Kiste und nahm das zweite Papier mit dem Kreuz, das er dort hingelegt hatte, „und tausche es mit dem Entnahme-Kanban, das ich ja noch bei mir habe, aus. So weit klar?", fragte er dann, während er die beiden Zettel austauschte.

„Und dann bringen Sie das Produktions-Kanban in die Warteschlange für die Endmontage", rief Amy. „Es funktioniert!"

„Natürlich funktioniert es. Aber sagen wir, die Karte geht zu einer Sammelstelle, von der aus der Materialtransporteur sie in die Endmontage bringt."

„Und was passiert mit dem Entnahme-Kanban an der Kiste?"

„Diese Karte geht mit der Kiste zum nächsten Prozess, das ist die Ladungsvorbereitung."

„Okay, ich glaube, ich habe das so weit verstanden", sagte Phil. „Das sind die Kanban-Regeln, die du schon erwähnt hast. Der nachfolgende Prozess geht zum vorhergehenden und holt dort die Teile, die er braucht. Der vorhergehende Prozess darf nur produzieren, was der nachfolgende entnommen hat, und zwar in genau derselben Reihenfolge. Gibt es noch mehr?"

„Na ja, Ohno hatte sechs Kanban-Regeln, die wir nach und nach einführen werden. Um die zwei erwähnten Regeln einzuführen, musst du sicherstellen, dass niemals etwas ohne eine Karte produziert oder aus einem Supermarkt entnommen wird. Das bedeutet auch, dass jede Kiste oder jedes Teil im Werk eine Kanban-Karte hat. Damit das wiederum funktioniert, darfst du nur gute Teile haben, defekte Teile bringen das gesamte System durcheinander. Wenn du das hast, dann fängst du an, die Anzahl der Karten zu reduzieren, um den gesamten Prozess empfindlicher zu machen. Aber du musst nicht alles gleichzeitig machen."

„Hier hab ich alles", fasste Amy das Ganze zusammen. „Die Regeln lauten wie folgt:

Uno, der nachfolgende Prozess entnimmt beim vorhergehenden.

Dos, der vorhergehende Prozess produziert nur, was entnommen wurde.

Tres, Entnahme oder Produktion ist nur mit einer zugehörigen Kanban-Karte erlaubt.

Quatro, es gibt keine Teile ohne Kanban-Karte.

Cinco, der vorhergehende Prozess liefert keine fehlerhaften Teile.

Seis, reduziere sukzessive die Anzahl der Kanban-Karten."

„Ihr habt gehört, was die Dame sagte", sagte Phil und schaute seine Mitarbeiter an. „Fangen wir an."

Ein paar Wochen später, es war ein Arbeitstag, trafen wir uns wieder im Jachtklub. Phil hatte sich zwischenzeitlich nicht gemeldet, und ich nahm an, dass alles nach Plan lief, und tatsächlich war er richtig guter Laune, als er seinen massiven Körper aus seinem Porsche schälte. Mein Vater saß auf der Terrasse und war in ein angeregtes Gespräch mit Amy und, ausgerechnet, Harry vertieft. Er trug sein übliches Segler-Outfit inklusive seiner Marinemütze, die in einem neckischen Winkel auf seinem Kopf saß. Der leichte Geruch nach Alkohol, der ihn umwehte, machte die Sache nicht besser.

„Also", sagte er laut, als wir beide uns zu ihnen setzten. „Sieht aus, als wärst du noch mal davongekommen, oder?"

„Wir machen Fortschritte, wir konnten bei gleichbleibender Anzahl von Werkern die Produktion steigern", sagte Phil voller Stolz. „Wir haben unsere Rückstände abgearbeitet, was unsere Liquidität deutlich verbessert hat. Und wir haben neue Produkte."

„Hey", rief Amy. „Wir haben noch viel mehr getan. Wofür habe ich eigentlich die ganze Zeit geschuftet? Wir haben die Automatenmontage in Linien organisiert, wir haben die Produktivität um ein Drittel gesteigert und gleichzeitig die Qualität verdoppelt. Wir haben die Linien näher an den Förderer verlegt, der nun FiFo[4] beliefert wird. Und wir haben einen Fertigwarensupermarkt in der Endmontage."

„Und wie sieht es mit der Bestandsreduzierung aus?", fragte Harry.

„Wir haben Probleme mit dem Kanban-System", gab Amy frustriert zu. „Und mit der Logistik auch", fügte sie hinzu und verzog das Gesicht.

„Ach ja?"

„Das ist nicht witzig. Der Leiter der Logistik möchte keine regelmäßigen Lieferungen vom Fertigwarensupermarkt – oder von sonst irgendwo. Er meint, er hätte nicht vor, seinen Leuten mehr Arbeit aufzuhalsen und dadurch seine Kosten zu verdreifachen!"

Harry und mein Vater schauten sich an und brachen in Lachen aus. Ich wusste nicht, was an dem, was Amy sagte, so lustig sein sollte.

„Und er sagte, er wüsste bereits alles über Kanban, und er würde auch daran arbeiten", fuhr sie fort und wurde rot vor Ärger. Sie sah gut aus, wenn sie vor Ärger rot wurde.

„Das ist so ein Idiot", beendete sie ihren Ausbruch, lehnte sich in ihrem Stuhl zurück und zog sich die Sonnenbrille aus den Haaren über die Augen. Ich habe noch nie jemanden getroffen, dessen Stimmung so schnell wechseln konnte. Ihre Gefühlsausbrüche waren schnell und heftig, aber genauso schnell kam ihre gute Laune zurück.

„Kennen wir alles, stimmt's Bob?", gluckste Harry.

„Kennen wir. Aber diesmal ist es nicht mein Bier", antwortete mein Vater gleichmütig.

„Ich sollte das jetzt nicht fragen, ich weiß", wandte sich Phil behutsam an meinen Vater. „Aber es würde uns unheimlich helfen, wenn du noch mal ins Werk kommen könntest und uns sagen würdest, was wir falsch machen."

„Ich will nicht unhöflich sein", sagte mein Vater mit steinerner Miene. „Aber welchen Teil des Wortes ‚nein' verstehst du nicht. Ich bin durch mit dem Thema. Noch mal ganz deutlich: Ich gehe nicht mehr in eine Fabrik."

„Ich verstehe das. Aber wir brauchen dich. Wir schaffen es nicht ohne dich", beharrte Phil.

Ich war überrascht von seiner Hartnäckigkeit. Ganz offensichtlich akzeptierte er das Nein meines Vaters wirklich nicht als Antwort. Es steckte vielleicht doch mehr

[4] FiFo: First in First out – Warenbewegung (wie bei Cheeseburger im Schnellrestaurant)

von einem Unternehmer in ihm, als ich gedacht hatte. Amy warf mir hinter ihrer Sonnenbrille einen komplizenhaften Blick zu.

„Wie auch immer. Auf jeden Fall nicht heute. Harry und ich gehen fischen."

„Jetzt sei doch kein solcher Spielverderber", rief Harry und schlug sich unerwarteterweise auf Phils Seite. „Ich würde schon gerne sehen, was du mit den Jungs – und der Dame", er warf einen Blick auf Amy, die ihn teilnahmslos anschaute, „da so treibst. Komm schon, das wird wie früher, in den guten alten Zeiten."

„So wird das sicher nicht." Mein Vater blickte ihn finster an. „Außerdem waren die guten alten Zeiten gar nicht so besonders gut."

„Phil", sagte Harry, „Sie würden mir doch sicher gerne Ihr Werk zeigen?"

„Natürlich."

„Du weißt nicht, auf was du dich da einlässt, mein Junge", sagte mein Vater onkelhaft. „Harry hat schon größere Werke als deines zum Frühstück verspeist."

„Ach Bobby, sei keine solche Memme. Das wird lustig. Komm schon, nur eine kleine Runde durch die Fertigung."

„Und was ist mit Fischen?"

„Machen wir danach. Nur vorher ganz kurz ins Werk. Dann gehen wir fischen, das reicht noch, wir fangen sowieso nichts."

„Bitte, Bob. Wir kommen mit dem Kanban nicht weiter. Wir brauchen deine Hilfe."

„Okay, Philip", gab mein Vater schließlich nach. „Aber vergiss nicht: Du hast es so gewollt."

Das klang etwas ominös für einen einfachen Werksbesuch.

„Also, was ist das Problem?"

Wir waren direkt ins Werk gefahren und standen vor dem Supermarkt für die Automaten. Gloria war nicht da, aber Ester Ramirez war zu uns gestoßen, während Harry von Kevin Morgan, dem Logistikleiter, durchs Werk geführt wurde. Ester hatte nichts von Glorias Großspurigkeit. Sie war eine zurückhaltende, stämmige Frau mit kurzen schwarzen Haaren, einem ernsten Gesichtsausdruck und müden Augen. Amy tätschelte liebevoll ihren Arm, und die beiden Frauen lächelten sich an.

„Egal, was wir versuchen, wir schaffen es nicht, das geglättete Produktionsprogramm zu halten", räumte Dave ein. „Das Kanban funktioniert schon im Großen und Ganzen. Wir sind uns zwar mit der Logistikabteilung noch nicht einig, aber wir benutzen schon die Nivellierungsbox, um den richtigen Variantenmix in der Endmontage hinzubekommen. Es gibt Tage, da funktioniert das auch tadellos und der Supermarkt läuft völlig gleichmäßig. Aber wir schaffen es nicht, diesen Zustand zu stabilisieren."

„Warum nicht?"

„Hauptsächlich wegen Fehlteilen. Aber wir können doch deshalb die Produktion nicht stoppen."

„Schauen Sie hier", stimmte Ester zu und zeigte auf einen Stapel metallener Kästen, die gerade nacheinander auf den Förderer gehängt wurden. „Die Gehäuse kommen überhaupt nicht so, wie wir sie brauchen. Manchmal kommen jede Menge – aber nur von einem einzigen Typ. Und bei anderen Teilen ist es genauso, zum Beispiel bei den Platinen."

Mein Vater betrachtete den Förderer und schwieg.

„Und wenn wir die Variante, die wir bauen sollten, nicht bauen können, dann müssen wir eben eine andere machen", fügte Dave hinzu.

„Und damit ist jedes Kanban-System tot", schloss Amy. „Ich vermute, dass Fehlteile aus der Blechbearbeitung das nivellierte Programm praktisch zerlegen, und das schlägt natürlich unmittelbar auf den Automatensupermarkt durch."

„Das sehe ich auch so", stimmte Dave zu. „Ich meine, was soll ich denn machen, wenn ich nicht die richtigen Gehäuse bekomme? Ich baue dann eben das, wofür ich die Teile da habe, was denn sonst? Im Moment arbeiten wir aber auch an einem Kanban-System für die Gehäuse aus der Blechbearbeitung."

„Es sieht doch alles ganz so aus, als arbeitet ihr schon an der Lösung des Problems", sagte mein Vater langsam. „Ich sehe nicht, wofür ihr mich hier bräuchtet – außer, um Händchen zu halten."

„Aber es sind nicht nur die Gehäuse", sagte Ester. „Wir haben auch Fehlteile bei Kaufteilen."

„Was soll das heißen, Phil?", sagte mein Vater misstrauisch. „Du hast mir schon vor Wochen gesagt, dass dieses Problem erledigt ist."

„Das dachte ich auch", antwortete Phil verärgert. „Dave? Was ist da los? Warum weiß ich davon nichts?"

„Vielleicht sollten Sie mal mit der Logistik darüber sprechen", sagte Dave verbittert.

„Was heißt das?"

„Morgan wieder mal", seufzte Amy.

„Ich will jetzt endlich wissen, was hier los ist!", wiederholte Phil.

Dave blieb störrisch. „Das ist nicht mein Bereich, ich mische mich da nicht ein."

„Amy. Worum geht es hier?"

„Was ich gehört habe", sagte Amy vorsichtig, „ist, dass Matt aufgrund unserer finanziellen Situation von Kevin verlangt, die Bestände an Kaufteilen deutlich zu reduzieren. Ich kenne aber keine Details."

„Sie senken die Bestände und Sie haben keine Teile mehr." Mein Vater brach in schallendes Gelächter aus. „Der Klassiker! Aber bevor wir auf die Logistik einprügeln, sollten wir besser erst einmal vor unserer eigenen Tür kehren. Wir müssen uns die Blechbearbeitung anschauen, und das hat überhaupt nichts mit dem Einkauf zu tun. Also, was steht ihr noch hier herum?", schnauzte er uns auf seine unnachahmliche Art an. „Wir müssen uns anschauen, wie ihr die Gehäuse baut."

„Das hättet ihr sehen sollen!", brüllte Harry, als er, begleitet von einem zaghaften Kevin Morgan von seiner Werkstour zurückkam. Morgan war ein schmaler, verhärmt wirkender Mann mit kurzem, rötlichem Haar. Er wurde eingestellt, als Matt und Phil das Werk kauften und das alte Managementteam ersetzten. Neben der Logistik in den beiden Werken war er auch für den Einkauf zuständig und galt als Schützling von Gary Pellman. Wenn ich mich richtig erinnere, lautete sein offizieller Titel „Supply Chain Manager".

„Das hätte euch gefallen", lärmte Harry mit einem verschmitzten Ausdruck in den Augen. „Bobby! Hast du dein Gefühl völlig verloren? Hast du das nicht gesehen? Wo sie diese Gehäuse bauen? Mann, ist das ein Chaos. Und die Maschinen erst. Heilige Scheiße!"

„Was ist mit den Maschinen nicht in Ordnung?", fragte Dave angespannt.

„Eine Katastrophe! Öl, Lappen, Dreck. Noch nie von 5S gehört? Was hat Ihnen Bob eigentlich bisher erzählt?"

„Wir haben dort schon 5S gemacht", sagte Amy angriffslustig.

„Um die Maschinen rum schon, ja. Aber in den Maschinen nicht. Kein Wunder, dass Sie Ihre Pläne nicht einhalten können. Ich wette, die Maschinen stehen die Hälfte der Zeit."

„Jetzt seien Sie aber bitte mal etwas vorsichtiger", sagte Dave stinksauer und mit rotem Kopf.

„Und hast du die Bestände gesehen? Sie haben ganze Zwischenwände aus Beständen in die Halle eingezogen. In meiner aktiven Zeit hätte ich so einen Lieferanten niemals akzeptiert. Ich dachte, du arbeitest mit ihnen?"

Mein Vater zeigte keine Reaktion. Er schaute Harry einfach nur ruhig an und sagte gar nichts.

„Das mit den Ausfallzeiten sage ich doch schon die ganze Zeit", giftete Morgan plötzlich und hielt den Zeigefinger vor Daves Gesicht. „Wenn deine Maschinen nicht in einem solchen desolaten Zustand wären, dann könnten wir auch den Produktionsplan einhalten."

„Wenn deine Pläne nicht so unrealistisch wären, dann hätten wir genug Teile, um überhaupt etwas zu produzieren", antwortete Dave wütend. Amy und Ester warfen sich einen wissenden Blick zu.

„Meine Pläne sind ‚just in time'. Ich habe meine Bestände um zehn Prozent reduziert. Ich habe für jedes Teil die optimale Losgröße errechnet und im System eingepflegt. Wir haben den Kapitalabfluss gestoppt und ersaufen nicht mehr in überflüssigem Material", zählte Morgan seine Erfolge an den Fingern auf. „Wir haben es geschafft, dass auch unsere Lieferanten just in time liefern, also verschone mich mit deinen Problemen mit dem Produktionsplan. Es ist nicht mein Fehler, wenn die Produktion nichts hinkriegt."

„Du kleiner Klugscheißer", explodierte Dave. „Es sind genau deine dummen Produktionspläne, die uns kaputt machen. Wir reißen uns den Hintern auf, um wenigstens das Notwendigste zu produzieren, und du wirfst uns Knüppel zwischen die Beine, wo es nur geht. Vorne kommt kein Material rein und hinten bringst du die Fertigprodukte nicht weg. Ich kann überhaupt nichts produzieren, wenn mir die Teile dazu fehlen. Warum geht das nicht in deinen Erbsenzählerschädel rein?"

„Ah ich verstehe. Es ist nicht deine Schuld, stimmt's. Es ist nie deine Schuld. Ich sehe aber auch nicht, dass du irgendetwas tust, damit es besser wird. Und wir brauchen hier gar nicht auf die Lieferanten schimpfen, solange wir unseren eigenen Produktionsplan nicht befolgen. So kann das Lieferanten-Kanban ja nicht funktionieren. Du bist ja wirklich eine große Hilfe."

„Kanban?", fragte mein Vater.

„Du darfst gespannt sein, Bobby, das ist wirklich lustig", sagte Harry, gerade so, als wären wir anderen nicht da.

„Kanban? Ich lach mich tot", brüllte Dave jetzt außer sich. „Wir hatten noch nie so viele Fehlteile. Und nur, damit du auch deinen Bonus bekommst, du …"

„Das muss ich mir von dir nicht bieten lassen", schrie Morgan zurück.

„Beruhigen Sie sich, mein Junge, beruhigen Sie sich. Wir wollen das erst mal verstehen", sagte mein Vater in einem so unnatürlich ruhigen Tonfall, dass mir klar war, dass Ärger ins Haus stand. Der Einzige, der sich in dem Tumult wohlzufühlen schien, war Harry, der die Vorfreude und Ungeduld eines Kindes ausstrahlte, das zum ersten Mal bei einem Autorennen zuschauen darf.

„Ich würde gerne wissen, wie es Ihnen gelungen ist, den Bestand der Einkaufsteile so schnell zu senken", sagte mein Vater.

Kevin Morgan schaute ihn an, sagte aber nichts.

„Er hat mir erzählt, dass er die Sicherheitsbestände im MRP reduziert hat", warf Harry ein, der perfekte Provokateur.

Phil schnappte nach Luft: „Was haben Sie gemacht?"

„Wir sollen doch die Bestände senken, oder nicht?", verteidigte sich Morgan. „Also habe ich alle Sicherheitsbestände überprüft. Und weil alle weit höher waren als normal, habe ich sie reduziert."

„Und Sie haben sich keine Sorgen gemacht, dass das zu Fehlteilen führen könnte?"

„Nein. Warum auch. Wir haben eine ewig hohe Reichweite an Teilen."

„Durchschnittliche Reichweite?"

„Natürlich", antwortete er mit einem einfältigen Grinsen.

„Und du bist noch nie auf die Idee gekommen, dass der Durchschnitt auch bedeuten kann, dass man von manchen Teilen zu viel und von manchen zu wenig hat?", schrie ihn Dave fuchsteufelswild an. „Ein einziges Fehlteil reicht, um die Produktion zu stoppen."

Morgan sagte gar nichts, sondern schaute Dave nur hochnäsig an.

„Was verbirgt sich denn hinter dem Lieferanten-Kanban?", fragte mein Vater ruhig.

„Für kritische Teile errechnet das MRP einen täglichen Bedarf und sendet ein elektronisches Kanban-Signal an den Lieferanten, der dann just in time anliefert."

Harry lachte laut los.

„Warum habe ich nichts davon erfahren?", fragte Amy mit Stahl in der Stimme.

„Es ist noch nicht ganz fertig", verteidigte sich Morgan. „Außerdem ist das eine Sache der Logistik und nicht der Personalabteilung."

Das hatte gesessen! Sie sagte nichts, aber ihre zusammengepressten Lippen und ihre Augen sprachen Bände. Ester flüsterte aufgeregt mit Dave und versuchte, ihn zu beruhigen.

„Und bei diesen Teilen gibt es deshalb sicher auch keine Fehlteile?", fragte mein Vater.

„Das habe ich nicht im Detail überprüft", sagte Morgan unsicher. „Aber das ist ja nicht das erste Mal, dass ich so etwas mache. In meiner vorherigen Firma habe ich das ebenfalls eingeführt. Ich bin ausgebildeter Black Belt und habe an mehreren Schulungen zum Thema ‚Just-in-Time' teilgenommen. Genau genommen habe ich von Anfang an versucht, das auch hier anzuwenden, aber es hat ja keiner auf mich gehört."

„Aber natürlich haben Sie darauf geachtet", sagte Harry theatralisch, „dass Ihr Kanban-Signal immer nivelliert ist. Keine Überraschungen, die gleiche Menge in immer gleichen Intervallen."

„Wieso das denn?" Morgan stammelte beinahe. „Die Idee von Just-in-Time ist doch gerade, dass die Lieferanten auf unsere Bedarfe reagieren, oder?"

„Wie haben Sie das organisiert?", fragte mein Vater unbeweglich.

„Wie schon gesagt errechne ich den Wochenverbrauch aller Komponenten aus dem MRP und schicke dann eine Bestellung raus, die sie, mit Ausnahme der Langläufer, innerhalb von drei Tagen liefern müssen."

„Und diese Bestellung ist jede Woche gleich?"

„Natürlich nicht", antwortete Morgan irritiert und zog die Stirn in Falten. „Weil Dave es nicht schafft, gleichmäßig zu produzieren, schwanken die Bestellmengen stark. Deshalb verlange ich ja vom Lieferanten, just in time zu liefern."

„Aber sie bekommen doch sicher auch einen monatlichen Ausblick, einen Forecast, damit sie sehen, was Sie in den nächsten Monaten planen?"

„Wie sollte das gehen? Es ist doch egal, was ich plane, Dave macht sowieso, was er will."

Mein Vater und Harry schauten sich an.

„Und es gibt keine Fehlteile?"

„Vermutlich schon", räumte Morgan ein. „Aber es ist die Aufgabe des Lieferanten, rechtzeitig zu liefern. Deshalb müssen alle einen definierten Bestand von unseren Teilen auf Lager haben, wenn ihre Produktion nicht flexibel genug ist. Oder sie machen das mit Sonderfahrten. Das ist deren Problem, nicht meines."

„Und Sie denken nicht, dass die Kosten für den Lagerbestand oder die Sonderfahrten sich im Preis niederschlagen, den Sie für die Komponenten bezahlen?", fragte Harry.

„Oder dass die einzige Möglichkeit für den Lieferanten, Ihre schwankende Nachfrage zu erfüllen, darin besteht, sich riesige Mengen auf Lager zu legen?", warf mein Vater ein.

„Das ist nicht mein Problem", beharrte der Logistikleiter.

„Und Sie denken, Sie bezahlen nichts dafür?“, sagte Harry, mehr Vorwurf als Frage.

„Oder dass, falls er sich entscheidet, die Komponenten nicht in solchen Mengen auf Lager zu legen, die Teile bei uns hier fehlen und alles kaputt machen, was wir hier in der Produktion aufzubauen versuchen?“, fügte Amy ärgerlich hinzu.

„Was wollen Sie eigentlich von mir? Soll ich hier die Arbeit von allen machen?“, explodierte Morgan. „Mir wurde gesagt, ich soll die Bestände reduzieren, also habe ich das gemacht. Ich bin verantwortlich dafür, den Produktionsplan im MRP zu machen, und ich kann garantieren, *garantieren,* dass meine Pläne funktionieren. Aber was, bitteschön, kann ich dafür, wenn sich ein Lieferant nicht an die Absprachen hält? Oder Daves Leute die falschen Daten ins System eingeben? Oder wenn die Produktion, statt zu versuchen, sich an den Plan zu halten, ständig Änderungen vornimmt? Ist das mein Problem? Ist das meine Aufgabe, das hinzukriegen! Mein Job ist es, den Produktionsplan zu erstellen, und wenn hier etwas nicht funktioniert, dann das, dass die ausführenden Abteilungen sich nicht daran halten.“

„Phil, tun Sie sich selbst einen Gefallen und schmeißen Sie diesen Idioten raus, bevor er noch mehr Unheil anrichtet“, sagte Harry, als wäre das schon beschlossen. „Sie haben auch ohne solche Dummköpfe genug Probleme in diesem Werk, das können Sie mir glauben. Und früher oder später muss er ohnehin gehen, vertrauen Sie mir.“

Wir starrten Harry ungläubig an. Kevin Morgan wurde knallrot, schnappte nach Luft und fragte sich vermutlich dabei, ob er richtig gehört hatte.

„So eine Frechheit, das ist ja ...“, krächzte er, während Harry uns anschaute.

„Was denn?“, fragte er und hob die Hände in gespielter Unschuld. „Er macht die guten Beziehungen zu Ihren Lieferanten kaputt, indem er sie zwingt, hohe Bestände vorzuhalten und Sonderfahrten zu machen. Das wiederum verursacht jede Menge Fehlteile bei Ihnen. Dann träumt er von irgendwelchen Fantasie-Kanbans, ohne auch nur einen Gedanken daran zu verschwenden, welche Auswirkungen das auf die Produktion haben könnte. Und das Ganze, ohne auch nur den geringsten Zweifel zu haben. Bob, du weißt, was Sache ist. Und Sie, Phil, sollten es auch wissen. Je länger der Mann hierbleibt, desto mehr Schaden richtet er an.“

Zu meinem Erstaunen seufzte mein Vater plötzlich traurig auf.

„Nichts muss so bleiben, wie es ist, Harry, das weißt du. Vor allem, wenn es um Menschen geht.“

Kevin Morgan schaute uns alle an, zuerst noch feuerrot im Gesicht und dann, als das Blut zurückfloss, bleich wie der Tod. Erstaunlicherweise kam ihm niemand, nicht einmal Phil, zur Hilfe. Er stand einfach nur da, war stinksauer und öffnete und schloss seinen Mund wie ein Fisch auf dem Trockenen. Sein Blick ging von Phil zu Dave und dann zu Amy, aber alle wichen ihm aus. Plötzlich drehte er sich herum und ging, seine Schritte wirkten mechanisch, und es schien, als versuchte er, seinen Ärger in den Boden zu stampfen. Ich bemerkte, dass ich die ganze Zeit die Luft angehalten hatte, und spürte den Druck in meiner Brust.

„Das war unnötig!“, brach es aus Amy heraus.

„Mir ist nicht aufgefallen, dass Sie ihn verteidigt hätten“, antwortete Harry.

„Ich gebe Dave recht, wenn er sagt, dass Kevin lernen muss, anders zu denken, aber dass er so vorgeführt wird, hat er nicht verdient.“

„Gnädige Frau“, sagte Harry mit einem Schulterzucken. „Wenn Sie die Hitze nicht vertragen, dann gehen Sie nicht in die Küche.“ Er drehte sich um und wandte sich an meinem Vater, als ob nichts gewesen wäre: „Hey Bobby. Da du hier ja anscheinend sowieso nichts tust, könnten wir jetzt fischen gehen.“

Wir schauten meinen Vater an, ich war sicher, dass er gleich in die Luft gehen würde. Aber er stand einfach nur da und hielt seine Mütze in den Händen, das Bild eines schwachen Mannes.

„Du hast recht“, sagte er schließlich. „Lass uns fischen gehen.“

„Und was Sie betrifft“, sagte Harry zu Phil, als sie gingen, „hören Sie auf meinen Rat. Gegen Dummheit ist noch kein Kraut gewachsen, wie es so schön heißt, und Sie haben genug Probleme – auch ohne Idioten in Ihrem Managementteam.“

Phil schaute ihn an, sprachlos.

„Ihre Pressen sind ein einziger Schweinestall“, schoss er noch eine Salve auf Dave. Mein Vater warf uns einen kurzen Blick zu, zuckte noch einmal mit den Schultern und folgte Harry, ohne ein weiteres Wort. Und bevor uns richtig bewusst wurde, was da eigentlich gerade geschehen war, waren sie weg. Um uns herum ging das Tagesgeschäft weiter, das Werk arbeitete, atmete, lebte mit mechanischer Gleichgültigkeit. Ein paar Leute schauten zu uns, und mir war klar, dass die Gerüchte schnell die Runde machen würden und dass morgen hier der Teufel los sein würde. Fischen! Das durfte nicht wahr sein.

„Was war das denn?“, brach es aus Dave heraus, er atmete aus und wieder tief ein, noch immer ein wenig geschockt.

„Ich gehe zurück an die Arbeit, wenn das für Sie okay ist“, stieß Ester atemlos hervor, sie sah krank aus. Amy lächelte ihr zu und versprach ihr, später bei ihr vorbeizukommen.

„Warum müssen die sich so ... brutal verhalten?" Sie schrie beinahe.

„Vielleicht, weil sie so brutal sind", dachte ich laut, die Aggression hallte noch in mir nach. „Ich habe gehört, dass Harry in einem früheren Leben Attila der Hunne war. Bevor er missioniert wurde."

„Vice President Einkauf. Eine richtig große Nummer der Automobilindustrie. Was haben wir denn erwartet?", stimmte Phil zu, auch er sah krank aus. „Natürlich ist er knallhart. Aber die Frage ist doch: Hat er recht?"

„Und du ... du", stammelte Amy aggressiv und sah Phil an. „Hättest du nicht irgendetwas sagen können? Irgendetwas!"

„Hätte ich das denn sollen?", gab Phil zurück. „Ausgerechnet du sagst das zu mir? Wenn einer Harry recht geben sollte, dann bist doch du das. Wie oft hast du mir erzählt, dass die einzige Erklärung für Kevins Dummheit ist, dass er nur Luft zwischen den Ohren hat."

Sie wurde tiefrot, ihre schwarzen Augen blitzten Dave an, der sie fragend anschaute.

„Komm schon, das wissen wir doch alle. Kevin hat keine Ahnung von irgendetwas, was über sein geliebtes MRP hinausgeht, und er eckt mit seiner Art auch bei allen Kollegen an. Aber was ist denn mit dem Menschen Kevin?", sagte sie. „Vergesst doch mal für eine Sekunde Kanban. Hier wurde gerade jemand aus dem Managementteam vor allen gedemütigt, und euch interessiert das nicht die Bohne."

Philip schaute sie an und dachte lange nach, bevor er antwortete. „Du erzählst mir ständig, dass ich nicht hart genug bin, wenn es darum geht, Entscheidungen zu treffen. Vielleicht lerne ich das gerade."

„Du willst ihn wirklich entlassen?", fragte sie ungläubig.

„Weil Harry das verlangt? Sicher nicht. Aber er sollte sich ganz schnell ändern und mitmachen, das ist seine allerletzte Chance."

Dave sagte nichts, aber er sah etwas verstört aus. Ich war sicher, dass ihm gerade bewusst wurde, wie nahe er aufgrund seines anfänglichen Verhaltens einer Entlassung gewesen war. „Na ja", sagte er dann mit einem bescheidenen Lächeln. „Ich schau dann besser mal nach den Pressen."

Ich fühlte mich auch nicht besonders. Wie oft habe ich zu Hause erlebt, dass sich mein Vater über das Management beschwerte. Er schimpfte niemals über die Werker, aber über das Management konnte er ewig herziehen. Wie oft habe ich ihn wettern hören, dass er bestimmte Leute aus dem Werk haben wollte, aber er leider nicht die Macht besäße, sie einfach zu feuern? Jetzt erlebte ich das mal in echt, und ich war froh, eine Arbeit zu haben, die mir solche Entscheidungen ersparte. Für mich war es schon furchtbar, wenn einer meiner Studenten eine Prüfung nicht schaffte.

„Und?“, fragte Phil. „Was machen wir jetzt?“

„Was haben Sie sich dabei nur gedacht?“, sagte Amy angriffslustig zu meinem Vater, als er die Tür öffnete. „Wozu sollte das gut gewesen sein?“

Es hatte ein wenig gedauert, bis sich wieder alle beruhigt hatten. Kevin war nicht einmal mehr in sein Büro zurückgegangen. Er hatte sich in sein Auto gesetzt und war weggefahren, sogar sein Jackett mit seiner Brieftasche ließ er im Büro zurück. Dann hatte sich Gary Pellman, der die Sache von irgendjemandem gehört hatte, bei Phil beschwert. Ich hatte eingewilligt, mit Amy und Phil zu meinen Eltern zu fahren, damit wir noch einmal mit meinem Vater sprechen konnten. Uns war nicht klar, wie er uns empfangen würde, aber wir hatten alle das Bedürfnis, über diese Episode zu sprechen.

„Sie hatten das geplant, darauf wette ich“, fuhr sie hitzig fort. „Sollte das ein Guter-Bulle-böser-Bulle-Spielchen sein?“

Daran hatte ich auch schon gedacht, und ich fragte mich, was mein Vater dazu sagen würde. Er war sehr entgegenkommend, als wir ihm sagten, dass wir gerne mit ihm reden würden, und wir fanden uns dann alle in der Küche wieder, wo er einen Fisch grillte, den er am Nachmittag gefangen hatte.

„Nein. Wir haben nicht darüber gesprochen.“

„Du schienst aber nicht sehr überrascht von Harrys Benehmen“, meinte ich spitz.

„Vermutlich. Ich kenne Harry. Ich habe das heute nicht zum ersten Mal erlebt.“

„Aber Ihnen ist schon klar, dass das jede Menge Ärger verursacht?“, schimpfte Amy und warf Phil, der gedankenverloren dastand, einen scharfen Blick zu. Wie die meisten Menschen schätzte sie Phil völlig falsch ein und hielt seine Abneigung gegen Konflikte für Schwäche. Phil verabscheute Auseinandersetzungen. Solange ich denken kann, schien Phil praktisch zu erstarren, wenn es zu Streit kam. Aber das bedeutet nicht, dass er nachgab. Ich erinnerte mich, dass er als Teenager auch den größten Schlägertypen die Stirn bot. Er stand da, unbeweglich, linkisch und schweigend, und seine schiere Größe wirkte einschüchternd genug. Er hat niemals zugeschlagen. Aber er lief auch niemals weg.

„Verwechseln Sie nicht Freund und Feind, junge Frau“, fuhr sie mein Vater an. „Und unterschätzen Sie Harry nicht. Lassen Sie sich nicht von seinem Benehmen täuschen. Er war einer der mächtigsten Einkaufsleiter der Branche, und er weiß, wovon er redet.“

„Also dann, wozu sollte das gut gewesen sein?“, wiederholte Phil Amys Worte.

Mein Vater seufzte und konzentrierte sich eine Zeit lang auf seinen Fisch, bevor er antwortete.

„Erstens muss euch klar sein, dass Morgan tatsächlich *ein Problem ist* und auch weiterhin *ein Problem sein wird*. Und zweitens hatte Harry ganz klar mich im Visier.“

„Dich?“, fragte Phil überrascht.

„Ja, mein Junge. Mich. Er ist der Meinung, ich sollte entweder die Finger ganz von der Sache lassen oder es richtig machen und euch aus der Scheiße helfen. Im Moment rühre ich seiner Meinung nach nur ein bisschen darin herum.“

„Dann hat er aber eine seltsame Art, Dinge zu sagen“, spöttelte Amy.

„Harry sagt nichts, Amy“, entgegnete mein Vater. „Harry macht. Er hat mir sehr deutlich klargemacht, dass ich den *Gemba* vergessen habe, und er hat uns, wenn auch etwas brutal, gezeigt, dass wir uns mit der Logistik auseinandersetzen müssen. Es ist nicht immer alles so, wie es aussieht.“

„Gemba?“, fragte ich.

„Ja, Gemba. Ein japanischer Ausdruck, der sich ungefähr mit ‚der echte Ort‘ übersetzen lässt. Der Ort, an dem die Dinge tatsächlich passieren. Ich habe versucht, euch aus der Ferne zu helfen. Und das ist nicht genug.“

„Und was hat Kevin Morgan mit alldem zu tun?“, fragte Amy, die noch nicht bereit war, sich mit den Erklärungen meines Vaters zufriedenzugeben.

„Sehr viel. Es hat mit der Einstellung zu tun, die nötig ist, um mit Kanban zu arbeiten. Es geht nicht nur um die Technik.“

„Wie meinst du das?“

„Es geht eben nicht nur um Kanban, wenn die ganze Sache funktionieren soll. Man muss die Dinge sehr pragmatisch angehen. Was Harry wirklich aufgebracht hat, war, dass Morgan so engstirnig auf sein MRP und seine Sachen fokussiert war, dass ihn überhaupt nicht mehr interessierte, welche Auswirkungen das auf die Arbeit in der Fertigung hat. Und als Krönung hat er dann allen anderen die Schuld an den Problemen gegeben, die er selber verursachte.“

„Die Sache mit der Bestandssenkung“, dachte Amy laut und nickte.

„Ich habe darüber nachgedacht“, stimmte Phil zu. „Puffer sind dazu da, Schwankungen abzufangen. Wenn man aber diese Puffer willkürlich senkt, ohne die Schwankungen zu eliminieren, dann führt das unweigerlich zu Fehlteilen. Und genau das passiert bei uns. Wir haben die Puffer für die Kaufteile erhöhen müssen, weil unser oberstes Ziel die Vermeidung von Fehlteilen war, uns aber nicht klar war, wodurch die Produktionsschwankungen ausgelöst wurden. Dann hatte Kevin plötzlich die Idee, Bestände senken zu müssen, ohne mit jemandem darüber zu sprechen. Und *bingo*: Fehlteile."

„Das war nicht nur eine Idee von Kevin", sagte Amy. „Ich wette, Gary Pellman hat ihn darauf gebracht."

„Wie auch immer", sagte Phil unbehaglich. „Aber was war das eigentlich mit dem Lieferanten-Kanban?"

„Das gleiche Problem, aber lasst uns von vorne anfangen. Warum wollen wir Kanban verwenden?"

„Um nur das zu produzieren, was verbraucht wurde."

„Das ist noch nicht alles."

Wir dachten alle nach, aber es kamen keine weiteren Vorschläge.

„Um nur das zu produzieren, was verbraucht wurde. Und zwar *in der gleichen Reihenfolge.*"

„Mist", schimpfte Amy. „Ich wusste es!"

„Warum ist das so wichtig?"

„Wenn ich ein Produkt herstelle", antwortete Phil, „dann heißt das, dass ich ein anderes nicht herstelle. Es geht also wieder um die Nivellierung."

„Genau. Die Produktionszeit eines Teiles ist die Nicht-Produktionszeit aller anderen Teile. Wenn ich also meine täglichen Bedarfe an Kaufteilen an meinen Lieferanten schicke und von ihm verlange, dass er mich beliefert, was bedeutet das?"

„Das bedeutet, dass, solange ich nicht vollkommen nivelliert produziere, die Bestellung jeden Tag anders aussieht", sagte Amy vorsichtig.

„Und wenn ich dann, um die Anzahl der Transporte zu reduzieren und damit Kosten zu sparen, meine Bestellungen in optimalen Losgrößen zusammenfasse, was wird dann passieren?"

„Dann bekommt der Lieferant nicht jeden Tag eine Bestellung mit unterschiedlichen Mengen, sondern eine Bestellung über die gleichen Mengen in nicht vorhersehbaren Intervallen."

„Und im Normalfall passiert beides. Im Endeffekt weiß der Lieferant weder, wann eine Bestellung kommt, noch weiß er die Menge. Die einzige Möglichkeit, lieferfähig zu sein, ist, sich einen Bestand in der Höhe der maximal möglichen Bestellmenge auf Lager zu legen. Und das kann und wird er nicht tun."

„Und das heißt?"

„Wenn die Bestellung kommt, dann schickt er, was er hat und plant den Rest für die Fertigung, wann immer das dann sein wird. Und ..."

„Wir haben Fehlteile", schloss Amy.

„Genau. Aber mit so einem verpfuschten Kanban könnt ihr denselben Fehler auch innerhalb eures Werks machen."

„Zum Beispiel?"

„Wisst ihr noch, dass Kanban-Karten, die zurückkommen, in eine Art Warteschlange müssen, sodass die Information über die Reihenfolge, in der sie zurückkommen, nicht verloren geht?"

„Damit die Produktion in derselben Reihenfolge stattfindet wie der Verbrauch, richtig?", versicherte sich Phil.

„Genau. Aber oft sieht man in Unternehmen sogenannte Kanban-Tafeln, an denen die Karten in Haltern, getrennt nach Artikeln, gesammelt werden. Also es gäbe dann zum Beispiel einen Stapel mit STR-Karten, einen Stapel mit QST-1, einen mit QST-2 und so weiter. Auf dem Board selbst gibt es drei Markierungen: grün, gelb und rot."

„Verstanden", fiel ihm Amy ins Wort, wie immer die Schnellste von uns bei diesen Themen. „Jede Karte entspricht einem entnommenen Schaltschrank, richtig? Wenn die Anzahl der Karten im grünen Bereich ist, brauchen wir nichts nachzuproduzieren, bei Gelb sollten wir anfangen, darüber nachzudenken, und bei Rot wird es höchste Eisenbahn, weil alle Karten an der Tafel sind und dem Förderer die Teile ausgehen."

„Ich kann mir das vorstellen", murmelte ich und versuchte, ein Gefühl für dieses System zu bekommen. „Aber was passiert, wenn mehrere Stapel im roten Bereich sind? Kann das vorkommen?"

„Gute Frage, Junior", sagte mein Vater. „Es kann vorkommen und es kommt vor. Als wir das zum ersten Mal verstanden, nannten wir das System das französische Kanban."

„Wieso das?"

„Weil deine Kartenstapel immer hoch- und runtergehen, wenn du deine Produktion nicht nivellierst. So wie die Beine der Mädchen beim Cancan", erklärte er grinsend und imitierte mit seinen Fingern die Tanzschritte.

„Ein bisschen mehr Ernst, wenn ich bitte darf. Es geht also wieder um ..."

„Nivellierung", sagten wir unisono.

„Ja, schon richtig, aber in diesem Fall dachte ich mehr an *Menschen*."

Wir schauten uns an und brachen in Lachen aus. Wir würden das wohl nie ganz verstehen.

„Genauer gesagt geht es um die Autonomie der Werker. Um wirklich unabhängig arbeiten zu können, müssen die Werker immer genau wissen, was sie als Nächstes zu tun haben."

„Was mit der Kanban-Warteschlange sichergestellt werden kann", sagte Amy.

„Was mit der Kanban-Warteschlange sichergestellt werden kann, wenn Sie denn eine echte Warteschlange haben. Wenn man gleichmäßig produziert, funktioniert eine Montagezelle damit völlig autonom, da die Produktionsreihenfolge immer klar sichtbar ist. Bei der Kanban-Tafel mit den Farbzonen ist das jedoch nicht der Fall, denn hier wird die Reihenfolge nicht festgelegt. Irgendjemand muss also entscheiden."

„Jemand muss zur Tafel gehen und entscheiden, welches Produkt als nächstes produziert werden soll?"

„Genauso ist es", bestätigte mein Vater mit einem dünnen Lächeln. „Und auch wie viel von dieser Varianten produziert werden soll. Aber das sind Entscheidungen, die ein Werker normalerweise nicht treffen kann, da er dafür wissen muss, was die anderen Bereiche des Werks gerade planen. Also entscheidet der Schichtleiter."

„Und damit ist das Einzige, was wir erreicht haben, dass der MRP-Plan durch Karten ersetzt wurde."

„Wir hatten mal einen Berater, der über mehrere Schichten die Tätigkeiten eines Schichtleiters aufnahm. Letztendlich waren es nur zwei Sachen: Sie suchten Fehlteile und sie entschieden, was als Nächstes produziert werden sollte."

„Unglaublich", sagte Amy beeindruckt. „Und mit einer sauber aufgesetzten Kanban-Warteschlange löste man beide Probleme gleichzeitig. Die Komponenten kommen über ein Pull-System in die Montagezelle, und die Werker wissen durch die Kanban-Karten immer genau, was sie zu tun haben. Cool!"

„Solange Ihr Kanban sowohl die Reihenfolge als auch die Menge spezifiziert", erklärte mein Vater. „Entscheidend ist, dass der Werker zweifelsfrei erkennt, was und wie viel davon er als Nächstes zu produzieren hat."

„Kein Wunder, dass sich die Schichtleiter dagegen sperren", merkte ich an. „Das Kanban ersetzt ja dann ihren Job."

„Überhaupt nicht. Ihre Aufgaben ändern sich, sie werden sogar interessanter. Sie müssen sich nun um standardisierte Arbeit und Kaizen kümmern."

„Meine Güte", schnaufte Phil. „Je mehr man das Ganze zusammenfügt, desto beeindruckender wird es. Amy hat recht. Das ist unglaublich."

„Aber", sagte mein Vater und hielt einen Zeigefinger warnend in die Luft, „das geht nur, wenn das Kanban funktioniert. Und das heißt, keine defekten Teile!"

„Und es funktioniert nur, wenn wir Schichtleiter haben, die mit den Werkern Kaizen machen können“, fügte Amy stirnrunzelnd hinzu. „Ich mache mir keine Sorgen um Gloria und Ester, aber stellt euch mal vor, Jake wäre noch hier.“

„Es ist nie einfach“, stimmte ihr mein Vater leise zu. „Es ist immer die gleiche Geschichte. Man braucht mehr Teamleiter und mehr Schichtleiter, aber die, die man hat, sind selten die, die man braucht. Es ist nie einfach, weil es immer um Menschen geht.“

„Es ist manchmal ein wenig beängstigend“, murmelte Amy mit einem leichten Seufzer. „Immer wenn man etwas machen will, entdeckt man, wie viel mehr es noch zu tun gibt.“

Nach einem überraschend guten Essen hatten wir uns auf der Terrasse versammelt. Wir tranken Kaffee und Brandy und betrachteten den Sternenhimmel, und auch Amy entspannte sich und fand wieder zu ihrer natürlichen Lebhaftigkeit zurück. Der Abend war ruhig und mild, die Zikaden zirpten. Die Katze meiner Mutter tauchte von irgendwoher auf und sprang auf Amys Schoß, wo sie schnurrend ihre Streicheleinheiten genoss.

„Fang bloß nicht an zu zweifeln“, frotzelte Phil grinsend. „Die Sorge, dass wir das nie schaffen, fällt in meinen Aufgabenbereich. Aber du hast recht. Ich habe auch das Gefühl, dass wir nach zwei Schritten vorwärts immer einen zurück machen.“

„Warum denkst du das?“, fragte mein Vater.

„Na ja, nimm zum Beispiel heute. Ich denke, wir wissen jetzt, wie ein Kanban funktioniert – zumindest theoretisch. Aber das gilt natürlich nur, wenn wir weder defekte Teile noch Fehlteile haben. Die Wirklichkeit bei uns sieht aber etwas anders aus. Harry hatte doch recht, was die Pressen betrifft. Die stehen doch wirklich jeden zweiten Tag, und manchmal produzieren sie defekte Teile in Serie. Dazu kommt, dass es extrem schwierig ist, Dave von der ganzen Sache zu überzeugen. Und jetzt stellt euch noch vor, dass wir das alles auch noch Morgan erklären müssen. Nach dem, was heute passiert ist“, er schaute meinen Vater an, der seinem Blick unbeweglich standhielt.

„Ich glaube, Phil, da liegt noch ein Missverständnis vor. Es ist genau umgekehrt. Kanban ist kein System, das für eine perfekte Welt entwickelt wurde. Es wurde entwickelt, um damit zu einer perfekten Welt zu kommen. Wenn du zum Beispiel zu viele Kanban-Karten in der Warteschlange hast, dann heißt das, dass die Produktion zu spät erfolgt. Und das passiert. Die Wirklichkeit schlägt zurück mit Maschinenpannen, Fehlteilen, Ressourcenproblemen, Ausschuss und so weiter. Kanban visualisiert die Produktion und hilft so, diese Probleme klar zu erkennen und an ihrer Lösung zu arbeiten, anstatt nur über sie zu jammern. Wenn du andererseits keine Karten mehr in der Kanban-Warteschlange hast, dann heißt das, die Produktion ist zu schnell. Dann kannst du darüber nachdenken, ob du zu hohe Kapazitäten hast, seien es Leute, seien es Maschinen. Wer weiß, vielleicht brauchst du gar nicht so viele Pressen."

„Das glaube ich jetzt auch noch!"

„Letztendlich ist Kanban ein Kaizen-Werkzeug, nicht umgekehrt. Indem du die Anzahl der Karten reduzierst, machst du Ineffizienzen sichtbar. Probleme, die verdeckt waren, kommen an die Oberfläche, damit kannst du die Magie der kontinuierlichen Verbesserung zum Leben erwecken. Es geht hier nur um die Menschen, verstehst du das nicht? Menschen! Kanban hilft ihnen, sich auf Probleme zu fokussieren, anstatt sie einfach zu ignorieren und dann darunter zu leiden. Wenn dein Logistiker das nicht versteht, dann denke daran, dass es nicht sein Geld ist. Es ist deines!"

„Ja, du hast ja recht. Ich weiß, dass du recht hast, und ich will auch nicht undankbar sein. Aber es ist einfach so viel, verstehst du? Das macht müde und frustriert mich manchmal. Pressen! Was weiß ich schon von Pressen?"

Beide schwiegen, dann gab mein Vater nach.

„Morgen ist Samstag. Arbeitet ihr da?", fragte er müde.

„Gott sei Dank nicht. Wir arbeiten zwar manchmal am Wochenende, aber morgen nicht."

„Gut, das Drama heute hat auch gereicht. Wir machen Folgendes, auch wenn es nicht so effektiv ist, als wenn das Werk in Betrieb wäre. Wir gehen morgen Vormittag zu dir ins Werk, schauen uns die Pressen an und reden ein bisschen mehr über Gemba."

„Danke Bob, ich schulde dir was."

„Vergiss es. Harry hatte recht. Ich habe euch den halben Weg begleitet, jetzt kann ich es auch bis zum Ende bringen."

„Toll! Noch ein Wochenende im Werk. Klasse!", rief Amy mit gespielter Begeisterung. „Und ich hatte schon Angst, ich müsste mir selbst überlegen, was ich am Samstag machen will. Okay, es ist spät. Ich bin weg. Bis morgen."

Sie verabschiedete sich höflich von meiner Mutter und ging durch die Tür. Als Phil sich später auch von meiner Mutter verabschiedete, kam mir der Gedanke, dass in seinem ständigen Jammern auch eine gehörige Portion Schläue steckte. Es war irritierend, sicher, aber letztendlich war es ihm gelungen, aus meinem Vater mehr Informationen herauszubekommen, als ich je gedacht hätte. Phil manipulierte andere? Das war neu für mich, aber so schien es zu sein.

„So, das war also die Amy, von der ich schon so viel gehört habe?“, fragte meine Mutter, als ich ihr beim Abwasch half. „Sie sieht nett aus.“

„Nett? Das ist das falsche Wort. Sie ist knallhart, wenn auch auf eine sehr fröhliche Art.“

„Dein Vater meinte, sie wäre ein schlaues Köpfchen. Er schien sehr beeindruckt.“

„Ja, vermutlich träumt sie nachts von Kanban. Sie hat irgendwie ein Gefühl für diese ganzen Sachen, Phil und ich kommen da manchmal gar nicht mit. Und sie hat das vorher nicht gelernt, sie ist aus der Personalabteilung.“

„Das hat dein Vater auch schon erzählt. Er meinte, sogar Sachen, für die er Jahre gebraucht hätte, um sie zu verstehen, begreift sie sofort. Und er sagte, du würdest sie mögen“, fügte sie mit einem schelmischen Blick hinzu.

„Mama, bitte, nicht schon wieder. Sie ist nur eine Frau, die für Phil arbeitet.“

„Okay, aber ich finde sie süß“, bekräftigte sie noch einmal. „Und ihre tiefe Stimme erst. Sie sollte fürs Radio arbeiten.“

Das fehlte mir noch, dachte ich niedergeschlagen. Als ob es nicht reichen würde, dass ich meine Wochenenden in einer Fabrik verbrachte, versuchte meine Mutter nun, mir eine Produktionsexpertin als Freundin aufzuschwatzen. Wie tief kann ich noch sinken? Und mein eigenes Buchprojekt blieb deswegen auf der Strecke, während die Zeit meines Sabbaticals auslief.

Mein Vater begleitete uns zum Auto, unsere Schritte knirschten auf dem Kies. Während Phil seinen Körper in sein Spielzeug quetschte, klopfte ihm mein Vater leicht auf den Kopf: „Was ist besser als Kanban?“, fragte er grinsend.

Phil schaute auf, im gelben Licht der Halogenlampe über der Eingangstür sah er plötzlich sehr alt aus, seine Augen schimmerten trübe hinter seinen Brillengläsern. Er schüttelte resigniert den Kopf.

„Keine Ahnung. Sag’s mir.“

„Kein Kanban natürlich“, lachte mein Vater.

Ein schwaches Grinsen kroch über Phils müdes Gesicht. „Kapiert. Kontinuierlicher Ein-Stück-Fluss, klar, dann braucht man kein Kanban mehr.“

„Richtig“, sagte mein Vater gut gelaunt. „Es gibt noch Hoffnung.“

„Gut, dann haben wir was, auf das wir uns freuen können“, gluckste Phil. „Kanban regelt alles.“

„Ja“, schnaubte ich und schloss die Autotür. „Kanban regelt alles.“

Kapitel 8: Gemba verstehen

Phil war schon da, als ich am nächsten Morgen im Werk eintraf. Er lehnte an seinem orangefarbenen Fahrzeug, das wie immer versuchte, wie ein Auto auszusehen, und ließ seinen Blick gedankenverloren über den leeren Parkplatz schweifen. Als Amy ankam, standen wir neben seinem Porsche und schwelgten in Erinnerungen an unsere Hochschulzeiten. Amy sah müde aus. Sie war überarbeitet, ihre Fröhlichkeit kam immer seltener zum Vorschein. Sie lehnte sich neben mich, ohne ein Wort zu sagen, und drückte meinen Arm zur Begrüßung. Wir standen alle drei nebeneinander in der Sonne, als der Pick-up meines Vaters neben uns anhielt.

„Helft mir mal", rief er, ohne sich mit einer Begrüßung aufzuhalten, und kletterte auf die Ladefläche. Er nahm ein paar zusammengefaltete Gartenstühle und reichte sie uns ohne ein Wort der Erklärung. Wir betraten das Werk durch den Haupteingang, unsere Schritte hallten in dem leeren Gang, von dem die Büros abzweigten. Die wie ausgestorben wirkenden Räume und der Geruch nach Papier und abgestandenem Kaffee weckte eine Art Endzeitstimmung in mir.

Das Gefühl verstärkte sich noch, als wir die Produktion betraten. Keine Schneidgeräusche, kein Staplergehupe, keine genervten Ingenieure, keine an die Werkbänke gefesselten Galeerensträflinge. Ein Geruch von Metall und Öl hing in der Luft und mischte sich mit den Ausdünstungen der Farbe von der letzten 5S-Aktion. Wir passierten den Förderer, gingen an der Automatenmontage und an Stapeln von Metallkästen vorbei, bis wir die Blechfertigung erreichten, in der diese Metallkästen hergestellt wurden.

„Der Materialfluss hier ist nicht gut", sagte Phil leise, aber in der Stille der schlafenden Fabrik klangen seine Worte unnatürlich laut.

„Die Bleche werden bereitgestellt und dann hier auf der computergesteuerten

Stanzmaschine ausgeschnitten. Aus jedem Blech entstehen so zwei Seitenteile für einen Schaltschrank. Danach gehen sie entweder direkt zum Formen und Biegen oder ins Lager, an dem wir ja gerade vorbeigekommen sind. Nach dem Biegen gehen sie dort drüben zum Schweißen. Die Türen und die Bedieneinheiten werden, wie ihr ja wisst, auf dem Förderer noch mal angepasst."

„Das klingt doch recht klar", warf ich ein.

„Ja, aber es gibt ja auch noch die Türen. Die Türen müssen so umgeformt werden, dass die Bedieneinheiten der Kunden hineinpassen. Das geschieht hier drüben auf der alten Umformpresse, und zwar bevor die Türen zum Biegen gehen. Und die Türen müssen viermal gebogen werden, die Seitenteile nur zweimal."

„Dann werden sie zusammengeschweißt?", fragte mein Vater.

„Ja, wir schweißen die Gehäuse zusammen, und dann gehen sie auf den Förderer zur Endmontage."

Ich versuchte, mir den Fluss vorzustellen und wie die Werker Teil für Teil von Station zu Station bewegen, aber alles, was ich sah, waren ein paar riesige grüne Maschinen und ein Durcheinander aus mit Metallteilen gefüllten Gitterboxen.

„Also, was machen wir jetzt mit den Stühlen?", fragte Amy neugierig. Ihre gute Laune und ihre Natürlichkeit vertrieben meinen morgendlichen Trübsinn. Ich fand ihre manchmal fast gnadenlose Frechheit immer erheiternd. Und sie akzeptierte von niemandem eine blöde Antwort, nicht einmal von den Woods, sei es Vater oder Sohn.

„Ich war mal Mitglied einer Gruppe von Leuten, die verschiedene Produktionsstätten besuchte, um diese miteinander zu vergleichen", sagte mein Vater. „Wir hatten das Glück, dass unser Organisator auch eine der ersten japanischen Fabriken in Großbritannien auf seiner Liste hatte. Dort arbeitete einer der letzten überlebenden Total-Quality-Gurus – ein damals schon recht alter Mann."

Er klappte seinen Stuhl auf und stellte ihn inmitten der Maschinen, Kisten und Boxen.

„Einer der Ingenieure stand damals völlig aufgelöst vor ihm, hatte seine Mütze in der Hand und gestand, dass ihm und seinem Team keine Verbesserungsmöglichkeiten an der Linie einfallen würden, die, das muss man wirklich sagen, beeindruckend war. Das Werk war das produktivste der europäischen Automobilindustrie und in allem einen Schritt weiter als die Werke, die wir bis dahin gesehen hatten. Zu unserem Erstaunen gab ihm der alte Meister keine Antwort, sondern bat um ein paar Stühle. Wir mussten uns dann alle inmitten der riesigen, dröhnenden Pressen hinsetzen, und zwar ohne Stift oder Papier. Sein Übersetzer teilte uns dann bedauernd mit, dass es uns nicht erlaubt wäre, aufzustehen, bevor wir nicht einen wesentlichen Verbesserungsvorschlag machten."

„Wie lange sind Sie da gesessen?", fragte Amy lachend.

„Vier Stunden. Wir waren völlig kreuzlahm, vom Hunger und Durst ganz zu schweigen. Es sah alles perfekt aus, uns fiel nichts auf, was man hätte besser machen können. Dann wies uns der Guru darauf hin, dass eine Maschine auf den Kran warten musste, um zu rüsten, und deshalb nicht weiterproduzieren konnte. Ausgehend von dieser Bemerkung entwickelten sie eine komplett neue Rüstprozedur, was letztendlich zu einer Reduzierung der Losgröße um über 30 Prozent führte. Es war unglaublich."

„Wir werden aber nicht viel sehen können, wenn die Maschinen alle stehen", sagte ich. Der Gedanke, vier Stunden in einer verwaisten Fabrik zu sitzen und Maschinen anzustarren, war nicht gerade verlockend. Aber die Alternative wäre vermutlich, vier Stunden zu Hause zu sitzen und auf einen Bildschirm mit einem halb fertigen Manuskript zu starren.

„Das stimmt. Wir würden viel mehr sehen, wenn alles in Betrieb wäre", gab mir mein Vater recht und ignorierte meinen Versuch, ironisch zu sein. „Aber nach dem Drama gestern wären die Werker vermutlich nicht so begeistert, wenn wir sie während der Arbeit beobachten. Es gibt aber auch so noch genug zu sehen."

„Ihr seid wirklich vier Stunden nur dagesessen?", vergewisserte sich Phil, als er sich auf seinem Stuhl niederließ. Er schaute sich um, nicht sicher, auf was er eigentlich achten sollte.

„Ja, sicher. Das hat Tradition in der schlanken Produktion. Mein Lehrer hat mir erzählt, dass er bei Ohno selbst noch gelernt hat, mit Kreide einen Kreis auf den Boden zu zeichnen und sich dann dort reinzustellen, bis ihm eine Verbesserung einfiel."

Amy lachte. „Das wäre die perfekte Aufgabe für Kevin Morgan. Oder auch für Gary Pellman." Phil lächelte zögerlich.

„Das klingt wie eine dieser japanischen Lehrmethoden, wie aus *Karate Kid*, ich wisst schon, ‚Auftragen – polieren!'", fuhr sie mit barschem Tonfall fort.

„Schleifen Boden!", entgegnete Phil, plötzlich gut gelaunt.

„Gewinnen, verlieren, ganz egal. Guten Kampf machen, dann alle dich respektieren." Ich machte den Spaß mit.

„Guter Film", sagte mein Vater und schaute in unsere überraschten Gesichter. „Was denn? Glaubt ihr, ich erinnere mich nicht mehr daran, dass du und Phil in euren Teenagerzeiten den Film pausenlos angeschaut habt?"

Amy kicherte und sah uns mitleidig an.

„Und ja, es hat auch ein wenig mit Kultur zu tun und mit Dingen, die wir noch lernen können. Es gibt doch eine Stelle in dem Film, wo der alte Knabe das Problem des Jungen als ‚Einstellungsproblem' definiert. Die bösen Jungs haben die ‚falsche Einstellung', richtig?"

„Ja, ich erinnere mich", sagte Phil. „Irgendwie etwas mit, dass es keine schlechten Schüler gäbe, sondern nur schlechte Lehrer."

„Genau. Die falsche Einstellung des Lehrers. Deshalb sind wir heute hier, darüber wollen wir etwas lernen. Gestern hast du mich doch gefragt, warum Harry so grob mit deinem Logistikleiter war und dir sagte, du solltest ihn feuern?"

Phil wand sich unbehaglich bei dem Gedanken an diese Szene.

„Ich habe dir gestern nicht geantwortet. Heute werden wir die Antwort herausfinden. Es hat etwas mit der Einstellung zu tun."

„Was meinen Sie damit genau?", fragte Amy.

„Schaut erst mal. Seht euch um und sagt mir, was ihr seht. Dann reden wir darüber."

Hai, dachte ich, jawohl *Sensei.*

Wir waren ungefähr zehn Minuten schweigend dagesessen, als uns mein Vater fragte: „Was seht ihr?"

„Das ist ein Schweinestall", sagte Phil.

„Inwiefern?"

„Zum Beispiel gibt es hier keinen Materialfluss."

„Stimmt", sagte Amy. „Es gibt überall Bestände, schaut euch nur mal die ganzen Kisten mit Metallplatten an."

„Und das ist noch nicht alles", meinte Phil. „Denk mal nach. Ein Teil der ausgestanzten Bleche kommt ins Lager, und dann kommen sie zurück zum Biegen. Und dann gehen sie wieder ins Lager. Und kommen wieder zurück zum Schweißen."

„Überall dieselbe Geschichte."

„Sehr gut", stimmte mein Vater zu. „Denkt jetzt mal an die Automaten und macht hier das Gleiche, was ihr dort gemacht habt."

„Eine Linie", warf Amy ein. „Wir haben die Arbeit in einer Linie organisiert, die Schwankungen mithilfe von standardisierter Arbeit eliminiert und dann am Kundentakt ausbalanciert."

„Ein-Stück-Fluss", sagte Phil. „Aber das wird hier nicht funktionieren."

„Warum nicht?“, fragte ich.

„Zwei Blechteile werden in einer Minute ausgestanzt. Um die Blechteile eines anderen Typs zu stanzen, muss das Werkzeug gewechselt werden, was ungefähr eine oder zwei Minuten dauert. Deshalb machen die Jungs hier immer 100 Blechteile einer Sorte, dann 100 Blechteile der nächsten und so weiter. Und deshalb haben wir hier so viele Boxen voller Blechteile.“

„100?“, rief Amy in gespielter Empörung. „Die reichen ja zwei Wochen. Kein Wunder, dass hier überall Kisten voll mit dem Zeug herumstehen.“

„Es ist noch schlimmer“, gab Phil zu. „Vergiss nicht, dass wir acht verschiedene Schaltschrankvarianten haben, also 48 unterschiedliche Blechteile insgesamt. Wir machen zwar immer zwei bei einem Stanzvorgang, aber das heißt, dass wir immer noch 24 verschiedene Werkzeuge haben, wobei wir mit jedem davon immer 100 Teile in einem Los machen.“

„Das heißt, du hast mindestens 2400 Blechteile hier liegen“, gluckste mein Vater. „Damit könntest du 400 Schaltschränke bauen, obwohl du nur 200 Sicherungsautomaten pro Woche montierst. Gut gemacht!“

„Jaja“, sagte Phil genervt. „Ich hab’s verstanden. Aber was sollen wir machen? Obendrein muss ja jedes sechste Teil, nämlich die Tür, noch auf die Umformpresse, was ungefähr 20 Sekunden dauert. Und spart euch jetzt eure Kommentare, aber weil der Werkzeugwechsel an der Umformpresse ewig dauert, rüsten wir nur einmal pro Tag um.“

„Das sind ja über 600 Türen pro Variante am Stück. Und wir haben acht Varianten“, protestierte Amy. „Das heißt, wir haben 4800 fertig geformte Türen hier herumliegen? *Dios mío,* das ist eine Reichweite von 24 Wochen!“

„Ich habe doch gesagt, spart euch eure Kommentare“, murrte Phil. „Ich habe es kapiert. Ich weiß jetzt, wo alle diese Metallteile herkommen, die hier überall herumliegen. Aber was soll ich machen? Die Zykluszeiten der Maschinen hier liegen zwischen 20 Sekunden und einer Minute. Schweißen dauert 20 Minuten pro Gehäuse. Die Zeiten sind alle völlig unterschiedlich, und die Rüstwechsel machen alles noch viel komplizierter.“

„Philip, Philip“, tadelte ihn mein Vater kopfschüttelnd. „Halte dich an die Regeln. Wo fangen wir an?“

„Standardisierte Arbeit?“

„Vorher.“

„Beim Kunden“, rief Amy. „Der Kundentakt. Natürlich.“

„Richtig. Wie oft muss ich das denn noch sagen? Fangt immer mit dem Kunden an. Also, was ist der Kundentakt für die Gehäuse?"

„Im Moment liefern wir jede Woche 50 STR, 40 STR-X, 55 QST-1, 50 QST-2 und ungefähr 20 DG, also insgesamt 215 Schaltschränke. Das macht im Schnitt 43 pro Tag."

„Bei 450 Minuten Arbeitszeit pro Tag", rechnete Amy weiter, „haben wir einen Kundentakt von etwas weniger als elf Minuten."

„Sagen wir der Einfachheit halber elf Minuten, das könnt ihr später genauer durchkalkulieren", sagte mein Vater und dachte nach. „Also, wir sagen, dass du von den Türblechen eine Reichweite von mehreren Monaten hast, obwohl du nur alle elf Minuten eines benötigst."

Phil sagte nichts, sondern schrieb eifrig in seinen Notizblock.

„Und das, wenn alles gut geht", fuhr mein Vater schonungslos fort. „Ich bezweifle aber stark, dass sie wirklich jeden Tag das Werkzeug wechseln. Es würde mich nicht überraschen, wenn wir irgendwo im Lager noch viel mehr fertig geformte Türbleche finden würden."

„Hör bloß auf, das kann nicht sein", fuhr Phil auf. „Wir müssen mit Dave reden. Wir wissen noch nicht alles."

„Das ist egal, du kannst die Details später überprüfen. Bisher klingt alles logisch. Und nicht sonderlich überraschend."

„Warum beziehen wir diese Teile nicht von einem Lieferanten?", schlug Amy vor. „Wenn wir das fremdvergeben, wird das doch sicher billiger."

„Wir haben schon darüber nachgedacht", antwortete Phil, „aber noch einen Zulieferer zu steuern war uns im Moment zu viel Arbeit. Ihr wisst schon, da stimmen dann die Zeichnungen nicht, dann wird verspätet geliefert und der ganze Ärger eben. Und außerdem waren diese Maschinen schon abgeschrieben, als wir diese Firma gekauft haben."

„Verwechsle den Buchwert nicht mit dem wirtschaftlichen Wert", nörgelte mein Vater. „Der Wert einer Maschine ist der Preis, den du bekommst, wenn du sie verkaufst. Aber ich gebe dir in dem Fall recht, viel ist das nicht. Aber bleiben wir beim Thema. Wie funktioniert das mit der Biegepresse?"

„Gleiche Geschichte. Wir haben sechs oder sieben Biegevorgänge pro Gehäuse, rechnen wir mal mit sieben, plus die vier für die Türbleche. Das heißt, für die Bleche eines jeden Schaltschrankgehäuses werden elf Biegevorgänge benötigt. Jeder Biegevorgang dauert 25 Sekunden, das macht insgesamt ungefähr viereinhalb Minuten. Wir machen die Bleche für die 43 Schrankgehäuse also in etwas über drei Stunden."

„Verstehe ich das richtig?", vergewisserte sich Amy. „Um den Tagesbedarf an Gehäuseblechen zu produzieren, brauchen wir an der Biegemaschine nur drei Stunden pro Tag?"

„Ja, scheint so."

„Okay, und um aus den fertigen Blechen das Gehäuse zu schweißen, brauchen wir 20 Minuten. Kann das mal schnell jemand aufaddieren?"

Wir schauten auf die Biegemaschine. Ich versuchte gar nicht erst, etwas auszurechnen. Aber ich wettete insgeheim, dass Amy die Erste mit irgendeiner Idee wäre.

„Wir können trotzdem einen kontinuierlichen Fluss ohne Bestände organisieren", rief sie plötzlich begeistert. Wette gewonnen, dachte ich. „Wir brauchen die Maschinen doch für nichts anderes. Dann können wir sie doch auch in einen gleichmäßigen Fluss einbinden."

„Wie meinst du das?", fragte Phil stirnrunzelnd.

„Rechnen wir mal rückwärts. Kundentakt wäre zehn Minuten. Wenn wir annehmen, dass das Schweißen unter 20 Minuten bleibt, dann brauchen wir also zwei Schweißer, richtig?"

„Ja schon, aber was machen wir ..."

„Eine Sekunde. Wir stanzen zwei Bleche in einer Minute, das heißt, wir brauchen drei Minuten für die sechs Bleche eines Gehäuses. Dann elf Biegevorgänge, also noch mal fünf Minuten drauf. Dann noch die zusätzlichen Umformvorgänge für das Türblech, also noch mal 25 Sekunden. Wenn ich das alles zusammenzähle, bin ich immer noch unter zehn Minuten. Wenn wir das geschickt organisieren, dann kann ein Werker den kompletten Satz für ein Schaltschrankgehäuse in unter zehn Minuten produzieren. Er gibt diesen Teilesatz dann an die Schweißer weiter, und das war's. Kein Lager mehr, unser Material fließt."

„Aber das wäre idiotisch. Dann würde die Biegemaschine ja nur alle zehn Minuten für fünf Minuten arbeiten, das wäre viel zu langsam", wandte Phil ein.

„Und? Jetzt laufen sie gute drei Stunden im schnellstmöglichen Zyklus, und den Rest des Tages stehen sie rum und machen gar nichts. Wir brauchen sie doch für nichts anderes."

„Und wir verlieren mindestens zwei Minuten pro Vorgang an der Stanzmaschine, weil wir nach jedem Hub das nächste Programm laden müssen."

„Wenn wir die Stanze direkt vor die Biegemaschine stellen würden", sagte mein

Vater, „dann könnte er, während das Programm der Stanzmaschine lädt, vier Biegevorgänge machen, das wäre eine komplette Tür. Die Stanzzeit könnte er nutzen, um die anderen Gehäuseteile zu biegen."

„Kann das denn funktionieren?", fragte Phil unsicher.

„Was spricht dagegen? Amy hat recht. Du brauchst die Maschinen nicht für andere Produkte. Dass die Umformmaschine nur alle zehn Minuten arbeitet, ist nicht besonders schockierend, sie steht sowieso den größten Teil des Tages. Wo ich früher gearbeitet habe, in der Kunststoffindustrie, wäre das dumm gewesen, da die Spritzgießmaschinen immer der Engpass waren und außerdem sehr teuer in der Beschaffung. Da mussten wir alles tun, damit sie ohne Unterbrechung produzierten."

„Das ist auch richtig, bei großen Investitionen", meinte Phil.

„Darauf kannst du wetten", knurrte mein Vater. „Ich erinnere mich da an ein Werk, das den Flussgedanken so weit getrieben hatte, dass sie eine 1500-Tonnen-Presse direkt mit einer Montagelinie verbunden hatten. Ich versuchte ihnen beizubringen, dass das Wichtigste wäre, die Kapazität der Maschine so gut wie nur möglich zu nutzen, damit sie mehrere Montagelinien bedienen kann statt nur eine einzige, aber die haben das gar nicht verstanden."

„Und wie ging es aus?"

„An den meisten Spritzgießmaschinen hat man einen Werker stehen, der die Teile prüft und verpackt. Weil die Maschinen kurze Zykluszeiten haben, kann der Werker meist nichts anderes machen. Sechs Maschinen, sechs Werker. Wir hatten auch Maschinen, die kleinere Teile produzierten. Die Werker wickelten diese in Papier ein und packten sie dann in Kisten. Wir haben als Erstes ein Transportband installiert, auf das alle Maschinen ihre Teile legten. Dieses Band führte zu einer Art Verpackungslinie, an der nur noch drei Werker arbeiteten, die die Teile aller sechs Maschinen verpackten und die Kisten direkt in den Supermarkt einlagerten. Wir haben die Anzahl der Werker also halbiert."

„Da haben wir noch weit hin", stieß Phil hervor.

„Oh, das war erst der Anfang. Wir sahen ja, dass die sechs Maschinen nie wirklich ausgelastet waren. Es gab Pannen, Reparaturen, Verzögerungen, und manchmal war auch eine ungleichmäßige Planung die Ursache. Wir haben uns dann nur darauf konzentriert, dass die Maschinen ohne Unterbrechung liefen, eine Knochenarbeit, das kann ich euch sagen. Dann reduzierten wir die Rüstvorgänge auf unter zehn Minuten, und damit schafften wir es, dass wir das gesamte Programm auf fünf Maschinen laufen lassen konnten statt auf sechs. Die sechste Maschine verlagerten wir in ein anderes Werk, das kurz davor stand, eine neue Maschine zum Preis von zwei Millionen zu kaufen. Das war nun nicht mehr nötig. Kein schlechtes Ergebnis für die Arbeit von nur einem Jahr TPM."

„TPM?"

„*Total Productive Maintenance*. Dazu kommen wir später. Was ich sagen wollte, ist, dass die Situation bei dir hier genau umgekehrt ist: Du hast keine Kapazitätsprobleme. Diese alten Schätzchen hier sind bezahlt. Und du brauchst niemanden sonst mit Teilen beliefern. Also, wen interessiert es, ob du alle Teile am Stück machst oder die Produktion gemütlich über den Tag verteilst."

„Aber du hast doch gerade erzählt, dass du in deinem Werk die Maschine aus dem direkten Materialfluss herausgenommen hast?", wandte ich ein.

„Hör doch zu, was ich sage", schimpfte er mich. „Wir hatten ein Kapazitätsproblem und hätten investieren müssen. Das ist hier nicht der Fall. Hier ist der Materialfluss das Problem und ein daraus resultierender Bestand, der für Monate reicht, was schlichtweg dumm ist. Schlanke Produktion bedeutet vor allem, pragmatisch vorzugehen. Versuche, dein Problem zu verstehen, und denke dann darüber nach, wie es gelöst werden kann! Es gibt keine fertigen Lösungen, man muss Sachen probieren und dann sehen, ob es klappt oder nicht."

„Okay, verstanden", sagte Phil. „In unserem Fall hier könnten wir eine Art Fertigungszelle aufbauen, die die Gehäuse produziert."

„Mit einem Supermarkt", schlug Amy vor. „Aus dem kann sich dann die Endmontage bedienen."

„Das Problem der Rüstvorgänge haben wir aber trotzdem", entgegnete Phil. „Wenn wir die Gehäuse nivelliert produzieren wollen, dann bedeutet das, dass jedes Mal eine Gitterbox von einer anderen Variante hergestellt werden muss. Das heißt, zum zweiten Prozess können wir von vornherein noch eine Stunde Rüstzeit addieren, das ist doch idiotisch."

„Das klingt vielleicht idiotisch, mag sein. Aber das Entscheidende ist doch, dass die Gehäuse gleichmäßig zum Förderer fließen", argumentierte mein Vater. „Die können hier meinetwegen alle nackt arbeiten, solange sie den Förderer just in time beliefern."

„Verschonen Sie mich!", rief Amy lachend. „Das mag zwar ein interessanter Anblick sein, aber ich verzichte trotzdem."

„Es wäre nicht sonderlich schockierend, einen langen Rüstvorgang und eine kurze Produktionszeit zu haben, solange wir im Kundentakt produzieren. Wir müssten den Rüstvorgang dabei nur unter zehn Minuten bringen. Andererseits, wenn wir die Zeit des Werkers dafür verwenden, zu rüsten, dann ist das Verschwendung, er könnte in dieser Zeit ja auch etwas Wertschöpfendes machen. Es geht also nie darum, wie etwas aussieht, sondern ob etwas sinnvoll ist", meinte mein Vater. „Wenn wir also die Rüstzeit auf 20 Minuten reduzieren könnten, dann könnten wir weiterhin in Losen fertigen."

„Wenn wir in 20 Minuten rüsten, dann bedeutet das nach deiner Daumenregel, dass wir danach 200 Minuten produzieren, das heißt zehn Gitterboxen von einer Variante. Das ist ungefähr eine Tagesproduktion, das könnte gehen."

„Und das sollte jetzt erst mal auch euer Ziel sein", bestätigte mein Vater. „Eines der unmittelbaren Ziele einer schlanken Produktion ist es, jedes Teil in jeder Schicht zu produzieren. Nennt sich EPES – *every part every shift*. Eine einfache, klare Sache."

„Wir müssen aber immer noch den Rüstvorgang auf 20 Minuten bringen", warf Phil ein. „Du hast doch SMED erwähnt? Wie funktioniert das?"

„SMED heißt *Single Minute Exchange of Die* und bedeutet genau das."

„Werkzeugwechsel in einstelliger Minutenzahl", übersetzte Phil holprig.

„Ja. Das Ziel ist, den Werkzeugwechsel unter zehn Minuten zu schaffen."

Phil lachte laut auf.

„Das muss ich dem Einsteller hier erzählen. Sein Gesicht möchte ich sehen", grinste er.

„Es ist schon klar, dass das nicht auf einmal geht. Unter zehn Minuten ist der Maßstab, die Vorgehensweise, um das zu erreichen, ist ziemlich einfach. Wichtig ist, dass jedem klar ist, dass sich ein Rüstvorgang nicht nur auf den reinen Werkzeugwechsel beschränkt, sondern die Zeit vom letzten guten Teil bis zum ersten guten Teil umfasst."

„Vom letzten Gutteil zum ersten Gutteil", wiederholte Phil.

„Genau. Der Punkt bei SMED ist, die internen Tätigkeiten, bei denen die Maschine stehen muss, und die externen Tätigkeiten, die bei laufender Maschine gemacht werden können, zu trennen. Es sind insgesamt sechs Schritte:

- Erstens: Messe die aktuelle Rüstzeit.
- Zweitens: Identifiziere und messe die internen und die externen Tätigkeiten.
- Drittens: Verlagere die externen Tätigkeiten und mache sie, während die Maschine läuft.
- Viertens: Standardisiere, eliminiere oder reduziere die internen Tätigkeiten, vor allem die Einstelltätigkeiten.

- Fünftens: Standardisiere, eliminiere oder reduziere die externen Tätigkeiten, so weit es nur geht.
- Sechstens: Standardisiere den gesamten Ablauf und verbessere ihn dann.“

„Das ist eine klare Methode. Aber es ist auch ziemlich harte Arbeit.“

„Eines sage ich dir gleich, Phil“, meinte Amy. „Darum werde ich mich garantiert nicht kümmern. Werkzeugwechsel fallen nicht mehr in mein Fachgebiet.“

„Machen Sie sich darüber keine Sorgen“, erwiderte mein Vater. „Es gibt genug Berater, die das sehr gut machen. Bei uns geht es heute um die richtige Einstellung zum Gemba.“

„Gut. Dann schauen wir mal, ob ich alles begriffen habe“, sagte Amy. „Wir wollen die Gehäusefertigung als Fertigungszelle organisieren und jede Variante jeden Tag produzieren. Das wird auf jeden Fall eine größere Veränderung.“

„Nur in den Köpfen. Den Maschinen ist es egal. Sie haben das doch schon in der Automatenfertigung gemacht, und hier ist es genau das Gleiche. Wir definieren die Fertigungszelle und zeigen den Werkern den Nutzen und die Vorteile. Dann fangen wir an, die Teile fließen zu lassen, und zum Schluss implementieren wir das Pull-System.“

„Du hast recht“, stimmte Phil zu. „Wir haben das schon gemacht, und wir sollten einen ziehenden Materialfluss bekommen, wenn wir auf dem Förderer nivelliert produzieren. Wir brauchen nur ein Kanban zwischen den Bereichen. Mist!“, sagte er dann plötzlich frustriert. „Wie soll das den praktisch gehen?“

„Keine Panik, Philip“, sagte mein Vater ruhig. „Arbeite mit den Zahlen. Amy hat recht. Solange der Arbeitsinhalt klar ist, ist es nur eine Frage der Organisation. Betrachte es mal rückwärts:

- Du möchtest alle elf Minuten ein Gehäuse für den Förderer machen und an jedem Tag alle acht Varianten.
- Du hast zwei Schweißer, die jeweils 20 Minuten für ein Gehäuse brauchen, das heißt, sie liefern alle zehn Minuten ein Gehäuse.
- Damit die Schweißer arbeiten können, braucht jeder der beiden Schweißer alle 20 Minuten alle notwendigen Bleche.
- Wir brauchen eine Vorrichtung, die alle diese Bleche enthält, sodass der Schweißer direkt loslegen kann.“

„Das funktioniert heute schon so ähnlich“, warf Amy ein. „Mit dem Unterschied, dass sie jede Menge Zeit mit Suchen und dem Einlegen in die Vorrichtung verlieren.“

„Am besten wäre es also", fuhr mein Vater fort, „wenn die Vorrichtungen bereits korrekt beladen zu den Schweißern kommen, damit wir dort keine Schwankungen mehr im Zyklus haben. Aber machen wir weiter:

- Die sechs Seiten der Gehäuse müssen ausgestanzt werden.
- Fünf davon müssen ähnlich gebogen werden.
- Die sechste, die Tür, muss zusätzlich auf einer anderen Maschine umgeformt werden und benötigt auch mehrere Biegevorgänge.

Aus unseren Berechnungen wissen wir, dass all das in unter zehn Minuten stattfinden kann, aber wir müssen jetzt alles so organisieren, dass ein Werker von der Schneidemaschine zur Umformpresse und zur Biegepresse gehen und die fertigen Bleche in die Schweißvorrichtung legen kann. Wenn das funktioniert, kannst du anfangen, dich mit dem Kanban-Signal vom Förderer zu beschäftigen. Eigentlich ganz einfach."

„Wenn es nur so wäre", seufzte Phil. „Aber ich verstehe, was du meinst. Wenn wir uns einfach nur an die Zahlen halten, dann sollten wir es schaffen."

„Das ist die richtige Einstellung", lobte ihn mein Vater. „Aber lassen wir mal all diese Fluss-Geschichten beiseite. Das ist nicht der Punkt, um den es mir heute geht. Ihr sagt mir zwar, was ihr tun wollt und wie ihr den Fluss visualisiert und so weiter, aber ihr sagt mir nicht, was ihr seht. Hier und jetzt. Vor euren Augen. Schaut euch um. Was seht ihr?"

„Der Bereich sieht ganz ordentlich aus. Wir haben schon mit 5S angefangen."

„Sagen Sie mir nicht, was Sie denken, dass ich hören will, Amy. Schauen Sie hin. Was sehen Sie? Sagen Sie es mir."

Wir saßen schweigend auf unseren Gartenstühlen, frustriert und verkrampft.

„Ich weiß nicht, was du erwartest, Dad", sagte ich unzufrieden. „Ich habe keine Ahnung von solchen Maschinen. Das Einzige, was ich da sehen kann, ist, dass sie in einer hässlichen Farbe lackiert sind und dass dieser hässliche Lack auch noch abblättert."

„Sehr gut, Mickey", antwortete er unerwarteterweise. „Es gibt noch Hoffnung. Weiter."

„Da ist ein Ölfleck auf dem Boden unter dem Rohr da."

„Ja – und da drüben haben sie Sand auf den Boden gestreut, um das Öl aufzusaugen", sagte Phil. „Und da drüben, links neben der Maschine, liegt ein Stapel Bleche auf einem Karton. Wozu soll das gut sein?"

„Dort ist ein Lappen um ein Rohr gewickelt.“ War Amys Beitrag. Wir kamen langsam auf den Geschmack.

„Und schau mal in die Presse rein. Sieht auch nicht gerade sauber aus. Da sind überall Ölschlieren.“

„Hey, bitte, das sind auch altgediente Schätzchen.“

„Ein Grund mehr, sich besser um sie zu kümmern“, antwortete mein Vater.

„Hat sich Harry deshalb so aufgeregt?“, fragte Amy. „Wir haben zwar schon mit 5S angefangen, aber wir haben das natürlich nicht *in* den Maschinen gemacht.“

„Zum Teil war es das, ja. Aber es geht um mehr. Ich sehe, dass sich niemand wirklich um die Maschinen kümmert, es scheint einfach niemanden zu interessieren.“

„Das kann man so nicht sagen.“

„So? Kannst du mir dann sagen, wer was wie macht?“

„Nicht so aus dem Stegreif natürlich, ich müsste nachschauen.“

„Wenn sich jemand um die Maschinen kümmern würde, dann würde das auch an den Maschinen stehen.“

„Dave beklagt sich oft darüber, dass die Maschinen zu oft kaputtgehen“, bestätigte Phil. „Und Matt und ich müssen uns immer verteidigen, weil wir keine neuen kaufen. Dave und die Konstrukteure begreifen nicht, dass wir eigentlich nicht das Geld haben, aber vielleicht …“

„Herrgott noch mal!“, fluchte mein Vater plötzlich. „Geht das denn nicht in eure Köpfe rein. Investiert in Menschen – nicht in Maschinen. In eurer Situation wird nicht investiert, das sollte doch wohl auch der Dümmste begreifen. Du spazierst finanziell am Rande des Abgrunds, bezahlst nicht mal deine Lieferanten und willst aber Maschinen kaufen. Das gibt’s doch nicht!“

Phil schaute ihn mit großen Augen an.

„Versteh mich nicht falsch. Ihr könnt, wenn nötig, ein bisschen Geld ausgeben, damit sie nicht komplett zusammenbrechen. Aber du kannst dafür sorgen, dass diese Maschinen zu 100 Prozent laufen – und zwar ohne große Investition. Willst du das?“

„Natürlich“, sagte Phil. „Aber das klingt ein wenig wie Magie, wie die MRP-Formel von Kevin. Wie soll ich das machen? Ich verstehe praktisch gar nichts von solchen Maschinen. Und Amy versteht vermutlich sogar noch weniger davon.“

Sie nickte bestätigend.

„Ich auch nicht, mein Sohn. Ich habe mich mein Leben lang mit Spritzgießmaschinen beschäftigt, und diese Dinger hier haben wenig Ähnlichkeit damit. Aber ich weiß, dass diese Maschine nicht ordentlich geputzt wird. Warum Putzen wichtig ist?

Weil es Staubteilchen und Metallspäne beseitigt, die die Reibung erhöhen, die Leitungen verstopfen, Lecks verursachen und sogar Defekte in der Elektrik auslösen können. Und sie zerkratzen deine Produkte.

Weiterhin sehen wir Sand und Öl auf dem Boden, und dann schau dir mal dieses Reservoir an mit all dem Schlamm und dem Ruß. Wann glaubst du, wurde zum letzten Mal der Ölstand überprüft? Wie soll die Maschine funktionieren, wenn sie nicht einmal ordentlich geschmiert wird? Und wenn sie Öl verliert, dann heißt das, dass der ganze Ölkreislauf nicht richtig funktioniert.

Und was ist das da direkt vor deiner Nase. Da, im Schmutz unter der Presse. Was siehst du?"

„Gar nichts", sagte Phil und korrigierte sich sofort. „Ah, ja, der Bolzen. Meine Güte!"

„Wollen wir hoffen, dass er einem der Instandhaltungsjungs aus der Tasche gefallen ist. Denn falls er zu der Maschine gehören sollte, dann erwartet diese ein trauriges Schicksal. Ein kleiner fehlender Bolzen kann so eine Maschine komplett erledigen. Sie vibriert ein bisschen stärker, das wiederum löst andere Bolzen oder Schrauben. Das führt zu stärkeren Vibrationen, irgendwann bricht was und dann steht sie. Verstehst du, Philip? Ich brauche nichts von diesen Maschinen zu verstehen, um zu erkennen, dass hier ziemlich viel im Argen liegt!"

„Geht es um mehr 5S?", fragte Amy.

„Ja, für den Einstieg, aber es geht nicht nur um Sauberkeit. Erinnern Sie sich noch, was wir über 5S gesagt haben?"

„Natürlich. Sortiere alles und wirf weg, was du nicht brauchst. Finde einen Platz für jedes Ding und sorge dafür, dass es auch dort bleibt beziehungsweise nach Gebrauch wieder dorthin zurückgeht. Dann reinige alles und so weiter eben."

„Ihr müsst das hier etwas rigoroser durchziehen. Ihr müsst zum Beispiel definieren, wo alle die Spezialwerkzeuge für die einzelnen Maschinen sind, und dann müsst ihr Platz schaffen, dass sie nahe und sichtbar an den Maschinen verstaut werden können. Sie müssen weiterhin einfach greifbar sein und am besten in der Reihenfolge aufbewahrt werden, in der sie benutzt werden. Was Seiso oder reinigen – machen sagen auch ‚scheinen' – betrifft, da müsst ihr mit der Instandhaltung und den Werkern genau definieren, wer was zu machen hat:

- Was muss regelmäßig geputzt werden?
- Wie wird geputzt unter Berücksichtigung der Sicherheit?
- Wer putzt was und wann?
- Wie sauber ist sauber?"

„Was du da sagst“, sagte Phil, „ist deutlich aufwendiger als das, was wir bisher gemacht haben.“

„Und das ist erst der Anfang, TPM umfasst noch viel mehr als ein ausgeprägtes 5S. Aber es ist ein guter Einstieg.“

„Schon wieder TPM?“, fragte Amy.

„Total Productive Maintenance“, sagte mein Vater mit einem Seufzen. „Darüber können wir tagelang sprechen, ich gebe euch erst mal nur ein paar Basisinformationen. ‚Total‘ steht hier für die drei ‚totalen‘ Sachen. Die erste ist totale Effizienz, die zweite ist totale Einbindung der Werker, das haben wir schon erwähnt. Die Werker putzen ihre Maschinen täglich und überwachen alle Instrumente und Anzeigen, als ob es ihr eigenes Auto wäre. Die Instandhaltung repariert und löst Probleme, und die Ingenieure kümmern sich um die Analysen der Kernursachen und die weitere Verbesserung der Maschinenzuverlässigkeit. Die dritte ist das totale Lebenszyklusmanagement: Hier geht es darum, sich um die Anforderungen einer Maschine im Lauf ihres Lebenszyklus zu kümmern. Man kann das gut mit dem Leben eines Menschen vergleichen. Viel Pflege am Anfang, also nach der Geburt, und dann wieder im Alter.

Als diese Werkzeuge in Japan entwickelt wurden, erkannten die Ingenieure, dass jede Maschine perfekt funktioniert, wenn sie unter optimalen Bedingungen läuft. TPM hat also zum Ziel, jederzeit die optimalen Bedingungen zu schaffen, damit die Maschine immer 100 Prozent Qualität produziert und niemals eine Panne hat. Die Minimalanforderung von TPM ist, sicherzustellen, dass jede Maschine immer in der Lage ist, die ihr zugedachte Aufgabe zu erfüllen.“

„Diesen Gedanken kann man auf Menschen übertragen“, warf Amy ein.

„Wer hätte gedacht, dass ausgerechnet eine Personalleiterin Menschen und Maschinen gleichsetzt“, neckte ich sie.

„Sehr witzig“, sagte sie und kickte gegen meinen Stuhl.

„Bei Menschen kenne ich mich nicht so aus, aber bei Maschinen funktioniert es. Leider interessiert fast niemanden, ob die ‚normalen‘ Bedingungen, unter denen eine Maschine jeden Tag funktionieren muss, optimal sind oder nicht.“

„Das, was wir hier gerade sehen, würde ich auf jeden Fall nicht als optimal bezeichnen“, meinte Phil und zeigte mit dem Kopf in Richtung der Maschinen.

„Darum geht es. Jeder hier arbeitet an den Maschinen in diesem Chaos, aber keinem fällt es auf. Sicher verbringen sie viel Zeit mit ‚Problemlösen‘, aber das ist, als möchte man ein Loch im Sand graben – je mehr du gräbst, desto mehr Sand findest du. Menschen sind so. Wenn sie ein Problem erkennen, dann arbeiten sie an der ersten Ursache, die ihnen auffällt, und es ist völlig egal, ob das die Kernursache ist oder nicht."

„Es ist leichter, seinen verlorenen Schlüssel dort zu suchen, wo Licht brennt, statt im Dunkeln herumzutasten", sagte ich.

„Schön gesagt. Mein erster Kontakt mit dem Toyota-Produktionssystem hatte übrigens mit Instandhaltung zu tun. Ich war damals Produktionsleiter, und im Rahmen eines Benchmark-Projekts besuchte ich einen anderen Zulieferer, der damals unser schärfster Konkurrent und unserer Meinung nach auch der Beste in der Branche war. Das meiste, was ich gesehen habe, habe ich damals nicht verstanden, aber TPM bleib mir in Erinnerung.

Wir lieferten Kunststoffteile und hatten jede Menge Probleme mit unseren Spritzgießmaschinen, die sich in hohen Stillstandszeiten niederschlugen. Wir hatten allerdings Überkapazitäten, also war das für uns nichts, worum wir uns wirklich kümmern mussten. Aber während des Besuchs wurde mir klar, wie viel zuverlässiger die Maschinen dort liefen, wie viel besser sie ihre Investitionen nutzten und wie viel geringer die Kapitalbindung dadurch war. Wir hatten elf Maschinen, die zwischen 15 und 20 Prozent der Zeit aus verschiedensten Gründen nicht produzierten. Ich überschlug das mal und kam zu dem Ergebnis, dass wir, nur um die Pannenzeiten abzufedern, eine ganze Maschine mehr brauchten. Der Geschäftsführer hat das sofort verstanden, und wir starteten eine ‚TPM-Initiative', die allerdings, wie ich heute weiß, nicht mal den Namen verdiente. Aber wir haben uns richtig Mühe gegeben."

„Hat es nicht funktioniert?"

„Das will ich nicht sagen. Wir erzielten Verbesserungen, aber dem Ziel, eine ganze Maschine freizubekommen, kamen wir nicht mal nahe. Aber letztendlich war dann alles nicht so wichtig, weil unser Management auch immer gerne in neue Maschinen investiert hat."

„Was ist denn so schwierig an der Instandhaltung?"

„An der Instandhaltung ist gar nichts schwierig. Total Productive Maintenance ist schwierig. Bei komplexen Anlagen kannst du immer nur einen Parameter variieren, um die Effekte zu verstehen. Das heißt, man muss jede Menge Hypothesen testen, und zwar sehr sorgfältig und systematisch. Die meisten Ingenieure greifen ein, wenn sie eine mögliche Ursache erkennen. Sie investieren dann oft viel Zeit und Energie, um ein Problem zu lösen, das gar nicht so wichtig ist, während sie die wahren Ursachen gar nicht erkennen. Um die Sache richtig zu machen, müssen wir jede Annahme zuerst sorgfältig testen, bevor wir uns an die Umsetzung der Lösung machen."

„Und das müssen die Werker machen“, fuhr mein Vater fort. „Jeder Werker muss seine Maschine so gut kennen, dass er erkennt, wenn etwas nicht stimmt – und zwar bevor die Maschine kaputtgeht. Die meisten Instandhalter, oder eigentlich die meisten Menschen, hören mit der Suche auf, sobald sie die erste Ursache gefunden haben. Wenn also eine Sicherung rausgeflogen ist, dann ersetzen sie diese Sicherung und die Sache ist für sie erledigt. Ein Teil, warum TPM schwierig ist, ist also, die Menschen dazu zu bringen, weiterzusuchen, bis sie die wahre Ursache, die Kernursache haben.“

„Also nicht bei Symptomen aufhören, sondern die Kernursache suchen“, wiederholte Phil.

„Richtig. Ich habe euch gerade von meinem ersten Kontakt mit dem, was heute schlanke Produktion heißt, erzählt. Mir waren auch die Fertigungsingenieure unterstellt. Damals, Anfang der 80er, hatte sich noch kein Mensch mit der japanischen Industrie beschäftigt, aber wir bekamen irgendwann Besuch von ein paar japanischen Ingenieuren, die unsere Maschinen verstehen wollten, weil sie die gleichen Produkte in Japan produzieren sollten. Wir haben die Jungs damals nicht sonderlich ernst genommen, aber wir haben ihnen alles gezeigt und sie auch an den Maschinen rumspielen lassen. Jetzt stellt euch mal vor, dieser Styroporbecher hier wäre das Fertigprodukt“, sagte er und nahm einen alten Kaffeebecher, der auf dem Boden lag. So viel zum Thema 5S, dachte ich.

„Seht ihr diesen Grat? Nehmen wir an, das wäre ein Fehler. Die Japaner fragten uns also: ‚Sehen Sie diesen Grat? Wie machen Sie den?‘ Das war nun ein bisschen peinlich für uns, und wir sagten, dass wir den Grat nicht absichtlich machen, sondern dass das ein Defekt sei. ‚*Hai!*‘, antworteten sie. ‚Das ist uns schon klar. Aber wie produzieren Sie diesen Grat?‘ Das mussten Idioten sein, dachten wir, und wir sagten ihnen noch einmal, dass wir diesen Grat nicht produzieren wollten, sondern dass das ein Fehler im Prozess wäre.

Wie auch immer, im Rahmen der Zusammenarbeit wurde ich einige Monate später gemeinsam mit einem Kollegen nach Japan geschickt. Wir trafen wieder die Ingenieure, die uns besucht hatten, und sie waren sehr stolz, uns zu zeigen, dass sie nun ebenfalls eine Maschine hatten, die dieselben Teile machte“, sagte er und zeigte auf den fleckigen Styroporbecher. „„Schauen Sie‘, sagten sie und zeigten uns ein Teil, ‚wir haben sogar den Grat hinbekommen.‘ Ich weiß noch wie heute, wie ich meinen Kollegen anschaute und dachte, die sind ja noch viel dümmer als … ich weiß nicht was. Dann gingen wir aber an die Maschine und sahen, dass von den Teilen, die dort produziert wurden, kein einziges auch nur ansatzweise den Grat aufwies. Sie haben das Problem verstanden und eliminiert."

„Wartet mal", sagte Phil und ließ seinen Stift sinken. „Ich glaube, ich weiß, worum es geht. Ein Fehler entsteht ja während des Prozesses, er kommt nicht einfach von irgendwoher. Er muss aktiv an irgendeiner Stelle in das Produkt eingebaut werden."

„Richtig", nahm Amy den Faden auf. „Also haben sie so lange an der Maschine herumprobiert, bis sie den Defekt gezielt erzeugen konnten. Und dann konnten sie die Maschine natürlich auch so einstellen, dass sie den Defekt *nicht produziert* hat."

„Genau. Sie haben nicht mit der Analyse der Symptome aufgehört, so wie wir das gemacht hatten. Sie suchten die Kernursache. Ihre Frage war anders. Wie baut die Maschine den Defekt in das Produkt? Wenn man das replizieren kann, dann kann man es auch eliminieren."

„Die ziehen es aber durch", sagte Amy und schaute zweifelnd den Styroporbecher an.

„Und da kommt auch noch eine andere Lean-Technik ins Spiel. Habt ihr schon mal was von den ‚fünf Warum' gehört?"

„Schon wieder fünf", meinte ich grinsend. „Was haben die nur immer mit fünf? Ist das ein japanischer Aberglaube? Oder eine Glückszahl?"

„Vielleicht", erwiderte mein Vater mit einem Anflug von guter Laune. „Die Zahl Fünf taucht im Zusammenhang mit vielen Lean-Werkzeugen auf. Die Idee hier ist auf jeden Fall, dass wir bei einem Fehler nicht nur das Offensichtliche beachten, sondern die Kernursache herausfinden sollten, um diese dann ein für alle Mal zu beseitigen. Es gibt da ein berühmtes Beispiel von Taiichi Ohno mit einer Sicherung, die öfter nacheinander ausfiel:

Das erste Warum: Warum stoppte die Maschine? Weil die Sicherung aufgrund einer Überlastung rausflog.

Das zweite Warum: Warum war die Maschine überlastet? Weil das Lager nicht ausreichend geschmiert wurde.

Das dritte Warum: Warum wurde das Lager nicht ausreichend geschmiert? Weil die Ölpumpe nicht genug Öl gefördert hat.

Das vierte Warum: Warum hat die Ölpumpe nicht genug Öl gefördert? Weil die Dichtung der Pumpenwelle abgenutzt war.

Das fünfte Warum: Warum war die Dichtung der Pumpenwelle abgenutzt? Weil das Öl nicht gefiltert wurde und deshalb Metallspäne im Öl waren.

Wenn man ‚Warum?' fragt, bis man die Kernursache gefunden hat, kann man nachhaltige Lösungen implementieren, wie in diesem Fall zum Beispiel einen Ölfilter installieren."

„Das ist genial", rief Phil. „Frag fünfmal ‚Warum?'."

„Noch mehr Workshops", seufzte Amy. „Ich hoffe, wir sind jetzt mit dem Thema ‚Wartung' durch."

„Leider nicht", knurrte mein Vater. „TPM ist eine der schwierigsten Sachen überhaupt, weit schwieriger, als ich euch hier mit ein paar Worten sagen kann. Der Ansatz mit den ‚fünf Warum' klingt vielleicht einfach, aber er ist es überhaupt nicht."

„Klingt doch nicht so kompliziert", warf ich ein. „Einfach nur fünfmal ‚Warum?' fragen!"

„Ja, schon. Aber wenn man nicht aufpasst, dann sind die Antworten reines Wunschdenken. Die 5 W funktionieren nur, wenn jede Antwort gründlich validiert wurde, bevor man zum nächsten ‚Warum' geht."

„Haben Sie noch ein 5-W-Beispiel für uns?", fragte Amy.

„Lasst mich nachdenken. Ja, da gibt es noch ein ganz gutes. Als wir in einem Werk anfingen, Toyota zu beliefern, erhöhten sie ständig die Anzahl der Lastwagen, die täglich die Teile bei uns abholten, und wir hatten irgendwann Schwierigkeiten, diese Anzahl an Fahrzeugen abzufertigen. Nach dem ersten ‚Warum' war klar, dass wir nicht genug Rampen hatten, was dann eben zu Wartezeiten und Verkehrstaus auf dem Hof führte. Wenn wir an dieser Stelle aufgehört hätten, hätten wir einfach mehr Rampen gebaut. Aber wir fragten weiter und erkannten irgendwann, dass das Problem nicht die Anzahl der Rampen war, sondern die Zeit, die jeder Lastwagen an der Rampe verbrachte."

„Verstanden. Die Fahrzeuge warteten auf dem Hof, nur um anschließend noch mal an der Rampe zu warten."

„Richtig. Wir fanden dann heraus, dass die Lastwagen an der Rampe warten mussten, weil die Ladungen noch nicht vorbereitet waren. Das heißt, wir mussten die Sachen, die wir laden wollten, erst noch finden, dann auch noch an die Rampe fahren. Die Lösung war die Schaffung von Ladungsvorbereitungszonen, in denen jede Ladung fertig gemacht wurde, bevor der Lastwagen an die Rampe kam. Wir verkürzten dadurch nicht nur die Zeiten, die die Fahrzeuge an der Rampe verbrachten, sondern wir hatten dadurch auch den Materialfluss viel besser unter Kontrolle. Wir haben das Problem gelöst, ohne Geld ausgegeben zu haben. Wenn wir mehr Rampen gebaut hätten, dann hätten wir ja letztendlich nur den Stau im Hof an die Rampen verlagert."

„Das gibt es ja nicht", sagte Amy. „Es geht wieder um das Thema ‚Nivellierung'. Die Sache mit dem perfekten Kunden."

Mein Vater nickte. „Und so haben wir letztendlich verstanden, dass die Ladungsvorbereitungszonen, die Toyota von uns wollte und die wir nie richtig ernst genommen hatten, eine gute Sache waren. Das unterstützt Mikes Theorie, dass Menschen nur das sehen können, wofür sie auch bereit sind. Bevor wir ein Problem nicht selbst für uns durchgearbeitet haben, können wir nicht erkennen, dass uns die Lösung jemand anders schon lange gezeigt hat."

„Ich schätze mal, dass die Antworten auf die Warum-Fragen nicht immer offensichtlich sind", mutmaßte Phil.

„Das ist richtig. Es gibt immer mehrere Antworten. Wenn wir an Maschinenstillstände denken, so sind es oft Kombinationen von verschiedenen Gründen, die zum Ausfall führen. Wir brauchen also einen systematischen Ansatz. Die meisten Instandhalter denken wie Feuerwehrleute. Sie kennen die Maschine und lösen das Problem. Aber oft basiert das auf Erfahrungen und Gefühlen. Wir müssen strukturierter vorgehen."

„Zahlen, Daten, Fakten?", fragte Amy.

„Ich fürchte, ja. Es hilft ja nichts. Ingenieure müssen mit Fakten arbeiten, nicht mit Eindrücken. Früher oder später kommen sie um komplexe Analysen und stringente Methoden nicht mehr herum. Allerdings besteht dann auch irgendwann die Gefahr, dass Leute nur noch Papierkram machen und ihre Hauptaufgabe vernachlässigen: Die Pannenzeiten zu reduzieren."

„Gemba?"

„Yep. Man darf nie vergessen, worum es wirklich geht. Ich habe das auf die harte Tour gelernt. Wir hatten damals ein richtig ausgefuchstes System mit externen Beratern entwickelt, um Stillstandszeiten an den Spritzgießmaschinen zu reduzieren. Jede Menge Tests und Messungen und so weiter. Dann sollten wir für Toyota ein neues Teil produzieren, und nichts funktionierte. Die Qualität war unter aller Kanone, wir hatte jede Menge Werkzeugprobleme und so weiter."

„Irgendwas bei den Tests eurer Hypothesen hat nicht funktioniert", meinte ich. „Ich vermute, Toyota hat mehr Analysen von euch verlangt?"

„Überhaupt nicht. Es wurde sogar richtig peinlich. Sie haben Ingenieure geschickt, die sich ein paar Stunden vor die Maschine gestellt und sich Notizen gemacht haben.

Die meisten von uns hielten das für sinnlos, manche sogar für komplett idiotisch. Aber nur, bis sie uns gezeigt haben, dass unsere Maschinen das Problem verursachten."

„Es geht wieder um den Gemba?", fragte Amy.

„Nichts anderes", erwiderte mein Vater. „Das war peinlich, glaubt mir. Ich musste erst mal lernen, eine Maschine Zyklus für Zyklus zu beobachten. Irgendwann verstand ich dann, wie die Einstellung der Maschine und der Fehler zusammenhingen."

„Das klingt aber alles recht naheliegend", sagte ich. „Warum habt ihr das denn nicht selbst gemacht?"

Mein Vater lachte laut auf. „Dafür hatten wir ganz viele Gründe. Mein Chef meinte, Ingenieure dürften ihre Zeit nicht damit verschwenden, stundenlang eine Maschine zu beobachten. Das Management – und die Berater übrigens auch – akzeptierten als ‚Problemlösungszeit' nur die Zeit, die man im Büro oder in Besprechungen verbrachte."

„Aber ich dachte, bei Gemba geht es darum, wie Menschen und Maschinen in der Fertigung arbeiten", sagte Phil.

„Es gibt noch Hoffnung für dich", entgegnete mein Vater. „Hier in der Fertigung geht es nicht nur um TPM", fügte er dann hinzu, stand auf und klappte seinen Gartenstuhl zusammen. Ich machte es ihm nach und hoffte inständig, dass wir für heute fertig wären. Phil blieb sitzen und schrieb ohne Pause.

„Sondern?", fragte Amy ein wenig schnippisch.

„Sagt ihr's mir."

„Irgendetwas mit der persönlichen Einstellung", schlug ich vor. „Wir sprachen über *Karate Kid*, und du hast das Thema ‚persönliche Einstellung' erwähnt." In diesem Thema war ich der Fachmann.

„Ja. Und es geht darum, warum Harry denkt, dass Morgan entlassen werden sollte."

„Amy, bitte, ich will darüber nicht sprechen", meinte Phil tadelnd. Der Vorfall beschäftigte sie. Ich konnte ihr das nicht mal verdenken. Mir ging es ja nicht anders. Auch nach einem Tag war mir die öffentliche Demontage des armen Kerls sehr präsent. Harry hatte ihn auf eine Art auflaufen lassen, dass sein Selbstbewusstsein einen empfindlichen Schlag versetzt bekam. Daran würde sich auch nichts ändern, wenn wir den Vorfall vergessen könnten. Es gibt garantiert bessere Methoden, jemandem zu sagen, dass man nicht seiner Meinung ist.

„Auf was reite ich denn die ganze Zeit herum?"

Wie wäre es mit „auf allem"?, dachte ich.

„Menschen", sagte Amy. „Es geht um Menschen."

„Also was ist dann der Punkt, der bei allem, worüber wir heute gesprochen haben, mitschwingt?"

Wir schauten uns schweigend an.

„Was Mike vorhin sagte?", meinte Phil vorsichtig und blätterte in seinen Notizen. „Dass wir Dinge, die wir nicht erwarten, auch nicht erkennen können?"

„Nah dran. Sehen lernen. Was haben wir heute gesehen?"

„Dass man kein Ingenieur sein muss, um zu erkennen, dass mit den Pressen etwas nicht in Ordnung ist", antwortete Amy. „Und dass das ein *menschliches* Problem ist, kein mechanisches."

„Vermutlich verbringen Menschen mehr Zeit in einer Fabrik als zu Hause. Und dann sehen sie immer noch nicht, wenn etwas nicht funktioniert. Das gilt vor allem für das Management."

„Wir sind viel zu zahlen- und berichtsfixiert", gab Phil, der diesen Teil des Managements ebenfalls hasste, zu.

„Wir können nicht einfach davon ausgehen, dass Menschen Dinge auch wahrnehmen", machte mein Vater weiter. „Es geht um die Einstellung. Es ist das Bekenntnis zum ‚echten Platz' – zum Gemba – zu gehen, um herauszufinden, was wirklich passiert, und nicht nur mit etwas zufrieden zu sein, was logisch klingt. Wenn du Zweifel hast, geh zum Gemba und schau, was wirklich Sache ist."

„Das tun wir viel zu wenig, da stimm ich dir zu", sagte Phil.

„Und genau das ist auch das Problem von Kevin, stimmt's?", fragte Amy nachdenklich.

„Kevin ist fast schon eine Karikatur", bestätigte mein Vater. „Er bewegt sich in seiner eigenen kleinen Welt der Computerberechnungen und interessiert sich keinen Deut dafür, was im richtigen Leben passiert. Und wenn sich dann die echte Welt nicht so verhält, wie es seine Zahlen vorhersagten, dann ist es natürlich die Schuld der anderen. Und wenn man ihn dann zur Rede stellt, dann verweigert er sich komplett. Der Mann ist gefährlich."

„Warum gefährlich?", fragte Phil. „Er ist doch harmlos. Im schlimmsten Fall nervig."

„Verstehst du das nicht? Er wird ständig mit auf Papier perfekten Plänen und Berechnungen kommen, die im richtigen Leben, am Gemba, niemals funktionieren werden. Er wird seine Glaubwürdigkeit bei den Werkern komplett verspielen. Weiterhin wird er sich nur mit Leuten umgeben, die genau so denken wie er. Gemba ist kein

Faktum, Gemba ist eine Einstellung. Es ist das zutiefst emotional verwurzelte Bekenntnis des Managements, dass der einzig wichtige Ort in einem Unternehmen der Arbeitsplatz der Werker ist, der Platz, wo wir *tatsächlich* für den Kunden arbeiten. Alles andere dient nur der Unterstützung. Fertig."

„Und Sie würden jemanden entlassen, nur weil Sie mit seiner Einstellung nicht einverstanden sind?"

„Was kann es denn sonst für einen Grund geben?", fragte mein Vater und schüttelte traurig seinen Kopf. „Es hat mir nie Spaß gemacht, Leute zu entlassen, und seit ich Harry kenne, hat er mir immer vorgeworfen, dass ich nicht schnell genug entscheide. Aber bei einem hatte er einfach immer recht. Wenn jemand die falsche Einstellung hatte, dann musste er früher oder später gehen. Oft war es später, und wir haben den angerichteten Schaden meist erst danach entdeckt. Vergesst nicht, bei allem, was wir hier besprechen, geht es um Menschen und ihre Einstellung zur Arbeit. Wir haben viel zu viele Manager, die an Zahlen glauben statt an Fleisch und Blut."

„Das macht es nicht besser", protestierte ich. „Jeder verdient eine zweite Chance."

„Bitte. Mike", sagte er unwirsch. „Was glaubst du, wie viele zweite Chancen jemand schon hatte, bevor es so weit kommt? Wer könnte besser wissen als du, dass sich die grundsätzliche Einstellung eines Menschen zu was auch immer praktisch nicht ändern lässt. Als Manager hast du dann nur wenige Möglichkeiten. Entweder du tauschst aus, was jemand im Kopf hat, oder du tauschst die ganze Person aus. Rate mal, was einfacher ist."

„Das ist trotzdem hart."

„Wenn Sie in mein Alter kommen, Amy, dann erkennen Sie, dass es hier ums Überleben geht. Daran scheitern die meisten Lean-Programme. Sie können die Worte lernen, sich die Werkzeuge aneignen, sogar Experten kaufen. Aber wenn Sie nicht die richtige Einstellung zum Gemba haben, haben Sie nicht die geringste Chance."

Mein Vater schaute sich um, bevor er fortfuhr. „Die richtige Einstellung zum Gemba bedeutet, dass jede Entscheidung auf dem Grundsatz basiert, dass Verbesserungen nur möglich sind, wenn man die Sichtweise der Produktion versteht. Und das schafft man nur durch direkte Beobachtung vor Ort. Wenn Sie nicht genügend Zeit in der Produktion verbringen, dann werden Ihnen die wichtigen Details entgehen. Und damit wird es nicht möglich sein, Verbesserungen von den Menschen einzufordern. Manager müssen verstehen, dass die Investition in die direkte Führung vor Ort Priorität haben muss. Bei den großen amerikanischen Automobilherstellern führte ein Schichtmeister 50 bis 80 Mitarbeiter. Bei Toyota hat ein Teamleiter fünf bis sieben Mitarbeiter, und ein Gruppenleiter wiederum führt drei Teamleiter. Toyota hat viel mehr Führungspersonal in der Produktion vor Ort, als es in unseren Unternehmen üblich ist. Und sie sind viel effizienter damit.

Amy, wie viel Zeit verbringen Sie im Büro, seit Sie diesen Job machen?"

Sie dachte ein paar Sekunden nach. „Ein paar Stunden. Eine Stunde gleich morgens und eine, bevor ich nach Hause gehe. Und wenn ich keinen Workshop mache, dann noch eine Stunde mittags. Ich verstehe, worauf sie hinauswollen."

„Dann mach dir mal nichts vor Philip", sagte mein Vater warnend. „Alles, was du bisher erreicht hast, hast du Amy zu verdanken und der Zeit, die sie am Gemba verbringt. Ist dir das klar? Wenn sie geht, wird sich das alles im Handumdrehen in Luft auflösen."

„Ja, aber sie wird sicher nicht gehen, oder?", sagte Phil und versuchte grinsend zu überspielen, dass die Diskussion plötzlich einen sehr ernsten Punkt erreicht hatte.

Amy schenkte ihm ein strahlendes Lächeln. Aber ich bemerkte sehr wohl, dass sie ihm keine Antwort gab.

„Mike? Entschuldige, dass ich dich noch so spät anrufe, aber kann ich mal kurz mit dir reden?"

„Amy? Natürlich. Was ist los?"

„Mal was Neues", sagte sie mit einer Stimme, als hätte sie alles satt. „Es gab einen Riesenkrach zwischen Matt und Phil, und ich glaube, das war meine Schuld. Es tut mir wirklich leid."

„Was ist denn passiert?"

„Ich versuchte, die Idee von deinem Vater zu implementieren, den Zug, der das Material regelmäßig an die Arbeitsplätze bringt, als …"

„Wart mal, langsam, ich glaub, da bin ich nicht auf dem Laufenden. Worum geht es da?"

„Entschuldige bitte. Dein Vater sagte doch immer, zuerst die Lieferungen an die Kunden sicherstellen, dann den Bestand reduzieren, und erst dann kümmert man sich um die Kosten."

„Ja, so hab ich das auch verstanden."

„Okay, wir haben unsere Lieferungen im Griff. Na ja, mehr oder weniger. Jetzt haben wir die Sache mit der Nivellierung und mit dem Kanban gemacht, das heißt, unsere Bestände gehen runter."

„Gut."

„Ich habe jetzt versucht, das Problem mit der Versorgung der Montagelinien für die Automaten zu lösen, und Gloria und ich haben beschlossen, eine Art Zug regelmäßig durch das Werk fahren zu lassen und dann auch das ganze Werk auf ein Zwei-Behälter-System umzustellen."

„Moment, lass mich kurz nachdenken. Ein Materialbereitsteller fährt mit einem motorisierten Zugfahrzeug und ein paar Anhängern durch das Werk, sammelt die leeren Behälter ein, fährt damit zum Lager, tauscht sie gegen volle aus und fährt dann wieder die gleiche Runde. Klingt vernünftig."

„Und das wiederholt sich dann ständig. Dann kam allerdings Morgan und beschwerte sich, dass wir die Arbeitsbelastung der Materialbereitsteller erhöht hätten, weil wir so viel Material im Werk bewegen. Viele kleine Behälter, regelmäßiger Lieferverkehr zu definierten Zeiten, du weißt schon."

„Da hat er nicht ganz unrecht, oder?"

„Doch. Hat er wohl. Ich bin davon überzeugt, dass wir die Arbeitsbelastung reduzieren würden, wenn wir so einen Lieferverkehr zusammen mit den Supermärkten für die Automaten und die Endprodukte einführen würden. Phil und ich haben es geschafft, Dave zu überzeugen, und er hilft uns auch. Aber wir kommen bei Morgan nicht weiter. Er meint, es wäre völlig unsinnig, regelmäßig die Fertigprodukte in die Ladungsvorbereitungszone zu bringen, und dann hat er uns, ob du es glaubst oder nicht, einen Vortrag über Verschwendung aufgrund von unnötiger Bewegung und unnötigen Transporten gehalten. Wir haben hier einen ERP-Freak[5], der ständig erklärt, wie man Logistik am effizientesten macht. Und zwar mit optimalen Losgrößen für Materialbereitsteller. Es ist die Gemba-Sache."

„Stimmt."

„Wie auch immer, Phil ist derzeit nicht da. Also versuchte ich dem Idioten klarzumachen, dass diese ‚Transporte der kleinen Behälter' uns helfen, die Bestände niedrig zu halten. Aber was weiß ich schon. Ich bin ja nur ein Mädchen."

„Hm."

„Also ließ er mich stehen, und ich habe angefangen, an meinem Zug-Projekt zu arbeiten, was letztendlich dazu führte, dass ich für die gesamten innerbetrieblichen Transporte standardisierte Arbeit einführen wollte. Dabei stellte sich schnell heraus, dass die Staplerfahrer zwar überall im Werk unterwegs sind, aber völlig ineffizient

[5] ERP: Enterprise Resource Planning

arbeiten, weil sie mehr Zeit damit verbringen, Teile zu suchen, als sie zu transportieren."

„Versteh ich nicht."

„Ich frage mich einfach, warum wir Materialtransporte nicht als Regelablauf beschreiben. Wie die Runde, die ein Briefträger jeden Tag macht. Keine Cowboys, die wild in der Gegend herumrennen, wenn jemand etwas braucht. Das wäre eine einfache Sache, weil unsere Materialflüsse mittlerweile recht klar sind."

„Du meinst eine definierte Runde für jeden Materialbereitsteller im Werk? Mit immer den gleichen Aufnahme- und Anlieferpunkten?"

„Ja. Standardisierte Arbeit, aber diesmal eben für die Materialbereitstellung. Und damit erhöhen wir nicht die Kosten, sondern wir senken sie, weil wir die Tätigkeit effizienter machen."

„Ich glaube, ich kann dir folgen. Und wo ist das Problem?"

„Es gibt kein Problem. Ich habe das Ganze durchgerechnet und festgestellt, dass wir ungefähr doppelt so viel Materialbereitsteller haben, wie wir brauchen."

„Das ist jetzt ein Witz."

„Kein Witz. Vielleicht bin ich eine Optimistin, aber es ist im Prinzip genau das, was wir erreichten, als wir mit deinem Vater zusammen die Automatenlinie verbesserten. Selbst wenn wir die ganze Zeit Material durch das Werk fahren: Wenn wir die Lieferrunden standardisieren, können wir die Transporte rationalisieren und unsere Logistikkosten deutlich senken."

„Das ist doch klasse."

„Das dachte ich auch. Also schickte ich eine Mail an Phil, der gerade in Chicago bei einem Kunden ist. Er las sie und leitete sie an Matt weiter. Irgendwann kam sie auch zu Morgan, und der sprach mit Pellman darüber."

„Der Leiter der Entwicklung, dem du vorgeworfen hattest, dass seine Konstruktionen so übel sind, dass man sie kaum fertigen kann?"

„Genau der. Sie gingen beide zu Matt. Dann kam Phil zurück, es gab ein Riesengeschrei, und seitdem redet keiner mehr mit mir, und alles ist nur noch beschissen."

„Wann ist das alles denn passiert?"

„Gerade. Heute Abend. Und alles nur, weil sie Probleme damit haben, dass ich eine Frau bin."

Oh, oh.

„Was sagt Phil?"

„Er ist nett. Aber er kann manchmal auch so ein Schlappschwanz sein. Er sagt, ich soll mir keinen Sorgen machen, das würde vorübergehen."

„Und wie geht es dir dabei?"

„Ich fühl mich schlecht. Ich meine, es ist gut, mit dir zu reden und so. Aber ich bin sauer."

„Meinst du, das wird wieder besser?"

„Keine Ahnung. Ich weiß nicht, was zwischen Phil und Matt war, und letztendlich sind sie die Chefs."

„Also wenn du mich fragst, hat Phil noch nie in seinem Leben gelogen, außer um mir aus der Patsche zu helfen, als wir noch Kinder waren. Was allerdings nie funktioniert hat, weil er überhaupt kein guter Lügner ist. Er und Matt sind Partner, solange ich denken kann, und wenn er sagt, sie werden das wieder in Ordnung bringen, dann schaffen sie das auch."

„Ja. Wahrscheinlich hast du recht. Aber es ist so verdammt hart. Da reißt man sich den Hintern auf, damit sich etwas in der Firma bewegt, und dann hat man diese vernagelten Manager im Nacken sitzen, die nichts anderes tun, als dir ständig alles zu versauen."

„Ja, das klingt nicht so gut."

„Na ja, das gehört wahrscheinlich einfach dazu. Ich wollte den Job, also muss ich auch, wie Harry das mal sagte, die Hitze aushalten."

„Das hat Harry gesagt? Nimm Harry und meinen Vater mal nicht allzu ernst."

Sie antwortete nicht.

„Hast du Lust auf ein Bier?", fragte ich.

„Das wäre toll, aber ich bin zu kaputt. Ich gehe jetzt ins Bett und weine mich noch ein wenig in den Schlaf."

„Aber es ist schon alles in Ordnung. Oder?"

„Danke, dass du mir zugehört hast. Ich wusste nicht, wen ich sonst anrufen sollte, das würde doch sonst keiner verstehen. Wenn ich mich bei meinen Eltern ausweine, sagen sie immer nur, ich soll nach Hause kommen und heiraten."

„Das hilft nicht wirklich weiter."

„Das kannst du laut sagen. Danke noch mal."

„Keine Ursache. Melde dich jederzeit, wenn du reden willst."

„Das ist nett. Und ich habe jetzt ja auch noch einen Gutschein für ein Bier. Es fällt mir leicht, mit dir zu reden, weißt du?"

Es ist leicht, mit dir zu reden. Sicher. Ganz toll. Ich legte auf, ging auf den Balkon und genoss die frische, feuchte Abendluft. In der Nachbarschaft hörte ich Musik, irgendwo krachten Böller, es war ein normaler Abend in meinem Viertel. Ich dachte an Amy. Nicht mein Typ, sagte ich mir. Aber trotzdem dachte ich an sie. Was machte sie so besonders?

Es ging vorüber, irgendwann. Aber nicht so, wie ich mir das gedacht habe, und nicht bevor es erst mal hochging. Es war absehbar. Eines Tages, als ich endlich ein paar Fortschritte mit meinem Buch machte, rief mich mein Vater an. Dave hatte Schwierigkeiten beim Reduzieren der Rüstzeiten an den Pressen, und Phil hatte meinen Vater um Hilfe gebeten. Er hatte ihm seine Unterstützung zugesagt, aber mich aufgrund unserer anfänglichen Vereinbarung gebeten, ihn ins Werk zu fahren. Ich war schlecht gelaunt, und als wir im Werk feststellen mussten, dass Amy auf irgendeiner Konferenz war, machte das das Ganze nicht besser. Gloria und Ester begrüßten uns freudig und schleppten meinen Vater gleich mit sich, um ihm ihre Produktionsanalysetafeln zu zeigen und mit ihm irgendeinen mir unverständlich gebliebenen Punkt zu diskutieren, der etwas mit der Verteilung der Werker am Förderer zu tun hatte. Aber irgendwann gingen Dave und mein Vater in die Blechbearbeitung, wo zwei Werker vor der Stanzmaschine, die weit geöffnet war und ihre Innereien präsentierte, diskutierten.

„Wir haben uns genau an die Methode gehalten“, erklärte uns Dave. „Wir haben alle Tätigkeiten für den Werkzeugwechsel aufgeschrieben und die internen von den externen getrennt.“

„Was?“, brach es aus mir heraus, während mein Vater einfach nur seufzte.

„Externe Tätigkeiten sind alle Tätigkeiten, die durchgeführt werden können, während die Maschine noch arbeitet. Für die internen Tätigkeiten müssen wir die Maschine ausschalten. Früher haben wir als Erstes die Maschine gestoppt und dann den Werkzeugwechsel durchgeführt. Aber mit der Methode jetzt konnten wir den Rüstvorgang deutlich reduzieren.“

„Was habt ihr alles unter den externen Tätigkeiten aufgelistet?“, fragte mein Vater.

„Die Maschinenwerkzeuge und die Halterungen vorbereiten. Ebenso die Werkzeuge für die Kollegen. Die Werkbänke vorbereiten und Platz schaffen für die Teile, die wir entfernen.“

„Klingt gut. Und die internen?“

„Hauptsächlich der Werkzeugwechsel als solches, dann die Zentrierung des Werkzeuges und die dafür notwendigen Anpassungen.“

„Auch okay. Was ist denn Ihr Problem?“

„Um ehrlich zu sein“, sagte Dave und kratzte sich an seinem massigen, grau gelockten Schädel. „Wir wissen nicht so recht, was wir außer der Externalisierung noch tun sollten, also wie wir unsere Arbeit verändern sollten, um den Wechsel zu beschleunigen.“

„Verstanden. Als Erstes sollten sie den Wechsel nie alleine machen. Es geht also darum, die Arbeit sinnvoll auf zwei Personen zu verteilen. Wenn Sie sicherstellen können, dass zwei Personen ohne Unterbrechung zielgerichtet arbeiten, dann können Sie die interne Zeit halbieren.“

„Klingt logisch“, sagte Billy Larson, ein ruppiger, älterer Einsteller mit ausladendem Schnurrbart und dünnem, langem Haar, das er als Pferdeschwanz trug.

„Und dann lassen Sie Ihren gesunden Menschenverstand walten und stellen sich Fragen wie zum Beispiel:

- Haben wir eine Checkliste, um alles richtig vorzubereiten?
- Welche Werkzeuge brauchen wir?
- Sind alle Stanzwerkzeuge, Halterungen und Werkzeuge in Ordnung und in der richtigen Reihenfolge platziert?

So Sachen eben, mehr ist das gar nicht.“

„Eine Checkliste“, Dave nickte. „Das wäre nicht schlecht.“

„Fangen Sie einmal damit an und beobachtet dann genau, wo Sie Schwierigkeiten habt. Typisch sind Probleme im Zusammenhang mit Schrauben, Bolzen, Kabeln, Schläuchen, mit allem, was irgendwie verbunden oder getrennt werden muss. Und dann reden Sie mit der Instandhaltung. Sie sollen Ihnen helfen, damit die Verbindungen einfacher gelöst oder hergestellt werden können. Farbmarkierungen könnten sinnvoll sein, außerdem …“

„Da seid ihr ja“, Phil trat zu uns. „Wie läuft’s bei den Jungs?“

„Ziemlich gut. Jetzt braucht es nur etwas Beharrlichkeit.“

„Ich bin froh, dass du da bist. Ich möchte Dave gerne davon überzeugen, aus den Maschinen hier eine Produktionszelle zu formen.“

Dave trat unbehaglich von einem Fuß auf den anderen. Sein Verhalten uns gegenüber hatte sich komplett verändert. Seine ablehnende Einstellung war verschwunden, er schien die häufig unverhohlene Kritik meines Vaters nicht mehr persönlich zu nehmen.

„Hast du mit den Herren hier darüber gesprochen?“, fragte mein Vater.

„Ja, wir haben darüber gesprochen“, sagte Billy. „Und wir haben die Zeiten zusammen mit Amy, äh Miss Cruz, gemessen.“

„Und."

„Ich finde es nicht schlecht. Und wir verstehen auch, was Sie damit erreichen wollen ..."

„Aber?"

„Aber es bedeutet auch, dass wir praktisch wie am Fließband arbeiten müssen."

Mein Vater sagte nichts, sondern ließ das Schweigen im Raum stehen. Billy schaute hilfesuchend zu seinem Kollegen von der Instandhaltung, der aber momentan sehr von seinen Schuhen fasziniert schien.

„So ist das, Mr. Jenkinson", sagte er dann und streckte sein Kinn hervor. „Wir haben mit den Kolleginnen in der Automatenfertigung gesprochen. Seit die Linie umgebaut wurde, müssen sie viel schneller arbeiten."

„Sie glauben, die Arbeit dort ist anstrengender geworden?", fragte Phil betroffen. Wir hatten endlose Diskussionen mit Amy darüber, ob die Tätigkeit anstrengender sei, jetzt, da standardisierte Arbeit eingeführt wurde und die ersten Erfolge mit Kaizen kamen. Sie argumentierte, dass die Werker schneller arbeiteten, aber dass das nicht bedeutete, dass die Arbeit anstrengender sei. Der Grund sei, dass die Arbeit besser organisiert wäre. Und es gab praktisch keine Unfälle mehr. Aber sie sagte auch, dass die Werker, die nicht an den neu organisierten Plätzen arbeiteten, Gerüchte darüber verbreiteten, wie hart die Arbeit wäre, das sähe man ja an den Produktivitätsverbesserungen der Automatenlinie. Man musste Phil zugutehalten, dass ihn das Thema nicht kalt ließ, aber da er sich mit Menschen immer schwertat, wusste er nicht, wie er das ansprechen sollte.

„Das habe ich nicht gesagt. Das sagt auch niemand an der Linie. Aber es ist einfach so", er schaute zu Dave, „dass wir die Kollegen kaum noch sehen, sie haben keine Zeit mehr auf eine Zigarette oder einen Kaffee."

„Das liegt daran, dass sie nicht ständig im Werk unterwegs sind, um Teile zu suchen", antwortete Dave, der langsam rot im Gesicht wurde. Der Mann wurde glücklicherweise aufgrund seiner Erfahrung respektiert und nicht aufgrund seiner Art, mit Menschen umzugehen – die war nämlich katastrophal. Phil mit seinen Berührungsängsten und Dave mit seinen Ausbrüchen waren eine recht spezielle Art von Managementteam.

„Jaaa. Das sagen die Kolleginnen auch. Man kommt leichter in die Arbeit rein, es gibt weniger Ablenkung. Ich weiß nicht, ob mir das gefallen würde, aber ..."

Phil wollte etwas sagen, aber mein Vater bedeutet ihm, zu schweigen, während Billy seine Worte suchte.

„Arbeit ist Arbeit. Und ich scheue mich auch nicht vor harter Arbeit. Keiner von uns tut das. Also, wenn das stimmt, was Miss Cruz uns erzählt hat, nämlich dass trotz der Verbesserungen niemand entlassen wird, dann machen sicher auch alle mit."

Phil atmete auf, er wirkte erleichtert. Also darum ging es!

„Sie wissen, dass ich Ihnen nichts versprechen kann. Alles hängt davon ab, wie gut es der Firma geht. Aber solange wir gute Arbeit machen, gibt es keinen Grund, jemanden zu entlassen. Es sieht außerdem so aus – auch wenn die Verträge noch nicht unterschrieben sind –, dass wir im nächsten Quartal einen neuen Kunden bekommen. Das heißt, wir brauchen jeden im Team. Und wenn wir damit dieses Jahr Geld verdienen, dann heißt es auch, dass es höhere Prämien gibt."

„Das wird die Leute freuen. Also, Mr. Jenkinson, wenn Sie uns darauf Ihr Wort geben, dann werden wir diese Sache probieren – auch wenn man uns für Idioten halten wird, weil wir nach jedem Teil das Werkzeug wechseln, was Sie ja, wie Dave uns sagte, von uns wollen."

„Und wenn wir sagen würden, wir produzieren jedes Teil einmal pro Tag?"

Billy schaute fragend zu seinem Kollegen, der mit den Schultern zuckte.

„Wenn es sein muss", sagte er schließlich, „warum nicht?"

Ich fragte mich, was das für ein Handel war. Phil hatte gerade, das wurde mir plötzlich klar, die Verantwortung für alle diese Leute übernommen. Eigentlich war das ja schon immer so, das wusste ich, aber in diesem Moment wurde es mir als Tatsache, als Faktum, bewusst. Ich erschauerte, ich könnte so eine Last nicht tragen. Kein Wunder, dass so viele Manager so kaltschnäuzige Arschlöcher waren. Das würde Phil zwar sicher nicht passieren, aber man musste sich schon die Frage stellen, was eine solche Verantwortung mit einem im Lauf der Jahre macht.

„Also", sagte mein Vater, „wie würden Sie die Maschinen anordnen, wenn Sie eine Fertigungszelle daraus machen sollten? Sie müssen zuerst die Stanzmaschine beladen und dann starten, anschließend die Biegepresse ebenfalls beladen und starten, dann die Stanzmaschine entladen und das Programm wechseln. Dann zurück zur Biegepresse, um das Teil zum Schweißen zu geben. Dann müssen die Türen umgeformt werden. Ziel ist, keine Bestände hier mehr zu haben."

„Wir haben uns schon mal was überlegt. Wir würden die Maschinen näher zu den Schweißern bringen", schlug Billy vor.

„Und wir müssen sie eng zusammenstellen, wenn wir von einer zur anderen gehen müssen."

„Sie könnten eine hier und die anderen direkt gegenüber stellen, so“, meinte mein Vater und zeigte mit den Händen, was er meinte.

„So ähnlich haben wir uns das auch gedacht“, sagte Billy. „Könnte klappen. Wir haben uns überlegt, die Stanzmaschine direkt gegenüber der Biegepresse zu stellen und die Umformpresse ein wenig versetzt in der Mitte, das sollte gehen. Die Idee, jedes Teil einzeln fertig zu machen, klingt zwar völlig unlogisch, aber wenn Sie meinen, dass das wichtig ist, dann könnten wir vom Stanzen direkt zum Biegen gehen. Die Türen würden ebenfalls vom Stanzen zum Biegen gehen, danach gleich zum Umformen und anschließend direkt in das Schweißgestell. Klingt alles ein wenig seltsam, wäre aber machbar.“

„Auf was warten wir dann noch? Fangen wir an.“

Alle schauten ihn perplex an, unsicher, ob er das wirklich so meinte. Daves Gesicht war mittlerweile tiefrot, aber er protestierte nicht.

„Wann, wenn nicht jetzt? Wenn wir alle einverstanden sind, dann bewegen wir die verdammten Dinger“, sagte mein Vater. „Auf geht's!“

„Aber … wir können doch nicht …“, sagte Billy. Er hatte schon viel gesehen in seinem Berufsleben, aber das hier war ja offensichtlich Ketzerei.

„Warum nicht? Sie haben die Zeiten gemessen. Sie haben es durchgesprochen. Sie wissen, wie Sie die Maschinen hinstellen wollen. Und Sie haben sicher einen Stapler, der groß genug ist, im Werk.“

„Nein. Haben wir nicht. Aber das Kraftwerk nebenan“, sagte Dave und spielte das Spiel mit. „Vielleicht können wir uns einen für ein paar Stunden borgen.“

„Fragen wir sie“, sagte Phil mit ungewohnter Entscheidungsfreude. Seit wir uns kannten, ging mir seine Unentschlossenheit so sehr auf die Nerven, dass ich immer wieder vergaß, wie schnell und konsequent er sein konnte, wenn er sich mal entschieden hatte – sei es bei dem Entschluss, mit Matt zusammenzuarbeiten, oder eben jetzt.

„Dann also los“, sagte mein Vater mit Nachdruck. „Fangen wir damit an, um die Schweißstationen herum aufzuräumen und sauber zu machen. Packen wir's an.“

Und plötzlich waren wir alle voll dabei und stellten die Maschinen um. Ich gebe zu, dass es mir ein wenig graute. Wenn die Stanzmaschine auf der Gabel des riesigen Staplers, den uns das benachbarte Unternehmen freundlicherweise geliehen hatte, schwankte, spürte ich schon Anflüge von Panik. Als sie die mächtige Umformpresse hochhoben, war ich sicher, dass das in einem Desaster enden würde und ich hatte schon erste Visionen von gebrochenen Knochen oder zerfetzten Gliedern, von zerborstenen Maschinen ganz zu schweigen. Aber die Leute vom Kraftwerk meinten nur, sie wären es gewohnt, große und empfindliche Maschinenteile zu bewegen, und mein Vater sprach sehr lang und ausführlich mit ihnen, um sicherzustellen, dass alles den Sicherheitsvorschriften entsprach. Er kümmerte sich auch darum, dass die Fahrwege frei gemacht wurden und dass sich niemand in den als Ziel definierten Plätzen, die Dave mit Klebeband markiert hatte, befand.

So sehr es mich auch beeindruckte, die Kraftwerksleute schienen genau zu wissen, was sie taten, und offensichtlich hatten sie auch ihren Spaß dabei. Sie waren freundlich und gut gelaunt, akribisch bei ihrer Arbeit und ziemlich neugierig, was die Frage betraf, warum wir die Maschinen umstellten und was es mit diesem „Fluss"-Konzept auf sich hatte.

„Feine Jungs", sagte Dave, als sie sich unter dem Dank von allen und Phils Zusage, sich im Bedarfsfall zu revanchieren, verabschiedeten.

„Dir ist schon klar, dass das jetzt nicht ideal war", sagte mein Vater zu Phil, als sie die Halterungen und Transportsicherungen an den Maschinen entfernten.

„Einfach aus einer Laune heraus Maschinen umzustellen? Da bin ich sogar ganz sicher, dass das nicht ideal war."

„Wie? Nein, das meine ich nicht. Man muss irgendwann einfach anfangen, das geht nicht anders. Und du solltest dich innerlich schon darauf vorbereiten, dass du sie bald wieder umstellen musst. Und dann wieder. Und wieder. Kaizen eben."

Phil schüttelte bestürzt den Kopf. „Und was war dann nicht ideal?"

„Wir haben die Stanzmaschine vor die Biegepresse gestellt und die Umformmaschinen dazwischen, sodass es wie ein ‚U' aussieht, das passt so weit. Aber sie sind noch zu weit voneinander entfernt. Schau mal, wie viele Schritte der arme Kerl machen muss, um ein Teil von einer Maschine zur anderen zu bringen."

„Wir konnten sie nicht anders hinstellen", antwortete Phil. „Mit den ganzen Kabeln, den elektrischen und hydraulischen Anschlüssen und so weiter. Du hast selbst gesagt, dass es ein Riesenglück ist, dass die Maschinen vor Jahren schon mal hier standen und wir deshalb die alten Anschlüsse verwenden konnten. Und wir können dann immer noch Rollwagen oder Förderbänder …"

„Ich weiß selber, was ich gesagt habe", knurrte mein Vater gereizt. „Aber du solltest vielleicht einmal darüber nachdenken, warum die Maschinen hier aufgestellt wurden, als sie gekauft wurden. Und warum sie dann später irgendjemand umgestellt hat. Dass die alten Anschlüsse so nah an den Schweißstationen liegen, war allerdings Glück. Das mit den Förderbändern vergisst du mal ganz schnell wieder, bau nächsten

Monat die Anschlüsse um und stell dann einfach die Maschinen näher zusammen. Aber das ist nicht das größte Problem. Schau dir mal die Schweißarbeitsplätze an."

„Was soll damit sein? Wir haben zwei parallele Schweißstationen, die genau zum Kundentakt passen. Die Zykluszeit liegt bei 20 Minuten, der Kundentakt bei zehn. Es geht immer ein Gestell von den Pressen zu einem Schweißer und dann wieder zurück zu den Pressen, also haben wir auch Ein-Stück-Fluss."

Ich muss zugeben, dass mir auch nichts Besonderes auffiel.

„Genau das ist das Problem. Wie kannst du hier Kaizen erwarten?"

„Kaizen?"

„Ja. Du hast zwei Schweißer, die parallel jeweils ein Gehäuse komplett fertig schweißen. Wie willst du denn da noch etwas verbessern können?"

Mein Vater war gerade im Begriff, uns eine weitere Vorlesung zum Thema „Kaizen" zu halten, als wir jemanden rufen hörten. „Hier seid ihr also", röhrte Matt, der mit ein paar Anzugträgern im Schlepptau näher kam. Ich erkannte Morgan. Aus Amys Erklärungen schloss ich, dass der dritte Mann Gary Pellman, der Leiter der Entwicklung, sein musste.

„Was zum …? Was macht ihr hier? Stellt ihr die Pressen um?", fragte er, als ob das nicht völlig offensichtlich war. „Bist du sicher, dass das nicht gefährlich ist?", blaffte er Phil an.

„Wir sind im Prinzip schon fertig", antwortete Phil ruhig. Matt machte keinen glücklichen Eindruck. Sein Plastiklächeln war verschwunden, und er sah ziemlich fertig aus. Sein sonst so gepflegtes Haar war sichtlich zerzaust und sein perfektes, weißes Hemd hing über seinen Marken-Ledergürtel. Morgans blasierter Blick zu Phil bedeutete nichts Gutes. Pellman konnte sich einen Anflug von Vorfreude nicht verkneifen. Die beiden hatten etwas ausgeheckt, sie hatten vermutlich Phils Art, Konflikten auszuweichen, mit Schwäche oder, schlimmer, mit einem Mangel an Intelligenz verwechselt. Phil war nicht nachtragend, aber er hatte ein gutes Gedächtnis. Bei ihm ging es nie darum, zu vergeben und zu vergessen, bei ihm war es immer so, dass er sehr gerne vergeben würde, wenn er nur vergessen könnte.

„Jetzt geht's los", flüsterte mein Vater.

„Mr. Woods, ich freue mich sehr, Sie zu sehen. Ich habe gehört, Sie hätten wahre Wunder vollbracht", sagte Matt und schob ein schmieriges Lächeln in sein Gesicht. „Wir haben erstklassige Ratschläge von Ihnen erhalten." Dave schaute nun völlig finster vor sich hin, aber mir fehlte anscheinend Hintergrundwissen.

„Wir produzierten 30 Schaltschränke pro Tag, als Sie anfingen, jetzt schaffen wir 40 am Tag. Das ist eine Steigerung der Produktivität von über 30 Prozent. Und zwar ohne Investitionen“, fuhr Matt fort.

„Ich würde eher sagen, dass Philip, Dave und Miss Cruz ausgezeichnete Arbeit geleistet haben“, antwortete mein Vater auf seine übliche ausdruckslose Art, wenn er jemanden darauf hinweisen wollte, dass er keine Ahnung hatte. Diese Antwort brachte Matt für einen Moment aus dem Konzept.

„Ja. Das ist alles ausgezeichnet, und wir sind Ihnen auch wirklich dankbar. Aber wir müssen hier mit Phil und Dave über ein paar Sachen sprechen.“

„Oh ja?“, sagte mein Vater unverbindlich und zog eine Augenbraue hoch, sein Blick war starr wie immer. Als ich Phils Gesicht sah, wurde mir klar, dass das Problem zwischen Phil und Matt, das aufgrund Amys Arbeit hochgekocht war, etwas größer war, als ich vermutet hatte. Die Fertigung war Phils Verantwortungsbereich, und Matt mischte sich dort normalerweise nicht ein. Mir war überhaupt nicht klar, was ihn jetzt dazu trieb, seine Designer-Schuhe in der Produktion zu riskieren. Ich hätte Amys Sorgen nicht so leichtfertig abtun sollen.

„Ja. Kevin sagte mir, dass Sie möchten, dass die Materialbereitsteller den ganzen Tag herumlaufen und Kisten transportieren. Er hat die dazu nötigen zusätzlichen Investitionen in Form von mehr Staplern und Mitarbeitern berechnet, und ich fürchte, wir können uns das in der momentanen Situation schlicht nicht leisten.“

Zu unser aller Überraschung legte mein Vater den Kopf in den Nacken und lachte schallend und lang anhaltend. Phil schaute mich fragend an, aber ich konnte auch nicht mehr tun, als verblüfft die Arme zu heben.

„Zusätzliche Investitionen? In Stapler? Das hat er von Ihnen verlangt?“, fragte mein Vater. Morgan war knallrot, und Matt lächelte im Bemühen, die Situation unter Kontrolle zu behalten. Pellman schien sich unbehaglich zu fühlen, aber er war schwer einzuschätzen.

„Stapler also. Gut. Meine Herren, ich schlage vor, wir machen einen kleinen Werksrundgang und zählen dabei a) die Stapler, die einfach herumstehen, und b) die Stapler, die leer unterwegs sind. Fangen wir im Lager bei den Blechen und den Gehäusen an. Okay?“

Mein Vater war ein großer, schlanker Mann, nicht wie ich, der an allen Ecken schon etwas runder wurde. Mittlerweile ging er ein wenig gebeugt, aber wenn er sich aufrichtete, war er immer noch eine beeindruckende Gestalt, die bei anderen anscheinend irgendetwas tief in den Gehirnbereichen, die noch aus der Steinzeit stammten, auslöste. Ich hatte im Lauf der Jahre gelernt, mich dagegen zu wehren (oder ich bildete es mir wenigsten ein). Aber als er sich ohne ein weiteres Wort umdrehte und Richtung Lager losmarschierte, folgten wir ihm alle widerspruchslos.

„Mein Vorschlag ‚ständig mit Kisten herumzufahren', würde mit ziemlicher Sicherheit diesen Berg von Teilen verschwinden lassen", knurrte mein Vater. „Aber Sie würden ihn dann sicher vermissen. Bei Ihrer Liquidität."

Matt zuckte zusammen, hatte aber die Größe, dieses Problem einzuräumen. „Im Zählen bin ich ganz gut. Ich sehe, wenn Geld einfach rumliegt."

„Aber wir sind ja wegen der Stapler hier, nicht wahr? Dort drüben beim Logistikbüro sehe ich zwei parken."

Am Ende der Tour hatten wir vier Stapler planlos rumstehen sehen, und von den anderen vier waren zwei leer unterwegs gewesen. Phil und Matt gingen hinter unserer kleinen Gruppe her und diskutierten heftig mit gedämpfter Stimme. Dave ging direkt neben mir und versuchte, nicht zu grinsen, was ihm aber gründlich misslang. Wir gingen bis zu einer Versandrampe, wo gerade ein Lastwagen mit verpackten Schaltschränken beladen wurde. Morgan sah aus, als wäre ihm schlecht.

„Wenn ich mich nicht völlig irre", sagte mein Vater abschließend, „dann kann mein ‚Herumrennen mit Kisten' mit vier Staplern erledigt werden. Die anderen vier könntet ihr der Leasingfirma zurückgeben. Was die Anzahl der Leute betrifft, tja ..." Er ließ den Satz unvollendet und fixierte Kevin Morgan auf eine Art, dass ihn alle verstanden. Alle schwiegen, während Morgan im warmen Sonnenlicht immer bleicher wurde. Schließlich räusperte sich Pellman.

„Und wie soll das gehen?", fragte er.

„Setzt die Stapler nur für schwere Dinge ein, wie zum Beispiel die fertigen Schaltschränke oder die Gitterboxen mit Metallteilen, und für alle leichten Dinge Handhubwagen. Ihr braucht einen Stapler für den Fertigwarensupermarkt, die Ladungsbereitstellungszonen und zum Beladen der Lastwagen. Einen zweiten braucht ihr zum Transport der Gehäuse aus der Blechbearbeitung zum Förderer, und das war's auch schon. Sagen wir, nur zur Vorsicht, ihr könnt noch einen dritten behalten. Den vierten gebt ihr zurück und besorgt euch stattdessen Handhubwagen, mit denen ihr das Material an die Automatenlinie und die restlichen Teile an den Förderer bringt."

„Danke. Wir waren vielleicht bisher neuen Gedanken nicht so aufgeschlossen, wie es nötig gewesen wäre", lenkte Pellman leise ein.

„Das ist verdammt noch mal ziemlich richtig", sagte Matt und starrte Morgan wütend an. „Kevin, ich erwarte, dass die überflüssigen Stapler bis Monatsende aus den Büchern verschwunden sind und alles so gemacht wird, wie es Mr. Woods wünscht."

Morgan nickte nur, geschlagen und unfähig, etwas zu erwidern.

„Phil", rief Matt dann, „wir müssen uns unterhalten. Wir müssen noch mal über das Budget schauen", er warf einen finsteren Blick auf Morgan.

„Kein Problem", sagte Phil ganz locker, aber ich kannte ihn gut genug, um zu wissen, wie erleichtert er war.

„Mr. Woods", wandte sich Matt dann mit seinem strahlendsten Lächeln an meinen Vater. „Wir können Ihnen für Ihre Hilfe nicht genug danken. Wir werden darüber nachdenken, wie wir uns auch konkret erkenntlich zeigen können, aber seien Sie auf jeden Fall versichert, dass Ihre Unterstützung unsere höchste Wertschätzung hat."

„Huh-huh", grunzte mein Vater in seiner unnachahmlichen Art und ging, ohne sich noch einmal umzudrehen, zum Auto, während ich versuchte, mit ihm Schritt zu halten.

Mein Vater wirkte alt und verhärmt, als ich ihn zurück in die Hügel fuhr, die im langsam ersterbenden Sonnenlicht purpurn schimmerten. Im Rückspiegel blendete mich ein Barren aus reinem Gold.

Nach einem langen Schweigen seufzte er: „Das ging doch ganz gut, oder?"

„Wir haben zumindest Kevin den Abend verdorben."

„Die werden das nie verstehen."

Wir fuhren weiter, während ich über diese etwas kryptische Bemerkung nachdachte.

„Wird das funktionieren, was du vorgeschlagen hast?"

„Die Stapler? Sicher. Amy hat schon angefangen, regelmäßige Touren von und zu den Supermärkten einzuführen. Soweit ich das beurteilen konnte, hat sie auch deutliche Fortschritte mit den Touren zur Versorgung der Linien mit den internen Vorprodukten gemacht. Es gibt viele Transporte im Werk. Das Ganze ist nur eine Frage der Standardisierung. Wenn jeder Stapler nur auf geplanten, fixen Touren fährt, können sie die gesamte Handhabung der Materialien rationalisieren, anstatt ziellos irgendwelche Kisten zu füllen und herumzutransportieren. Ich möchte auch, dass sie die Regale abschafft und dann alles nur noch auf dem Boden gelagert wird, um das unnötige Hoch- und Runterfahren zu vermeiden. Das wird problemlos funktionieren mit weniger Staplern, auch wenn sie sich vielleicht für die Materialzüge etwas Neues ausdenken müssen. Alles kein Thema."

Ich dachte nach. Auch über das, was Amy mir neulich nachts erzählt hatte.

„Hast du gesehen, wie schnell der Entwicklungsleiter sein Mäntelchen nach dem Wind gehängt hat? Ein ganz gewiefter Bursche", sagte mein Vater.

Ich hätte es nicht so deutlich ausgedrückt, verstand aber genau, was er meinte.

„Eine Frechheit. Mir wird schlecht, wenn ich diese Typen mit ihren politischen Spielchen sehe", machte er weiter. „Das war schon immer so, und das wird auch so bleiben. Ich habe mir geschworen, mich mit solchen Idioten nicht mehr abzugeben, und jetzt mach ich es doch wieder. Die sind zu dumm, um zu sehen, was vor ihren Augen passiert. Das ist doch keine Glaubenssache! Das ist einfache Logik."

„Ich denke, du hast recht. Es ist eine Einstellungssache. Man hat es oder man hat es nicht. Menschen sehen nur Dinge, die sie sehen wollen, die ihnen wichtig sind. Wenn wir mit Mom einen Film anschauen, dann sehen wir auch nur die Hälfte von dem, was sie sieht."

„Stimmt. Matt kann dank seiner Habgier wenigstens Geld erkennen. Er versteht zwar nichts, aber er kann rechnen."

„Das kann Phil auch. Er hat die richtige Einstellung zum Gemba auch nicht gelernt, aber er versucht es."

„Das muss ich zugeben, bisher hat er durchgehalten. Aber es ist bei Weitem noch nicht zu Ende. Ich dachte, ich hätte das alles hinter mir."

„Aber du machst das doch richtig gut!", protestierte ich.

„Mag sein, aber das heißt nicht, dass es mir auch Spaß macht", erwiderte er unwirsch. „Vor allem, wenn solche Seifenopern wie vorhin aufgeführt werden. Eine einzige Verschwendung von menschlichen Fähigkeiten. Und von meiner Zeit."

Wir fuhren weiter. Das Schweigen hielt an, bis wir das Haus meiner Eltern erreichten. Letztendlich hatte mir die Art, wie Kevin Morgan vorgeführt wurde, auch nicht gefallen – trotz der heimlichen perversen Freude, die ich einen Moment lang empfunden hatte. Ich fragte mich, ob Amy bewusst war, welche Menge an Staub sie aufgewirbelt hatte. Zum Glück war sie nicht dabei. Andererseits war die Umstellung der Maschinen eine richtig erhebende Erfahrung gewesen, und ich war mir sicher, dass sie das mindestens genauso genossen hätte wie ich, wenn nicht sogar mehr. Mach es einfach! Da standen diese Dinger seit so vielen Jahren, und dann plötzlich: Stell sie einfach um!

Als ich nach Hause fuhr, nachdem ich meinen Vater abgeliefert hatte, dachte ich über die Einstellung nach, die nötig war, um Dinge zu verändern. Seit wir von den Bäumen geklettert waren, ist alles, was uns jemals umgab, von Kathedralen bis zu

Autos, von der Ökobewegung bis zu Gerichtsurteilen, von der Bekämpfung von Krankheiten bis zur Mikrowelle von Menschen für Menschen gemacht worden, und doch erscheint es uns immer so, als wären die Dinge unveränderbar und in Stein gemeißelt. Morgan war davon überzeugt, dass mehr Materialbewegungen mehr Leute benötigen. Die Fertigung geht davon aus, dass eine Maschine, die irgendwo aufgestellt wurde, dort auch stehen bleibt. Aber mein Vater sieht die Dinge ganz anders. Er hatte irgendwann verstanden, dass alles sich ändern kann und sich auch ändern wird. Und das gab ihm die Gewissheit, dass er damit die Dinge auch selbst verändern kann. Etwas widerwillig musste ich zugeben, dass ich seine Frustration über die Verzögerungstaktiken und die Politikspielchen immer besser verstand. „Löse das Problem", war eine einfache, praktische Handlungsanweisung für meinen Vater, während andere darin eine Aufforderung für Schuldzuweisungen sahen. „Suche eine Lösung, nicht einen Schuldigen", pflegte er immer zu sagen.

Seiner Meinung nach ist das Lösen von Problemen eine grundlegende innere Einstellung im Rahmen des Toyota-Produktionssystems. In den meisten Unternehmen ist es etwas Unangenehmes, mit Problemen in Verbindung gebracht zu werden. Bei Toyota dagegen ist ein Problem eine Möglichkeit, gemeinsam mit dem Vorgesetzten oder einem Mentor etwas Neues zu lernen und sich weiterzuentwickeln. Ich war ein Anfänger, aber ich versuchte schon automatisch, schlanke Konzepte im täglichen Leben anzuwenden. Mir wurde nicht nur die Verschwendung, die wir ständig produzieren, immer bewusster – Verschwendung von Energie, von Zeit und, schlimmer noch, die Vergeudung menschlicher Fähigkeiten – sondern ich erkannte auch Möglichkeiten, Dinge zu verbessern. Aber immer wenn ich versuchte, Dinge zu verändern, stieß ich auf das dumpfe Unverständnis, gegen das mein Vater während seines ganzen Berufslebens gekämpft hatte. Und ich mochte dieses Gefühl so wenig wie er.

Auf jeden Fall verstand ich jetzt besser, was mein Vater mit dem Begriff „Einstellung zum Gemba" gemeint hatte. Amy hatte diese Einstellung im höchsten Maße. Phil hatte sie nicht, aber er versuchte, sich diese zu erarbeiten. Was mich betrifft, so verstand ich mehr und mehr, dass der Mangel an dieser Einstellung eine weitverbreitete Krankheit war und mit der Grund für riesige Schäden – und zwar nicht nur in Fabriken und Unternehmen. Auch in den Sozialwissenschaften würde ein wenig mehr von dieser Einstellung nicht schaden. Na bitte, dachte ich, als ich meine leere, einsame Wohnung betrat, Weisheit findet man an den unwahrscheinlichsten Plätzen. Wir werden diese Krise überleben. Aber wann kommt die nächste?

Kapitel 9: Der Heijunka-Weg

Die nächste Krise ließ nicht lange auf sich warten, aber diesmal hatte Amy nichts damit zu tun. Ich traf mich mit Phil auf ein Bier und fragte ihn, wie Amy mit der ganzen Sache, die ja durch ihr Materialflusskonzept ausgelöst wurde, klarkäme. Er winkte lässig mit der Hand. „Sie macht Dampf, und sie hat recht damit. Sie geht allen auf die Nerven", er lachte. „Aber sie leistet erstklassige Arbeit. Sie wird damit klarkommen."

Sagst du ihr das auch?, fragte ich mich im Stillen, aber ich schwieg. Ein paar Tage später trafen wir uns auf Wunsch meines Vaters bei ihm zu Hause. Er hatte nichts Bestimmtes erwähnt, und ich ging davon aus, dass wir uns über das Thema „Lean" unterhalten würden, aber als ich das Haus betrat, machte meine Mutter eine warnende Geste und wies Richtung Terrasse, auf der mein Vater und Phil ein Bier tranken.

Phil saß deprimiert und zerknittert auf einer Bank, während mein Vater ihn auf seine einmalig hochmütige Art finster anblickte.

„Wir haben ausgemacht, dass ich dir helfe, Philip. Und nicht dass ich deine Arbeit mache! Ah, hallo Mickey. Ich habe Phil gerade gesagt, dass ich nicht mehr ins Werk gehe."

Ich wurde völlig überrumpelt.

„Warum?", fragte ich und nahm mir ein Bier. „Ich dachte, du kommst ganz gut klar."

„Darum geht es nicht", knurrte er. „Ich habe mir geschworen, nie wieder einen Fuß in eine Fabrik zu setzen, und außerdem habe ich sowieso genug von Produktion und dem ganzen Zeug."

„Aber du hilfst uns doch so viel", jammerte Phil. „Und wir brauchen dich im Moment mehr als je, jetzt, nachdem wir die einfachen Dinge gelöst haben. Wir haben langsam den Bestand im Griff und …“, seine Stimme verlor sich in der Nacht. Irgendwo da draußen feierten die Zikaden ein Fest. „Und wenn wir dich bezahlen? Matt und ich sind uns einig darüber, dass du das nicht umsonst machen solltest.“

„Fang nicht an, mich zu beleidigen. Ich habe dir geholfen, weil Mike mich darum gebeten hat und weil ich dich schon seit deiner Kindheit kenne. Geld habe ich glücklicherweise mehr, als ich brauche.“

„Also Dad, woran liegt es dann?“

Er drehte sein Glas in den Händen, dann nahm er einen großen Schluck.

„Ich spüre mein Alter. Und ich will nicht mehr in diese Streitereien verwickelt werden. Ich habe das lange genug gemacht und mir meinen Ruhestand verdient. Es ist einfach genug, Zeit zu gehen eben. Verstehst du?“

Ich nickte schweigend. Wir hatten nie über solche Dinge gesprochen, und ich war mir nicht sicher, wie ich reagieren sollte, aber plötzlich wurde eine Verletzbarkeit sichtbar, die ich niemals zuvor bei dem Mann wahrgenommen hatte, dem ich vor allem immer noch verübelte, wie sehr er mich in meiner Teenagerzeit tyrannisiert hatte. Mein Vater war nie auch nur einen Schritt zurückgewichen, egal wie groß die Widerstände auch waren, und vermutlich wurde er aus diesem Grund auch von seinen Kollegen respektiert. Vermutlich im gleichen Maß, wie mein Bruder und ich ihm genau das vorwarfen. Hatte er plötzlich gelernt nachzugeben?

„Außerdem versteht Phil nicht, worum es geht. Er muss es selbst machen, um es zu lernen. Das ist der springende Punkt. Seine eigene Arbeit zu tun, kann man nicht delegieren. Das haben zwar schon viele Manager versucht, aber es hat noch nie geklappt. Ein Geschäft zu führen heißt, ein Geschäft zu führen. Punkt.“

Phil hob abrupt den Kopf. „Dann wärst du damit einverstanden, mich weiter zu beraten? Wenn ich dich aus dem Tagesgeschäft raushalte? Nur reden, so wie am Anfang?“, fragte er hoffnungsvoll. Phil hatte bei aller Ernsthaftigkeit manchmal eine richtig liebenswerte Art, wie ein großer eifriger Junge, ich konnte mir ein Grinsen nicht verkneifen.

„Reden?“, mein Vater schien das Wort im Mund wälzen. „Ja, sicher. Warum nicht?“

„Sehr gut. Also, dann noch mal wegen der Pressen …“

Und sie waren wieder im Thema.

Ich ging langsam um das Schwimmbecken, dessen Unterwasserlampen eingeschaltet waren und ein etwas unheimliches Licht verbreiteten. Mein Vater überraschte mich immer wieder. Ich war immer davon ausgegangen, dass es ihm Spaß machen würde, wieder in einer Fabrik mitzuarbeiten und die Dinge zu gestalten. Andererseits sah ich ihn dann wieder entspannt und gelöst mit seinem Boot und seinen Freunden im Jachtklub, und mir wurde klar, dass ich ihn zwar mein ganzes Leben lang kannte, aber bis heute nicht verstanden hatte, was ihn antrieb. Mit ihm auszukommen war nie einfach gewesen. Mein Bruder lebte in Hollywood und versuchte sich als Drehbuchautor. Er schaute nur noch sehr selten hier vorbei, während ich, seit wir mit Phil arbeiteten, viel mehr Zeit im Haus meiner Eltern verbrachte als in den Jahren zuvor und mehr und mehr erkannte, dass ich manche meiner Meinungen über unseren Vater korrigieren musste. Die Art, wie Amy mit ihm umging, überraschte mich jedes Mal, genauso wie ... ach was, vielleicht war das alles zu viel Psychologie für eine Nacht, dachte ich, während eine bleiche Mondsichel über den Hügeln aufging.

„Okay, zwei parallele Schweißarbeitsplätze sind keine gute Idee, weil man daran nicht Kaizen machen kann und weil man keinerlei Flexibilität hat, wenn sich der Kundentakt ändert", sagte Phil, ein wenig verdrießlich wie immer. Ich brauchte einen Moment, um zu verstehen, dass sie die Diskussion wieder an der Stelle aufgenommen hatten, an der sie das Drama um Kevin Morgan unterbrochen hatte.

„Also teilen wir den Arbeitsinhalt in zwei Teile und verteilen ihn auf die zwei Werker. Und dann irgendwann, wenn wir die Tätigkeiten wie den Werkzeugwechsel an den Pressen verbessert haben, brauchen wir insgesamt keine drei Leute mehr in der Fertigungszelle, sondern nur noch zwei."

„Wenn der Kundentakt so bleibt, ja. Aber du hast mir gesagt, dass Matt mehr Aufträge geholt hat, was bedeutet, dass dein Kundentakt sinkt, was wiederum bedeuten kann, dass du mehr Leute brauchst."

„Ah! Ich werde noch verrückt", brummte Phil. „Das sind zu viele Dimensionen, die man da gleichzeitig berücksichtigen muss. Das ist einfach zu viel."

„Hier, trink noch ein Bier. Dann hol mal tief Luft. So schwierig ist das nicht. Halte dich an ein paar Prinzipien und dann denke: ‚Gemba!'"

„Du sagst das so leicht, Dad", gab ich meinen Senf dazu. „Aber du kennst auch die Prinzipien, Phil nicht."

„Ich kann auch nichts dafür, wenn er so langsam ist", war die erwartbare Antwort. „Ich rede die ganze Zeit von nichts anderem."

„Mike hat recht, Bob. Würde es dir was ausmachen, mir diese Prinzipien einfach mal aufzuzählen?"

Mein Vater zögerte eine Sekunde, dann räusperte er sich laut.

„Das sind *meine* Prinzipien, klar? Die Toyota-Leute, die ich traf, waren sehr vorsichtig bei allem, was abstrakte Dinge betraf. Was ich damit meine, ist, dass es vermutlich einige grundlegende Prinzipien gibt. Das ist sogar recht wahrscheinlich, wenn man sich anschaut, wie konsistent das ganze System ist. Aber falls das so ist, dann haben sie nie mit mir darüber gesprochen. Also, hier sind meine Prinzipien."

Er schien seine Gedanken erst ordnen zu müssen, und ich grinste, weil ich daran dachte, wie beiläufig er gerade noch die Anwendung von Prinzipien gefordert hatte, von denen er selber nicht mal sicher war, ob sie existierten. Manchmal hatte ich bei ihm das Gefühl, dass er die Hälfte von dem, was er sagte, sich erst während der Arbeit ausdachte.

„Meine persönliche Beschreibung von Lean", fing mein Vater langsam an, „wäre: *Kundenzufriedenheit durch schlanke Produktion*. Das heißt, Kundenzufriedenheit ist definitiv das wichtigste Prinzip, und wann immer du Zweifel hast, ob du das Richtige tust, denk darüber nach, ob du im Sinne deines Kunden handelst."

„Liefertreue hat Priorität, so haben wir das ja auch gesagt, als wir anfingen."

„Das ist ein Teil davon. Aber Kundenzufriedenheit umfasst auch die Bereiche Produktqualität, Kundenbetreuung und Service sowie die Kosten", erwiderte mein Vater. „Als Nächstes würde ich *Flexibilität bezüglich des Produktmixes und der Mengen* nennen. Das gesamte System entstand aus dem Zwang heraus, eine hohe Anzahl verschiedener Produkte auf einer begrenzten Anzahl von Anlagen herzustellen, und zwar zu Preisen, die mit den in Massenproduktion hergestellten Produkten der Konkurrenten mithalten konnten. Es geht also darum, die Flexibilität zu maximieren und dabei die Kosten im Griff zu behalten. Das verlangt anfangs ein bisschen Kreativität, wirkt aber auf lange Sicht wahre Wunder. Kanban ist die sichtbare Manifestation dieses Prinzips.

Als Drittes wäre die *Einstellung zum Gemba* zu nennen, wir haben darüber ja schon gesprochen. Geh und schau es dir an, anstatt nur darüber zu reden. Geh zu dem Platz, wo die echten Dinge passieren, dorthin, wo echte Menschen echte Sachen machen. Verlier dich nicht in Allgemeinplätzen und Abstraktionen. Ohno hat immer gegen das Universitätswissen von Ingenieuren gestänkert, die nach der westlichen ‚Dekanscho'-Methode ausgebildet wurden."

„Dekanscho? Klingt aber nicht sehr westlich für mich."

„Descartes, Kant, Schopenhauer."

„Ach komm, hör auf."

„Ich veräppel euch nicht! Er hat sogar darüber geschrieben. Es geht darum, die richtige Einstellung zum Gemba zu kultivieren und darauf zu achten, dass einem dabei die eigenen Gedanken nicht im Weg stehen."

„Denken wie japanische Bauern", scherzte Phil. „Fällt mir nicht gerade leicht, aber ich arbeite daran."

„Jaja, wir merken ständig, dass du viel zu gut ausgebildet wurdest, um irgendetwas Praktisches fertigzubringen", frotzelte ich.

„Viertens, auch wenn manche sagen, das wäre eigentlich die Nummer eins, und manchmal denke ich das auch: *Kümmere dich um die Menschen, bevor du dich um die Produkte kümmerst.* Menschen sind das Kapital eines Unternehmens und nicht Kostenfaktoren. Es geht immer und bei allem nur um die Menschen und ihr Wissen. Also konzentriere dich auf die Fähigkeiten und das Wissen der Menschen und dass sie ..."

„... Teil des Ganzen sind, ich verstehe, was du meinst."

„Als Letztes würde ich das Prinzip ‚Gehe niemals einem Problem aus dem Weg' nennen. Und danach muss dann Kaizen gemacht werden. Die für ein Unternehmen notwendigen Fähigkeiten von Menschen kann man nicht mit Schulungen oder mit Theorien weiterentwickeln. Diese Fähigkeiten erlangt man, indem man kontinuierlich Dinge verbessert und dadurch seine Prozesse immer besser und immer detaillierter kennenlernt. Wenn ein junger Ingenieur bei Toyota anfängt, dann macht er als Erstes immer ein Verbesserungsprojekt. Kaizen ist für mich keine Verbesserung im monetären Sinne, obwohl mir schon klar ist, dass Kaizen zu Einsparungen führt. Aber für mich ist Kaizen vor allem eine Möglichkeit für die Mitarbeiter, die ersten drei Prinzipien besser zu verstehen, diese umzusetzen und dadurch die wirtschaftliche Leistung des Unternehmens zu erhöhen. Das war's. Du hast gefragt, ich habe geantwortet. Aber vergiss nicht, dass es bei Lean eher um Praxis geht als um Philosophie."

„Okay, da habe ich was zu verdauen. Aber ich muss zugeben, dass bei allem, was du von Anfang an mit uns diskutiert hast, diese Dinge mitspielten. Es ist nur schwierig, das alles unter einen Hut zu bekommen."

Phil dachte einen Moment lang nach, dann stand er auf, um sich zu verabschieden.

„Danke Bob. Für alles. Und ich kann dich doch anrufen? Wenn es noch mehr Problem gibt?"

„Ich bin da, Philip. Nur bitte mich nicht darum, jeden zweiten Tag im Werk zu sein. Denk an Gemba. Du musst diesen Gedanken lieben, wenn du weiterkommen willst. Und verlass dich nicht allzu sehr auf Amy. Sie macht unheimlich viel, aber es ist immer noch deine Fabrik – nicht ihre."

„Gemba. Alles klar. Gute Nacht!"

Mein Vater brachte ihn zur Tür, während ich draußen herumging. Die Lichter im

Pool hatten sich abgeschaltet, und die Nacht war tiefdunkel. Ich blieb stehen und schaute zu den Sternen hoch. Der schmale, sinkende Mond berührte bereits die Bergkette, er schien mir einen Gruß aus dem Weltall zu senden. Gegen meinen Willen fragte ich mich, was ich wohl gelernt hatte, während ich meinen Vater in Phils Werk und zurück fuhr. Mit Heijunka konnte ich definitiv nichts anfangen, zumindest bis jetzt nicht. Aber ich begann, das Prinzip „Kundentakt" zu verstehen. Ich fragte mich zum Beispiel, warum Prüfungen immer am Ende einer Vorlesung stattfanden, wenn es sowieso zu spät war, um noch etwas zu ändern. Das war nicht sehr nivelliert.

Hier und jetzt, umgeben vom süßlichen Duft der Büsche und unter dem Wirbeln der Galaxien, dachte ich über zwei Dinge nach, die mich seit geraumer Zeit beschäftigten. Eines davon war, dass ich, obwohl ich meinem Vater nicht zuhörte, wenn er über Verschwendung sprach, doch langsam eine Art Gemba-Blick entwickelte, der mich erkennen ließ, dass wir für jeden sinnvollen Schritt fünf unnötige machen. Ein Gedanke, der einen erschrecken kann. „Eine Möglichkeit, etwas zu verbessern", würde Amy jetzt sagen. Das zweite war, dass ich nach so vielen Jahren als Dozent erkennen musste, dass ich meinen Studenten immer noch nicht zutraute, irgendetwas selbständig zu bearbeiten.

Erstaunlicherweise traute ausgerechnet mein Vater, der von den meisten Menschen eine schlechte Meinung hatte, allen zu, jede Art von Problem lösen zu können. Betrachte den Fluss, erkenne die Verschwendung, löse das Problem und dann beginne wieder von Neuem. Der größte Teil meiner akademischen Ausbildung beschäftigte sich mit der grundsätzlichen Unlösbarkeit der menschlichen Probleme, eine Betrachtungsweise, die mir jetzt seltsam vorkam, so als gäbe es so etwas wie eine Erbsünde. Aber diese Art, die Dinge zu sehen, war nicht richtig. Zumindest in Teilen der Welt war es uns gelungen, Hungersnöte zu verhindern, die Sklaverei abzuschaffen, und noch nie haben zwei demokratische Länder gegeneinander Krieg geführt. Für einen kritischen Denker wie mich lag etwas zutiefst Verstörendes in dem einfachen Ansatz meines Vaters, der davon überzeugt war, dass Teams nahezu alles lösen können. Definiere, was wichtig ist, betrachte den Fluss, erkenne die Verschwendung, löse das Problem und dann beginne wieder von Neuem. Irritierenderweise fand ich Hoffnung in dieser simplen Suche nach Perfektion. Der harte, kalte Boden, auf dem ich stand, erinnerte mich an einen Ausspruch von Oskar Wilde, der sagte, dass wir alle in der Gosse liegen – aber dass manche von uns dabei die Sterne betrachten, und heute Nacht schienen sie tatsächlich nicht mehr so weit entfernt zu sein wie sonst.

„Hast du schon gehört, dass sie Kevin Morgan entlassen haben?“, fragte Amy, während sie sich auf das ausgeleierte Ledersofa sinken ließ und dabei ihr Tablett mit Salat und Mineralwasser auf den Tisch vor sich stellte.

„Phil sagte mir, dass er gekündigt hat.“

„Gekündigt, ha!“, sagte sie naserümpfend. „Pellman, dieser Wurm. Nach dem Showdown am OK Corral neulich ließ er seinen Schützling fallen wie eine heiße Kartoffel. Pellman weiß genau, wie er sich bei Matt einschleimen kann. Bei dem krieg ich die Krätze.“

„Wie fühlst du dich dabei? Erleichtert?“

„Schuldig wäre das bessere Wort. Ich hätte mir mehr Mühe geben sollen, ihn von Lean zu überzeugen, auch wenn er ein arroganter Sack war. Keiner hat es verdient, dass man so mit ihm umgeht. Pellman hat ihn doch ermutigt, sich gegen Phil zu stellen, weil er sich selbst nicht getraut hat. Und dann, als die Stimmung kippte, bye-bye Baby.“

Ich hatte am Vormittag an der Universität einiges an Papierkram erledigt, der meinen Schreibtisch unter sich begrub, und sie rief mich an und fragte, ob wir nicht zusammen zu Mittag essen wollten. Das Restaurant war direkt gegenüber dem Campus und voller sich auf den Stühlen und Sofas fläzender Studenten, optimistisch oder desillusioniert, ausgelassen oder apathisch. Von so vielen jungen Menschen umgeben sah Amy auch jünger aus. Sie streifte ihre Schuhe ab, zog ihre Beine hoch und setzte sich darauf. Dann fiel sie über ihren Salat her, während ich herzhaft in mein belegtes Brötchen biss. Sie war keine Schönheit, und viele würden sie nicht einmal hübsch nennen, aber ihre natürliche Anmut und die Leichtigkeit, die sie ausstrahlte, waren unübersehbar.

„Hat dein Vater wirklich die beiden Pressen umgestellt?“, fragte sie mit einem strahlenden Lächeln.

„Mit seinen eigenen Händen.“

„Zu schade, dass ich nicht dabei war“, lachte sie. „Und sei es nur, ums Daves Gesicht zu sehen.“

„Funktioniert es denn?“

„Soweit ich weiß, ja. Aber wir haben viel Bestand im System, den wir erst abarbeiten müssen, deshalb können wir es noch nicht mit Sicherheit sagen. Ich glaube, was Morgans Schicksal endgültig besiegelt hat, war, dass wir im Wareneingang jede Menge an Vorprodukten für Sicherungsautomaten fanden, die gar nicht mehr gebaut werden, seit das Werk verkauft wurde.“

„Autsch!"

„Gemba, wie dein Vater sagen würde. Die traurige Gestalt hatte es nie geschafft, auch nur einmal ins Lager zu schauen, aber leider tauchten sie nie in seinem MRP auf, da sie noch gar nicht eingebucht waren. Er wusste einfach nichts davon. Dave dagegen ist wie verwandelt. Seit Morgan weg ist, wurde er zum Lean-Fan."

„Hört sich doch alles gut an."

„Ich weiß nicht", sagte sie, zuckte mit den Schultern und betrachtete konzentriert das Wasser, das sie aus der Flasche in ihr Glas goss. „Es ist anders. Macht keinen rechten Spaß mehr."

„Wie meinst du das?"

„Am Anfang war das einfach nur locker. Aber jetzt nehmen sie das alles so ernst. Es ist natürlich gut, dass Dave sich engagiert, und Phil ist auch viel öfter in der Produktion zu sehen. Ich habe jetzt wieder mehr Zeit, mich um Personalsachen zu kümmern. Aber alles ist irgendwie verkrampfter."

„Inwiefern?"

„Ich weiß nicht, wie ich das sagen soll", sie biss auf ihre Unterlippe und schaute mich an. „Die Firma rutschte immer kurz vor der Pleite herum, aber trotzdem waren alle im Management irgendwie nett zueinander. Jeder hat sein Zeug gemacht, und wir alle sind miteinander klargekommen. Mittlerweile hat Phil alles fest im Griff. Er erwartet Antworten und dass Probleme gelöst werden. Und das bringt viele Konflikte zwischen den Abteilungen an die Oberfläche. Wenn jemand das Problem nicht klar sieht, dann nimmt ihn Phil mit zum Gemba und gibt keine Ruhe, bis es derjenige auch wirklich begriffen hat. Die Atmosphäre im Werk hat sich völlig verändert."

„So kenne ich Phil gar nicht."

„Oh, er hat sich auch verändert. Er ist ein wenig unnahbar geworden, würde ich sagen. Und er treibt alle sehr stark an."

Phil? Das überraschte mich jetzt doch. Phil und Charlene hatten mich am Wochenende zum Mittagessen eingeladen, und beide schienen so entspannt wie seit langer Zeit nicht mehr. Phil schaffte es, jeden Tag spätestens um sechs Uhr zu Hause zu sein und damit mehr Zeit mit den Kindern zu verbringen. „Was hat es für einen Sinn, der Chef zu sein, wenn ich nicht mal früher nach Hause gehen kann", pflegte er seit Neuestem zu sagen. Alles in allem wirkte er im Vergleich zu früher sehr viel beständiger und entschiedener bei allem. Ich habe ihm immer gesagt, er müsse zu seiner Verantwortung stehen. Dass er sich verändern würde, sollte mich also nicht überraschen – selbst wenn es nicht immer zum Guten war.

„Wahrscheinlich ist das alles schon richtig so", fuhr sie fort und sprach aus, was ich dachte. „Ich meine, wenn alle diesen idiotischen Sachen, die in der Firma passieren, sichtbar werden, dann wird er sich irgendwann vielleicht auch die richtigen Fragen bezüglich der Leute dort stellen."

„Du klingst nicht gerade überzeugt."

„Ich bin davon überzeugt. Manche sind förmlich aufgewacht und haben jetzt richtig Lust, Dinge zu verbessern, auch in der Verwaltung. Andere wiederum ignorieren das alles. Mein Problem ist, dass viele mir daran die Schuld geben, dass jetzt alles anders ist. Vor allem die Kollegen in den indirekten Bereichen. Und das ist nicht so einfach für mich. Ich bin eine Frau, und ich bin jünger als die meisten."

„Ich würde mich über nichts davon beschweren", lachte ich.

„Das ist nett. Aber wenn der Frühjahrsputz beginnt und die Firma anfängt, die Leute zu entlassen, die nicht mitspielen wollen, wer muss das dann machen? Die Personalabteilung. Und das ist nichts, worauf ich mich freue."

„Das klingt deprimierend."

„Nein, so meine ich das nicht. Es ist schon toll, zu sehen, wie ein Werk komplett gedreht wird, anstatt das nur aus Erzählungen zu kennen. Und was da gerade passiert, ist wirklich besonders. Ich hätte auch nie gedacht, dass ich nach meinen Dotcom-Erlebnissen mal in einer normalen Produktion so viel Spaß haben könnte. Es ist nur sehr anstrengend, das ist alles. Aber trotzdem gut. Und wir kratzen momentan ja nur an der Oberfläche von Lean."

„Sag mir nicht, dass du nur gekommen bist, um mit mir über das Werk zu diskutieren. Ich bin nämlich dann der falsche Woods. Ich bin der Psychologe, erinnerst du dich?"

„Über was denn sonst?", fragte sie überrascht.

„Ich weiß nicht", sagte ich ausweichend. „Vielleicht können wir auch über was anderes reden?"

„Zum Beispiel?"

„Ich weiß nicht. Vielleicht über das Buch, das du gerade liest. *Hundert Jahre Einsamkeit.* Wie gefällt es dir?"

„Nicht besonders. Ich habe es nicht geschafft, es fertig zu lesen. Ich verstehe auch gar nicht, warum ich es überhaupt versucht habe."

„Ah ..."

Das Mittagessen mit Amy hatte mich auf eine seltsame Art erschöpft, und ich hatte überhaupt keine Lust, an meinen Rechner und die halb fertigen Manuskripte zurückzukehren. Also fuhr ich gemütlich durch die Hügel zum Haus meiner Eltern, um mit meinem Vater die neuesten Entwicklungen zu diskutieren. Er saß in seinem Arbeitszimmer und telefonierte. Mit einer brüsken Handbewegung bat er mich, mich zu setzen, und schaltete den Lautsprecher ein.

„Philip, Mike ist gerade reingekommen, du bist auf Lautsprecher."

„Hi, bei mir ist Alan, der Nachfolger von Kevin. Das Team hat verstanden, dass Just-in-Time bedeutet, dass alles im gesamten Werk den genauen Kundenbedarf widerspiegelt. Jeder neue Kundenauftrag führt zu einer Neukalkulation im MRP, die aktualisierten Fertigungsaufträge gehen dann direkt an Dave."

„Da hat er wohl viel Spaß damit?"

„Kann man so sagen. Er beschwert sich ohne Pause darüber, dass die Logistik ständig ihre Meinung ändert und damit ein einziges Chaos anrichtet. Und wenn ich an unsere letzten Diskussionen denke, dann hat er vermutlich recht."

„Ich habe dir immer gesagt, dass das MRP nicht das Problem ist! Man braucht kein MRP-System, um ein Werk zu steuern. Ein MRP braucht man, um mithilfe der Stückliste zu berechnen, was bei den Lieferanten bestellt werden muss. In der Fertigung selbst braucht man kein MRP, man braucht keine Mitarbeiter, die nur Zahlen in Computer tippen und damit nicht übereinstimmende Berichte erzeugen, deren Abweichungen wiederum von jemandem analysiert werden müssen. Das ist alles pure Verschwendung."

„Ich weiß das, Bob, ich weiß das. Aber selbst wenn wir die gesamte Fertigung über Kanban und ohne Fertigungsaufträge aus dem MRP steuern, müssen wir trotzdem wissen, welches Programm wir an den einzelnen Tagen zu fahren haben und welche Komponenten wir dafür bei den Lieferanten bestellen müssen. Meine Jungs sitzen hier und warten auf Antwort. Was soll ich ihnen sagen?"

„Erklär mal genau, wie ihr das heute macht?"

„Wir haben mit unseren Kunden so eine Art Rahmenverträge oder Abrufaufträge über die Gesamtmengen, die sie brauchen. Kurzfristig schicken sie uns dann E-Mails oder faxen, wie viele sie wann geliefert haben wollen. Wenn wir so einen Abruf mit den Lieferdaten für ein bestimmtes Kundenwerk erhalten, geben wir diese Daten in das MRP-System ein und drucken die Fertigungsaufträge aus."

„Ihr gebt die Informationen in den Computer ein, und der sagt dann Dave, was er zu produzieren hat?", fragte mein Vater Phil.

„Es ist nicht ganz so einfach, wir müssen auch berücksichtigen, wie es mit den anderen Kundenaufträgen aussieht und ob wir die Komponenten von den Zulieferern bekommen, aber im Prinzip ist es so, wie du sagst."

„Und dir ist nie der Gedanke gekommen, dass du eventuell Dave Informationen gibst, die völlig unregelmäßig sind? Was machst du, wenn ein Kunde zehn Schränke pro Tag verbaut, aber nur einmal im Monat beliefert werden will? Sagst du dann dem Computer, dass du nächste Woche 200 Schränke brauchst, um dann zuzuschauen, was passieren wird?"

Gedämpfte Diskussionen am anderen Ende des Telefonkabels.

Dann hörten wir wieder Phils Stimme. „Es ist nicht ganz so einfach, aber im Prinzip läuft es so ab."

„Meine Güte! Also, jetzt vergesst euer MRP mal für einen Moment und geht die Sache andersherum an. Fragt euch mal, was Dave wirklich unbedingt wissen muss."

„Was er nächste Woche produzieren muss."

„Wenn die Daten, die er erhält, aber nicht genau stimmen, dann macht er noch seinen eigenen Plan, oder?"

Diskussionen im Hintergrund.

„Ja, genau so ist es."

Mein Vater machte Druck. „Welche Informationen bräuchten wir im Idealfall, um genau zu wissen, was wir in der Folgewoche zu bauen hätten?"

„Eine Prognose?"

„Mehr als das. Wir müssten wissen, was unser Kunde wirklich vorhat, wir müssen seinen Plan kennen. Ihr habt doch nicht so viele Kunden. Irgendjemand sollte sich darum kümmern, von jedem Kunden einen wöchentlichen oder monatlichen Produktionsplan zu bekommen, anstatt nur auf einen Lieferabruf zu warten."

„Aber wenn sie sich an diesen Plan selbst nicht halten?"

„Das ist egal. Wenn ich weiß, dass sie vorhaben, 50 Maschinen mit STR-Schaltschränken in der nächsten Woche zu bauen, dann kann ich das über fünf Tage glätten und jeden Tag zehn Stück produzieren."

„Aber sie halten sich nie an ihre Pläne", sagte jemand aus dem Hintergrund.

„Entscheidend ist, dass sie sich irgendwann dran halten müssen. Sie werden alles tun, um gegenüber ihren eigenen Kunden nicht in Lieferschwierigkeiten zu kommen. Wenn sie also in der nächsten Woche doch nur 40 STR abrufen, dann könnt ihr sicher sein, dass sie in der Folgewoche 60 brauchen. Wir könnten also in der ersten

Woche 50 bauen, zehn davon einlagern, in der Folgewoche wieder 50 bauen und dann 60 verschicken."

„Aber dann würden wir ja auf Lager produzieren?", rief eine Stimme empört.

„Das macht ihr doch sowieso. Dave weiß doch aus Erfahrung, dass solche Situationen vorkommen. Er hat auf jeden Fall mindestens zehn Stück auf Lager – nur für den Fall, dass er mal mehr braucht. Er hat also kontinuierlich zehn Stück auf Lager, weil er nicht mit heruntergelassenen Hosen erwischt werden will – und er hat absolut recht damit. Wenn es uns aber gelingt, die Produktion zu glätten, dann könnten wir den Bestand deutlich senken."

Gedämpfte Diskussionen.

„Das verstehen wir nicht. Kannst du das noch mal erklären?"

„Okay. Stellt euch vor, euer Kunde möchte nächsten Monat 200 seiner Maschinen bauen. Die erste Woche läuft gut, er ruft 50 Schaltschränke ab. In der zweiten Woche ruft er auch 50 ab, allerdings schafft er nur, aus verschiedenen Gründen, 40 Maschinen zu bauen. Da er keinen Bestand aufbauen will, bestellt er für die dritte Woche nur 40 Schränke bei euch – er hat noch die zehn von der zweiten Woche übrig. Aber in der Woche vier muss er aufholen, was er in Woche zwei versäumt hat, das heißt, er bestellt 60 Schaltschränke."

„So weit verstanden."

„Ihr wisst also nur, dass er manchmal 40 Stück abruft und manchmal 60 Stück. Wie könnt ihr nun sicherstellen, dass ihr immer lieferfähig seid?"

„Zusätzlich zu den 50, die wir jede Woche produzieren, haben wir immer zehn Stück auf Lager – damit wir jederzeit 60 liefern können."

„Genau. Das ist eure einzige Chance. Es gibt keine andere Möglichkeit. Aber es bedeutet natürlich, dass ihr am Monatsende, wenn euer Kunde seine 200 Maschinen gebaut hat, noch zehn Stück im Lager übrig habt."

„Verstanden", sagte Phil. „Und das ist die Produktion eines ganzen Tages."

„Wenn ich das richtig verstehe", sagte die andere Stimme, die jetzt sehr entfernt klang, „dann sagen Sie, dass wir Bestand aufbauen, wenn wir exakt die Menge produzieren, die der Kunde abruft. Wie soll denn das möglich sein?"

„Es geht nicht um den Plan des Kunden. Das Problem ist, dass Dave seinen eigenen Produktionsplan nicht beliebig ändern kann. Wenn ihr aber versteht, dass euer Kunde alles tun wird, um seinen ursprünglichen Plan einzuhalten, dann braucht ihr nur einen Bestand in Woche drei. Die Lagerumschlagshäufigkeit ist um 20 Prozent höher, als sie wäre, wenn ihr die zehn die ganze Zeit mit euch rumschleppt."

„Und was machen wir, wenn der Kunde plötzlich 70 Stück haben will?“, fragte die Stimme.

„Warum sollte er das wollen?“, entgegnete mein Vater leicht gereizt. „Wenn er es gerade so schafft, 50 Maschinen in der Woche zu bauen, dann ist es recht unwahrscheinlich, dass er auf einmal 70 davon macht. Außer vielleicht, er hat in einer Woche nur 30 gemacht. Aber das wisst ihr dann ja und habt die Teile. Ihr könnt im Einzelfall immer die Schwankungen mit dem durchschnittlichen Bedarf abgleichen und euch einen entsprechenden Bestand auf Lager legen.“

„Aber was machen wir, wenn der Kunde die Produktionsmenge grundsätzlich erhöht?“

„Das ist ein ganz anderes Thema, das auch anders angegangen werden muss. Der entscheidende Punkt ist, dass ihr schon vorher wissen müsst, was er zu bauen gedenkt. Wartet nicht, bis die Lieferabrufe kommen.“

„Und wenn wir selber ein Problem haben? Defekte Produkte zum Beispiel?“, fragte Phil.

„Auch das ist ein anderes Problem“, antwortete mein Vater genervt. „Wenn du Bestände brauchst, um deine eigenen Probleme abzufangen, dann bau dir eben welche auf. Wenn, sagen wir mal, einer von 100 Schränken defekt ist, dann heißt das, dass du jede zweite Woche nur 49 anstatt 50 Fertigprodukte hast. Also brauchst du einen Sicherheitsbestand von einem Schaltschrank, und dann planst du, jede zweite Woche 51 statt 50 zu produzieren. Wenn dann am Ende doch alles gut geht, dann hast du am Monatsende zwei Schränke zu viel. Immer noch deutlich besser als zehn.“

„Das heißt also, wir nehmen den durchschnittlichen Wochenbedarf von vier Wochen, schlagen noch etwas drauf, damit wir immer liefern können, und das ist dann der Produktionsplan?“

„Euer Fertigwarenbestand muss aus dem durchschnittlichen Bedarf, einem Puffer für Bedarfsschwankungen und einem Sicherheitsbestand bestehen – um den Kunden vor Fehlern in eurem Prozess zu schützen. Dann könnt ihr noch weiter nivellieren, indem ihr auf Tagesebene geht, also 50 in der Woche bedeutet zehn pro Tag. Und dann könnt ihr den Tag auf den Kundentakt herunterbrechen, das heißt, ihr müsst alle 46 Minuten einen Schaltschrank produzieren. Versteht ihr?“

„Klingt logisch. Ich weiß zwar nicht, ob wir das schaffen, aber ich glaube, ich habe verstanden, was du meinst.“

„Gut. Noch weitere Fragen?“

Es folgte eine lange, intensive Diskussion am anderen Ende der Telefonleitung.

„Nein, nicht zu diesem Thema. Aber ich habe noch einen zweiten Punkt."

„Schieß los."

„Warte. Lass uns erst diese Besprechung abschließen."

Geräusche.

„So. Ich bin jetzt allein. Um ehrlich zu sein, ich bin ein bisschen überfordert. Wir haben im ganzen Werk verschiedene Aktionen gestartet, jetzt fangen wir auch noch in der Logistik an. Amy arbeitet schon viel zu viel, und ich verliere langsam den Überblick."

Mein Vater drehte sich mit seinem Stuhl hin und her, sagte aber nichts. Wir starrten auf den Lautsprecher, während Phil nach Worten suchte.

„Ich habe schon verstanden, was du über Gemba gesagt hast, aber ich muss auch das Ganze sehen können. Ich muss wissen, wo die ganze Sache hinführen soll. Mir ist auch klar, dass der Informationsfluss mindestens genauso wichtig ist wie der Produktionsprozess, aber ich kriege das alles nicht so richtig zusammen. Das ist eine sehr allgemeine Frage, das ist mir klar, aber kannst du mir da helfen?"

„Vielleicht kann ich das tatsächlich. Am Samstag geh ich wieder fischen. Wenn du Lust hast, können wir uns am Jachtklub treffen und dort über dein Problem sprechen."

„Danke Bob", Phils Stimme klang begeistert. „Danke."

„Und bring Amy mit. Wir brauchen jemanden mit Köpfchen."

„Mach ich!"

Ich war spät dran an diesem Morgen. Der Jachtklub wirkte verlassen, und ich parkte direkt bei dem Pick-up meines Vaters, dem kürbisfarbenen Porsche von Phil und Amys Cabrio. Der Tag war ein wenig diesig, und ein leichter Nebel hing in Fetzen zwischen den Kiefern und trieb langsam hinaus auf Meer. Sie waren nicht an der Bar, sondern saßen im Cockpit der *Felicity* und unterhielten sich angeregt mit Harry. Auch Amy schien ihre Abneigung gegen den Mann überwunden zu haben und lachte herzlich über etwas, das er gerade gesagt hatte.

„Haben Sie jetzt endlich etwas gegen Ihre Bestände unternommen?", fragte Harry Phil, als ich an Bord kletterte. Er sah so auffällig aus wie immer mit seinem beeindruckenden Bierbauch und seinen dürren Beinen. Er trug ein makelloses marineblaues Poloshirt und kakifarbene Shorts, ein Bild von einem Segler. Aber wenigsten hatte er seine Mütze nicht auf.

„Mike", rief Harry laut, als ich an Bord war. „Habe ich Ihnen jemals erzählt, wie ich Ihren Vater kennenlernte? Ich war Vice President für den Einkauf in Detroit und hatte gerade einen Brief an alle Lieferanten geschickt, dass wir Konsignationslager brauchen. Und dieser verrückte Kerl hier, den ich vorher noch nie gesehen hatte, marschierte daraufhin in mein Büro und erklärte mir in recht deutlichen Worten, was ich mit diesem Brief tun könnte. Dann verpasste er mir eine Lektion in schlanker Produktion und dem Schwachsinn, Extrabestände zu kreieren, für die sich hinterher keiner zuständig fühlte."

„Na ja, ganz so war es auch nicht", protestierte mein Vater grinsend.

„Du hast recht. Es war noch viel schlimmer. Auf jeden Fall warst du so überzeugend, dass ab diesem Zeitpunkt Bestände für mich das schlimmste aller Übel waren." Er schaute Phil direkt an und fragte, „Also, haben Sie was gegen die Bestände unternommen?"

„Scheint so. Wir werden unsere Bestände bis Jahresende um die Hälfte reduziert haben."

„Und die Liquiditätsprobleme sind gelöst?"

„Es wird knapp, aber wir sind auf dem richtigen Weg", sagte Phil. „Es ist noch zu früh, um sagen zu können, wie es langfristig wirklich aussieht, aber die Produktion steigt, wir konnten einen Rahmenvertrag mit einem Kunden verlängern, und Matt verhandelt gerade mit einem neuen Kunden. Forderungen und Verbindlichkeiten stehen in einem besseren Verhältnis, und wir versuchen, wie Sie es uns gesagt haben, alte Produktlinien auslaufen zu lassen. Ich bin sehr zuversichtlich, dass wir es schaffen werden."

„Jetzt rede mal nicht so mürrisch daher", schimpfte ihn Amy. „Was ist denn mit der Erweiterung der Kreditlinie, die uns die Bank letzte Woche gab?"

„Ja, sicher, wir bekommen wieder mehr Kredit. Aber das ist nicht umsonst."

„Das stimmt. Aber das Interessante ist doch, dass sie die Verbesserungen in unserem Werk, die wir ihnen präsentiert haben, echt beeindruckt haben. Sogar Matt ist plötzlich ganz anders. Ist dir aufgefallen, dass er uns sogar zuhört, seit sich die Banker für diese Themen interessieren?"

Phil lachte und schob seine Brille zurück. „Du hast recht, wir haben ein wenig mehr Spielraum. Und Matt ist etwas aufgeschlossener seit, na ja, sagen wir, seit den letzten Ereignissen", sagte er und warf einen Blick auf Harry.

„Und die Werker? Wie ist die Stimmung in der Produktion?", fragte Harry.

„Schwer zu sagen. Für mich gibt es da zwei Punkte", antwortete Amy. „Erstens glaube ich, dass die meisten verstehen, warum das Unternehmen in solchen Schwierigkeiten war. Die Produktivitätsfortschritte sind so offensichtlich, dass niemand mehr sagen kann, vorher wäre alles in Ordnung gewesen. Zweitens glaube ich, dass die Leute anfangen, uns zu trauen. Sie merken, dass wir die Sachen wirklich verbessern wollen und sie nicht einfach nur ein weiteres Mal veräppeln. Apropos Vertrauen, was ist den dran an dem Gerücht, dass das Managementteam dieses Jahr 20 Prozent mehr bekommt, während die Gehälter für alle anderen Mitarbeiter eingefroren sind?“, wandte sie sich spitz an Phil.

Er wand sich. „Das wird nicht so sein, aber sagen wir mal, dass ein paar der Manager mehr Geld haben wollten und darauf dieses Gerücht die Runde machte.“

„Das ist doch jetzt ein Witz“, platzte ich heraus, während Harry und mein Vater vor sich hin glucksten.

„Sieht so aus, mein Junge, als ob ein paar Leute in deinem Managementteam dir nicht zutrauen, dass du es schaffst“, sagte mein Vater.

„Yep“, fügte Harry hinzu. „Da haben ein paar das Gefühl, dass man noch so viel wie möglich für sich rausziehen sollte, bevor alles den Bach runtergeht.“

„Das meint ihr jetzt doch nicht im Ernst?“, fragte Phil empört.

„Jetzt werden Sie mal erwachsen“, antwortete Harry amüsiert, und seine eng stehenden schwarzen Augen blitzten hinter seiner Knollennase. Er sah aus wie ein riesiger, boshafter Kobold. „Passiert dauernd, schauen Sie sich doch um. Das Management weiß, dass das Unternehmen in Schwierigkeiten ist. Also wird es aufgehübscht, es werden Kredite aufgenommen und die Leute dann mit Aktionenoptionen bezahlt. Selber aber vergönnt man sich riesige Prämien für die ausgezeichnete Arbeit, die man ja schließlich leistet. Und wenn die Firma pleitegeht, lachen sie sich ins Fäustchen. Sie haben ihre Schäfchen jedenfalls im Trockenen.“

„Solche Typen sind wir nicht“, sagte Phil stur.

„Natürlich nicht“, sagte Harry gut gelaunt. „Niemand ist so.“

„Entspannen Sie sich“, lachte Harry. „Was ich verstanden habe, ist, dass Sie Fortschritte in der Produktion machen und Ihre Liquidität besser ist. Das ist gut. Aber Ihnen ist schon klar, was als Nächstes passieren wird?“

„Was denn?“

„Denken Sie nach, Junge. Sie sagten, Ihr Unternehmen war profitabel, aber mit schlechter Liquidität. Stimmt’s?“

„Ja. Wir machten Profit, aber wir hatten eine Zeit lang Schwierigkeiten, unsere Leute zu bezahlen“, Phil erinnerte sich mit einem Schauder.

„Und jetzt senken Sie Ihre Bestände und erhöhen Ihre Profitabilität. Die Liquidität verbessert sich, und die Krise ist mehr oder weniger überstanden. Sehe ich das richtig?"

„Absolut. Genau das passiert."

„Haben Sie sich jemals überlegt, wie sich das kurzfristig auf Ihren Profit auswirkt?"

„Ich dachte natürlich, der würde sich genauso positiv entwickeln", stöhnte Phil nach kurzem Nachdenken, nahm seine Brille ab und rieb sich das Gesicht, „aber wenn wir die Bestandsreduzierung berücksichtigen, dann sind unsere Kosten gestiegen und nicht gesunken, meinen Sie das?"

„Genau. Wenn wir die Kosten der verkauften Ware in einer Periode betrachten, dann haben wir:

- Bestand zu Beginn der Periode
- plus die Materialkosten
- plus die direkten Arbeitskosten
- plus die indirekten Produktionskosten und zum Schluss
- minus den Bestand am Ende der Periode.

Und das sind dann ungefähr Ihre Produktionskosten."

„Verstanden", Phil nickte unglücklich, während Amy und ich noch völlig im Dunklen darüber tappten, worauf Harry hinauswollte. Ich schaute zu meinem Vater, der völlig konzentriert ein Tauende spleißte und gar nicht zuzuhören schien.

„Wenn wir jetzt einfach mal annehmen, dass Ihr Bestand – auch wenn er wahnsinnig hoch ist und Ihre Liquidität auffrisst – am Anfang und am Ende der Periode gleich wäre, dann kürzt er sich aus der Gleichung einfach raus. Es geht dann also nur noch um die Materialkosten, die direkten Arbeitskosten und die indirekten Produktionskosten, die Sie mit den Verkaufserlösen verrechnen müssen."

„Ich weiß, worauf Sie hinauswollen. Was wäre also, wenn ich meinen Bestand halbiert hätte?"

„Wenn alle anderen Kosten gleich geblieben wären und Sie Ihren Bestand in der Periode halbiert hätten, wären Ihre Produktionskosten um genau diesen Wert höher. Ich nehme mal an, Bob, du hast ihm das nicht gesagt. Was hast du denn denen überhaupt beigebracht?"

„Ich ging davon aus, dass er schon genug um die Ohren hatte. Außerdem passiert das ja nur in der ersten Periode, in der der Bestand gesenkt wird, danach balanciert sich das ja wieder aus. Und auch nicht zu vergessen: Der Umsatz ist ja gestiegen, weil mehr verkauft wurde, das heißt, du bist immer noch profitabel."

„Hört das denn nie auf?“, beklagte sich Phil genervt.

„Hey, was ist los?“, johlte Harry aufgekratzt. „Möchte jemand was trinken? Das bringt doch erst den Spaß ins Spiel. Wenn das jeder könnte, dann würde es ja jeder tun.“

„Du wolltest mit mir über eine Art Vision sprechen, die alle die Maßnahmen untern einen Hut bringt?“

„Da brauch ich deine Hilfe“, Phil nickte. „Wir machen so viele Dinge gleichzeitig, ich habe den Überblick verloren.“

Mein Vater suchte vergeblich ein Stück Papier und fing dann an, auf der Kartonrückseite eines zerschlissenen Blocks zu skizzieren, bis Phil ihm seinen Notizblock reichte.

„Ich zeige dir jetzt eine Technik, die ich bei Toyota gelernt habe: Material- und Informationsflussanalyse. Heutzutage ist allerdings der Begriff ‚Wertstromanalyse‘ geläufiger. Es passiert schnell, dass man den Überblick verliert und den Wald vor lauter Bäumen nicht mehr sehen kann.“

„Stimmt, ich weiß einfach nicht mehr, auf was ich mich als Nächstes konzentrieren soll.“

„Du musst in der Lage sein, aus der Helikoptersicht in den Gemba-Modus zu schalten und dann genauso schnell wieder zurück. Ich zeige dir, wie das geht, das ist dann die Schatzkarte für deine Goldmine. Die Toyota-Ingenieure haben uns das erst gezeigt, als wir schon recht weit waren mit unseren Bemühungen“, sagte mein Vater, nachdem er sein Glas wieder aufgefüllt hatte. „Sie nannten es, wie gesagt, MIFA, Material- und Informationsflussanalyse.“

„Klingt grausig.“ Mein Gemurmel wurde ignoriert.

„Diese Analyse wird dir helfen, das große Ganze zu sehen.“

Amy kletterte vom Dach, auf dem sie sich gesonnt hatte, herunter und quetschte sich neben mich, als wir uns in dem engen Cockpit um meinen Vater versammelten, um zu sehen, was er da skizzierte.

„Wir wollen den gesamten Wertstrom auf einer Karte sehen, um zu erkennen, wo das Gold hängen bleibt, und damit, wo wir ansetzen müssen, damit es wieder fließt. Wir können nun zum Beispiel den Zustand deines Werks aufzeichnen, als wir anfingen. Hier fließt das Material, hier haben wir die Bestände zwischen den Prozessschritten und am Ende …“

„Das sind ja nur die STR“, unterbrach ihn Amy.

„Ja. Es ist eine Wertstromkarte. Wir zeichnen auf, wie das Gold durch Ihre Mine fließt, Strom für Strom, eine Produktfamilie nach der anderen, deshalb betrachte ich jetzt nur die STR. Die STR-X und die QST machen wir danach."

„Okay, damit haben wir also den Fluss der Produkte."

„Jetzt fügen wir noch den Informationsfluss hinzu. Woher weiß jeder, wann er was zu produzieren hat?"

„Das MRP erstellt die Fertigungsaufträge", sagte Phil.

„Dann zeichnen wir sie ein. Und vergesst die Pressen und die Gehäuse nicht, die braucht ihr auch, um eure Produkte zu bauen. Und so sah also dein Fluss aus, als wir anfingen. Jetzt können wir noch zusätzliche Informationen einfügen wie zum Beispiel:

- Anzahl der Leute,
- Zykluszeiten,
- Bestand,
- Ausschussquote,
- Rüstzeiten und so weiter."

„Verstanden", sagte Phil.

„Gut. Dann können wir jetzt eine MIFA-Karte zeichnen, auf der die Verbesserungen, die ihr bisher erreicht habt, zu sehen sind."

„Mit den Supermärkten und den Kanban-Systemen?"

„Genau."

Sie arbeiteten eine Zeit lang, dann hatten sie eine Karte erstellt, die völlig anders aussah.

„Was kannst du erkennen?"

„Das ist nicht ganz schlecht, aber es gibt ein größeres Problem bei den Pressen. Da stockt scheinbar alles."

„Richtig. Damit kennst du den Weg, den Überblick zu behalten: Zeichne dir so eine Karte. Wenn du das regelmäßig machst, dann siehst du, was sich ändert, und kannst auch deine Fortschritte erkennen!"

„Das ist genial, Bob! Warum hast du uns das nicht schon am Anfang gezeigt?", rief Phil begeistert.

Mein Vater zuckte nur mit den Schultern.

„Und ich kann dann diese Karte auch erweitern, damit ich sehe, wie es mit meinen Lieferanten läuft", fuhr Phil gut gelaunt fort. „Ich kann meine gesamte Versorgungskette modellieren!"

„Genau das kannst du tun, mein Junge. Irgendwann. Aber jetzt bleibst du besser mal bei deinen Prozessen und lernst gehen, bevor du anfängst, zu rennen. Aber vergiss nie, dass das nur eine Karte ist."

„Die Karte ist nicht das Territorium, so wie das Wort nicht die Sache selbst ist und das Wort Katze nicht kratzt", bemerkte ich, und alle schauten mich mit großen Augen an. „Vorlesung elementare Semantik", erklärte ich kleinlaut, als sie anfingen, sich über mich lustig zu machen.

„Das Wichtigste an der Karte ist nicht, zu erkennen, wie das Material fließt, sondern welchen Einfluss der Informationsfluss auf den Materialfluss hat."

„Zum Beispiel wie das MRP Bestände kreiert?", fragte Amy.

„Genau das. Letztendlich arbeitet das MRP nur nach der magischen Formel, nach der die zu produzierende Menge dem Kundenbedarf abzüglich der vorhandenen Bestände entspricht. Das Ergebnis wird dann auf die optimale Losgröße hochgerechnet und dann an alle Rechner bei dir im Werk geschickt, auf denen dann die Werker erkennen, was sie zu produzieren haben, solange Dave nicht etwas anderes sagt", sagte mein Vater und skizzierte die Verbindungen von der Logistik zu den Produktionsprozessen im Werk.

„Wir wissen, dass das nicht so besonders gut funktioniert", sagte Phil. „Ich nehme an, dass der Rechner nie genau weiß, wie viel Bestand wir wirklich im Werk haben. Er weiß nur, was wir vorher eingegeben haben. Gibt man Müll ein, kommt auch Müll raus."

„Das ist Gemba-Denken, gut. Aber das ist nur ein Teil. Manchmal benötigt der Kundenauftrag auch ein Stück vom Sicherheitsbestand. Dann berechnet das System diesen neu und schlägt diese gesamte Menge auch noch mal obendrauf."

„Das heißt, wir haben plötzlich einen Fertigungsauftrag über eine riesige Menge. Ich verstehe langsam, warum du das MRP durch Kanban ersetzen willst."

„Nicht so schnell, Philip. Du sollst dein MRP nicht abschalten, das habe ich nie gesagt. Wir brauchen das MRP, um die Mengen der zu produzierenden und zu beschaffenden Teile zu berechnen. Dein MRP ist lebensnotwendig für die Personalplanung und für die Steuerung der Lieferanten. Nur für die Erstellung von Fertigungsaufträgen dürfen wir es nicht verwenden, weil es das Prinzip der Nivellierung nicht kennt. Aber das ist nicht das einzige Problem …"

„Ich weiß, Gemba", sagte Phil, der sich immer nur mit einer Sache nach der anderen beschäftigen konnte, dann aber nicht mehr locker ließ, bis er sie bis ins Detail verstanden hatte. „Die Karten helfen uns, beim Gemba zu bleiben. Wir sehen damit, was vor Ort los ist und ob wir hinterherhinken oder vorauseilen. Wenn alles nur im Computer ist, sehen wir nichts."

„Ich habe noch Hoffnung", sagte mein Vater mit einem zufriedenen Lächeln.

„Seid ihr fertig?", schrie Harry von der Kaimauer herüber. Er stand dort mit einem Sixpack Bier in jeder Hand, die er vom Jachtklub geholt hatte.

„Beinahe", rief mein Vater zurück, bevor er fortfuhr. „Du musst immer die gesamte Durchlaufzeit auf deiner Wertstromkarte betrachten und dabei auf die wertschöpfende Zeit achten. Damit kannst du erkennen, ob du Fortschritte machst, denn alles, was nicht wertschöpfend ist, ist Verschwendung. Und diese Verschwendung erkennst du an deiner Durchlaufzeit."

„Wenn wir also die Teile vom Stanzen ins Lager fahren und später wieder zurück zum Umformen."

„Genau Miss Cruz. Wenn Sie das nicht mehr machen, dann werden Sie Ihre nicht wertschöpfende Zeit deutlich reduzieren und gleichzeitig Ihre Reaktionsfähigkeit erhöhen. Der einzige Grund für Bestände ist, dass wir in der Produktion viel langsamer reagieren als der Kunde im Einkauf. Wenn wir also eine verschwindend geringe Durchlaufzeit hätten, bräuchten wir keine Bestände mehr."

„So habe ich das noch nie gesehen", lachte Amy. „Aber es stimmt. Und wenn wir riesige Bestellungen bekommen, dann können wir nur darauf reagieren, wenn wir auch riesige Bestände haben."

„Richtig. Erinnern Sie sich noch daran, wie wir darüber sprachen, welche Signale wir an unsere Lieferanten senden?"

„Besser nicht", sagte sie mit einem verschämten Stirnrunzeln, das meinen Vater zum Lachen brachte.

„Ich war mal bei einem Lastwagenhersteller, den wir gerne als Kunden gehabt hätten. Als wir ankamen, war das Erste, das wir sahen, Reihen von Lkw, die auf dem Parkplatz standen – alle ohne Reifen. Ich fragte den Produktionsleiter, was passiert war, und er fing an, auf unfähige Lieferanten zu schimpfen. Er steigerte sich da richtig rein, ich nehme an, er wollte mich auch gleich darauf einstimmen, wie sie mit seiner Meinung nach unzuverlässigen Zulieferern umgehen. Ich schlug ihm dann vor, mit der Person zu sprechen, die die Abrufe an den Reifenlieferanten schickt. Er wurde neugierig, und wir gingen in den Einkauf, wo ein Einkäufer die Bestellfaxe an die Lieferanten schicken musste. Die Tagesabrufe sahen wie folgt aus: 0, 0, 0, 0, 0, 160, 0, 0, 0, 0, 0, 160, 0, 0 und so weiter und so fort."

„Also obwohl die Lastwagen immer in einem bestimmten Rhythmus gefertigt wurden, wurden die Reifen in unregelmäßigen und großen Losen abgerufen", sinnierte Amy.

„Richtig. Als wir den Einkäufer baten, uns zu zeigen, woher er seine Information bekommt, sagte er, er bekäme jede Woche einen Plan aus dem MRP. Die einzige Chance des Lieferanten wäre gewesen, ständig einen riesigen Bestand vorzuhalten – nur für den Fall der Fälle."

„Ich wette, das ist bei uns nicht anders", murmelte Phil.

„Das ist sehr wahrscheinlich. Alles, was wir tun, fängt mit einem Kunden an. Konsequenterweise fängt auch deine MIFA damit an, alles über deinen Kundenbedarf zu sammeln, wie Produkt, Kunde, durchschnittlicher Wochenbedarf, durchschnittlicher Tagesbedarf, Anzahl der Lieferungen, Menge pro Kiste und so weiter. Und dann machst du das Gleiche für jeden Produktionsschritt, wie zum Beispiel für das Schweißen, also Produkt, Kunde, Wochenbedarf, Tagesbedarf, Arbeitsinhalt, Kundentakt, Zykluszeit, Rüstzeit und so weiter. Dann identifizierst du die Bestände und beobachtest sie im Zeitverlauf. Zum Schluss brauchst du noch die Transportfrequenzen, Ankunftszeiten der Lastwagen und die Anzahl der Lastwagen pro Periode."

„Das geht ja total in die Details", kommentierte Phil.

„Nur darum geht es", sagte Harry und öffnete eine Bierdose. „Sie müssen Ihren Prozess bis ins kleinste Detail kennen."

„Für den Informationsfluss gilt dasselbe. Trenne zwischen vorläufigen und bestätigten Informationen. Notiere dir die Häufigkeit, in der du die Informationen erhältst, das Datum und die Zeit und den Zeithorizont, den diese Information abdeckt."

„Ich wette, unsere Logistik hat davon keine Ahnung", gluckste Amy.

„Dann sollten sie es besser ganz schnell herausfinden", sagte Phil scharf. Hatte er sich wirklich so sehr verändert?

„Sei nicht zu streng mit ihnen. Bisher hat sie niemand danach gefragt. Aber ihr habt jetzt die Möglichkeit, herauszufinden, wie die Informationen wirklich fließen. Die meisten Unternehmen gehen davon aus, dass es schon irgendwie funktioniert, sind aber nicht an Details interessiert."

„Ich musste gerade an Ohnos Kanban-Regeln denken", bemerkte Phil. „Das hier ist so ähnlich. An jeder Kiste im Werk sollte eine Kanban-Karte befestigt sein. Wir müssen immer wissen, wo die Teile sind, woher sie kommen, wohin sie unterwegs sind und mit welcher Frequenz das passiert. Für Informationen muss genau das Gleiche gelten."

„Es ist genau das Gleiche. Das eine kann ohne das andere nicht funktionieren."

„Ein anderer Aspekt, den man sehen muss, ist, dass es in einem Unternehmen sehr viele Rückkopplungen gibt", ergänzte mein Vater. „Überall im Werk werden ständig Informationen ausgetauscht. Sobald man etwas macht, löst man damit etwas anderes im Werk aus und das oft auf sehr verschlungenen, undurchschaubaren Pfaden. Damit wird jede Entscheidung sehr politisch. Der Fluss der Informationen, die Wege, die Informationen nehmen, sind nicht fixiert, das geschieht an der Kaffeemaschine oder über einen Anruf oder Ähnliches. Wir müssen nun versuchen, diesen Fluss zu definieren: Das Fax wird einmal pro Woche, und zwar dienstags um zehn Uhr, versendet. Die Prognose deckt acht Wochen ab. Damit haben wir diesen Punkt spezifiziert. Wenn wir das haben, dann können wir anfangen, die Dinge zu entkoppeln und lokaler innerhalb der Teams zu reagieren, anstatt dass alle Angst davor haben müssen, eine Entscheidung zu treffen und am Ende alles auf dem Schreibtisch vom Chef landet. Wir können damit ein System kreieren, das wesentlich zielgerichteter arbeitet."

„Damit ist alles gesagt", sagte Phil ernsthaft.

„Heijunka ist nicht einfach eine Technik, Philip", sagte mein Vater und fing auf einem weiteren Blatt an, etwas zu zeichnen. „Es ist eine Art zu denken."

„Wie meinst du das?", fragte Phil, der sich mit solchen absoluten Aussagen immer schwertat.

„Wenn wir unseren Produktfluss nivellieren wollen", sprang Amy ein, „dann müssen wir ganz offensichtlich auch den Informationsfluss nivellieren. Meinen Sie das?"

„Das meine ich. Wenn wir in der letzten Sekunde die neuesten Nachrichten von der Logistik oder vom Vertrieb bekommen, kann unser Produktfluss niemals nivelliert sein. Wir brauchen nicht die allerletzte, sondern die allererste zuverlässige Information vom Kunden, auf der wir dann unseren Produktionsplan und unseren Informationsfluss aufbauen."

„Wie soll das funktionieren?"

„Wir haben schon am Telefon darüber gesprochen. Der Kunde weiß, was er produzieren will, er hat einen Plan, und dieser Plan ist kein Staatsgeheimnis. Frag einfach danach. Du brauchst zwei Arten von Informationen: die Prognose und die fixierten Zahlen. Deine Kunden geben dir ihre Prognosen, und von ihren Werken kannst du die fixierten Produktionspläne erhalten. Aus den Prognosen kannst du dir einen Plan für die nächsten Monate erstellen. Du hast mir gesagt, ihr erwartet, bald einen Vertrag mit einem neuen Kunden zu unterschreiben. Das ist gut, aber wann erfährt Dave, was Sache ist?"

Amy lachte laut auf, und Phil murmelte, dass Dave auch im Verteiler sei.

„Du hast recht", gab er dann aber zu. „Wir wollten eigentlich regelmäßige Besprechungen zum Thema ‚Planung' machen, aber wir sind immer zu spät dran, und die Besprechungen selber sind ein einziges Chaos."

„Dann nehmen wir einfach mal zum Beispiel an, du produzierst 1000 Schaltschränke im Monat und dein neuer Kunde will 200, sodass du auf 1200 im Monat kommst. Woher willst du denn wissen, ob dein Werk das überhaupt schafft. Du hast insofern Glück, als dass du keine Kapazitätsbeschränkungen zum Beispiel an den Pressen hast."

„Wir haben aber auch noch die Öfen", meinte Phil.

„Also, da hast du's. Kannst du die 200 zusätzlichen Produkte nächsten Monat produzieren? Du hast eine bestimmte Anzahl erfahrener Leute. Schaffen sie das? Und deine Lieferanten?"

„Okay, okay, ich denke, ich habe es verstanden."

„Versuche wöchentlich eine Prognose mit einem Horizont von zwei Monaten zu erstellen und einen fixen Plan für eine Woche. In der Nivellierung steckt ein paradox klingender Gedanke. Dadurch, dass wir versuchen, immer kleinere Lose immer häufiger zu produzieren, werden wir einerseits immer flexibler. Andererseits müssen wir alles daransetzen, jegliche Schwankung zu vermeiden. Falls aber Schwankungen auftreten, dann wollen wir sie langsam und behutsam abfedern."

„Wie das?", fragte Phil.

„Na ja, von 1000 auf 1200 ist ein großer Sprung, das sind 20 Prozent. Das heißt, dein Kundentakt fällt von neun auf siebeneinhalb Minuten. Schaffst du das so aus dem Stand?"

„Das glaube ich nicht", meinte Amy stirnrunzelnd. „Das wäre ein Riesenschritt."

„Falls wir aber den Sprung auf zwei Monate strecken könnten, also im ersten Monat von 1000 auf 1100 und einen Monat später auf 1200, dann wäre der Kundentakt im ersten Monat nur gut acht Minuten, das wäre eher machbar."

„Aber wir haben den Auftrag noch nicht sicher. Und außerdem würden wir ja dann Lagerbestand aufbauen."

„Ich habe nicht gesagt, dass du es so machen sollst. Ich sage nur, dass du darüber nachdenken sollst. Der Heijunka-Weg bedeutet, Spitzen und Einbrüche zu vermeiden, und dabei setzt man an zwei Stellen an: Du nivellierst erstens deine Produktion, um Nachfragespitzen mit Nachfragetälern auszugleichen. Als Zweites versuchst du, langfristige Marktschwankungen auszugleichen, weil kleine Häppchen für ein Unternehmen eben besser verdaulich sind. Weißt du, was ich meine?"

„Ich denke schon“, murmelte Phil unsicher und schrieb wie wild in sein Notizbuch. „Wenn wir das machen, dann wirst du sehen, dass die meisten unserer Probleme ihre Ursachen in irgendwelchen Aussagen von unseren Kunden haben. Wenn sie uns wenigsten zuverlässige Prognosen geben würden …“

„Zuverlässige Prognosen?“, wiederholte Harry sarkastisch. „Glauben Sie auch noch an den Weihnachtsmann? Es gibt nur zwei Möglichkeiten, wie man mit dieser Situation umgehen kann. Entweder Sie glauben, dass das Chaos in Ihrem Werk immer nur die Schuld Ihrer Kunden oder Ihrer Lieferanten ist, und versuchen dann, sie mit aller Kraft zu zwingen, endlich das zu machen, was Sie für richtig halten.“

„Wie Kevin das mit unseren Lieferanten versucht hat“, murmelte Amy.

„Oder“, sagte mein Vater, „du bringst erst mal deinen Laden in Ordnung und gehst mit gutem Beispiel voran. Es ist deine Entscheidung.“

Ich war überrascht. „Das ist ein sehr tiefgründiger Gedanke“, sagte ich anerkennend.

„Wieso?“, fragte Phil, der etwas beschämt wirkte.

„Ich als Psychologe glaube, dass es zwei grundsätzliche Wege gibt, die Welt zu betrachten. Es gibt Menschen, bei denen immer die anderen an allem schuld sind. Diese Menschen entwickeln sich entweder zu typischen Opfern oder zu Tyrannen. Und dann gibt es Menschen, die davon überzeugt sind, dass es in ihrer Macht liegt, die Dinge, die ihnen widerfahren, so zu verändern, dass sie damit wider klarkommen. Das sind sehr grundlegende Betrachtungen der Umwelt und des Lebens, und ich stimme da meinem Vater zu …“

„Hört, hört“, lachte Amy.

„Du teilst die Menschheit in zwei Gruppen auf?“

„Tadle die anderen oder verbessere dich selbst, der Gedanke gefällt mir!“, sagte mein Vater.

„Jetzt ist aber genug“, bellte Harry. „Wir gehen fischen. Schluss mit der Philosophiererei.“

„Ihr habt’s gehört, Kinder“, grummelte mein Vater. „Runter vom Boot mit euch!“

„Kann ich mit Ihnen kommen?“, fragte Amy.

Die beiden schauten sich an. Ihr Blick war eine Mischung aus Überraschung und Argwohn. Phil und ich glotzten nur dumm.

„Zum Fischen?“

„In meinem Fall zum Sonnenbaden.“

„Kein Wort mehr über das Werk?“

„Ich schwöre. Wirklich. Es ist so ein schöner Morgen. Ich werde Sie überhaupt nicht stören. Ich lege mich vorne aufs Boot und bräune mich. Ach bitte!"

Harry ergab sich mit zurückhaltender Begeisterung in sein Schicksal, mein Vater zuckte mit den Schultern und startete den Motor. Phil und ich verließen, immer noch verdutzt, das Boot.

„Lassen Sie sich das eine Lehre sein, Sie Jungspunde", rief uns Harry noch schadenfroh nach. „Frauen ziehen Erfahrung allemal unreifer Jugendlichkeit vor."

Wir standen am Pier, während mein Vater die Leinen löste und das Boot langsam Richtung Hafenausgang steuerte. Amy winkte uns fröhlich vom Bug aus zu.

Phil und ich gingen zur Bar und kauften uns ein paar belegte Brötchen. Wir beobachteten, wie die *Felicity* den Hafen verließ und auf den höheren Wellen der Bucht tanzte. Die Sonne schien mild, die Luft war frisch und wir gingen zurück zu den hölzernen Piers, setzten uns dort und ließen die Beine über dem Wasser baumeln. Für einen Augenblick waren wir wieder Kinder und beobachteten, wie sich die Wellen glucksend an den Pfeilern brachen.

„Hast du sie gefragt?"

„Bitte?"

„Ob du Amy gefragt hast, ob sie mal mit dir ausgeht?"

„Wieso denkst du …?"

„Du scheinst sie zu mögen, und sie wäre sicher damit einverstanden. Jetzt komm schon, es wäre langsam wieder an der Zeit …"

„… dich um deinen eigenen Kram zu kümmern", unterbrach ich ihn grob.

„Schon gut. War ja nur eine Frage."

„Was sollte wohl eine kluge und ehrgeizige Frau wie sie mit einem Bücherwurm wie mir, der noch nicht mal über seine alte Liebe weg ist, anfangen?"

„Keine Ahnung", meinte Phil. „Das werden wir wohl erst rausfinden, wenn du sie fragst."

Aha. Ganz unrecht hatte er nicht.

„Und was ist mit dir?", sagte ich, um das Thema zu wechseln. „Wie geht es dir so?"

Er biss kräftig in sein Brötchen und kaute dann nachdenklich.

„Alles in allem würde ich sagen, gut. Wir haben noch jede Menge Schulden, aber die akute Krise haben wir erst mal überwunden. Unsere Lagerumschlagshäufigkeit ist von zehn auf 17 gestiegen, und alle sind begeistert. Dein Vater hat eine Revolution in der Fertigung ausgelöst, und Amy treibt alle pausenlos an. Sogar Dave äußert sich positiv."

„Und zu Hause?“

„Du hast ja selbst gesehen. Charly ist vollauf beschäftigt, unser Baby bekommt seine ersten Zähne und die Zwillinge schlagen mich in jedem Computerspiel, das sie haben.“ Er nahm einen tiefen Schluck aus seiner Bierflasche. „Es ist etwas Komisches passiert. Einer unserer Kunden hat mit ein paar seiner Leute unser Werk besichtigt, und sie waren wirklich beeindruckt von dem, was wir alles geschafft haben. Sie sprachen anschließend mit Matt. Sie könnten sich vorstellen, das Werk zu kaufen, und wären bereit, einen guten Preis dafür zu zahlen.“

„Echt? Was meint Matt dazu?“

„Du kennst ihn. Er denkt, dass, wenn ein Kunde derart an uns interessiert ist, die Firma mindestens das Doppelte wert sein muss. Er meinte, wie sollten an die Börse gehen.“

„Und was denkst du?“

„Ich weiß es nicht. Wenn ich an den Druck und den Stress denke und an die immer noch vielen Schulden, dann wünsche ich mir, wieder in einem Labor zu arbeiten, damals war alles einfacher. Aber wenn wir jetzt verkaufen würden, dann wüsste ich gar nicht, was ich anschließend tun sollte.“ Er blickte aufs Meer hinaus. „Jetzt, wo wir all dieses Lean-Zeugs gemacht haben, das uns dein Vater beigebracht hat, und wir auch die Resultate sehen, würde mich eigentlich schon interessieren, wie weit man das noch treiben kann. Aber andererseits will dein Vater nicht mehr weitermachen ... ich weiß auch nicht.“

„Wie weit kann man das treiben?“ Ich hatte meinem Vater einige Wochen vorher die gleiche Frage gestellt. Er lachte kurz, bevor er antwortete. „So weit man möchte. Aber sie werden sicher aufhören, bevor ihnen die Verbesserungsmöglichkeiten ausgehen. Irgendwann wird man müde oder stößt auf ein Hindernis, das zu nehmen einem zu mühsam ist.“ Na, dann seien wir mal gespannt, dachte ich düster.

Kapitel 10: Kaizen ohne Ende

„Das gibt es doch nicht“, sagte Phil stinksauer, als er sich auf die Rückbank setzte. „Sie hat gekündigt! Sie geht!“

„Ich weiß“, sagte ich leise.

„Wieso ...?“, er starrte mich argwöhnisch an.

„Weil ich es ihm gesagt habe“, schaltete sich mein Vater ein und startete den Motor. „Amy bat mich, für sie als Referenz zu fungieren.“

„Und du ...?“

„Was erwartest du?“, sagte er. Er hielt an und drehte sich zu Phil um, was seinen Worten mehr Nachdruck verlieh. „Ich mag diese junge Frau. Sie wurde von einer Unternehmensberatung, die Wissen im Bereich der schlanken Produktion aufbauen will, abgeworben. Philip, sie verdient jetzt doppelt so viel wie bei dir.“

„Aber“, sagte er defensiv, „sie war die treibende Kraft hinter allem, was wir getan haben. Ich hätte schon erwartet, dass ...“

„Seien wir doch ehrlich. Das alles hat ihr nicht allzu viel Lorbeeren eingebracht“, entgegnete ich nicht sehr freundlich.

„Wie meinst du das?“, fragte er in scharfem Ton.

„Ist dir noch nie aufgefallen, wie viel unsachliche Kritik ihr ihre Arbeit eingebracht hat? Wie dein Managementteam sie bei allem bevormundete und mit welcher Arroganz alle ihre Vorschläge abgelehnt wurden? Ist dir nicht aufgefallen, wie müde und fertig sie in letzter Zeit aussah?“

„Wir stehen alle unter Druck“, antwortete er leise. Ich spürte, wie er sich in seinen Schmollwinkel zurückzog.

Wir fuhren schweigend weiter, bis wir auf der Autobahn waren.

„Was soll ich denn jetzt ohne sie machen?", fragte er in klagendem Ton, und in meinem Kopf tauchte plötzlich das Bild wieder auf, als er vor noch gar nicht so langer Zeit in einer regnerischen Nacht betrunken und voller Verzweiflung vor meiner Haustür auftauchte. Ich wusste, dass Phil ein begnadeter Wissenschaftler war, der Chef eines technologisch führenden Unternehmens, und dass eine Menge Menschen, die dort ihren Lebensunterhalt verdienten, auf ihn zählten. Und doch empfand ich ihn in diesem Moment vor allem als meinen alten Schulkameraden, der sich verletzt und betrogen fühlte, weil einer seiner Freunde lieber mit der anderen Fußballmannschaft spielen wollte.

„Jetzt hör doch mal auf zu jammern", fuhr ihn mein Vater mit seinem üblichen Mitgefühl an. „Du scheinst es wirklich nicht zu begreifen. Werd endlich mal erwachsen!"

„Was soll ich denn jetzt schon wieder begreifen?", schnauzte Phil zurück.

„Das ist dein Job. Den Laden leiten. Menschen gehen, Menschen kommen, und es ist deine Aufgabe, dafür zu sorgen, dass alles funktioniert. *Das* ist deine Arbeit."

„Und wie soll ich das machen? Ich bin Physiker, Herrgott noch mal!"

„Bist du nicht, nicht hier in der freien Wirtschaft. Entweder du übernimmst die Aufgabe als Unternehmensleiter und führst, oder du lässt es ganz bleiben", antwortete mein Vater. Ich starrte auf die Straße und fing an, mich über beide aufzuregen. Über Phil, weil er sich weigerte, zu erkennen, dass er irgendwann die Verantwortung übernehmen muss, und über meinen Vater aufgrund seines Mangels an Kompromissbereitschaft. Von Taktgefühl gar nicht zu reden.

„Ich komme schon so langsam damit zurecht", sagte Phil einlenkend. „Aber es ist wie mit dem Thema ‚Lean'. Ich weiß einfach nicht, wie es geht."

„Na ja", sagte mein Vater milde. „In diesem Fall benutze ich das Drei-Kästchen-Modell."

„Drei Kästchen?"

„Stelle dir zu jedem deiner Mitarbeiter zwei Fragen:

- Welche Arbeitsstelle könnte er als nächste übernehmen?
- Wer könnte ihm an seine jetzige Stelle nachfolgen?"

„Die drei Kästchen sind also die aktuelle Stelle, die zukünftige Stelle und der Nachfolger?"

„Genau. Was hätte Amy als Nächstes machen können? Gibt es für jemanden, der noch so jung und doch schon so erfahren ist wie sie, einen Platz in deinem Managementteam?"

„Okay, verstanden", sagte Phil widerwillig. „Aber in der Zwischenzeit lässt sie mich hängen."

„Tja, mein Junge, das ist die zweite Schwierigkeit, mit der alle Führungskräfte kämpfen. Man verliert immer die Guten, weil die entweder abgeworben werden oder weil es ihnen zu langweilig wird. Es ist Teil deiner Aufgabe, darüber nachzudenken, wie du sie halten kannst."

„Und was ist dann die erste Schwierigkeit?", fragte ich neugierig.

„Ein System zu haben. Etwas, das nicht jeden Tag überwacht und kontrolliert werden muss. Etwas, das die Willkür im Management reduziert."

„So etwas wie das Toyota-Produktionssystem?"

„Oder Prozeduren, wie es sie in der Navy gibt, genau. Ein System, das aus ein paar Menschen ein schlagkräftiges Team formt. Ein System, das für Standardprobleme Standardantworten bereithält oder in Standardsituationen Standardverhaltensweisen aufzeigt. Führung bedeutet dann, aus diesen Strukturen das zu formen, was gemeinhin *Esprit de Corps* oder Teamgeist genannt wird, ein Zusammengehörigkeitsgefühl eben."

„Du hast das schon mal erwähnt, was meinst du genau mit *Esprit de Corps*?"

„Ich kann das auch nicht genau definieren, aber es ist so etwas wie der gemeinsame Wille, das System, anstatt es zu bekämpfen, zum Laufen zu bringen und darauf stolz sein zu können."

„So ähnlich wie das, was Gloria mit den Werkern an der Automatenlinie mit den 5S-Aktionen erreicht hat?"

„Genau das meine ich. Sie arbeiten fokussiert, sie haben einen hohen Grad an Disziplin entwickelt und sie sind stolz darauf. Genau das ist es."

„Aber wie erreicht man das?", bohrte ich nach.

„Ein Teil des Problems", er warf einen schnellen Blick auf Phil im Rückspiegel, „ist, die Menschen lange genug gemeinsam arbeiten zu lassen, damit so etwas wie ein Teamgeist überhaupt entstehen kann. Die Voraussetzung für die Entwicklung des *Esprit de Corps* ist ein stabiles Team. Auch wenn die Teammitglieder immer wieder mal bei Problemen streiten oder unterschiedlicher Meinung sind, so bleiben sie doch zusammen, weil sie dieselbe Sprache sprechen, die gleichen Probleme haben und weil sie auch viele schöne Zeiten miteinander haben. Amy hat gekündigt, weil ihr sie im Stich gelassen habt."

„Wie kannst du das sagen?", erwiderte Phil schlecht gelaunt. „Ich habe ihr bei allem den Rücken gestärkt!"

„Und trotzdem hatte sie das Gefühl, alleine gegen alles und jeden kämpfen zu müssen. Sie war nicht Teil eines Teams. Ein Einzelkämpfer alleine kann es nicht schaffen. Eine Führungskraft alleine ist zu wenig. Du musst dir ein Managementteam aufbauen, das sich darum kümmert, dass sich dieser *Esprit de Corps* entwickeln kann. Allen muss klar sein, dass die Kirschen in Nachbars Garten eben nicht süßer sind. Alle müssen verstehen, dass sie woanders keinen besseren Platz finden werden, keinen mit der gleichen Unternehmenskultur, mit den gleichen Werten."

„Und wie macht man das?"

„Das ist der zweite Schritt", schmunzelte mein Vater. „Der erste ist, ein System zu haben. Dann brauchst du Leute, die dieses System anführen. Du findest diese Leute, du treibst sie an, du verlierst sie, du findest andere. Das ist ein Dauerproblem, wie im Krieg. Immer wenn du einen guten Anführer hast, wird er seine Mannschaft in die Schlacht führen. Dann wirst du ihn verlieren, und du musst einen anderen finden, der ihn ersetzen kann und die Sache weiterführt. Es ist klar, je länger du diese Leute halten kannst, desto besser funktioniert das Zusammenspiel. Du kannst deine Leute jederzeit verlieren, das muss dir klar sein. Aber ihr Verlust darf nicht dazu führen, dass du alles verlierst, was du bis dahin aufgebaut hast. Das ist keine leichte Aufgabe, aber die Alternative wäre schlimmer."

„Ja, die Alternative sind die Generäle, die nur noch Rückzugskämpfe führen", bestätigte Phil. „Und wir wissen alle, wie sinnvoll das ist."

„Aus Vorgesetzten, die an vorderster Front standen und das Glück hatten, zu überleben, werden die besten Generäle. Als General, und das ist der entscheidende Punkt, musst du ständig schauen, wer was kann, du musst die richtigen Leute finden, sie an die richtige Position bringen und dann dafür sorgen, dass sie als Team zusammenarbeiten."

„Wie in der Filmindustrie", sagte ich und dachte an meinen Bruder.

„Richtig, das ist genau das Gleiche."

„Und du denkst, ich habe mich zu sehr auf Amy verlassen?"

„Nicht ‚zu sehr', mein Junge. Ich sage nur, du sollest anfangen, wie ein General zu denken. Sie ist weg, wünsch ihr viel Glück. Wer sollte, denkst du, ihren Platz einnehmen?"

„Ich weiß es noch nicht."

„Dann wird es aber höchste Zeit, darüber nachzudenken."

„Und auch darüber, was du mit deinen Rückzugsgenerälen machen willst", setzte ich noch einen obendrauf.

Er schaute in Gedanken versunken aus dem Fenster und antwortete nicht. In unserer Gegend gab es drei verschiedene Arten von Wetter. Entweder war der Himmel strahlend blau, es regnete oder es war neblig. Heute war es warm und schwül, über der Bucht hing ein Sturm und wartete darauf, loszubrechen. Regen würde also als Nächstes kommen. Da mein Vater keine Klimaanlagen mochte, hatten wir die Fenster geöffnet, und die dampfende Luft nahm uns fast den Atem. Plötzlich lachte mein Vater glucksend und Phil warf ihm einen säuerlichen Blick zu.

„Was ist los?“, fragte ich.

„Ich hatte mal eine interessante Diskussion mit dem Personalleiter eines Toyota-Werks, das von uns beliefert wurde. Es war ganz am Anfang, als Toyota gerade anfing, hier Werke aufzubauen. Er sagte mir, dass die normalen Mitarbeiter, die bei Toyota Teammitglieder heißen, im Großen und Ganzen mit dem Angebot von Toyota ‚du gibst uns 100 Prozent deiner Leistung und wir kümmern uns dafür um dich‘ sehr zufrieden waren. Es war das Management, das damit nicht klarkam. Keine Vergünstigungen, keine bezahlten Überstunden, aber dafür rund um die Uhr arbeiten. Außerdem haben sich die Manager darüber beklagt, dass die Personalabteilung die Werker verwöhnen und im Streitfall immer auf deren Seite stehen würde. Toyota hat also viele Manager verloren, auch weil es sich im Lebenslauf gut machte, für Toyota gearbeitet zu haben. So war es auch bei Amy. Es scheint, dass irgendjemand da draußen das Gefühl hat, ihr hättet gute Fortschritte gemacht.“

Mein Vater lachte laut über seinen eigenen Witz, während Phil deprimiert noch tiefer in seinem Sitz versank.

„Wer ist denn der Typ, den wir am Flughafen treffen?“, fragte ich, um das Thema zu wechseln.

Mein Vater hatte statt seines Pick-ups das Auto meiner Mutter genommen und auch sich selber herausgeputzt. Er trug einen Blazer, gebügelte Baumwollhosen, ein gestärktes Hemd und, Wunder über Wunder, eine, wenn auch etwas zerknitterte, Krawatte.

„Tanaka-San ist ein sehr alter Herr, und er wird müde sein von dem langen Flug. Ich erwarte von euch also, dass ihr euch benehmt. Er wird Ende der Woche auf einer Konferenz einen Vortrag halten, aber weil wir uns schon seit vielen Jahren kennen, hat er mir den großen Gefallen getan und sich bereit erklärt, dein Werk anzuschauen, Phil. Das ist eine große Ehre, lass dir das gesagt sein.“

Ehre? Großer Gefallen? Was wird das denn jetzt schon wieder?

Tanaka-San war ein zerstreut wirkender, schmaler Mann mit einem Schopf dünner, weißer Haare. Er trug einen grauen, zerknitterten Anzug und kam, als er meinen Vater hinter der Absperrung erkannte, mit der Bedächtigkeit eines alten Mannes und einem leichten Lächeln auf seinem faltigen Gesicht gemessenen Schrittes auf uns zu. Mit beidhändigem Händeschütteln und vielen Verbeugungen ließen sie keinen Zweifel dran, wie sehr sie sich freuten, einander zu sehen. Als mein Vater Phil vorstellte und sie alle ihre Visitenkarten austauschten, stand ich da wie ein kompletter Idiot, weil meine niemals die Plastikbox, die auf meinem Schreibtisch in der Universität liegt, verlassen hatten. Tanaka-San schien das nichts auszumachen, er freute sich sehr, „Professor Woods", wie mein Vater mich vorgestellt hatte, kennenzulernen. Er sagte dann ein paar Sätze auf Japanisch, und ich fragte meinen Vater aus dem Mundwinkel, was sie bedeuteten.

„Er sagte, er freut sich, dich kennenzulernen", war die knappe Antwort.

„Ich wusste gar nicht, dass du auch Japanisch sprichst", rief ich irritiert.

„Tu ich auch nicht", erwiderte er nervös. „Ich habe nur hier und da mal ein paar Worte aufgeschnappt. Tanaka-San möchte aber immer ein wenig Japanisch mit mir reden. Er meinte mal, das wäre gut für mich."

Tanaka lachte und hielt meinem Vater einen Vortag auf Japanisch, bevor er sich an uns wandte und in fließendem Englisch erklärte, dass jeder, der so vermessen sei, Japanisch lernen zu wollen, in seinen Bemühungen unbedingt unterstützt werden müsste, was meinen Vater zum Lachen brachte. Während Phil und ich wieder wie Kinder hinten im Auto saßen, unterhielten sich Tanaka und mein Vater über die neuesten Gerüchte, neckten sich und tauschten Neuigkeiten darüber aus, wer in der kleinen Welt der Lean-Experten in den Vereinigten Staaten wann was machen würde. Aufgrund der Ankündigungen meines Vaters hatte ich eine Art feuerspeienden Drachen erwartet, aber Tanakas einnehmende und gemütliche Art zerstreute meine Bedenken.

Als wir das Werk erreichten, änderte sich das. Auf Tanakas Gesicht erschien ein Ausdruck tiefster Konzentration, es wirkte plötzlich wie eine Maske, kein Lächeln trübte seinen fokussierten Blick. Er ignorierte Phils Versuche, ihm zu erklären, was das Werk produzierte oder wie diese Dinge funktionieren, und ging schnurstracks an die Arbeitsplätze. Das ganze Werk sah völlig anders aus. Gut ein Drittel der Fläche der Produktion war vollkommen leer und mit Ketten abgesperrt, der Boden akribisch geputzt. Am Beginn des Förderers stand ein Supermarkt mit den Gehäusen. Die Fertigungszelle für die Gehäuse stand nun ebenfalls neben dem Förderer, direkt gegenüber der Automatenfertigung, und die Maschinen sahen aus wie geleckt. Vor jeder Fertigungszelle stand eine Weißwandtafel, auf der die Tagesziele, die Kanban-Warteschlange und einige wenige aufgezeichnete Kennzahlen zu erkennen waren. Das wilde Chaos der vielen Paletten voller Bleche war verschwunden, die wenigen Behälter im Lager standen ebenerdig und die Regale an den Wänden hatten sich merklich geleert.

Nichts davon schien Tanaka zu interessieren. Er ging in der Automatenfertigung von Station zu Station, befühlte die verschiedenen Komponenten und beobachtete die Werker. Er ging langsam zur Endmontage, betrachtete lange und konzentriert den Automatensupermarkt (der seit unserem letzten Besuch um die Hälfte geschrumpft war) und verbrachte viel Zeit damit, die Kisten auf den Rollenbändern hochzuschieben und sie beim Zurücklaufen zu den Arbeitsplätzen der Endmontagemitarbeiter zu beobachten. Am Förderer betrachtete er ausgiebig und schweigend jede einzelne Station. Durch die Fertigungszelle der Gehäuse ging er etwas schneller, beim Anblick der alten Presse leuchtete sein Gesicht auf. Er sagte etwas zu meinem Vater.

„Er mag alte Maschinen“, flüsterte mein Vater zu uns. „Er sagte, er fühlt sich dann wieder jung.“

Nachdem er ungefähr eine Stunde lang schweigend die Fertigung angeschaut hatte, wandte er sich an Phil, der mittlerweile schon recht besorgt aussah.

„Ist die Qualität nicht wichtig für Sie?“, fragte er laut.

„Bitte?“, stammelte Phil, komplett aus dem Konzept gebracht.

„Ihre Manager“, sagte Tanaka ruhig, „kümmern sich nicht um die Qualität.“

„Was?“, sagte Phil jetzt völlig perplex.

„Auch Ihre Arbeiter interessieren sich nicht für Qualität. Oder falls sie es tun, so hat zumindest noch niemand mit ihnen darüber gesprochen.“

„Entschuldigen Sie, Tanaka-San, ich verstehe nicht, was Sie meinen. Natürlich ist die Qualität unserer Produkte sehr wichtig für uns. Wir haben eine 100-prozentige Kontrolle bei allen Produkten.“

„Sie können die Qualität nicht in Ihre Produkte hineinkontrollieren“, erwiderte Tanaka spitz. „Sie müssen die Qualität einbauen“, sagte er dann mit Nachdruck und zeigte auf einen Montageplatz.

Phil warf meinem Vater einen hilflosen Blick zu, aber der stand nur unbeweglich da.

„Hält diese Montagelinie manchmal an?“, fuhr Tanaka-San fort.

„Nicht mehr. Wir haben überall standardisierte Arbeit eingeführt, und mittlerweile läuft alles sehr gleichmäßig.“

„Sie hält zu wenig an. Sie haben zu viel Bestand."

Phil schaute mich entgeistert an. Ich selbst konnte kaum noch Bestände sehen, nur das, was im Arbeitsbereich selbst war, und eine Palette, die an der Wand stand.

„Bitten Sie Bob-San, Ihnen den See und die Felsen zu erklären."

Er nickte meinem Vater zu, machte eine Geste, dass er ihm folgen solle, und ging dann ein paar Schritte zur Seite. Dort unterhielten sich die beiden, Tanaka zeigte auf verschiedene Dinge, und mein Vater nickte gewissenhaft. Endlich traten sie wieder zu mir und Phil, der immer noch mit leicht offenem Mund dastand.

„Ich danke Ihnen für die freundliche Aufnahme, Phil-San", sagte er lächelnd und verbeugte sich. „Sie haben in diesem Werk ausgezeichnete Arbeit geleistet, und ich bin sicher, es wird zu einer Modellfirma in den Vereinigten Staaten werden."

„Beweg dich, danke ihm", flüsterte mein Vater Phil nachdrücklich ins Ohr, und während Phil lächelte und sich verbeugte, nahm mich mein Vater zur Seite und sagte: „Ich erkläre es euch später. Jetzt fahre ich ihn erst mal ins Hotel und dann gehe ich mit ihm essen. Kommt heute Abend noch auf ein Bier bei mir vorbei."

Ohne ein weiteres Wort der Erklärung gingen sie. Phil stand da, völlig perplex, und putzte seine Brille an seinem Hemdzipfel. Seine Augen ohne die schützenden Gläser wirkten hohl. Er war so durcheinander, dass ich mir ein Lächeln verkneifen musste. Wart mal, bis Amy von der Geschichte erfährt, dachte ich, sie wird sich bestimmt kugeln vor Lachen.

„Schöne Werksbesichtigung", platzte Phil heraus, nass vom Regen, als mein Vater die Tür öffnete.

„Ja, Tanaka-San ist ruhiger und gesetzter geworden."

Ruhiger und gesetzter? Mein Vater nahm sein Martiniglas und nickte Richtung Treppe. Ich riss mich von dem Film los, den ich mit meiner Mutter anschaute, während Phil ein paar Flaschen Bier aus dem Kühlschrank holte. Der Regen hatte eingesetzt, gerade als ich das Haus erreichte, und so konnten wir nicht auf die Terrasse, sondern gingen in das Arbeitszimmer meines Vaters. Meine Mutter blieb zurück im Wohnzimmer bei ihrem Film.

„Tanaka-San war mein erster Lean-Mentor", erklärte mein Vater. „Damals war ich Werksleiter bei einem Zulieferer, der auch Toyota belieferte, und wir wurden in ihr Lieferantenentwicklungsprogramm aufgenommen. Er sagte mir bei seinem ersten Besuch, dass ich meine großen Metallcontainer verschrotten und stattdessen kleine Plastikkisten einsetzen soll, dass ich meine Rüstzeiten halbieren müsste, um öfter zu rüsten, und dass ich, obwohl der Toyota-Lastwagen nur zweimal pro Woche kam, alle zwei Stunden die Fertigwaren in die Vorbereitungszone bringen muss. Ich habe ihn direkt rausgeworfen." Er kicherte.

„Versteh ich gut", sagte Phil mitleidig und schob seine Brille auf der Nase zurück.

„Aber er war sehr geduldig mit mir. Ich dachte ausführlich über die ganze Sache nach und bat ihn dann, wiederzukommen. Er sagte mir noch einmal genau das Gleiche. Okay, sagte ich. Wie macht man das? Und ab diesem Moment haben wir wunderbar zusammengearbeitet."

„Besonders gesetzt kam mir sein Verhalten aber nicht vor", schmunzelte ich.

„Du hast ihn noch nie in Aktion erlebt. Kurz nachdem er in Rente gegangen war, kam er in die Staaten, um an einer Konferenz teilzunehmen. Er mag keine Präsentationen, also bestand sein gesamter Vortrag aus Vorher-nachher-Bildern. Der CEO eines Konzerns war davon so beeindruckt, dass er ihn vom Fleck weg bat, ihm in seinem Unternehmen zu helfen. Tanaka sagte ihm, er wäre in Rente, und lehnte das Angebot ab. Aber der Mann gab nicht auf und schaffte es, Tanaka zu überreden, mit ihm zu Abend zu essen. Sie gingen in das beste Restaurant der Stadt, aber nachdem sie ihre Bestellung aufgegeben hatten, zog der Vorstand einen Plan von seinem Werk hervor und zeigte ihm, wo er überall mit Lean-Workshops beginnen wollte. Tanaka warf einen Blick darauf und sagte nur: ‚Falsch, falsch und noch mal falsch.' Der Mann bat ihn daraufhin noch mal inständig, sein Werk wenigstens einmal zu besuchen. Tanaka war ein wenig genervt, und so sagte er ihm zu, dass er, wenn er ab sofort nicht mehr darüber sprechen, sondern ihn in Ruhe sein Essen genießen lassen würde, er nach dem Abendessen ins Werk gehen würde. Allerdings stellte er noch eine Bedingung. Sie hätten alles zu tun, was er ihnen sagte. Keine Diskussionen."

Jetzt weiß ich, woher du das hast, dachte ich lächelnd.

„Um Mitternacht waren sie endlich im Werk. Tanaka-San schaute sich um und fragte den CEO, ob Leute von der Instandhaltung da wären. ‚Keine Diskussionen', erinnerte er ihn dabei, sonst würde er sofort ins Hotel zurückfahren. Und dann haben sie die ganze Nacht damit verbracht, Maschinen umzustellen, um einen richtigen Materialfluss zu kreieren. Sie reduzierten die Durchlaufzeit in dieser Nacht um absurd klingende 80 Prozent. Tanaka-San nannte dem Mann, für den Fall, dass er weitere Hilfe bräuchte, meinen Namen, und so wurde ich dort Produktionsleiter."

„Was hat er damit gemeint, dass meine Manager sich nicht um die Qualität kümmern?", fragte Phil, der langsam wieder ärgerlich wurde.

„Genau das. Kümmern sich deine Manager um die Qualität?"

„Natürlich tun sie das", stammelte er. „Du weißt das auch. Wir tun alles, um sicherzustellen, dass jedes einzelne Produkt getestet wird."

„Das ist sicher wieder eine dieser Gemba-Fragen", warf ich ein.

„Gut geraten. Genau."

„Versteh ich nicht", sagte Phil.

„Erinnerst du dich an die Geschichte mit dem Skipper, der an Deck steht, um die Probleme im Vorfeld zu erkennen, und dem anderen, der unter Deck ist, mit allen seinen Berichten, und deshalb genau erklären kann, warum sein Schiff gerade auf ein Riff gelaufen ist?"

„Ja, schon, aber mir fehlt da ..."

„Wie viel Zeit hat ein Skipper, um zu reagieren, wenn er ein Problem erkennt?"

„Nicht sehr viel, schätze ich."

„Wie viel Zeit hat ein Manager, um zu reagieren, wenn er ein Qualitätsproblem erkennt?"

„Okay, mir wird das langsam klar."

„Wie viel?"

„Ich weiß nicht. Ein paar Stunden?"

„Genauer. Wie viel?"

„Bis die gleiche Situation das nächste Mal eintritt?", die Geschichte weckte langsam mein Interesse.

„Exakt. Bevor der Zyklus des Arbeiters wieder beginnt."

„Einen einzigen Zyklus?", wiederholte Phil verdutzt.

„Logisch. Denk doch mal nach. Du hast nicht mehr Zeit. Danach fängst du an, Schrott zu produzieren."

„Aber niemand kann so schnell reagieren", protestierte er.

„Nicht, wenn man im Büro sitzt, da hast du recht."

„Aber wir können doch nicht alle ständig in der Fertigung sein."

„Als ich Werksleiter war, war ich zehn Stunden pro Tag im Werk. Zwei oder drei Stunden davon war ich im Büro. Die restliche Zeit war ich in der Fertigung."

„Und was hast du da den ganzen Tag gemacht?"

„Versucht, herauszufinden, wie wir die Dinge verbessern können. Versucht, Qualitätsprobleme zu erkennen. Den Schichtleitern geholfen, Anomalien zu erkennen, und ihre Gegenmaßnahmen zerpflückt. Es war genug zu tun, glaub mir."

„Und alles andere? Du weißt schon, der ganze Papierkram?"

„Der wurde weniger. Vor allem, weil wir Probleme lösten, bevor sie bei mir im Büro aufschlugen. Manche Sachen habe ich einfach nicht gemacht, wie diese überflüssigen Berichte für die Zentrale. Ansonsten kann man in zwei Stunden bei konzentrierter Arbeit eine Menge erledigen."

„Und die Besprechungen?"

„Es gab keine Besprechungen. Ich hasse Besprechungen. Besprechungen sind fast immer nur Zeitverschwendung."

„Tanaka-San hat heute vier elementare Punkte angesprochen", sagte mein Vater dann. „Der erste war, dass das Management erst dann von einem Problem erfährt, das im Werk auftritt, wenn es einen Bericht darüber gibt. Das ist normalerweise zu spät. Zweitens habt ihr euch sehr auf das Thema ‚Fluss' konzentriert, aber weniger auf Qualität. Das ist hauptsächlich mein Fehler, weil ich mit euch darüber, abgesehen von den roten Kisten, zu wenig gesprochen habe. Um bei unserem Vergleich zu bleiben: Das Gold fließt deutlich schneller, aber du verlierst noch zu viel davon. Drittens haben deine Werker keine Abläufe, um Fehler und Defekte automatisch zu korrigieren, und sie werden auch nicht nach ihren Verbesserungsvorschlägen gefragt. Daher seine Aussage, dass sich ‚die Werker nicht um die Qualität kümmern'. Als Letztes hat er gesagt, dass dein Fluss zu störungsfrei fließt, das heißt, es tauchen keine Probleme mehr auf. Wenn du deine Bestände noch weiter reduzierst, werden Probleme auftauchen, die deine Linie stoppen. Und das ist gut, denn dann werden sie auch gelöst."

„Das ist alles? Warum hat er das nicht einfach so gesagt?", sagte Phil, müde lächelnd.

„Das hat er, Philip", antwortete mein Vater.

„Es gibt einen Aspekt des Toyota-Produktionssystems, über den wir noch gar nicht gesprochen haben", meinte mein Vater mit einem lang gezogenen Seufzer. „Das System basiert auf zwei Säulen. Die erste ist Just-in-Time, bei dem du sichtbare Fortschritte erzielt hast. Die zweite heißt Jidoka. Die Idee dahinter ist, wie ihr wisst, dass der nachfolgende Prozess vom Vorgängerprozess die Teile holt, unter der Voraussetzung, dass sich der liefernde Prozess verpflichtet, immer nur gute Teile zu liefern."

„Null Fehler."

„Ja", sagte Phil. „Wir haben im Zusammenhang mit den roten Kisten darüber gesprochen. Du hast gesagt, es würde bedeuten, keinen Fehler zu akzeptieren."

„So ähnlich. Wenn ich die Verantwortung für einen Prozess übernehme, dann übernehme ich auch die Verantwortung dafür, nur gute Teile zu liefern. Es gibt zwei Möglichkeiten, das sicherzustellen. Die erste ist natürlich ..."

„... Kontrolle."

„Richtig. Und diese Kontrolle muss immer weiter nach unten aufgedröselt werden, bis jeder Werker seine eigene Arbeit kontrolliert."

„Wie soll das gehen?", fragte ich. Ich konnte mir nicht vorstellen, dass Menschen ihre eigene Arbeit auch noch kontrollieren, das hörte sich widersinnig an.

„Hauptsächlich mit Checklisten", antwortete er. „Zu jedem Prozessschritt existiert eine Checkliste, die maximal sieben oder acht Punkte enthält, die überprüft werden müssen. Die Werker folgen dabei immer dem gleichen Ablauf, um sicherzustellen, dass alle Punkte überprüft werden."

„Wie standardisierte Arbeit?"

„Ja, ähnlich. Aber versucht nicht, alles unter einen Hut zu bringen. Aber auf jeden Fall ist das noch nicht alles beziehungsweise nicht genug. Man kann Qualität nicht in ein Produkt hineinkontrollieren, man muss sie in das Produkt einbauen. Seit Sakichi Toyoda, der Gründer des Unternehmens, selbst seine Erleuchtung hatte, gibt es eine richtige Toyota-Tradition zu diesem Punkt. Um Qualität in ein Produkt einzubauen, so wurde ihm klar, muss der Prozess sofort gestoppt werden, wenn Nicht-Qualität erkannt wird. Mit dieser Erkenntnis baute er Webstühle, die jedes Mal automatisch stoppten, wenn ein Faden riss – was dazu führte, dass viele Leute sich ständig darum kümmern mussten, die Probleme zu lösen und herauszufinden, warum die Fäden reißen."

„Was genau das ist, was meine Ingenieure nicht tun, weil sie immer erst viel zu spät erfahren, wenn etwas kaputtgeht. Und meistens sind sie dann auch noch der Meinung, dass das nicht ihr Problem wäre", räumte Phil ein. „Aber ich könnte mir vorstellen, dass sie sich mehr Gedanken machen würden, wenn jedes Mal, wenn ein Werker ein Problem hat, er einen Knopf drückt, die Montagelinie stoppt und dann ein Ingenieur kommen muss, um ihm zu helfen."

„Ich sehe das richtig vor mir", sagte ich kichernd. „Du gehst zu Pellman und sagst zu ihm: ‚Geh runter zum Gemba und schau es dir selber an.' Da wäre ich gerne dabei."

„Bei der nächsten Gelegenheit werde ich genau das tun", sagte er ausdruckslos.

„Diesen Aspekt des Themas ‚Lean' muss man einfach glauben", fuhr mein Vater fort. „Wir wissen aus Erfahrung, dass die Kosten sinken, wenn man darin investiert, die Probleme direkt bei ihrem Auftreten zu lösen."

„Das wird nicht einfach, das Managementteam davon zu überzeugen", meinte Phil. Mein Vater zuckte nur mit den Schultern.

„Genau wie Just-in-Time ist auch Jidoka ein sehr facettenreiches Konzept. Es dreht sich alles darum, Qualität in das Produkt einzubauen, indem man verhindert, dass Nicht-Qualität auftritt. Es gibt aber verschiedene Möglichkeiten, mit denen dieses Prinzip umgesetzt werden kann. Die bekannteste ist der Einsatz von sogenannten *Andon-Tafeln*, riesigen elektronischen Anzeigen, auf denen die Nummern aller Arbeitsplätze angezeigt werden. Wenn ein Werker auf Schwierigkeiten stößt, drückt er einen Knopf, die Nummer seines Arbeitsplatzes leuchtet auf. Der Teamleiter und der Schichtleiter rennen sofort dahin, denn sie haben ab diesem Zeitpunkt nur einen einzigen Zyklus Zeit, das Problem zu beheben. Andernfalls stoppt die Linie."

„Wie lang ist so ein Zyklus?"

„Das hängt vom Kundentakt ab, es läuft ungefähr jede Minute ein Auto vom Band. Also nicht sehr lang."

„Meinst du, wir bräuchten auch so eine Tafel?"

„Das sähe etwas doof aus", lachte mein Vater. „Du solltest nicht mit Kanonen auf Spatzen schießen. Außerdem sind deine Zykluszeiten viel länger, ihr habt zehn Minuten, um zu reagieren. Ihr solltet euch euren eigenen Weg überlegen, wie der Werker deutlich sichtbar signalisieren kann, dass er ein Problem hat. Das kann eine rote Fahne sein, was auch immer. Es muss nur unmissverständlich und klar erkennbar sagen: Kommt her, hier gibt es ein Problem."

Rote Flagge. Phil unterstrich die Worte in seinem Notizblock.

„Ein Problem anzuzeigen ist aber nur der erste Schritt, vergesst das nicht. Ihr müsst auch festlegen, dass die Linie stoppt, wenn das Problem nicht innerhalb eines Zyklus gelöst wurde. Punkt."

„Bis es wirklich komplett gelöst wurde?", fragte ich.

„Nein, das natürlich nicht. Ihr stoppt so lange, bis ihr eine Maßnahme gefunden habt, die sicherstellt, dass keine Nicht-Qualität produziert wird. Danach müsst ihr natürlich herausfinden, wodurch das Problem verursacht wurde, und das kann eine komplexe und zeitaufwendige Analyse nach sich ziehen. Aber ihr stoppt die Produktion so lange, bis ihr eine schnelle Gegenmaßnahme implementiert habt."

„Das erhöht den Druck, das ist mal sicher", sagte Phil beeindruckt.

„Das kannst du laut sagen. Ich habe schon einige Linienstopps erlebt, die wirklich kritisch waren. Aber das bedeutete jedes Mal, dass wirklich alle an der Lösung dieses Problems arbeiteten. Wenn du das zehn Jahre lang machst, hast du hinterher deutlich weniger Probleme."

„Und wie macht man das mit Maschinen?"

„Genau das Gleiche. Toyota nennt das *Autonomation.* Sie haben viel Energie reingesteckt, sicherzustellen, dass ihre Maschinen Fehler erkennen und dann sofort stoppen. Dann leuchtet eine rote Lampe auf, und es rennt sofort jemand zu der Maschine. Ein weiterer, großer Vorteil ist, dass man auf diese Maschinen nicht mehr ständig aufpassen muss. Eine Person kann viele Maschinen betreuen und greift nur ein, wenn ein Defekt auftritt oder zum Be- und Entladen. Seit der Zeit der Webstühle ist das Teil ihres Denkens."

„Ein Mem", platze es aus mir heraus.

„Bitte?"

„Mems. Das ist so etwas wie ein Gen von einem Konzept. Ein Mem ist eine Idee, die kommuniziert und weitergegeben wird, auch über Generationen, wobei so ein Mem, wie ein Gen, auch mutieren und sich weiterentwickeln kann. So wie die Idee des selbststoppenden Webstuhls, aus der sich im Lauf eines Jahrhunderts verschiedene Techniken entwickelt haben. Das Mem ist immer das gleiche, die Techniken sind nur Mutationen davon."

„Das TPS ist voll von solchen Dingen", stimmte mir mein Vater zu meiner Überraschung zu. Normalerweise machte er sich über mich lustig, wenn ich von meinem Fachgebiet erzähle. Vielleicht wurde er auch ruhiger. Na ja, wahrscheinlich eher nicht.

„Lasst mich das noch mal zusammenfassen", sagte Phil. „Ich muss die Qualität in meine Produkte einbauen. Um das zu erreichen, dürfen keine defekten Teile weitergegeben werden. Also muss, erstens, jeder Werker seine Arbeit überprüfen – genau wie die Maschinen auch. Wenn, zweitens, ein Defekt gefunden wird, wird um Unterstützung gerufen. Wenn, drittens, innerhalb eines Zyklus keine Gegenmaßnahme gefunden wird, stoppt alles. Dave wird mir vor Freude um den Hals fallen!"

„Wir haben keine solche Kultur. Aber ein Teamleiter, der seine Linie nie stoppt, versteckt entweder seine Probleme oder sieht sie nicht. Hier kommt aber noch hinzu, dass der Werker den Knopf drückt, der das Band nach einem Zyklus stoppt. Wenn also der Teamleiter den Knopf nicht innerhalb eines Zyklus und nachdem eine Gegenmaßnahme gefunden wurde ein zweites Mal drückt, steht die Linie."

„Das bedeutet aber, den Werker verantwortlich zu machen."

„Es bedeutet, den Werker zu beteiligen", antwortete er.

„Was die Werker betrifft, gibt es noch einige offene Fragen. Wenn ich stunden- und tagelang immer das Gleiche machen müsste, würde es mir ziemlich schwerfallen, ununterbrochen auf die Qualität zu achten."

„Da muss ich Phil recht geben. Mir fällt es schon schwer, jedes Mal das Licht auszumachen, wenn ich einen Raum verlasse."

„Deshalb brauchen sie ja auch Hilfe."

„Hilfe wofür?"

„Hilfe, um erst gar keine Fehler zu machen, was denn sonst", sagte mein Vater gereizt. „Natürlich hast du recht. Produzieren und gleichzeitig ununterbrochen alles zu überprüfen wäre etwas viel verlangt. Wir brauchen also Hilfsmittel am Arbeitsplatz oder am Produkt selbst, die verhindern, dass überhaupt Fehler auftreten. Toyota nennt diese Hilfsmittel *Poka Yoke*. Es wird häufig mit *Fehlervermeidung* übersetzt."

„Hast du ein Beispiel?"

„Na ja, zum Beispiel deine Sicherungsschaltschränke. Wozu braucht man die?"

„Ich verstehe. Bei einem Kurzschluss oder bei Überlast schalten sie den Strom ab, bevor die ganze Anlage verschmort. Sind das auch so Dinge wie Kindersicherungen bei Medikamentenfläschchen?"

„Ja, genau. Oder die verschiedenen Durchmesser der Zapfventile bei Tankstellen, damit keiner Diesel tanken kann, wenn er Super braucht. Meist fängt man damit an, dass man für verschiedene Dinge verschiedene Farben verwendet, damit die Fehleranfälligkeit geringer ist. Als Nächstes muss man einen Weg finden, wie man verhindern kann, dass der Werker weiterarbeitet, obwohl zum Beispiel Komponenten fehlen, obwohl er etwas falsch montiert hat oder obwohl die Maschinen nicht sauber arbeiten."

„Hast du konkrete Beispiele?"

„Schwer so aus dem Stand etwas zu sagen, man müsste in der Fertigung sein. Allgemein lässt sich sagen, dass eine echte Poka-Yoke-Vorrichtung dich daran hindert, einen Vorgang falsch auszuführen. Wenn du so etwas nicht findest, dann gibt es noch die Möglichkeit, mit Sensoren und Anzeigen auf Fehler hinzuweisen. Das ist nicht ganz so gut, aber es gibt jede Menge billiger Sensoren, mit denen du überprüfen kannst, ob deine Bleche richtig umgeformt oder die Löcher an der richtigen Stelle gebohrt wurden."

„Wo könnten wir so etwas am besten einsetzen?"

„Das weiß ich nicht, Philip. Das musst du selbst herausfinden. Aber denk mal an die Montage der Automaten. Da gibt es jede Menge Kleinteile. Wie kannst du sicherstellen, dass keines davon vergessen wird? Rede mit deinen Werkern, euch wird was einfallen. Oder beim Schweißen. Du könntest einen Zähler einbauen, der die gesetzten Schweißpunkte zählt und Alarm gibt, wenn es weniger sind, als es sein sollten. Denk dir was aus."

„Wie soll ich das ohne Amy schaffen", murmelte Phil, während er wie wild im schwachen Licht im Arbeitszimmer meines Vaters auf seinem Notizblock herumkritzelte. „Wir sind doch schon recht weit gekommen. Wir wollten auf der freien Fläche, die wir geschaffen haben, eine neue Montagelinie aufbauen."

„Es heißt kontinuierliche Verbesserung, weil man nie fertig ist", sagte mein Vater trocken. „Das war Tanaka-Sans letzter Punkt. Wenn deine Produktion störungsfrei läuft, nimm etwas Bestand heraus, und plötzlich tauchen wieder genug Probleme auf, die du dann lösen kannst. Das gilt auch für Poka Yoke. Es hilft dir zu verstehen, wo es Probleme gibt, damit du Kaizen machen kannst."

„Lass das Wasser im See ab, dann erscheinen die Felsen, stimmt's?", warf ich ein.

„Genau. Du wirst dieses Bild eines Tages hassen. Wenn du es nicht hasst, hast du noch nicht genug getan."

„Da gibt es eine Sache, die ich noch nicht verstehe, Dad. Was muss man tun, damit der Schwung nicht erlahmt? Wie schafft man es, dass die Leute kontinuierlich nach Problemen Ausschau halten?"

„Das ist eine Frage der Führung. Als ich Werksleiter war, habe ich mir täglich die Verbesserungsvorschläge von jedem einzelnen Mitarbeiter zeigen lassen."

„Du hast auch von einem Verbesserungsvorschlagswesen gesprochen."

„Habe ich. Tanaka-San sagte, deine Werker wären nicht daran interessiert, Qualität zu produzieren. Tatsächlich ist es aber so, dass es dir egal ist, ob sie daran interessiert sind oder nicht. Ihre Meinung interessiert dich gar nicht."

„Das stimmt doch gar nicht", antwortete Phil verletzt.

„Aber du fragst sie nicht danach. Zumindest gibt es keinen Formalismus."

„Ich habe schon einiges über Verbesserungsvorschlagssysteme gehört", wandte ich ein. „Sie funktionieren nicht. Zumindest bei uns an der Universität funktionieren sie nicht."

„Und warum nicht?"

„Ich weiß nicht. Vielleicht, weil sie keiner ernst nimmt."

„Und warum nimmt sie keiner ernst?"

„Wird das gerade fünfmal ‚Warum?'?"

„Sag doch einfach, was du denkst, verflixt noch mal."

„Weil es sowieso nichts bewirkt. Das ist doch alles nur eine Schau. Selbst wenn du die tollste Idee der Welt hättest, würde das keinen interessieren. Also was soll's?"

„Perfekt. Wenn du willst, dass Verbesserungsvorschläge einen Effekt haben, dann musst du dich darum kümmern und sie mit den Werkern durchsprechen. Und zwar schnell."

„Was ist schnell?"

„Innerhalb einer Woche. Wenn du länger brauchst, sind sie gedanklich nicht mehr dabei."

„Das können wir vergessen. Unsere Qualitätsabteilung wird niemals innerhalb einer Woche reagieren. Von der Instandhaltung will ich gar nicht reden!"

„Gemba ist das Wichtigste. Es ist eine Frage der Einstellung, glaube mir. Du willst, dass deine Qualitäter Probleme an den Montagelinien innerhalb eines Zyklus lösen – und zwar innerhalb des Kundentaktes."

Tiefes Seufzen.

„Das ist nicht so schwierig. Niemand erwartet so schnell eine definitive Antwort. Was deine Werker wollen, ist, dass du zu ihnen gehst und mit ihnen darüber sprichst. Das ist alles. Aus deiner Sicht siehst du ja alle ständig. Aber für sie bist du immer noch der Chef, und mit dir zu reden ist keine normale Sache für sie. Weißt du noch, wie wichtig es Ester und Gloria war, dir zu zeigen, was sie gemacht haben? Du musst für deine Leute und für ihre Arbeit einstehen, andernfalls stehen sie auch nicht für dich ein."

„Gut, ich habe das verstanden, Ich werde das machen. Es ist nur, ich schaffe das von der Zeit her nicht."

„In deinem Werk arbeiten nicht so viele Menschen. Sprich mit jedem Meister jeden Tag die Verbesserungsvorschläge durch. Du wirst überrascht sein, glaub mir."

„Okay. Erst die Menschen machen – und dann die Produkte."

„Und Kaizen", fügte ich hinzu. „Und Gemba. Aber du hast recht, es ist ebenso eine Frage der Einstellung. Es ist richtig, dass man konsequent bleiben muss, dass man Daten erheben und analysieren muss, aber die Basis von allem ist die Veränderung der Einstellung. Es braucht die richtige Einstellung gegenüber den Menschen, gegenüber Kaizen und gegenüber dem Gemba. Und lass dir an dieser Stelle von einem Psychologen sagen, dass die Veränderung der Einstellung von Menschen alles andere als einfach ist."

„Deshalb ist es so wichtig, darauf zu achten, mit wem du arbeitest. Ich habe irgendwann verstanden, dass da vielleicht zu 50 Prozent analytische Dinge eine Rolle spielen, aber auch, dass zu 50 Prozent das alles auf Emotionen basiert, eher sogar mehr. Man muss Dinge besser machen wollen, das muss aus dem Bauch kommen. Wenn es das nicht tut, dann lass es bleiben, das ist auch nicht so tragisch. Wie hat dir Tanaka-Sans Besuch gefallen?"

„Ehrliche Antwort?", sagte Phil. „Ich habe mich gedemütigt gefühlt. Und verärgert. Und beleidigt. Er hat mich wie einen Idioten dastehen lassen."

„Woher konnte er das nur wissen?", grinste mein Vater.

„Jetzt, wo ich hier mit einem Stift, einem Stück Papier und einem Bier in deinem Arbeitszimmer sitze, ist mir schon klar, dass er uns etwas beibringen wollte. Aber in der Fertigung vor Ort war das nicht so lustig. Er hat mich vor meinen Leuten heruntergemacht."

„Er bürstet schon mal gegen den Strich, das hat er bei mir auch gemacht", gab mein Vater lachend zu. „Bis ich irgendwann verstand, dass ich die falsche Einstellung hatte – nicht er. Ich glaube mittlerweile, dass dies das Haupthindernis für Kaizen ist. Wir haben Schwierigkeiten, vielleicht ist das ja auch Teil unserer Kultur, das, was wir selbst geschaffen haben, anschließend kritisch zu hinterfragen. Mann, es ist schließlich anstrengend genug, überhaupt etwas zu tun, was willst du denn noch mehr, oder?"

„Ich verstehe genau, was du meinst. Das klingt wie unsere Ingenieure, als Josh zu ihnen kam und mit ihnen über die Qualitätsprobleme an der Montagelinie sprechen wollte", sagte Phil. „Einer von ihnen hatte doch glatt die Frechheit ..."

„... oder die Naivität", warf ich ein.

„Ja, oder die Naivität, mir zu sagen, dass es schon schwer genug war, die Automaten überhaupt zu konstruieren, als ich ihn aufforderte, eine Änderung, die Josh verlangte, vorzunehmen."

„Niemand wird gerne kritisiert. Speziell in unserer Gesellschaft, wo sich immer alle wohlfühlen sollen, sind negative Rückmeldungen nicht möglich. Früher war das nicht ganz so schlimm, aber das ist auf jeden Fall ein Problem. Es ist mir seit Langem klar, dass die Legitimität von Kritik ein wesentlicher Bestandteil von Toyotas lang anhaltendem Erfolg ist. Kaizen funktioniert nur, wenn Leute bereit sind, das, was sie gemacht haben, sofort wieder zu hinterfragen und alles, was nicht zufriedenstellend funktioniert, weiter zu verbessern."

„Okay. Schön und gut. Aber wie bringen wir unsere Leute dazu?"

„Da gibt es nicht allzu viele Möglichkeiten. Am Ende jeder Aktivität musst du geistig einen Schritt zurückgehen und dich fragen, wie es gelaufen ist. Eine Art Postmortem-Analyse. Und dann verändere, was nicht gut ist."

„Das ist ein bisschen vage", protestierte ich.

„Nicht mit standardisierter Arbeit. Dann wird das sehr schnell recht spezifisch."

„Das funktioniert in der Produktion. Aber was ist mit dem Rest?"

„Genau das Gleiche. Standardisierte Arbeit bedeutet Checklisten, das war's."

„Wie hängt das alles zusammen?"

„Ihr seid unglaublich langsam", maulte mein Vater. „Habt ihr immer noch nicht verstanden, was Kaizen ist? Das ist doch unabhängig davon, was man im Einzelnen tut."

Wir schauten ihn groß an. Japanische Lehrmethoden hin oder her, es ging mir mittlerweile auf die Nerven, dass er uns immer das Gefühl gab, nichts zu verstehen.

„Standardisierte Arbeit ist der Anfang und das Ende der kontinuierlichen Verbesserung. Du kannst die tollsten Problemlösungsmethoden verwenden, wenn du nicht mit standardisierter Arbeit anfängst, wirst du von den Ergebnissen enttäuscht sein. Und standardisierte Arbeit ist letztendlich nichts anderes als eine sehr detaillierte Checkliste. Checklisten! Ein wahrhaft schwieriges Konzept", drückte er uns dann noch eine rein. „Wenn du etwas verbessern willst, dann ist der erste Schritt, eine Checkliste zu erstellen."

„Zum Beispiel?"

„Egal. Alles. Das, was man wissen muss, um es verbessern zu können. Was musst du tun, damit deine Vorlesungen erfolgreich sind."

Hoffen, dass meine Studenten gute Laune haben, war mein erster Gedanke.

„Mal sehen. Ich brauche eine Liste mit den Punkten, die ich präsentieren möchte. Ich brauche die notwendigen Materialien. Ich brauche die korrigierten Arbeiten, falls es welche gibt, denn letztendlich interessieren sie sich nur für die Noten. Ich fange die Stunde damit an, dass ich die Themen von der letzten Stunde anspreche. Dabei bewege ich sie zum Mitmachen. Ich muss versuchen, das, was ich sage, mit ihren persönlichen Erfahrungen in Einklang zu bringen, sonst vergessen sie alles sofort wieder. Und ich muss ihnen sagen, was sie bis zum nächsten Mal vorbereiten müssen. Das war's, glaub ich. Und dann unterrichte ich und hoffe das Beste. Und dann, das vergesse ich immer, noch ein paar verwaltungstechnische Sachen."

„Siehst du? Und jetzt mach einfach eine Checkliste."

„Gib mir mal den Block. Also:

- Hauptpunkte definieren,
- notwendige Materialien mitbringen,

- benotete Arbeiten zurückgeben,
- administrative Dinge erledigen,
- Themen der letzten Stunde zusammenfassen,
- zu Fragen auffordern,
- das Gelernte mit ihren Erfahrungen in Beziehung setzen,
- Hausaufgaben aufgeben.

Nach jeder Unterrichtsstunde kannst du dann überprüfen, wie gut du die einzelnen Punkte erledigt hast."

„Das wird schwierig. Besonders der Punkt mit den Fragen. Das ist eher so eine gefühlte Sache."

„Trotzdem. Manchmal gelingt es dir und manchmal nicht. Also gibt es irgendetwas in deiner Methode oder deiner Art, das diesen Unterschied verursacht."

Ja wahrscheinlich. So weit kommt's noch. Wir reden hier über Studenten!

„Okay, nehmen wir einmal an, ich mache so einen Rückblick nach jeder Stunde. Was dann?"

„Du identifizierst deine Schwachstellen bei den Punkten, von denen du glaubst, dass du sie besser machen könntest. Dann probierst du es aus, und wenn es funktioniert, passt du deine Checkliste an. Und so weiter. In einem Unternehmen geht es darum, was der Kunde will und was Verschwendung ist. Grundsätzlich ist alles Verschwendung, das nichts zur Wertsteigerung beiträgt. Dann überlegst du dir, wie du diese Verschwendung eliminierst, und packst es in deine Checkliste."

„Wenn wir annehmen, dass alles im Prinzip gleich ist", meinte ich überlegend, „dann könnte das auch in der Lehre funktionieren. Wenn wir Wert als zusätzliches Wissen definieren, können wir sehen, dass Lehrer viele Dinge während des Unterrichts machen, die wenig Einfluss auf die Steigerung des Wissens haben. Meistens liefern sie nur Informationen, was vermutlich der ungeeignetste Ansatz ist, jemand zum Lernen zu bringen. Außerdem ist der Unterricht bei den meisten von uns todlangweilig, was dazu führt, dass die Studenten schon ihr Hirn abschalten, bevor sie sich überhaupt hinsetzen."

„Aber sie fragen doch nach?"

„Ach, das kannst du vergessen, das machen die auf Autopilot. Was ich sagen wollte, ist, dass wir ein paar interessante Sachen rausfinden würden, wenn wir diesen Kaizen-Zyklus auf Lehrtätigkeiten anwenden würden. Es geht doch, wie die meisten meiner Kollegen sagen würden, beim Unterrichten darum, Lichter zu entzünden – und nicht Fässer zu füllen."

„Also der Kaizen-Zyklus sieht so aus:
- eine Checkliste erstellen oder standardisierte Arbeit definieren,
- Verschwendung identifizieren,
- rausfinden, wie man diese Verschwendung eliminieren kann, und,
- wenn es klappt, die Checkliste oder die standardisierte Arbeit ergänzen."

„Ist das wirklich so einfach?"

„Das ist einfach", bekräftigte mein Vater. „Aber nicht leicht. Aber wenn du das ein paar Jahrzehnte lang machst, dann hast du am Ende einen anderen Prozess – und sei es nur, weil du jede Menge dabei gelernt hast. Die Schwierigkeit ist, das durchzuhalten."

„Aber da spielt die Einstellung mindestens eine so große Rolle, wie die Technik", warf ich ein.

„Genau. Wenn du es willst, probierst du es aus. Wenn du es ausprobierst, bist du schon mittendrin!"

„Kaizen ohne Ende", fasste Phil zusammen.

„Kaizen ohne Ende."

Als ich die Hügel Richtung Stadt verließ, hatte der Sturm sich gelegt und der Regen aufgehört. Die Luft war warm und dick und roch nach Erde und Blumen, so, als hätte sich der Boden selbst geöffnet und böte alle seine Gaben auf einmal an. Ich fuhr langsam und mit geöffnetem Fenster auf der dunklen, kurvigen Straße ins Tal. Tanakas Kurzbesuch hatte auch etwas in mir angesprochen, wenn auch auf eine andere Art. Für Phil waren es jede Menge zusätzlicher Aufgaben statt des erwarteten Schulterklopfens. Aber was er erreicht hatte, war echt. Er hatte seine Firma und sich selbst vor dem finanziellen Kollaps gerettet. Er hatte sich dabei auch selbst stark verändert.

Phil war auf eine schwer zu beschreibende Art gewachsen. Er hatte einen Biss entwickelt, den ich nicht an ihm kannte. Es war, als wäre es ihm gelungen, seine mentalen Fähigkeiten und seine Hartnäckigkeit, die ihn zum erfolgreichen theoretischen Physiker machten, auf alle Probleme anzuwenden, die in seinem Werk auftauchten, seien sie prozess- oder mitarbeiterbedingt. Und es gelang ihm mittlerweile auch, andere dazu zu bringen, so zu handeln. Das machte ihn nicht unbedingt zu einem sympathischeren Menschen, aber seine angeborene Gemütlichkeit hatte den Anschein der Wankelmütigkeit verloren, und er wirkte jetzt eher wie ein Mann, der mit sich im Reinen ist und weiß, was er will. Ohne große Hintergedanken hatte ich ihm immer geraten, sich weniger in seinen Empfindlichkeiten zu suhlen, sondern sich mehr um die Probleme seines Werks zu kümmern, aber ich hätte nie erwartet, dass das einen solchen Effekt haben würde.

Aus den Erfahrungen im Werk kristallisierte sich für mich mehr und mehr heraus, dass ich ein großes Problem, das sich nicht mehr so einfach verdrängen ließ, mit meiner eigenen Arbeit hatte. Ich hatte mir meine Schwierigkeiten, an meinem Buch weiterzuschreiben, damit erklärt, dass der menschliche Verstand nicht zum vernünftigen Argumentieren geschaffen wurde. Unser Gehirn ist zum Glauben konzipiert, ein ausgezeichneter Kniff der Natur. Wenn ich auf einen Baum klettere, weil ich glaube, hinter einem Busch sitze ein Raubtier, dann mache ich mich, falls ich mich getäuscht habe, im schlimmsten Fall lächerlich. Wenn ich aber, umgekehrt, logisch schlussfolgere, dass hinter dem Busch gar kein Raubtier sein kann, und mich täusche, dann werde ich gefressen. Die Evolution zieht das Glauben immer dem logischen Denken vor. Natürlich argumentieren und schlussfolgern wir. Aber für mich ist all das eine soziale Fähigkeit, keine implizit menschliche. Wissenschaft an sich ist eine Errungenschaft, die auf logischem Denken basiert, aber die Wege zur Erkenntnis sind mühsam, die Schritte langsam und schmerzhaft. Und dann, bei Licht besehen, immer noch nicht besonders rational, weil genug Menschen völlig abwegigen und unlogischen Ideen hinterherlaufen. Letztendlich ist es dann doch so, dass wissenschaftliches Denken sich nur Stück für Stück durchsetzen kann, in dem Maß, wie seine Gegner sterben. Aber all das zeigt eben auch, dass es in erster Linie immer um die Menschen geht und erst dann um praktische, klar beschriebene Themen und kontinuierliche Forschung. Menschen, Gemba, Kaizen.

Ich dachte an mein Manuskript, das so viele Beispiele aufzählte, wo Menschen nicht rational handelten, auch innerhalb des wissenschaftlichen Umfeldes. Warum ist das so? Hauptsächlich weil wir zu faul sind, uns mit logischen Abläufen zu beschäftigen, wie zum Beispiel dem Definieren eines Problems, dem Erforschen von Alternativen, dem Messen von Effekten, dem Testen von Lösungsvorschlägen, dem Teilen von Erfolgen, dem Hinterfragen von Ergebnissen und so weiter. Mehr und mehr stellte sich heraus, dass das von mir wahrgenommene organisatorische System faktisch nur aus individuellem Lernen bestand. Je mehr ich mich damit beschäftigte, was ich bei der ganzen Geschichte gelernt hatte, desto weniger wichtig wurden die Regeln von Kanban und nivellierter Produktion und umso mehr beeindruckte mich, wie viel Wissen Amy und Phil sich in so kurzer Zeit angeeignet hatten. Sie hatten gelernt, logisch zu argumentieren, Probleme systematisch aufzuspüren, diese durch detaillierte Beobachtung zu verstehen, Alternativen aufzuzeigen und so ein Problem nach dem anderen zu eliminieren: Alles Sachen, in denen Menschen meiner Meinung nach gar nicht gut sein konnten. Was sie gemacht haben, war, ein Problem nach dem anderen zu lösen und so die Verschwendung zu eliminieren. Jedes Mal, wenn ich das Werk besuchte, war wieder so viel Neues passiert, dass ich Schwierigkeiten hatte, mich zurechtzufinden. Doch Amy und Phil hatten immer das Gefühl, dass alles zu langsam ging und dass die Widerstände nie nachließen.

In Wahrheit ist die Vernunft nicht auf der Seite dessen, der besser argumentiert oder die klareren Vorstellungen von dem hat, was er erreichen will, sondern bei demjenigen, der die Fähigkeit besitzt, Probleme auf die Ebene herunterzubrechen, auf der es möglich ist, tatsächlich zu handeln und Dinge zu verändern. Alles andere ist Philosophie. Und so kam ich zu dem Ergebnis, dass eine Vision nur Philosophie ist, die Vernunft aber in den Details steckt. Vielleicht habe ich während meiner Forschung über die Unvernunft der Menschen die ganze Zeit das falsche Feld beackert. Ein erschreckender Gedanke.

„Armer Phil“, sagte sie, nachdem sich ihr Lachen gelegt hatte. „Wo er doch richtig gute Arbeit geleistet hat. Das war sicher ein heftiger Dämpfer. Da wäre ich gerne dabei gewesen.“

„Tut's dir schon leid?“ Ich sah, dass es Amy viel besser ging, und fühlte mich ein wenig im Zwiespalt zwischen ihr und meiner Loyalität zu Phil, den ihre Kündigung so hart getroffen hatte, dass er sogar daran zweifelte, ob es das Werk schaffen würde. Sie wandte mir ihr weiches, rundes Gesicht zu und lächelte breit.

„Machst du Witze? Meine neue Firma bezahlt mir nicht nur ein Schweinegeld, sie ist auch einverstanden, mir die Ausbildung zum MBA zu bezahlen. Außerdem werde ich jetzt auch viele andere Firmen sehen, und das ist eine gute Erfahrung. Aber es tut mir schon ein wenig leid für Phil, dass ich ihn so habe sitzen lassen.“

„Ohne ihm wieder aufzuhelfen, um im Bild zu bleiben. Du könntest ihn aber um eine Gehaltserhöhung bitten, ich kenne ihn und weiß, dass er nicht nachtragend ist.“

„Nachdem ich derart gegen die Erhöhung der Managementgehälter gewettert habe? Niemals. Aber es geht auch nicht nur um Geld. Es war einfach zu viel, ständig alle motivieren zu müssen. Das Schiff, in dem sie sitzen, sinkt, aber das war ja nie ihr Problem. Sie waren ja nicht für die Löcher verantwortlich. So was macht müde.“

„Wenn ich daran denke, dass du den Job ausgerechnet über Harry bekommen hast!“

„Das stimmt nicht ganz“, korrigierte sie mich. „Er erwähnte nur einem Personalberater gegenüber, dass unser Werk eines der besten ist, was die Einführung von Lean angeht. Dann hat der Berater mich angerufen."

„Die Welt ist klein."

„Ja, das stimmt! Erinnerst du dich noch daran, wie dein Vater das erste Mal aus dem Werk gestürmt ist? Ich hatte damals richtig Angst vor ihm."

„Ich habe heute noch Angst vor ihm", sagte ich gewohnheitsmäßig.

„Brauchst du nicht." Sie lächelte. „Er ist schon in Ordnung."

„Was soll's. Das Gute an der ganzen Sache ist schließlich, dass du es geschafft hast. Du hast das Werk gedreht. Wie fühlt sich das an?"

„Gut, schätze ich. Es war schon spannend, die Fläche für die neue Montagelinie freizuschaufeln, das war richtige gute Teamarbeit. Aber wenn man sich dann wieder diese Monstrosität ansieht, die sich die Ingenieure ausgedacht haben, fasst man sich schon an den Kopf."

Sie dachte einen Moment nach, dann schmunzelte sie.

„Ich weiß es wirklich nicht", seufzte sie. „Es fühlt sich vor allem an, als wäre die Sache noch nicht zu Ende gebracht. Und wenn ich daran denke, was du von Meister Yoda erzählst, habe ich das Gefühl, ich wüsste nur die Hälfte von allem. Worum ging es da noch mal? Jidoka?"

„Willst du jetzt wirklich über das Werk sprechen?"

„Ich will es wissen. Erzähl!"

„Mein Vater machte ein großes Tamtam um die Sache, die Tanaka-San sagte, nämlich dass man Qualität in das Produkt hineinproduzieren muss."

„Anstatt sie hineinzukontrollieren?"

„So habe ich das verstanden. Dann sprach er darüber, Probleme in dem Moment des Auftretens sofort sichtbar zu machen, damit das Management unmittelbar auf Unterbrechungen reagiert, anstatt hinterher die ganzen Berichte zu machen."

„Gemba!"

„Ja, Gemba", sagte ich. „Dann sprachen sie darüber, wie man den Werkern helfen kann, Fehler zu vermeiden. Sie diskutierten über Hilfsmittel an den Arbeitsstationen, die sicherstellen, dass Dinge nicht falsch gemacht werden können. Aber wenn du mehr darüber wissen willst, musst du meinen Vater fragen."

„Meinst du, das kann ich machen?"

„Warum nicht. Am Ende haben wir dann noch ausführlich über Kaizen gesprochen, was mich ein bisschen panisch werden ließ, denn wir versuchten, das auf die Aufgabe des Lehrens anzuwenden. Und da wurde mir klar, wie wenig ich eigentlich über den Prozess des Lernens weiß. Und ich arbeite im Bereich der kognitiven Wissenschaften, du kannst dir also vorstellen, wie es anderswo aussieht."

„Hat es funktioniert?"

„Wenn ich ehrlich sein soll, muss ich ‚Ja' sagen. Wir haben nie definiert, was Wert ist. Und wir haben uns nie über Standards in der Lehre Gedanken gemacht, auch wenn ich zugeben muss, dass in manchen Universitäten darüber gesprochen wird. Es gibt Diskussionen darüber, was man sinnvollerweise lehren sollte, was Wissen eigentlich ist, was effektive Pädagogik ist, aber das ist alles noch recht wirr. Diesen Rückblick auf jede Unterrichtsstunde, diese Art Review mit dem anschließenden Abgleich mit einer Checkliste gibt es nicht."

„In der Fertigung wird einem schnell klar, dass ohne standardisierte Arbeit kontinuierliche Verbesserung nicht möglich ist. Das Einzige, was du erreichst, sind zufällige Veränderungen ohne Ziel."

„Ach ja, und dann meinte mein Vater noch, du hättest es geschafft, alle wichtigen Personalarbeiten nicht zu machen."

„An was dachte er dabei?"

„Hauptsächlich ein Art Verbesserungsvorschlagswesen."

„Er hat recht. Gemba. Kaizen. *Menschen.* Ich glaube, ich muss noch viel über dieses Lean-Zeugs lernen."

„Du kannst jederzeit zurückgehen."

Sie lachte wieder, aber ihr Blick war nachdenklich.

„Du meinst, ich sollte das höhere Gehalt und die zwei Wochen Urlaub, die sie mir geben, bevor ich anfange, einfach vergessen? Unwahrscheinlich."

„Ich glaubte das auch nicht. Aber ich war der Meinung, dass sie die praktische Arbeit in einer echten Firma mit echten Menschen bald vermissen würde. Beratung, das klang nach vielen Worten, denen wenig Taten folgen."

„Und was machst du in den zwei Wochen?"

„Ich weiß noch nicht. Hast du eine Idee?"

Epilog

Wenn alle anfangen mitzudenken, sind die Möglichkeiten unbegrenzt.
– Taiichi Ohno

Es gibt eine Anekdote über Winston Churchill, die vermutlich nicht wahr ist, aber trotzdem lehrreich. Als sein Stern anfing zu sinken, hatte er zugestimmt, an einer Schule vor Jugendlichen einen Vortrag zum Thema „moralische Stärke" zu halten. Die Zuhörer hatten sich mit ihren Lehrern auf das Thema vorbereitet, um ja nichts zu verpassen – weder was die Form, noch was den Inhalt der Rede anging; ihr Gast war immerhin einer der weltberühmtesten Redner und Träger des Nobelpreises für Literatur. Churchill erschien, setzte sein bestes Bulldoggen-Gesicht auf und sagte, *„Niemals, niemals, niemals aufgeben!"* Dann setzte er sich. Die Lektion war vorbei.

Ich denke, die Geschichte ist zu schön, um wahr zu sein, auch wenn sie sehr nach Churchill klingt. Auf jeden Fall bringt sie perfekt zum Ausdruck, was ich während der Zeit erlebt habe, in der ich Phil durch dick und dünn begleitete wie Boswell Johnson oder Watson Holmes. Ebenso konnte ich den Spuren meines Vaters folgen, den ich nun in einem anderen, besseren Licht sehe und dem ich mit viel mehr Respekt, wenn nicht sogar Verständnis, begegne. Der See und die Felsen, wahrhaftig! Erstaunlicherweise war, nach Aussage meines Vaters, niemals aufgeben ein Teil des Toyota-Systems an sich. Er meinte mal, er wäre ein reicher Mann, wenn er jedes Mal einen Dollar bekommen hätte, wenn mal wieder jemand behauptete, dass Toyota „von Just-in-Time abkommt, um flexibler zu werden", dass Toyota jetzt „automatisiert, um in der Branche noch mithalten zu können", oder einen anderen Unsinn, den irgendwelche Industriekritiker abgesondert hatten. Für ihn, sagte er, wäre die wahre Leistung der Menschen bei Toyota, dass sie niemals aufgeben. Sie hielten an ihren Prinzipien fest und passten sie dabei ständig an eine sich ändernde Umwelt und Konkurrenzsituation an, aber ohne jemals den Kern von Lean, von Pull, von Kaizen und damit den Kampf gegen Muda – Verschwendung – aufzugeben. Sie merken es: Ich spreche schon toyotanisch.

Phil hat Spaß am Segeln gefunden, und zwar so viel Spaß, dass er jedes zweite Wochenende mit meinem Vater die *Felicity* poliert oder ihr einen neuen Anstrich verpasst. Manchmal fahren sie mit ihr aufs Meer hinaus. Er sagte mir, dass er vielleicht Mitglied im Jachtklub werden würde und dass, überraschenderweise, Charlene am Klub und der Atmosphäre dort wirklich Gefallen gefunden hat. Sie plante anscheinend sogar Segelferien auf den westindischen Inseln für die ganze Familie. Wer hätte das ahnen können? Phil und Matt haben Dad einen Posten im Vorstand angeboten und er hat nach kurzem Zögern und unter der Bedingung, dass er nicht arbeiten müsste, auch zugestimmt. Ich weiß, dass er sich insgeheim sehr geschmeichelt fühlt. Manchmal begleite ich Phil und meinen Vater bei ihren Segelausflügen. Natürlich reden sie nur über die Firma. Wie ausführlich kann man über die Feinheiten von Lean und die Ungerechtigkeiten von Managern sprechen? Letztes Mal sprach Phil wieder einmal über das Thema „Mitarbeiter".

„Mir ist klar, dass es immer nur um die Leute geht", sagte er. „Aber wie finde ich denn die richtigen Leute?"

„Das ist nicht leicht", antwortete mein Vater und steuerte die *Felicity* auf das Meer hinaus. „Erfahrung ist wichtig, aber man täuscht sich trotzdem. In meiner letzten Stelle hatten wir das System, dass vier Kollegen aus dem Managementteam einzeln mit jedem Kandidaten sprechen, um dann gemeinsam zu entscheiden. Es gab eine einfache Regel: Wenn einer von uns nicht überzeugt war, würden wir den Kandidaten nicht nehmen, fertig. Meine Stimme als Vorgesetzter zählte nicht mehr als die anderen. Wir wollten keine Stars, wir wollten Gewinner, Leute, die an einer Sache dranbleiben konnten und gut ins Team passten. Uns entgingen sicher einige kluge Köpfe, und wir haben auch manchmal die Falschen eingestellt, aber im Großen und Ganzen hat es bei uns funktioniert."

Er konzentrierte sich eine Zeit lang schweigend darauf, das Schiff durch die ersten größeren Wellen zu steuern, und ich hatte die absurde Hoffnung, dass er es damit gut sein lassen würde, aber dann nahm er den Faden grübelnd wieder auf.

„Ich denke, es gibt zwei grundsätzliche Fragen, was das Thema ‚Leute' betrifft. Beherrschen sie ihre Arbeit? Und: Helfen sie mir, das System am Laufen zu halten?"

„Noch mehr Listen?", warf ich ein und wich einer Gischtwolke aus. „A-Liste, B-Liste, C-Liste, richtig?"

Sie starrten mich beide einen Moment an.

„So ähnlich“, gab mir mein Vater recht. „Leute, die ihren Job beherrschen und mir helfen, das System am Laufen zu halten, sind für Managementaufgaben prädestiniert, sie haben kein Problem, ihren Einsatzwillen zu zeigen. Von denjenigen, die weder die eine noch die andere Eigenschaft zeigen, sollte man sich so schnell wie möglich trennen. Schwierig ist die Entscheidung bei denen, die dazwischen stehen.“

„Leute, die gut in ihrem Job sind, aber das System nicht unterstützen?“

„Genau, die Cowboys. Sie liefern zwar gute Resultate, aber man will eigentlich gar nicht wissen, wie sie das gemacht haben und wie viele Stoppschilder sie überfahren haben. Die andere Gruppe sind die gutmütigen Jungs und Mädels, die immer machen, was man ihnen sagt, die sich genau an die Regeln halten, aber einfach nichts zustande bringen.“

Ich erkannte die beschriebenen Typen auch in meinen Studenten.

„Am Anfang war ich mit den Cowboys recht nachsichtig, ich habe mich schließlich oft genug selber wie einer benommen. Aber dann wurde mir klar, dass mehr vonnöten war, um die Arbeit richtig zu machen. Wenn ich einen *Esprit de Corps* entwickeln wollte, dann musste ich den positiven Werten, die im System verankert waren, zum Durchbruch verhelfen.“

„Das System unterstützen, anstatt es zu unterlaufen?“, fragte Phil.

„Genau. Qualität auf Anhieb, null Fehler akzeptieren und was so dazugehört. Dinge richtig machen und keine Abkürzungen nehmen, nur um schnell ein Ergebnis präsentieren zu können. Also änderte ich die Personalpolitik. Wir entließen die Cowboys und kümmerten uns mehr um diejenigen, die das System unterstützten, aber nicht konsequent genug Ergebnisse lieferten. Zuerst dachte ich, denen fehlte einfach nur der nötige Biss, und bei manchen war es auch so. Aber viele hatten einfach nur zu wenig Erfahrung, und mit der Zeit wurden ausgezeichnete Führungskräfte aus ihnen. Oder sie wurden zu Experten in ihrem Fachbereich, ohne dass sie direkt Menschen führen mussten.“

Phil hatte sich verändert. Er setzte seine Autorität viel stärker ein, nicht unbedingt eine liebenswerte Eigenschaft, aber die Spiele der Macht funktionieren eben so. Nach dem Drama mit Kevin Morgan und nach der Kündigung von Amy fing er ernsthaft an, junge Leute viel stärker zu fördern. Die Firma läuft gut, so gut, dass Matt sich momentan um einen richtig dicken Fisch kümmert. Der Fondsmanager, der sie beim Kauf des Werks unterstützt hatte, war von ihrer Arbeit so beeindruckt, dass er Phil und Matt gebeten hatte, eine kränkelnde Unternehmensgruppe, die knapp am

Bankrott vorbeischrammte, zu übernehmen, und winkte mit einem hohen Gehalt und Firmenanteilen. Sie haben es geschafft, das Gold schien zu fließen. Ob sie sich drauf einlassen? Mehr Geld, mehr Verantwortung, mehr Kopfschmerzen, aber, wie Matt sagte, im Wirtschaftsleben gilt, dass du stirbst, wenn du nicht mehr wächst.

Mein Sabbatical ist beinahe vorüber, und ich muss mich wappnen, einen weiteren Haufen unglücklicher Studenten auszubilden und zu erleuchten. Mein Buch über „gelegentliche Unvernünftigkeit" ist bei Weitem nicht fertig, aber die Liste meiner praktischen Beispiele dafür wächst von Minute zu Minute. Statt des geplanten Buches habe ich diese Abhandlung über die Lean-Verwandlung eines Unternehmens geschrieben, die, wer weiß, vielleicht mehr Menschen einen größeren Nutzen bringt. Und falls nicht, ist das auch nicht so schlimm. Ich wurde in diesem so seltsamen Jahr wieder daran erinnert, dass das Leben voller Überraschungen sein kann und auf welchen mysteriösen Wegen sich unsere Lebensläufe manchmal verknüpfen. Mir macht mittlerweile sogar Segeln Spaß – zumindest unter blauem Himmel mit einer strahlenden Sonne und bei sanftem Wellengang. Es gibt also noch Hoffnung für mich, wie es mein Vater ausdrücken würde. Er und Phil nehmen am Wochenende mit der *Felicity* an einem Nachtrennen entlang der Küste teil, und ob Sie es glauben oder nicht, wenn Amy nicht völlig gestresst wäre, weil sie eine Präsentation zum Thema „Schichtleiter, Teamleiter und das Team" für eine Konferenz in Michigan vorbereiten müsste, wäre ich auch mitgegangen. Aber so muss ich mich nun eben um meine Lieblings-Lean-Expertin kümmern.

Literaturempfehlungen

Die Autoren haben sich in diesem Buch auf die menschlichen Aspekte konzentriert, wenn ein Unternehmen unter der Perspektive „Lean“ auf den Kopf gestellt wird. Dabei wurden die technischen Details einer schlanken Produktion nur in dem Ausmaß erklärt, als sie für das Verständnis der Geschichte eine Rolle spielten. Es gibt aber eine Vielzahl von Veröffentlichungen, die dem Lernenden und dem Praktiker unzählige Möglichkeiten aufzeigen, wie diese Ideen realisiert werden können. Wir empfehlen die folgenden Titel:

Harris, Rick; Harris, Chris; Wilson, Earl: *Making Materials Flow. A Lean Material Handling Guide for Operations, Production Control, and Engineering Professionals.* Brookline, MA: Lean Enterprise Institute 2003. Dieses praxisorientierte Arbeitsbuch zeigt, wie Kaufteile optimal in den Wertstrom eingesteuert werden können, um kontinuierlichen Fluss zu erzeugen. Als Phil und Amy gegen Ende der Geschichte versucht haben, die logistischen Abläufe zu verbessern und neue Ziele unter Berücksichtigung ihres bis dahin realisierten Erfolges zu definieren, wäre dieses Buch eine große Hilfe gewesen.

Liker, Jeffrey: *The Toyota Way. 14 Management Principles from the World's Greatest Manufacturer.* New York, NY: McGraw-Hill 2004. Ein ausgezeichnetes, detailliertes und umfassendes Buch, das die sorgfältige Darstellung von Toyotas praktischem Vorgehen mit einer aufschlussreichen Darstellung der Prinzipien des Unternehmens kombiniert. Likers umfassendes Wissen über die Methoden von Toyota, mit denen er sich seit über 20 Jahren beschäftigt, ermöglicht ihm, diese Prinzipien mit einer außerordentlichen Präzision zu beschreiben. Dieses Buch beantwortet Phils Frage nach den Grundlagen des TPS, allerdings mit einem etwas anderen Fokus, als ihn Bob Woods hat.

Marchwinski, Chet; Shook, John (Hrsg.): *Lean Lexicon. A Graphical Glossary for Lean Thinkers.* Brookline, MA: Lean Enterprise Institute 2004. Eine prägnante Darstellung der Schlüsselideen und -begriffe zum Thema „Lean". Einschließlich klarer Beschreibungen, hilfreicher Beispiele und Illustrationen liefert dieses Handbuch anwendbare Definitionen aller notwendigen Begriffe.

Monden, Yasuhiro: *Toyota Production System. An Integrated Approach to Just-In-Time.* Norcross, GA: Engineering & Management Press 1993. Monden, Professor für Controlling an der Universität von Tsukuba, bekam von Taiichi Ohno die Gelegenheit, das Toyota-Produktionssystem bis in die kleinsten Details zu studieren, was er – im Guten wie im Schlechten – auch tat. Sein umfassendes und wuchtiges Handbuch ist eine unerschöpfliche Quelle für alle, die die technischen Aspekte des Systems beherrschen wollen. Während Bob Woods oft mit Daumenregeln arbeitet, liefert Mondens Werk die Details für alle, die genau wissen wollen, wie die Anzahl der Kanban-Karten berechnet wird oder die richtige Losgröße bei Chargenfertigung.

Ohno, Taiichi: *Toyota Production System. Beyond Large Scale Production.* Portland, OR: Productivity Press 1988. Nach seiner Pensionierung schrieb Ohno eine ausgezeichnete Serie von Aufsätzen, die Toyotas viel gerühmtes System auf einem sehr hohen Level beschreiben. Das Buch gibt dem Leser keine Anweisungen, die er nächste Woche in seinem Werk umsetzen kann, sondern faszinierende Einblicke in die Entstehungsgeschichte des Systems als Reaktion auf die Möglichkeiten und Fähigkeiten nach dem Zweiten Weltkrieg sowie auf all das, was sehr bewusst von Henry Ford übernommen wurde. Viele der „Ohno-Geschichten", die Bob Woods erzählt, sind vermutlich gar nicht wahr, aber sie wurden und werden im Lean-Umfeld häufig erzählt, um Dinge verständlich zu machen. Dieses wunderbare Buch erläutert viele zentrale Konzepte des TPS und bringt einem den Charakter und die Sichtweisen von Ohno näher.

Rother, Mike; Harris, Rick: *Creating Continuous Flow. An Action Guide for Managers, Engineers and Production Associates.* Brookline, MA: Lean Enterprise Institute 2001. Dieses Arbeitsbuch erklärt Schritt für Schritt, wie in Schrittmacherprozessen ein schlanker Materialfluss eingeführt und aufrechterhalten werden kann. Als Fortsetzung von *Learning to See* zeigt dieses Buch, wie man vom Sehen des Material- und Informationsflusses zur Realisierung einer rhythmischen Produktion unter Anwendung der Prinzipien des kontinuierlichen Flusses kommt. Ein unverzichtbarer Ratgeber für die Art von Arbeit, die auf Amy und Phil zukam, als sie ihre Produktionslinien und Montagezellen neu konzipierten.

Rother, Mike; Shook, John: *Learning to See. Value Stream Mapping to Add Value and Eliminate Muda.* Brookline, MA: Lean Enterprise Institute 1998. Eine ausgezeichnete Einführung in das Thema „Wertstromanalyse“. Dieses detaillierte Arbeitsbuch beschreibt sowohl die Prinzipien als auch die praktischen Handgriffe, die nötig sind, um den Material- und Informationsfluss von der Bestellung bis zur Auslieferung aufzuzeigen. Bob Woods macht für Phil und Amy nur eine kurze Einführung in das Thema, und auch erst, als er erkennt, dass die beiden die richtige Einstellung zum Gemba entwickelt haben. Für Leser hingegen, die gleich wissen wollen, an welchen Stellen das Gold in ihren Prozessen hängen bleibt, ist die Lektüre dieses Buches der richtige Start.

Smalley, Art: *Creating Level Pull. A Lean Production-System Improvement Guide for Production-Control, Operations, and Engineering Professionals.* Brookline, MA: Lean Enterprise Institute 2004. Ein ausgezeichnetes und stabiles Arbeitsbuch, das zeigt, wie eine Lean-Transformation sich von einer Handvoll isolierter Verbesserungen zu einem durchgängigen, nivellierten Pull-System entwickeln kann. Wer diese Ideen von einem *System*-Kaizen umsetzt – jenseits von punktuellen Verbesserungen oder einer Beschränkung auf nur einen Wertstrom –, erschafft ein Produktionssystem, das die Informations- und Materialflüsse für alle Produktfamilien eines Werks verknüpft. Auch Bob Woods konzentriert sich auf nur eines von Phils Produkten, als er Pull-Systeme erklärt, auch wenn er erwähnt, dass das noch nicht alles ist. Dieses lehrreiche Buch erklärt die Details fabrikweiter Pull-Systeme und nimmt den Leser auf dem steinigen Weg zur Nivellierung des Mixes und der Mengen bei der Hand.

Womack, James P.; Jones, Daniel T.: *Lean Thinking.* New York: Simon & Schuster 1996. Durch dieses Buch wurden die Prinzipien eines schlanken Produktionssystems einem breiteren Publikum bekannt. Die Autoren beschäftigen sich mit verschiedenen Industriezweigen in mehreren Ländern und destillieren daraus eine Handvoll mächtiger Prinzipien, anhand derer sie definieren, was Lean praktisch bedeutet. Ein außergewöhnlich hilfreiches Buch, wenn man mit Bob Woods' Definition von Lean nicht einverstanden ist.

Womack, James P.; Jones, Daniel T.: *Seeing the Whole. Mapping the Extended Value Stream.* Brookline, MA: Lean Enterprise Institute 2002. Um Verschwendung zu identifizieren und zu eliminieren, muss man die Wertströme erkennen und skizzieren. Dieses umfassende Handbuch zeigt dem Anwender der Wertstromanalyse, wie er seinen Blick über das eigene Werk hinaus erweitern kann, um alle Prozessschritte und Zeitaufwände zu erkennen, die notwendig sind, bis aus den Rohmaterialien ein fertiges Produkt entstanden ist. Für Phil, der mittlerweile in der Lage ist, Wertströme zu erkennen, wäre dies das richtige Buch, um das Lean-Konzept gemeinsam mit seinen Kunden und Lieferanten zu erweitern.

Womack, James P.; Jones, Daniel T.: *The Machine That Changed the World.* New York: Rawson Associates 1990. In diesem Buch wurde der Begriff „schlanke Produktion“ zum ersten Mal verwendet. In dieser umfassenden Studie der Produktionsmethoden von Automobilherstellern auf der ganzen Welt wird der profunde Nutzen beschrieben, der sich aus einem anderen Produktionsansatz, den das Buch als „lean“ bezeichnet, ziehen lässt.

Danksagung

Die Personen und die Geschichte in diesem Roman sind fiktiv, genauso wie der beschriebene Produktionsprozess. Trotzdem ist die Geschichte „wahr“. Sie beschreibt, basierend auf den Erfahrungen erfolgreicher Implementierungen, die grundlegenden Prinzipien der schlanken Produktion. Das Buch will keine Darstellung des Toyota-Produktionssystems (TPS) sein, das bereits ausführlich untersucht und beschrieben wurde. Ebenso spiegelt jeglicher Bezug auf das TPS nur unser Verständnis wider und repräsentiert in keinster Weise die Position der Toyota Motor Corporation.

Über viele Jahre hinweg haben wir uns mit Unternehmen beschäftigt und uns dabei auf Beobachtungen in der Fertigung konzentriert. An dieser Stelle wollen wir den Managern von Toyota und seinen Zulieferern danken, die immer bereit waren, uns Ausprägungen der schlanken Produktion zu zeigen. Die Vision von Shuhei Toyoda und seine Unterstützung, vor allem auch der Zugriff auf die Teams der Toyota Operations Management Consulting Division, waren unabdingbar für die Verbesserungen bei den Zulieferern. Die Besuche und die Diskussionen mit Nampachi Hayashi, während derer wir seine einzigartige und prägnante Art, den Gemba unter dem Aspekt der schlanken Produktion zu beobachten, erleben durften, waren gleichermaßen beeindruckend wie aufschlussreich. Kenji Miuras Wissen über das TPS ermöglichte uns, die dem Toyota-System zugrunde liegenden Mechanismen zu verstehen, und nicht zuletzt waren Steve Thomas' Geduld und Erfahrung eine unbezahlbare Lektion, wie TPS implementiert werden kann.

Die Anwendungen dieser Prinzipien auf einen Konzern wären ohne das Vertrauen und die Unterstützung von Noël Goutard, ehemaliger Präsident von Valeo, und Marc Asa, ehemaliger Präsident von Tarkett-Sommer, die uns die Verantwortung für die Transformationen der Werke von Sommer Allibert gaben, nicht möglich gewesen.

Weiterhin ermöglichte uns Pierre Lévi, Präsident von Faurecia, diese Lean-Konzepte im gesamten Management eines Großunternehmens umzusetzen.

Ohne die unschätzbare Hilfe unseres langjährigen Freundes und Kollegen, des Lean-Experten Alain Prioul, und des Autors Art Smalley würde es dieses Buch nicht geben. Beide halfen uns, Konzepte, die der Intuition widersprechen, auf die bestmögliche Art und Weise darzustellen.

Wir danken R. Karthikeyan, Ashok Vishwakarma und dem restlichen indischen Team für ihre Ermutigung, die Metapher „Goldmine“ zu verwenden, und Eric Monsen, der uns auf einem Flug zurück von Indien vorschlug, das Ganze als Roman zu verfassen. Viele halfen uns mit wertvollen Ratschlägen, und wir danken Peter Willats, Neil Harvey, Richard Hervey, Michel Marissal, Andrew Gottschalk, Lorena Gonzalez, Philip Cloutier, Pascal Kamina, Dan und Lorna Riley, Dave Logozzo, Robert Morgan und Godefroy Beauvallet für ihre wertvollen Beiträge. George Taninecz und Thomas Skehan leisteten unschätzbare Dienste bei der Produktion dieses Buches. Das Manuskript entstand aus vielen Versionen und wurde oft umgeschrieben, und wir wollen unseren Dank an Catherine Monnet und Joanne Harvey aussprechen, die frühere Versionen dieses Buches lektoriert haben. Ein spezieller Dank geht auch an den Cheflektor Tom Ehrenfeld – dass Sie dieses Buch in Händen halten, ist mindestens so sehr sein Verdienst wie der unsere. Danke, dass du dieses Projekt durch dick und dünn begleitet und am Leben gehalten hast. Wir danken ebenso Dan Jones und Jim Womack für ihr Vertrauen und ihre Unterstützung für dieses Buch und natürlich dafür, es publiziert zu haben.

Zum Schluss wollen wir unseren Familien für ihre Unterstützung danken und für die Geduld, die sie aufbrachten, während wir über Jahre hinweg über Lean-Konzepte diskutiert, gestritten und sie analysiert haben und dabei oft die Grenzen der Toleranz eines Normalsterblichen für das Thema „Lean“ mehr als nur strapazierten.

Freddy Ballé war 30 Jahre lang Manager im Bereich Fertigung und Konstruktion bei Renault unter anderem als Leiter der Fertigungstechnik und später als Vice President in der Lkw-Sparte Renault Nutzfahrzeuge (RVI). Bereits in den 70er-Jahren besuchte er Werke von Toyota in Japan und entdeckte schon bald die Möglichkeiten des Toyota-Produktionssystems.

Nach dem Ausscheiden bei Renault wurde er Vice President Technik bei Valeo, wo er das Valeo-Produktionssystem, das auf Toyota-Methoden basierte, entwickelte und damit den Weg für die Einführung von Lean in Kontinentaleuropa bereitete. Anschließend war er CEO bei dem französischen Automobilzulieferer Sommer Allibert, wo er das Sommer-Allibert-Exzellenzsystem aufbaute. Er beendete seine Managementkarriere als Vice President Technik bei dem französischen Automobilzulieferer Faurecia mit der Einführung des Faurecia-Exzellenzsystems.

Freddy hat danach das Unternehmen ESG Consultants gegründet, um Industrieunternehmen bei einer Lean-Restrukturierung, wie sie in *Die Goldmine* beschrieben wird, zu helfen.

Unternehmensberater und Autor Dr. Michael Ballé ist Assistenzprofessor an der amerikanischen Universität in Paris und Mitbegründer des Projet Lean Entreprise (www.lean.enst.fr). Diese in Frankreich führende Lean-Plattform wurde in Zusammenarbeit mit Télécom Paris aufgebaut, wo Michael als Forscher arbeitet. Über mehr als ein Jahrzehnt hat er sich mit den menschlichen Aspekten der Lean-Einführung in den Bereichen Gesundheitswesen und Verwaltung beschäftigt. Er hat mehrere Bücher zu diesem Thema verfasst. Er ist Freddys Sohn.

Der Übersetzer

Gerhard Moser war viele Jahre verantwortlich für das Thema Lean Production bei einem großen Automobilzulieferer und immer trieb ihn dabei die Frage um, warum die Implementierung der schlanken Produktion in den letzten 25 Jahren in fast allen Fällen scheiterte, während es einigen wenigen Werken und Unternehmen gelang, damit wahrhaft spektakuläre Ergebnisse zu erzielen. Dass der Erfolg nicht von Methoden wie Kanban oder 5S kommt, sondern mit den Menschen steht und fällt, wird von jedem Management betont. Erstaunlicherweise wird daraus jedoch selten gefolgert, dass die Notwendigkeit der Veränderung auch für einen selbst gilt.

Gerhard Moser kennt die fachlichen und menschlichen Aspekte des Toyota Produktionssystem bis ins Detail und berät heute Manager und Unternehmen, die willens sind, die Schwierigkeiten, die die Einführung von „Lean" mit sich bringt, zu meistern. Die Lektüre des vorliegenden Buches ist ein guter Anfang.